2017
温州公安年鉴

温州公安史志编纂委员会　编

编辑说明

一、《温州公安年鉴》全面系统地反映温州市公安机关在维护全市政治稳定和治安安定等方面做出的工作业绩和体现的精神风貌，具有为现实服务和为后人存史的双重作用。

二、本年鉴以马克思列宁主义、毛泽东思想、邓小平理论、“三个代表”重要思想、科学发展观、习近平新时代中国特色社会主义思想为指导，坚持辩证唯物主义和历史历史唯物主义的观点、立场和方法，坚持解放思想、实事求是、与时俱进，追求年鉴的综合性、资料性、知识性和时效性。

三、本年鉴从2010年起逐年编纂出版，2017卷为第8卷。本卷年鉴叙事时限为2016年1月1日—12月31日，叙事区划及专业范畴为温州市行政范围和全市公安工作。

四、本年鉴采用分类编辑法编辑，由卷首、百科、卷尾3个基本单元和类目、分目、条目3个层次构成。卷首部分设专文、彩图、特载、大事记；百科部分设“组织机构”“防范打击犯罪”“公安行政管理”“警务综合保障”“队伍建设”“县（市、区）公安”“典型案例”7个类目；卷尾部分设发文目录（部分）。

五、本年鉴资料的选取和编排，条目及条目内容的要素和记述程序等均按照既定的体例加以规范。本年鉴中的统计数据，原则上采用局属各部门和各县、市公安局提供的数据；全市综合性数据一般以温州市公安局办公室核准数字为依据；专业术语以有关法律文书和专业权威部门规定为准。

回顾与展望

温州市委常委、公安局局长 罗 杰

2016年，全市公安机关在市委、市政府和省公安厅的正确领导下，坚持忠诚履职、勤勉履职、依法履职、廉洁履职，有效担负起维护国家安全和社会稳定、促进社会公平正义、保障人民安居乐业的职责使命，各项公安工作和队伍建设取得了累累硕果，不少工作绩效走在全市、全省乃至全国前列。特别是出色完成了G20杭州峰会安保任务，公安队伍经受了重大考验和锻炼提高。

一年来，我们坚持主动作为，有效维护了社会大局稳定。

一年来，我们坚持有呼必应，有效护航了经济社会发展。强势推进“大拆大整”专项行动，在册流动人口减少26.15万人；整治出租房、合用场所、民宿14.97万家，依法处置聚集、纠纷、阻扰等事件205起。铁腕治理“霸、恶、闹、访”，有效整治村级组织换届选举中的治安隐患。落实“项目警官”制，确保省、市重点工程和温商回归项目治安无障碍施工。深化“河道警长”制，水环境犯罪打处数占全省1/3。进一步加大打击恶意逃废债行为、互联网金融风险防范、串投标犯罪打击、“治赖”追逃等工作力度，立案查处非法集资案件78起、逃废债案件689起。推进网上办事大厅建设，140项非涉密行政许可和服务事项实现100%上网公开，网上可办事项达76.8%；并积极推进派出所出入境证件试点工作和24小时出入境自助办证业务。稳步实施户籍制度改革，建立城乡统一的户口登记制度。创新便民服务，“温州交警”等一批警务服务公众号创出品牌。

一年来，我们坚持综合施策，有效推进了社会治安好转。以提升人民群众的安全感、满意度为目标，强化立体防控，全年总警情同比下降18.8%，刑事警情同比下降16.8%，刑事立案同比下降16.2%。其中命案发案66起，降至新低；“两抢”零接警83天，市区公交领域扒窃零警情130天，均创新高；通讯网络诈骗案件出现由升转降拐点，同比下降13.14%。强化常态严打，刑事案件破案数和刑拘数两项绝对数列全省第一，五类案件破案率90.22%，为历年最好成绩。大力加强交通治乱和安全管理，“智慧交管”模式初步建立，交通事故四项指数继续全面下降，较大以上事故“零发案”，拥堵程度明显降低。火灾四项指标均大幅下降，消防管理“十项执法数据”6项全省第一、4项全省第二。监所管理保持全年安全零事故、实现被监管人员“零病死”。

一年来，我们坚持严优并举，有效促进了队伍正规化水平提升。深入开展“两学一做”学习教育和“无限忠诚•走在前列”主题教育实践活动，严格队伍纪律作风教育，民警违纪案件数和人数同比下降28.6%和30.3%，受理涉警信访同比下降24.5%。进一步规范干部人事制度，先后制定《领导干部能上能下暂行规定》《退出领导岗位干部服务管理暂行办法》，形成风清气正的良好用人环境。出台或修订完善了党委工作规则、温州市公安局工作规则等制度，促进决策科学化、民主化。认真落实民警抚恤优待和因公负伤医疗、人身意外伤害保险等政策，协调解决功模子女择优入读中小学校，民警节假日加班补贴、警衔补贴、车改补贴和警衔工资调增后年休、年终一次性奖金补差均及时发放到位。加大表彰力度，全年荣立三等功以上集体73个、个人361名。以执法规范化、警务实战化为重点，开展入警、晋升、发展等专业训练，共举办专业训练1456期，参训7.3万人次。组织开展“美丽窗口、花园警队、文化警营”创建活动，积极构建绿色生态警营。

新故相推，日生不滞。成绩属于过去，新的征程已经开始，新的考验就在眼前，需要我们翻篇归零再出发、撸起袖子加油干。2017年，是党的十九大和省第十四次、市第十二次党代会召开之年，是实施“十三五”规划的重要一年，是全面推进公安改革的关键之年，做好2017年的全市公安工作，意义十分重大。

2017年全市公安工作的总体要求是：深入贯彻党的十八大及历次全会特别是习近平总书记系列重要讲话精神，按照中央、省委政法工作会议和全国公安厅局长会议、全省公安工作会议及市委市政府的决策部署，紧紧围绕维护社会大局稳定这一基本任务、促进社会公平正义这一核心价值追求、保障人民安居乐业这一根本目标，切实增强风险意识、前列意识和亮剑精神、工匠精神，坚持全力维稳、精准护航、潜心筑基、铁纪铸警统筹推进，从严从实从细落实各项措施，主动预测预警预防各类风险，着力推进“实力公安、实效警务、实干警队”建设，为全市经济社会转型发展创造安全稳定的社会环境和公正规范的法治环境，以优异成绩迎接党的十九大胜利召开。具体要实现七个坚决防止：即坚决防止发生影响国家安全和政治稳定的重大案（事）件；坚决防止发生暴力恐怖袭击事件和个人极端暴力案件；坚决防止发生大规模群体性事件和进京赴省集体访；坚决防止发生重大刑事犯罪案件，坚决防止发生群死群伤的道路交通事故、火灾及其他治安灾害事故；坚决防止发生重大网络安全事件；坚决防止发生重大民警违法违纪案件和涉警舆情炒作事件，为全省全国大局作出贡献。

同志们，新一年的任务已经明确，让我们瞄准新方位，勇担新使命，齐心协力，奋力拼搏，全力完成新一年公安工作目标，以优异的成绩迎接党的十九大胜利召开。

黄宝坤（-2016.09）

市委常委、市公安局党委书记、局长，督察长，二级警监

罗　杰（2016.09-）

市委常委、市公安局党委书记、局长，督察长，三级警监

沈　强

党委副书记、常务副局长，三级警监

郑建国（-2016.05）

党委委员、副局长，三级警监

叶望庆

党委委员、副局长，三级警监

张文伟（-2016.09）

党委委员、副局长，三级警监

冯蒋龙（-2016.12）

党委委员、副局长，一级警督

金国平（-2016.12）

党委委员兼鹿城区委常委，鹿城分局党委书记、局长，一级警督

金凌森

党委委员、副局长，三级警监

李　伟（2016.12-）

党委委员、副局长，一级警督

徐志宏

党委委员、交警支队长，一级警督

邱溢鹏

党委委员、经侦支队长，一级警督

李江晖

党委副书记、副局长，三级警监

陈锋进（-2016.12）

党委委员、副局长，三级警监

市公安局党委成员

胡松权

党委委员、副局长，三级警监

王　造

党委委员、副局长，三级警监

曾绪贤（-2016.05）

党委委员、纪委书记，一级警督

李善敏（2016.12-）

党委委员、副局长

杨枝立

党委委员、安防学院副院长、纪委书记，一级警督

陈伟忠

党委委员、副局长兼警卫处处长，武警上校

陈先微

党委委员、禁毒支队长，一级警督

林振江（2016.12-）

党委委员、副局长，鹿城区委常委、鹿城分局党委书记、局长，一级警督

黄伟军（2016.12-）

党委委员、政治部主任，一级警督

2016年2月2日，省委副书记、省长李强到温州调研公安工作

2016年4月7日，省委副书记、政法委书记王辉忠到温州调研G20杭州峰会安保及公安工作

2016年9月11日，省委常委、统战部部长王永康代表省委省政府向圆满完成G20杭州峰会安保任务的温州消防官兵表示慰问

2016年4月21日，省公安厅党委书记、厅长徐加爱到温州调研公安工作

2016年11月18日，省公安厅党委副书记、常务副厅长洪巨平率省公安厅“做强专业、做实基层基础”课题组到温州调研

2016年7月14日，省公安厅党委专职副书记华乃强率队赴苍南、永嘉开展扶贫帮扶并调研指导公安工作

2016年12月5日至7日，省公安厅党委委员、副厅长华远平到温州督导禁毒工作

2016年6月22日，省公安厅党委委员、副厅长王海仁实地查看上塘派出所的“三位一体”执法机制建设情况

2016年4月19日，省公安厅党委委员、副厅长黎伟挺到温州督导调研刑侦、反恐等工作

2016年5月5日至6日，省公安厅党委委员、驻厅纪年检组组长张钢到温州检查指导工作

2016年1月11日至12日，省公安厅党委委员、副厅长毛善恩到温州开展工作调研

2016年4月20日，省公安厅党委委员、副厅长金伯中到温州督导调研工作

2016年7月21日，省公安厅党委委员、副厅长石小忠到温州调研指导公安工作

2016年3月16日， 省公安厅党委委员、政治部主任刘静到乐清市局调研指导队伍建设工作

2016年8月18日至19日，省公安厅党委委员、副厅长杨建忠到温州调研指导工作

2016年2月6日，市委书记徐立毅节前慰问一线执勤民警

2016年6月13日，市委副书记、市长张耕专题调研公安工作

2016年10月20日，市人大常委会主任葛益平给市委常委罗杰颁发温州市公安局局长任命书

2016年8月5日，市政协主席余梅生到瓯海考察G20杭州峰会维稳安保工作

2016年8月11日，市委副书记、政法委书记钱三雄检查温州机场安保工作

2016年6月23日，市委常委、常务副市长陈作荣调研禁毒工作

2016年12月4日，市委常委、宣传部部长胡剑瑾检查马拉松安保工作

2016年8月23日，市委常委、鹿城区区委书记陈浩到鹿城公安分局指挥中心、联勤指挥部、江滨派出所、情报信息大队、火车站，实地检查G20杭州峰会安保工作，看望慰问一线安保工作人员

2016年9月19日，市委常委、市局党委书记罗杰慰问市局老干部

① 2016年9月12日，市委常委、公安局局长黄宝坤到温州市公安局告别

② 2016年9月13日，温州市公安局召开全市公安机关领导干部会议，宣布省委、市委关于罗杰同志任市委常委、市委政法委副书记、市公安局党委书记，并提名市公安局局长、督察长的决定

③④ 2016年10月20日，市十二届人大常委会召开第三十八次会议任命市委常委罗杰为温州市公安局局长

③

① 2016年1月12日，温州市公安局召开全市公安工作会议

② 2016年9月18日，温州市公安局召开新一届党委理论中心组学习扩大会

③ 2016年2月19日，温州市公安局召开全市公安务虚会

④ 2016年4月27日，温州市公安局召开机关“三确保、三创优、三创特”难度系数测评会

⑤ 2016年12月30日，温州市公安局召开全市公安机关2016年度“三确保、三创优、三创特”工作汇报会

④

⑤

2016年3月14日，温州市公安局成功侦破“1·25”特大通讯（网络）诈骗案

①② 2016年6月24日，温州市公安局组团包机赴柬成功押回一批电信诈骗嫌犯

③④ 2016年7月29日，温州市公安局包专机赶赴吉林延边，将在当地抓获的36名对象押解回温州，其余4名对象已分批被押解回温州

案情链接：

2016年4月以来，温州市公安局针对冒充公检法的通讯（网络）诈骗案件频发的态势，依托合成作战中心进行分析研判，发现该类案件大部分系台湾籍对象作案，犯罪窝点多在柬埔寨境内，属于跨境诈骗团伙。经上报省公安厅、公安部后，组建公安部联合专案组赴柬开展侦查工作，6月中旬，公安部、省公安厅指定该3个诈骗团伙涉及的案件均由温州市公安局主侦，并确定专案名称为“6·25”专案，通过中柬跨国联合打击，在柬境内成功摧毁这个特大跨国通讯（网络）诈骗团伙，共抓获犯罪嫌疑人39名（其中大陆籍14名、台湾籍25名，涉及3个诈骗团伙），涉及北京、上海、浙江等地诈骗案件50余起，缴获作案用的电脑、语音网关、诈骗剧本等赃物。

在从柬埔寨带回的39名对象顺利被批准逮捕的基础上，7月25日，由温州市公安局牵头主侦的“6·25”专案组集结200余名警力，在当地公安机关及温州市公安局技侦、网警等部门配合下，分别在吉林省延边朝鲜族自治州、吉林市、黑龙江省佳木斯市、山东省威海市、浙江省金华市、福建省厦门市等地，陆续抓获40名通讯（网络）诈骗对象，涉及通讯（网络）诈骗案件70余起，涉案金额达上千万元。

“6·25”特大通讯（网络）诈骗专案共摧毁通讯（网络）诈骗团伙5个，抓获对象79名，涉及通讯（网络）诈骗案件135起，涉案金额达2000余万元。

③

① 2016年12月20日23时许，潜逃东南亚某国的信用卡诈骗犯罪嫌疑人缪某、陈某夫妇被押解回温，这是温州公安机关开展2016年“猎狐行动”以来，首次参加公安部工作组赴境外配合外国执法部门缉捕经济犯罪嫌疑人

② 2016年6月3日，平阳县局破获部标特大贩毒案件

③ 2016年4月24日，苍南县局成功破获“QQ诈骗”专案，专案组从广西宾阳抓回犯罪嫌疑人

④ 2016年3月23日，边防支队打击成品油走私

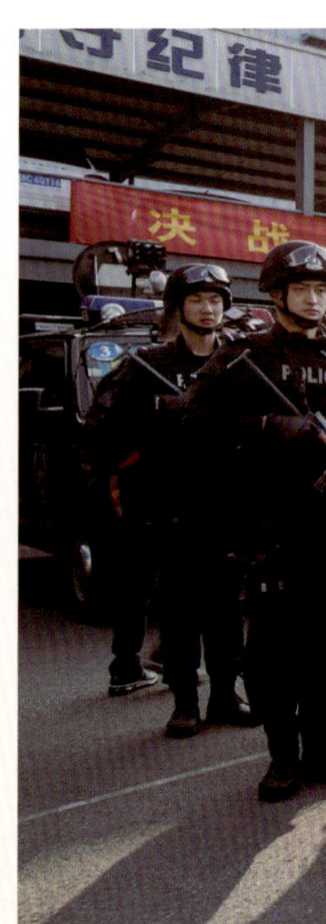

③ 2016年8月4日，全市公安机关组织开展“战鼓一号”统一集中行动

④ 2016年8月10日，全市公安机关开展实战阶段全省统一清查行动暨“战鼓一号”第二次集中统一行动

⑤ 2016年11月7日，交警支队开展电动车整治行动

⑥ 2016年7月28日，交警支队开展夜查渣土车专项行动

⑦ 2016年2月3日19时至24时，平阳县局开展“砺剑1号”集中统一行动

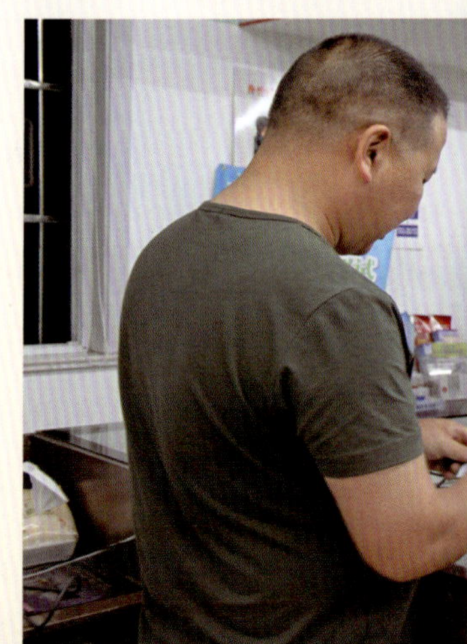

①② 2016年12月24日，温州市公安局特警支队年关护平安

防范打击

① 2016年12月29日，瓯海区岁末年初万人大巡防启动仪式在区行政中心广场举行

② 2016年2月，机场分局开展春运联勤武装巡逻、设卡检查

③ 2016年8月25日，边防支队在辖区开展治安巡逻

④ 2016年12月14日，鹿城区在市会展中心举行“千警巡逻、百卡护城”冬季大巡防行动启动仪式

⑤ 2016年6月21日，温州市第六轮“不让毒品进我家”启动仪式在永嘉岩头进行

⑥ 2016年5月15日，全市经侦部门组织开展“5·15”打击和防范经济犯罪宣传日活动

⑦ 2016年12月7日，洞头分局联合区人社局、中国银行、农业银行及农村信用联社开展以“12·7要爱财——全民反诈益起来”为主题开展全区防范通讯（网络）诈骗集中宣传活动

2016年5月20日，温州市公安局边防支队在无人岛屿武装巡查

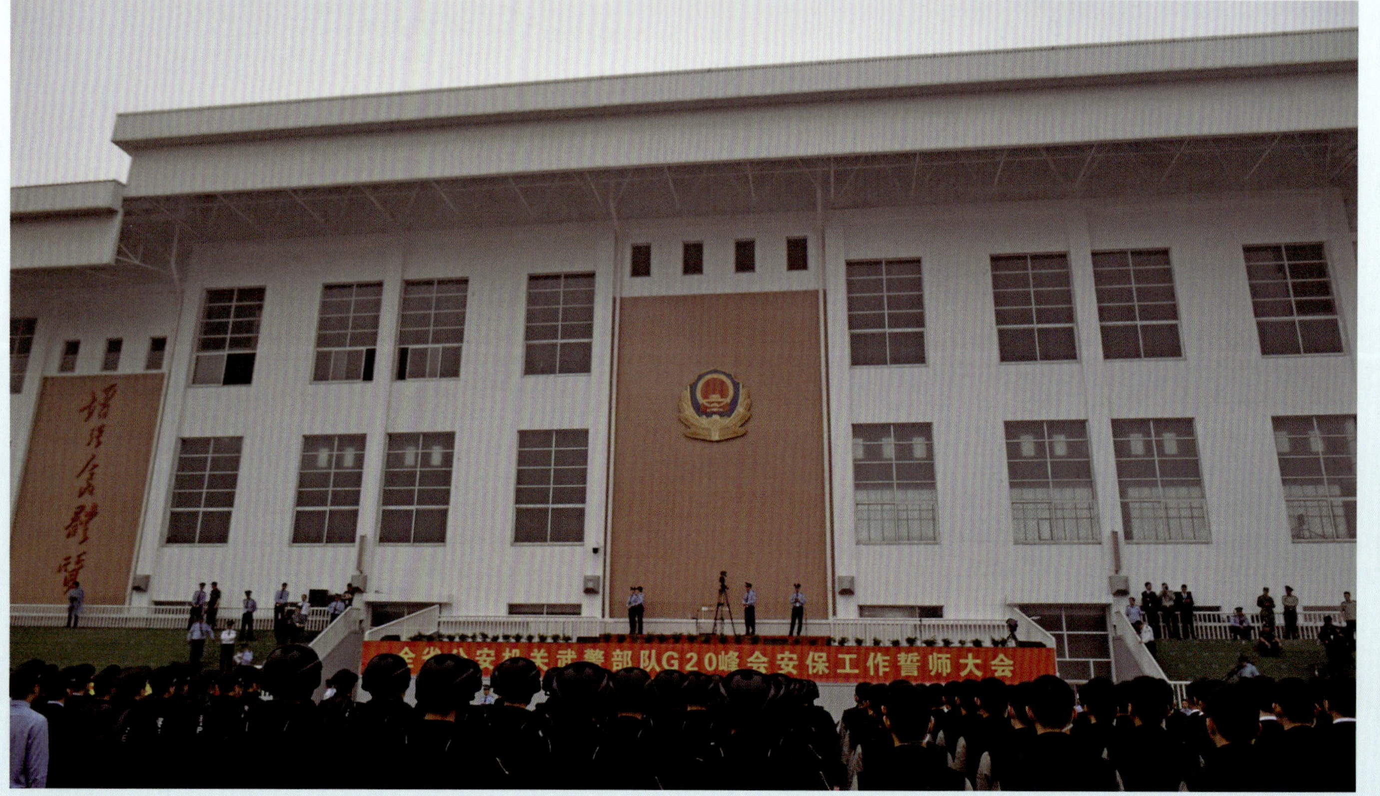
部队G20峰会安保工作誓师大会

2016年5月27日，温州市公安局组织参加全省G20杭州峰会安保工作誓师大会

① 2016年7月20日，温州市公安局召开G20杭州峰会赴杭增援工作动员大会

② 2016年8月28日，市领导检查温州市公安局G20杭州峰会安保联勤指挥部运转情况

③ 2016年8月19日，温州市公安局举行G20杭州峰会安保赴杭特援队（萧山）市局机关方队出征仪式。

④ 2016年7月25日，交警支队出征

⑤ 2016年5月5日，特警支队G20杭州峰会出征动员

⑥ 2016年8月25日，G20峰会安保赴杭特援队龙湾方队出征仪式

G20峰会安保
温州公安特援队（萧山）指挥部

温州市公安局G20杭州峰会安保赴杭特援队萧山主战场工作剪影

③ 2016年6月23日，鹿城区“青春护航G20”平安志愿者誓师大会在松台广场举行

④ 2016年6月21日，全市公安经侦部门组织参加“护航G20·安防进万家”活动，有效提升群众金融风险防范意识

① 2016年8月5日，市人大代表政协委员考察G20杭州峰会维稳安保工作

② 2016年8月3日，省公安厅G20杭州峰会安保教官组到泰顺县局开展“送教到一线”活动

⑤ 2016年6月20日，平阳县局开展“护航G20——平安大巡防”夏季治安大巡防活动

⑥ 2016年9月5日，机场分局开展G20杭州峰会安保武装巡逻

⑦ 2016年8月31日，机场分局开展G20杭州峰会安保战时生日慰问

现场警戒组
医疗救护组

2016年7月14日，全省易制毒化学品企业护航G20杭州峰会现场会在苍南召开

①

①②③ 2016年9月7日，温州市公安局增援杭州警力陆续凯旋

④ 2016年10月19日，温州市公安局召开G20杭州峰会安保工作总结表彰大会暨重点工作推进会

③

⑤　2016年10月9日，温州市委市政府隆重召开全市G20杭州峰会维稳安保工作总结大会，市消防支队作为市直单位荣获先进集体

康商务中心
公安
④

特别守纪律 特
祝贺

① 2016年12月3日，市委常委、公安局局长罗杰率局领导胡松权、徐志宏以及相关部门负责人全程踏勘，着重检查2016温州马拉松比赛沿线的安保措施落实情况

②③ 2016年2月25日，两会安保

④⑤ 2016年11月7日，乌镇第三届世界互联网大会安保

①②③④⑤⑥　2016年10月10日凌晨，鹿城区双屿街道中央涂村一栋四间房屋发生粉碎性倒塌，造成多人被埋生死不明。事故发生后，市委常委、市局党委书记罗杰第一时间赶赴现场，并担任市委现场救援组组长，连续奋战近24小时直至现场救援全部结束。全市公安机关数百名救援人员赴现场救援，救援现场投入了大型挖掘机、推土机和搜救犬、高科技搜救设备，采取徒手挖掘、机器清理等方式实施营救。经过不留余力搜救，共搜救出28名被埋压人员，其中6人生还（包括被埋压15小时之久的小女孩）

⑦ 受台风“鲇鱼”影响，2016年9月28日下午，温州市文成县双桂乡宝丰村三条碓发生泥石流，导致6间居民房被冲毁、6人失踪。事发后，温州市消防支队派出精干力量赶赴现场实施救援

① 2016年11月1日，特警支队举行警营开放日活动

② 2016年6月22日，交警支队举办“警属看交通”活动

③ 2016年10月25日，机场分局交警大队为民工子弟宣传交通知识

④ 2016年10月12日，全市“护平安 树标杆”第二个平安温州宣传日活动在瓯海区梧田街道文化广场举行

⑤ 2016年1月20日，温州市三垟强制隔离戒毒所党总支组织党员民警来到永嘉县枫林镇开展走访慰问贫困老党员志愿者服务活动

③

① 2016年9月23日，高速交警温州支队举行“交通安全童心画”亲子宣传活动
② 2016年8月14日，新监管医院（康宁医院监管病区）举行启用仪式
③ 2016年11月16日，瑞安市公安局二十四小时自助签注点正式成立
④ 2016年4月13日，《创业在温州——新温州人风采录》出版发行

③

① 2016年3月23日，美国警方工作组到温州交流公安工作，旁听李向南案件庭审活动

② 2016年7月1日，吉尔吉斯斯坦内务部警务决策与管理研修班到温州考察

③ 2016年6月27日，温州市公安局举办第八期“瓯越警务论坛”活动

④ 2016年11月3日，温州市公安局举办第九期“瓯越警务论坛”活动

① 2016年11月24日，温州市公安局举行全市公安机关警务创新年度大赛暨第十期瓯越警务论坛

② 2016年7月5日，温州市公安局同浙江法制报签约

③ 2016年4月28日，交警微信粉丝破200万新闻发布会

④ 2016年9月28日，高速交警温州支队官方微博获评全国公安交管“十佳飞跃力微博账号”

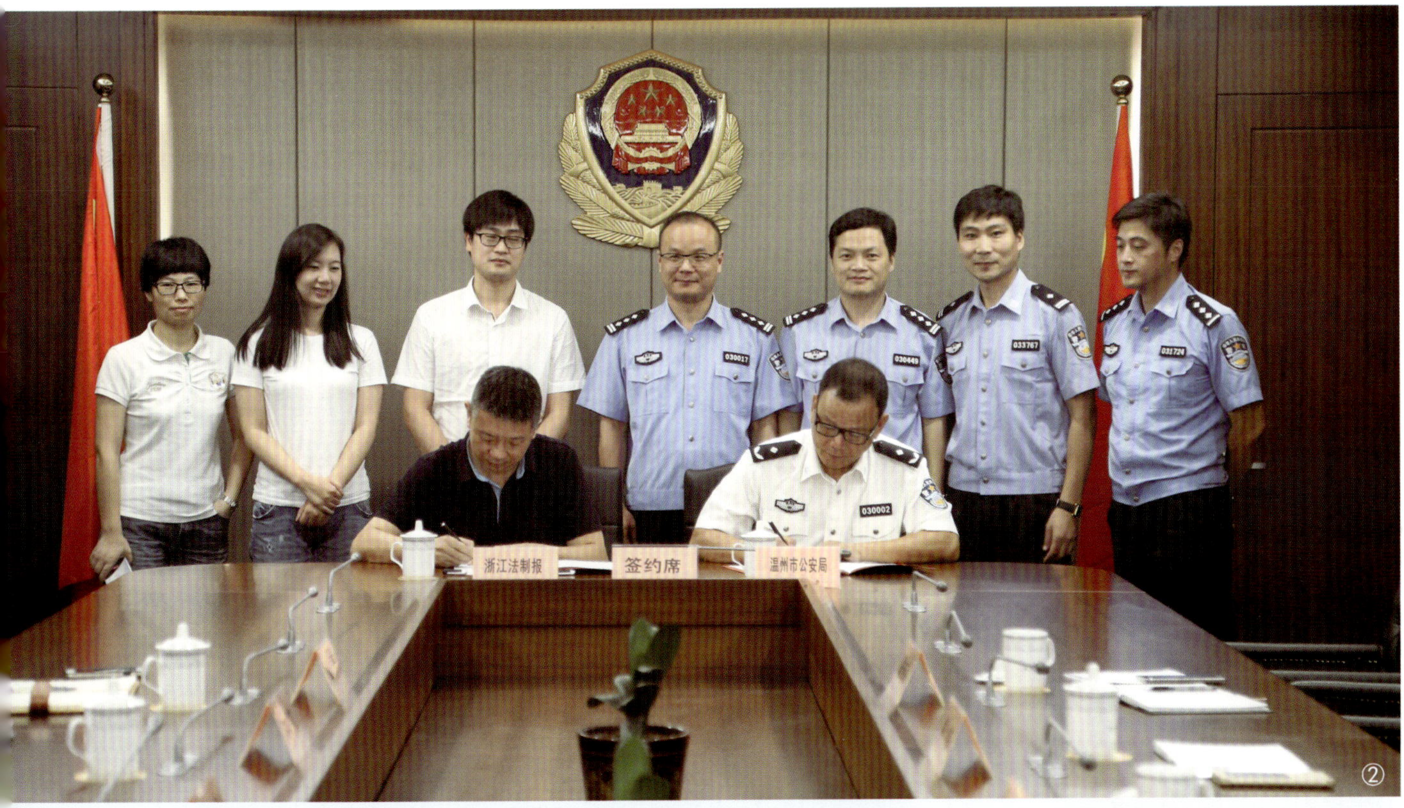
浙江法制报
签约席
温州市公安局
②

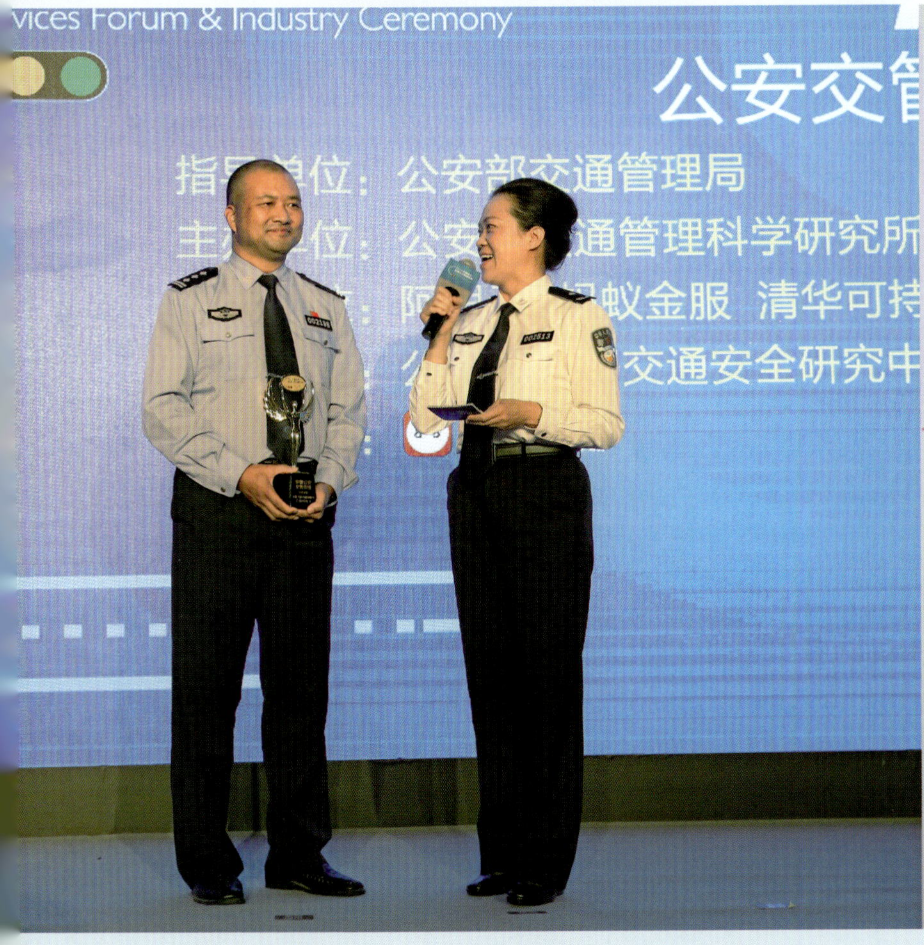
vices Forum & Industry Ceremony
公安交
公安部交通管理局
通管理科学研究所
蚁金服 清华可持
交通安全研究中

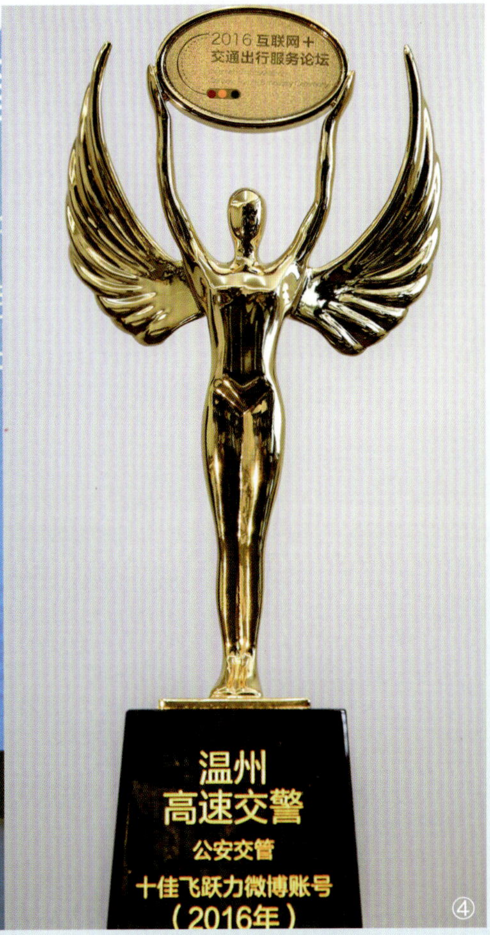
2016 互联网＋
交通出行服务论坛
温州
高速交警
公安交管
十佳飞跃力微博账号
（2016年）
④

① 2016年1月12日，温州市第四届“十佳爱民警察”“十佳助警市民”颁奖典礼隆重举行

② 2016年3月30日，温州市公安局在市革命烈士陵园举行温州公安英烈清明祭奠暨重温入警誓词活动

③ 2016年1月27日，温州市公安局召开全市公安机关队伍建设会议

④ 2016年1月22日，温州市公安局召开潘超俊同志事迹报告大会

⑤ 2016年2月24日，乐清市公安局举办“平安之夜”颁奖典礼

⑥ 2016年2月29日至3月2日，瓯海区公安分局民警吴连抽应公安部刑侦局“打拐”专项行动办公室邀请，到北京列席打拐反拐工作座谈会，并参加央视综合频道《等着我》节目现场录制

①② 2016年2月3日，温州市公安局警察俱乐部成立

③ 2016年5月29日，乐清市警察文化公园隆重开园

④ 2016年5月29日，公安部“公安文化基层行”文艺小分队到温州慰问演出

队伍建设

① 2016年9月14日，市委常委、市局党委书记罗杰调研交警队伍建设

② 2016年12月1日，全市特警尖子比武

③ 2016年7月29日，温州市公安局举办“两学一做”暨“无限忠诚·走在前列”主题演讲比赛

④ 2016年10月31日，温州市公安局召开全市合成作战实战比武演示汇报会

⑤ 2016年6月15日，特警支队组织严重暴力性、恐怖案（事）件预案演练

⑥ 2016年4月17日，消防支队举行体能运动会

⑦ 2016年7月5日，温州市公安局举行体能测试

队伍建设

DALLAS
①

学党章党规
学系列讲话
做合格党员
活力无限
LIMITLESS ENER
③

约特警 传承非遗
剪纸
瓯绣
⑥

① 2016年5月18日，温州市三垟强制隔离戒毒所与禁毒支队举行一场别开生面的篮球友谊赛

② 2016年2月28日，温州市警察网球俱乐部开展网球赛

③ 2016年5月25日，在温州市公安局团委主办，温州市三垟强制隔离戒毒所团支部和机场分局团支部等共同承办的“团青志汇沙龙”活动中，温州市公安局党委委员、副局长金凌森和团市委副书记徐顺和分别给获评2015年温州市青年文明号集体代表授牌。

④ 2016年6月3日，温州市公安局开展读书会活动

⑤ 2016年6月22日，机场分局开展微心愿活动

⑥ 2016年12月9日，非遗进警营

⑦ 2016年12月7日，温州市三垟强制隔离戒毒所发动全体民警亲自动手参与“花园警队”改造活动

⑧ 2016年3月4日，永嘉县局组织参加永嘉县创意服装服饰展演活动

数据统计

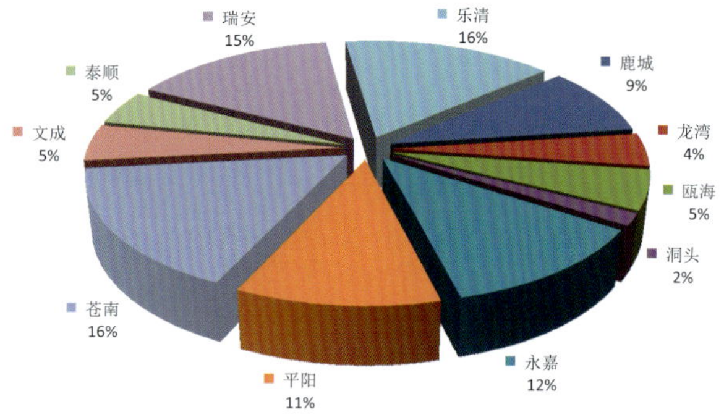

2016年全市人口比例图

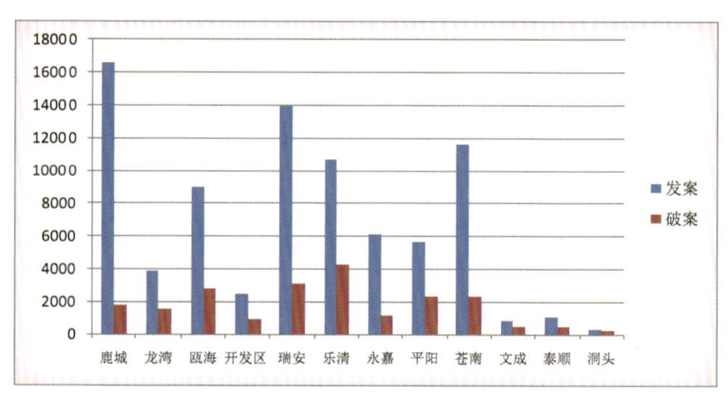

2016年刑事案件立破案分布图

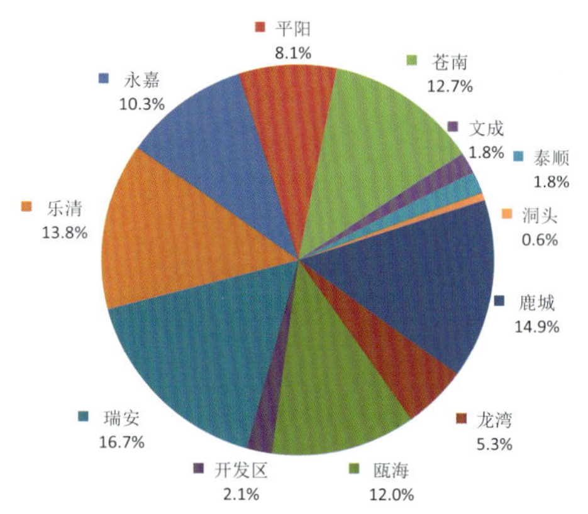

2016年全市各区县逮捕人员比例图

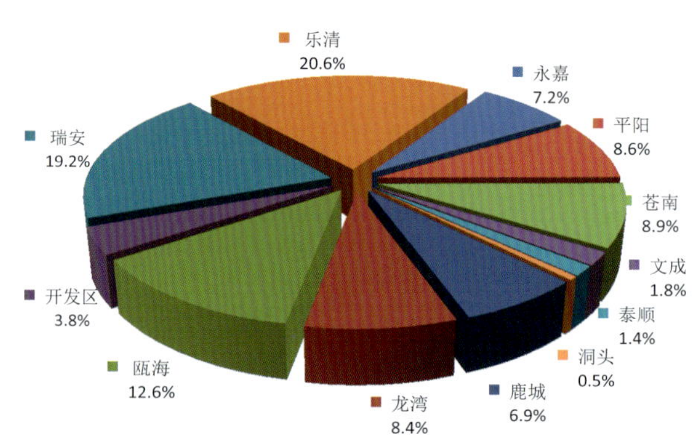

2016年全市治安案件比例图

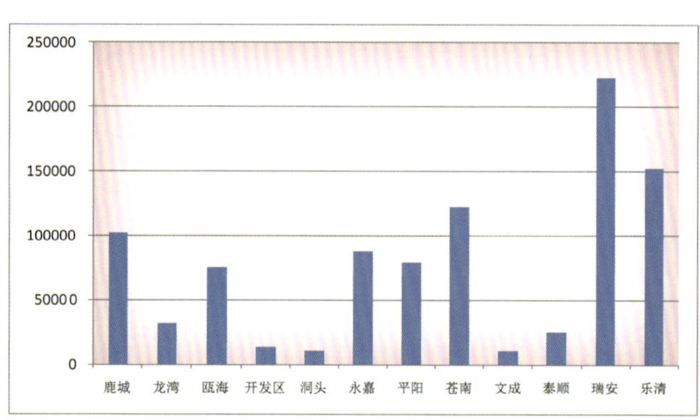

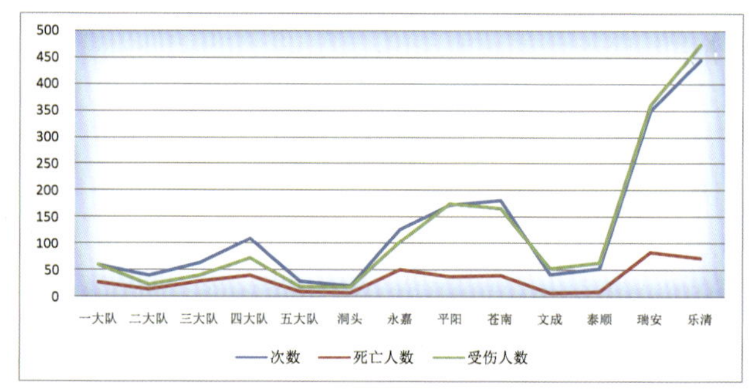

2016年全市交通事故统计图

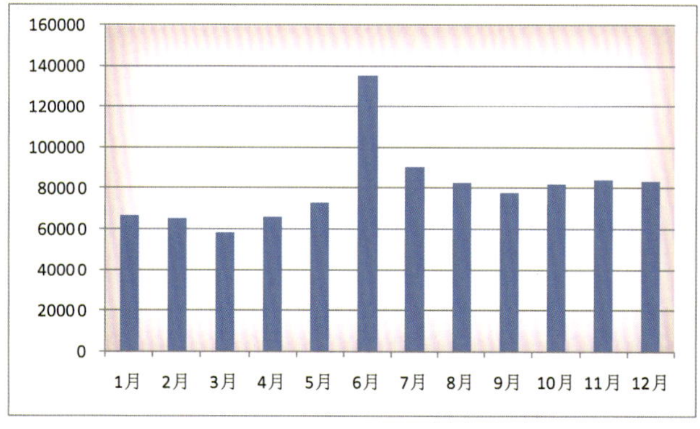

2016年全市接处警情况

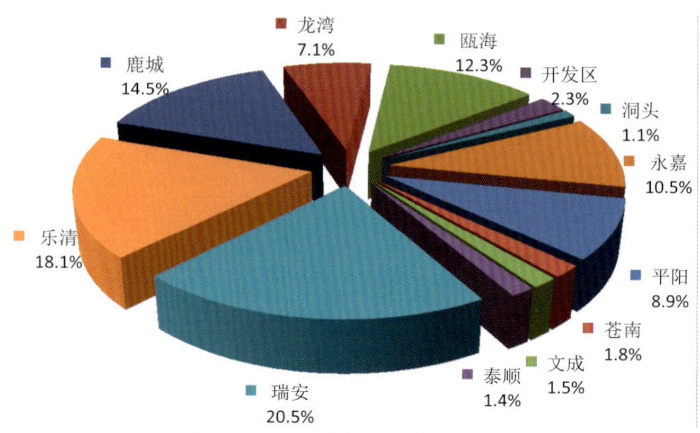

2016年全市移送起诉情况比例图

温州市公安机关分布图
乐清市公安局
永嘉县公安局
温州市公安局
开发区公安局
洞头县公安局
文成县公安局
瑞安市公安局
平阳县公安局
泰顺县公安局
苍南县公安局
鹿城区公安分局
瓯海区公安局
龙湾区公安分局
丽水市
福鼎市
玉环
温岭市
福建省

温州市公安局　地址：温州市鹿城区惠民路　邮编：325000　电话：0577-88980000

鹿城区公安分局
地址：鹿城区广场路118号　电话：0577-88234110　邮编：325000

瓯海区公安分局
地址：温州市瓯海大道1166号　电话：0577-88504100　邮编：325000

龙湾区公安分局
地址：龙湾区永中街道永宁西路518号　电话：0577-85880110　邮编：325024

经济技术开发区分局
地址：温州经济技术开发区滨海园区明珠路850号开发区管委会7号楼　电话：0577-85851110　邮编：325025

乐清市公安局
地址：良港东路　电话：0577-61570057　邮编：325600

永嘉县公安局
地址：永嘉县南城街道沙门路1号　电话：0577-67222313　邮编：325100

瑞安市公安局
地址：隆山东路525号　电话：0577-65855110　邮编：325200

平阳县公安局
地址：平阳县昆阳镇白洋路　电话：0577-63169901　邮编：325400

苍南县公安局
地址：灵溪镇江滨路128号　电话：0577-68710111　邮编：325800

洞头县公安局
地址：北岙镇公安巷12号　电话：0577-63482201　邮编：325700

文成县公安局
地址：文成县大峃镇文瑞路　电话：0577-87821712　邮编：325300

泰顺县公安局
地址：泰顺县北大街132号　电话：0577-67577397　邮编：325500

目　录

特　载

大事记

组织机构

防范打击犯罪

公安行政管理

警务综合保障

队伍建设

县（市、区）公安

典型案例

发文目录

特 载

创新突破 智慧提效 全面提升温州公安现代警务新水平

——在2016年公安工作会议上的报告

黄宝坤

（2016年1月12日）

这次会议的主要任务是盘点2015年公安工作成效，分析当前面临的形势任务，全面部署2016年全市公安工作。下面，根据局党委研究意见，我讲三个方面内容：

一、过去一年，公安工作措施得力、成绩显著

2015年，全市公安机关在市委、市政府和省公安厅的坚强领导下，紧盯“平安温州•清静治安”总目标，抢抓公安改革机遇，扎实推进“四项建设”，全力打造高效公安、精致公安、民意公安，圆满完成了各项公安工作任务。

（一）**统筹维稳护航，履行职责更加主动。**全市公安机关时刻保持与党政中心同频共振，为我市赶超发展提供了强有力的保障。全力维护大局稳定。(略)全力护航中心发展。强力推进重点项目征地拆迁“清零”专项行动，确保全市402个重点工程、72个温商回归工程治安无障碍施工；组织开展“两打两治”专项行动，铁腕治理“恶、霸、闹、访”等社会顽疾，先后打处1300余人；贯彻“五水共治”要求，推行“河道警长”制，破获环境污染犯罪案件237起、刑拘333人，均占全省总数四分之一。全力维护金融稳定，持续开展打击恶意“逃废债”和“治赖”追逃，共抓获逃犯374名，挽回直接经济损失4亿多元；打击地下钱庄成效全省第一，经验全国推广；组织开展“2015猎狐行动”，劝投和抓捕境外逃犯29名。平阳县局护航“清风”行动成效明显；鹿城分局、洞头分局金融维稳措施实、成效好。全力做好矛盾化解。（略）。深入推进涉法涉诉信访工作改革，信访总量、初信初访量和越级上访量同比均下降，公安口信访对象“零滋事”。同时，切实改进警卫形式，圆满完成警（保）卫任务40余批次。

（二）**坚持三严策略，社会治安持续清静。**深入实施“三严”基本策略，社会治安始终处于可控的良性状态。坚持立体防范。全面推进以“六防工程”为核心的立体化社会治安防控体系建设，防控能力不断加强，全年总警情同比下降14.9%；热点问题持续减少，命案发72起，发案数创历史最低点；“两抢”发845起，同比下降34.2%，在年均降幅30%的基础上日均发案2.3起，且出现36天“零发案”；盗窃案件同比下降10.7%；市区公交领域扒窃“零接警”达103天。洞头分局保持了“洞头区内无大案”的目标；开发区命案、“两抢”发案创历史新低。坚持重点管控。严格落实重点人员分级分类管控，管控成效保持全省第一；境外人员基础工作连续4年全省第一。严格重点物品管理，缉枪治爆专项行动成效全省第一。坚守“三条底线”，黄赌警情较前两年平均值下降12.4%，全市新增吸毒人员同比下降10.6%。严格安全监管，全面加强交通管理，查处各类交通违法436.6万起，全市道路交通事故四项指标大幅下降，市区交通拥堵警情数同比下降19%；深入开展消防安全“双月”攻坚专项行动，整治居住出租房、合用场所50.7万家，行政拘留1597人；加强大型活动安全保卫，确保中华龙舟大赛、温州马拉松赛等200余起大型群众性活动成功举办；加强监所管理，实现监所安全“零事故”、全部监所上等级，监管医疗专业化改革稳步推进。乐清市局打造了监所“智慧管理”模式；永嘉县局交警勤务模式改革取得新成效。坚持常态严打，围绕“命案必破、重案快破、财案多破、黑恶必打”要求，进一步完善“全警抓数量、专业抓质量”打击机制，全年共破获刑事案件15304起，刑拘21211人，逮捕10790人，移诉25085人；查处行政案件217.9万起。全年命案破案率首次实现100%；五类案件破案率达86.07%，为历年最好成绩；打黑除恶、打侵财、打击盗销电动车、打击“伪基站”、打假、打击“食药环”、禁毒打击、追逃等8个专项打击成效全省第一。市局机关实战能力进一步增强，刑侦、经侦、治安、机场分局等警种实战成效进一步提高。平阳、苍南两地打黑除恶成效明显；泰顺县局“七类”案件特别是“两抢”案件实现全破。

（三）**深化改革创新，品牌特色更显精致。**以“三个三”为抓手，全力做好改革创新和品牌提升两篇文章，提升了温州公安的美誉度和影响力。物联网社会治安虚拟管控全国示范。紧紧抓住信息、轨迹、平台三大核心资源，推进物联网治安管控的深度应用，经验做法在全国会议上作典型交流，并得到高度肯定和充分认可。全市通过“e居卡”管理打处高危人员绝对数达2835人；通过“以卡管房”研判重点列管1850人；通过“以卡管车”盗窃电动车案件同比下降74.4%，日均发案15起。全年通过实施物联网治安管控工作，共侦破案件3002起，打击违法犯罪嫌疑人2974人。龙湾分局物联网治安管控工作在智能小区建设上创新发展；开发区分局物联网治安管控成效明显。大情报工作继续领先。不断深化大情报品牌建设，创新完善“二级四色”预警评估机制，发布周预警中的“红色、黄色”109次、月评估中的“红色、黄色”16次。重大事件预警信息工作成效连续4年居全省第一（略）。“三室合一”进一步深化，推动了派出所勤务机制改革，进一步实现情报信息全警应用。鹿城分局“情报主导警务”工作继续保持全国领先；开发区分局情报服务实战能力进一步提升。警灯工程常抓常新。保持灵活机动，全年从不间断、机关承担值守的机制日趋完善，群防群治合力逐步形成，全年共抓获对象381人，“警灯工程”逐步成为“群众更认可、感受更实在”的第一品牌。水上分局完成以“水上警灯工程”为依托的6个救助点组建工作，全年共接受群众救助285次，救起落水群众17人次。警营文化厚植生根。不断创新警营文化建设的载体与形式，全警参与的热情更高，全市基层警营文化建设覆盖率达100%，公安基层文化建设步入成熟发展期。全市公安志编撰工作树立全省品牌；瑞安市局“同心文化”入选全国基层公安文化工作示范点。手段建设不断升级。科技信息化“166”工作体系雏形初显，完成警用地理标准地址库公安部示范建设并通过验收。（略）。同时，合成作战进一步完善，全市依托合成作战自主生产破案线索数、破获刑事案件数、刑拘对象数均同比上升40%以上。瓯海分局、泰顺县局视频监控工作成效明显。公安改革稳步推进。积极争取改革试点，公安情报综合研判、改革受立案制度、涉恐资金来源动态监控、涉众型经济犯罪案件查处维稳、海外追逃追赃遣返引渡等工作机制被确定为公安部试点；“东一飞”应急救援直升机正式常驻我市，形成海陆空立体应急处置体系，社会应急联动工作全省创优。公安改革整体成效得到了公安部政治部主任夏崇源的充分肯定。交警支队和指挥中心力推的114移车，交警支队力推的驾考改革力度最大、成效最好。基础保障进一步增强。全市公安机关办公、训练条件逐步改善，科技大楼启用，监管中心顺利开工，特警训练基地完成部分前期工作；乐清完成特警及防恐训练基地建设，文成办公大楼乔迁，泰顺办公大楼结顶，洞头办公大楼进入装璜，鹿城已获批办公大楼置换。警保部门“210工程”建设进一步深化，其工作经验在全省会议上作典型交流。

（四）**注重以民为本，队伍形象不断提升。**坚持“三提”目标，全面加强队伍自身建设和警民关系建设，瓯越警队形象不断提升。执法工作更加规范。大力推进执法规范化建设，加强执法办案、案件管理、物证管理“三位一体”机制建设，深化执法办案积分制，率全省之先建立指定居所监视居住点及执行规范。服务措施更加亲和。全力推进便民利民服务，在全国率先推出“加交警微信、减违法扣分”创新举措，以217万的粉丝量居全国政务微信服务号首位；全省首创114移车服务，成功移车服务124.5万起，移车耗时缩短80%以上，得到李强省长和袁家军常务副省长批示肯定，并在全省推广；推进以驾考网上预约、授权下放、智能考试为主要内容的驾考改革，惠及了60万人次驾考事务，实现考点零距离、考务零门槛、考生零积压；全市出入境办证量达101.3万人次，创历史新高；网上办事数量达219.9万件，同比上升365%。龙湾分局移动微警务特色鲜明；永嘉县局“美丽窗口”建设形象改观、让人耳目一新；瑞安市局网上办事大厅建设成为全市示范；文成县局侨乡服务品牌继续提升。队伍管理更加有效。大力推进队伍正规化建设，坚持政治建警，深入开展“三严三实”等专题教育活动，筑牢忠诚警魂；“五星争创”和“红色细胞工程”建设成为市直机关样板，市局被评为温州市第九批文明机关。坚持从严治警，严抓“两个责任”落实，被市委、市政府评为落实党风廉政建设责任制先进单位。大力实施政工干部职责回归工作，明确了政工干部是管理队伍的第一责任人，深化“廉政风险预警管控系统”应用，实施队伍管理“五项制度”，全年集体约谈6个单位、正式约谈了1个县级公安机关、提醒谈话了2个县级公安机关，全市先后有23位民警被“退回”。强化督察工作，开展各类督察行动2965次，记《局规》9599人次11905.5分，立案突出问题专项治理成绩全省第一。认真开展项目审计127个，监督工作更加有效。坚持把纪律规矩挺在前面，落实“一案双查”，对41名相关责任领导进行问责；全年共查处民警违纪案件28起33人，同比分别下降15%和25%，涉警信访持续下降。坚持从优待警，不断完善“多元遴选”体系，“从实绩看德才、凭德才用干部”的选人用人导向更加明确，干部结构进一步优化。全力推进“1+X”从优待警体系建设，全面实行“送奖上门、报喜到家”“救急济困”等机制，取得民警认可、家属支持、社会点赞的良好效果。全年有91名民警、227名协辅警在执法执勤过程中受伤。加强民警维权，查处维权案件327起，有力维护了民警的执法权益。加强民警训练工作，全年共举办培训班34期2696人次。同时，边防支队持续狠抓陆域和海上辖区治安严管严控，为“平安温州”构筑坚实沿海防线；消防支队当好参谋，参与消防安全隐患整治和抢险救灾工作，为平安创建立下汗马功劳；警卫局官兵敢于担当，工作细致扎实，圆满完成各项警卫任务；武警支队忠诚履职，积极参与武装联勤、监所门哨上勤，并荣获全省武警先进支队称号；铁路公安在维护稳定、应急联动和服务群众等各项工作上与地方公安机关无缝对接、成效明显；高速交警支队全力保障辖区高速公路安全畅通，交通事故亡人数创近十年历史最低。

2015年，全市涌现出了许多先进集体和个人。禁毒支队被评为全国禁毒工作先进集体，市局收容教育所荣获“全国青年文明号”，情报支队荣获“全国二十佳综合情报部门”称号，机场分局获“温州市模范集体”。鹿城分局、苍南县局、文成县局分别位居一、二、三类地区年度综合考评第一；永嘉县局、瑞安市局、乐清市局、苍南县局、平阳县局被当地党委政府荣记集体三等功；瓯海分局连续6年获评全省执法优胜单位，平阳县局连续3年荣获“全省执法示范单位”，洞头分局获得队伍正规化建设和执法质量“双省优”。全年共有51个集体、252名个人受到三等功以上奖励，其中市局处置“4.28”拆违涉稳事件工作集体被公安部荣记集体一等功，市局“7.24”暴恐案件处置被市政府荣记集体二等功，郭筱敏、陈光福等2位同志荣立个人一等功。全市公安机关还涌现出“浙江骄傲”人物潘超俊、二级英模杨铭安、“最美浙江人”叶方等一大批“最美警察”。

以上成绩的取得，来自于市委、市政府和省厅党委的坚强领导，得益于社会各界和广大群众的鼎力支持，更归功于全市广大公安民警、武警、边防、消防、警卫官兵和广大协辅警的辛勤付出、奋力拼搏。在此，我代表市局党委，向全市公安民警、武警、边防、消防、警卫官兵、协辅警、治安积极分子表示衷心的感谢！

二、风险社会，公安机关要正视问题、找准差距

随着转型发展的深入推进和社会信息化的快速发展，当今世界已进入风险社会，特别是我市风险因素日益突出，经济下行、矛盾多发，公共安全问题复杂性加剧，新隐患增多，各种潜在危险源大量存在，防控难度加大。突出表现在四个方面：

（一）涉稳的新风险、新隐患日益增多，维护大局稳定工作面临前所未有的压力。（略）

（二）犯罪的新问题、新手段层出不穷，社会治安驾驭面临更加艰巨的挑战。当前，人流、物流、信息流加快流动，使违法犯罪空间扩大、链条拉长、机动性增强，防范打击难度加大。通讯（网络）诈骗、互联网金融等新型犯罪增多，作案手段日趋动态化、智能化。如2015年全市通讯（网络）诈骗共发案17363起，被骗金额达1.74亿元，同比分别上升70%和30%。面对新型违法犯罪层出不穷，犯罪手段的不断翻新，我们仍处于相对被动的尴尬境地，我们的打防能力明显不足。

（三）群众的新期待、新要求不断提升，依法履职、执法为民面临"最后一小步"的难题。"互联网+"背景下，群众对公安工作提出了新的更高要求，但我们在依法履职、公正执法、便民利民等方面还存在诸多不足。如"互联网+警务"尚未进一步拓展，各类信息壁垒尚未打破，公安工作智能化水平亟待提升；公安服务群众还有距离。此外，当前人民群众法治意识不断增强，公安机关的执法水平与群众的期望值还存在较大差距。

（四）队伍的新压力、新变化持续显现，队伍建设面临动力和活力双重不足的困境。当前，公安队伍中仍有许多顽疾，部分民警"总开关"没有把牢，存在"三观偏离"现象；公安民警长期超负荷工作已成为常态，公安职业风险上升，民警对职业认同感不高；民警执法能力、信息化水平与公安实战普遍存在差距，民警能力素质与工作不适应；教育针对性不强，管理监督难以到位，导致队伍中仍然存在"教育不入脑、监督不常有、侥幸心作祟"问题。

三、新的一年，全市公安要创新开路、实战引路

2016年，全市公安机关要以党的十八大、十八届五中全会精神、习近平总书记系列重要讲话精神为指引，深入贯彻上级政法工作和公安工作会议精神，以G20国际峰会安保工作为主线，以全面深化公安改革为动力，以法治警务、创新警务、智慧警务、民生警务为引领，以"四项建设"为载体，以系统防控、高压打击、规范执法、和谐警营为路径，全力打造"平安温州•清静治安"，为温州打造迈入全面小康社会的标杆城市创造安全稳定的社会环境、公平正义的法治环境和优质高效的服务环境。

2016年公安工作具体要实现四个目标：

*社会大局持续稳定：*确保完成G20国际峰会安保工作，坚决防止发生严重影响社会政治稳定的重大事件，坚决防止发生严重影响公共安全的暴力恐怖、个人极端事件，坚决防止发生规模性群体性事件，坚决防止发生重特大道路交通、火灾等安全事故。

*品牌特色不断涌现：*各地打造各具特色的工作亮点，并力争列入部省试点；五大品牌成为温州金字招牌，十大改革展现更大成果，形成温州公安品牌集群。

*警务效能大幅提升：*基础管控、手段建设进一步加强，执法效应进一步提高，大要案继续下降，通讯（网络）诈骗、入室盗窃等热点案件得到有效遏制，不发生冒顶冒尖的问题；服务基层、支撑实战的能力更强。

*警民关系更加和谐：*民警对警营的认同度不断提高，职业获得感不断增强，警爱民、民助警形成风尚，先进典型不断涌现，瓯越警察良好形象更受广大群众赞许。

（一）以创新为动力，实现公安工作增活力、更精致

党的十八届五中全会把创新摆在了发展的第一位，创新已成为当前社会发展乃至公安发展的关键。全市公安机关要把创新贯穿于一切公安工作中，让创新成为温州公安工作持续发展的动力。

1. *坚持鼓励创新。*要将创新置于公安工作的核心位置，自上而下全面发动。要解放思想，凡是符合有利于经济社会发展、有利于社会稳定和有利于公安机关自身能力提升的创新，都应当积极探索，大胆尝试。要准确把握当前公安工作规律，研究出台推进公安工作创新的具体意见，制订实施方案，建立工作机制，全面推进公安工作创新。要正确处理创新与传承的关系，在加强公安传统手段建设的同时，融入更多的创新元素，使之产出更多的实战效益。

2. *坚持全警创新。*要进一步创造有利于创新的拓展空间、激励机制和培育平台，形成"万警创新"。要营造氛围，倡导创客精神，打造网上网下互动的交流平台，鼓励更多的民警开展"微改革""微创新"。要突出激励，设立创新基金，每年开展面向全警的创新大赛，设置各类创新奖项，对表现突出单位和民警进行表彰奖励。对特别突出的民警，可纳入市局人才库，并作为立功授奖、干部使用的重要依据。

3. 坚持基层创新。实践是创新的源泉。要充分尊重基层的首创精神，进一步调动基层民警的积极性、创造性。要给足空间，列出服务清单，开放平台权限，使基层有充分的自主权。要不断改善基层条件，为基层创新提供强有力的保障。同时，要做强示范，在推进基层自主创新的基础上，每个县市区要统筹布局，侧重打造一个综合性示范科所队，并以点带面，形成示范效应。

4. 推动创新项目化。项目化是实现创新的有效途径。要紧紧抓住当前公安改革的有利契机，以项目化推进改革进程。要找准项目，抓住影响公安发展的关键领域和重点环节，继续推进2015年十大改革项目见实效，并梳理出2016年创新项目，争取更多的上级试点，积累更多的示范经验。同时，要盯牢进程，以项目化管理为要求，明确每个项目的牵头单位、突破内容、预期成效等，确保项目按期推进。市局改革办要负总责，强化过程监督和考核，定期通报项目进程和项目质量，倒逼改革进程。

5. 推动创新品牌化。品牌是创新的更高追求。要树立创新经营意识，巩固提升原有品牌，继续推动“六防工程”、物联网虚拟管控、大情报、警灯工程、警营文化等公安五大品牌建设，不断提升品牌的含金量。同时，要创新发展新品牌，在提倡原始创新的同时，要借鉴他人的经验做法吸收再创新，努力打造一批在全省有地位、在全国有影响的工作品牌，以品牌的集群效应形成公安工作的增值效应。

（二） 以智慧为驱动，实现警务模式数据化、智能化

当前，以大数据为核心的智慧警务已成为新一轮警务发展的潮流。为适应这一新形势，公安机关要强化“数据文化”观念，推动公安主业与大数据技术高度融合，通过数据高度共享和深度应用，创新警务模式，降低警务成本，提升警务效益。

1. 打造更强大的数据中心。大数据是构建智慧警务的前提和基础。要以166信息化体系为基础，大力推进公安数据中心建设，为构建智慧警务提供强有力的基础支撑。动态感知，获取数据。要加大“感知源”建设，加快布建、整合和加密视频监控、车貌识别、智能交通、移动上网、物联网（略）系列工具等智能化信息感知手段，自动获取各类动态信息，积极构建一张全方位的信息采集感知网。打破壁垒，共享数据。市局信息办要统筹规范信息录入标准，警种部门下发信息采集要求一律经信息办审核。要按照“共享是原则，不共享是例外”的要求，打破信息壁垒，实现所有警种信息的共建共享。要采取批量整合、实时共享等方式，进一步拓展公安外部单位、互联网及相关领域的信息资源。同时，加强信息资源管理，抓好分级分类应用，确保信息安全。整合平台，应用数据。要通过各类平台的整合集成，汇聚各类信息资源，形成信息处理与服务的“数据池”。同时，要按照《温州公安信息化项目管理办法》，严格平台开发建设的程序，未经审批不得自行建设，具体由业务部门提出需求，情报部门负责收集汇总并报信息办集体论证审批，科信部门负责建设，纪委、审计、警保等部门同步做好平台建设的监督、保障工作。

2. 突出更精准的情报应用。大情报是实现智慧警务的核心和关键。要秉持“始终保持领先、经常被人追赶”的豪气，以数据资源为原料、以平台研判为工具、以流水批量为特点、以支撑主导为目标，不断深化“情报+”应用，启动“超级感知”计划建设，全面升级温州大情报品牌。预警是情报工作的最高境界。深化“战役、战场、战斗”三级信息研判，推送更多更高质量的情报产品，辅助领导决策，主导警务部署。进一步完善“二级四色”预警评估机制，建立犯罪热点地图，重点抓好业务数据的准确性、评判标准的统一性，有效提升打防管控精确度。进一步拓展预警评估领域，加强对系列性、突发性和小众型案事件的分析研判，实现精确打防。合成作战是资源共享的有效载体。合成作战是解决资源共享、部门融合、手段互补的一个重要平台。要加大合成作战体系和合成管小案平台建设，着力解决“大案合成基本到位，小案合成还未到位”难题；要加大合成作战平台的数据合成，通过“海量获取、批量应用”的方式，高效产出预警产品和破案线索。要进一步拓展合成作战功能，使之在防范打击暴恐犯罪、打防通讯（网络）诈骗、处置重大案事件等方面发挥更大作用。同时，要不断加强对合成作战技战法的研究和推广，形成机制性、战术性优势。“三室合一”是全警应用的最佳平台。要以等级化管理为载体，将情报信息员等级、工作成果与权限授予挂钩，大力推进“三室合一”功能一体化，健全情报与勤务、情报与指挥、情报与实战“三情联动”机制，全面提升防范灵敏度、管理精确度、打击支撑度。

3. 强化更专业的手段支撑。手段建设是打造智慧警务的载体和支撑。要坚持大数据战略下的刑侦、技侦、网侦、视侦等手段建设，实现四侦手段提档升级。加强刑侦手段建设，要以侦查工作为中心，依托大数据，加强刑事现场勘查、技术信息平台、物证检验能力等建设，进一步提升刑事技术信息化水平。同时，要重启刑事情报、阵地控制等传统手段建设，找回刑侦独家的“手仗”。加强技侦手段建设，（略）加强网侦技术建设（略）。加强视侦技术建设，要坚持社会化建设，加大社会视频监控建设力度，把排摸需安装视频监控的点位和推动社会力量视频监控建设作为派出所的主要任务，确保2016年全市政府投入新增和改造视频监控6700个，其中新建数量不低于50%。要坚持专业化应用，强化全市视频资源整合共享，逐步解决“海量获取、零星使用，自动获取、人工使用”等智能应用问题，使视侦技术真正成为侦查破案的“第一增长极”，确保2016年视频侦查破案占比达到45%。

（三）以护航为己任，确保服务大局敢担当、强保障

要牢固树立“党委有呼、公安有应”的理念，切实增强大局意识，敢于担当、主动作为，充分运用法治方式维护社会稳定、化解社会矛盾、促进社会和谐。

1. 依法维稳，守牢政治安全兜底线。准确把握经济发展新常态下社会稳定的规律特点，坚持维权与维稳相结合，推动形成法治维稳、主动维稳体系，确保社会大局稳定。（略）倾力化解矛盾纠纷。要深化警调衔接工作，推广村居干部驻所调解和聘请专职人员从事调解员工作，并将指导工作的触角延伸到各个方面，全面提升矛盾纠纷化解水平。同时，要推进涉法涉诉信访工作改革，依法处置“非访”行为，引导群众通过法律途径解决合理诉求。

当前正值群体性事件多发的时期，对各类群体性事件要做到信息要灵、见势要早、出手要快、处置要稳。尤其是对可能形成规模性的群体性事件要集中全市优势警力快速反应、果断处置，决不使其酿成大祸。

2. 依法护航，当好经济发展助推器。要牢固树立“大河有水小河满”的意识，自觉把公安工作融入到经济社会发展大局，为经济发展保驾护航。全力保障中心工作。紧紧围绕党委中心工作，加强各项重点工作执法保障。要主动融入“五水共治”，全面深化“河道警长”制，严厉打击水环境污染犯罪。要全力护航“三改一拆”，主动开展各类不稳定因素的排查，及时查处违法行为。全力优化清障机制。要继续实施项目警官制和警务三进工作，持续开展“两打两治”专项工作，对各类“恶、霸、闹、访”问题要坚决依法打击，为经济发展提供稳定的社会环境。同时，要开展“清风”专项行动，严厉打击破坏选举的违法犯罪行为，全力保障村级换届选举工作。全力化解金融风险。要主动研究互联网金融的发展趋势，及时预警和防控P2P网贷、电商平台非法集资等互联网金融领域违法犯罪，进一步提升涉众型经济犯罪的预警防范能力；严厉打击非法吸收公众存款、集资诈骗等犯罪，持续打击恶意“逃废债”，强化境内境外追逃追赃，全力维护金融生态和信用体系。全面开展警银战略协作，进一步完善涉案资金快捷查询机制，逐步使其成为全警共享的一个“绿色通道”。

3. 依法管网，构建网络安全新格局。全力应对网络安全风险，全面开展网上公开巡查执法，切实加强政府部门的网络安全监管力度，积极维护网络治安秩序。（略）

（四）以高效为目标，实现警务实战集约化、规模化

始终坚持“三严”基本策略，大力推进警务实战化建设，不断提升实战集约效应和规模效应，推动代表治安复杂区域的“温州模式”不断完善。

1. 坚持严打，提升核心打击能力。要清醒认识温州仍处于犯罪宜生宜长、治安乱象常见多发的现状，牢固树立“命案必破、重案快破、财案多破、黑恶必打”的理念，始终保持对各类违法犯罪的严打高压态势。完善打击架构。按照“专业抓质量、全警抓数量”要求，明确专业打击部门、派出所的打击犯罪职责，实现优势互补。专业警种要利用自身优势，结合自身职能，加强打击破案，特别是刑侦部门要发挥主力军作用，提升攻坚能力。市局刑侦、治安、禁毒、经侦、便衣等专业警种自办案件数相比去年要明显上升。交警部门要继续发挥“一警多能”作用，产生更多打击效能。同时，派出所既要通过基础管控、巡逻抓现侦破案件，也要承担部分“短、平、快”案件的侦破任务，以提高派出所民警的业务素质，更好地做到打防结合、强化基础。明晰打击重点。要始终将打黑除恶作为常态打击重点，推广“驻点打击、异地用警”的模式，持续保持高压震慑态势。要将盗抢骗等侵财类老民生犯罪和食药环等新民生犯罪作为常态打击任务，“两抢”、盗销电动车打击成效继续提升，入户盗窃案件打击数不低于去年，食药环犯罪打击成效保持全省领先；要紧盯通讯（网络）诈骗案件，市局反诈骗中心运行要畅、效果要好，要把控案、反制、止损放在第一位，有力打压案件高发势头，并实现打击、破案、追赃一体化，通讯（网络）诈骗打击数同比上升10%以上。提升打击实效。专业打击警种要具备“有影响的案件都要破掉、都能破掉”的气概，不断挖掘打击潜力，提升打击成效，强化对命案、绑架、持枪、涉爆等严重暴力犯罪攻坚力度，力争发一破一；坚守黄赌毒“三条底线”，黄、赌、毒打击数不低于去年，禁毒工作要始终围绕“减主体、缩市场、断通道、禁制毒”目标，不断增强禁毒社会化和缉毒专业化，确保禁毒打击成效始终走在全省乃至全国前列；要把控逃工作做早，并加强各类逃犯抓捕工作，进一步提升追逃成效。同时，要利用合成作战手段，强化专案攻坚和深挖挤干，在打系列、打团伙案件上取得更大效益。

2．坚持严防，提升基础管控能力。要不断完善“六防工程”建设，调动各方力量和资源，形成以指挥中心为龙头，治安卡口和视频监控控点，街面路面巡防力量控线，社区民警和群治群防力量控面，网上网下相衔接，点线面结合，全时空、多层次、立体化的社会治安防控格局。一要完善以“一呼百应”为要求的快速反应机制。要按照“135”反应圈要求，健全完善扁平化指挥处置体系，加强专业化接处警机制建设，优化布建三级卡点和警情控制点，统筹全市应急处突力量,强化警种、区域合作，高效处置各类警情。同时，加强基于地理信息系统的派出所勤务指挥平台建设，优化对讲通讯网络，实现对路面巡防力量的动态管理和统一指挥，做到快速反应，一呼百应。二要完善以“警灯工程”为龙头的路面巡防体系。“警灯工程”要常抓常新，一切从实际出发，灵活机动。要优化岗亭布局,新建65个公安执勤岗亭和195个治安联防岗亭，实现全市岗亭总量达5000个；要规范运转模式，根据警情变化，及时调整值守时间和值守地点；要增加科技含量，升级手持移动警务终端，推行信息采集积分制，提升路面查控效率；要拓展宣传服务，确保专业岗亭升级提效、联防岗亭守望相助。同时，要以“警灯工程”为依托，加强社会化协作和群防群治力量建设，使更多的社会力量参与到防控工作中来，进一步严密巡防网络。三要完善“社区警务”为核心的静态防控机制。要加强社区警务建设，突出社区警务的服务功能和基础作用，确保“民警下得去，情报上得来”。推行社区民警专职化，不下达专业打击破案指标，使基础防控工作成为社区民警的主要职责；推行社区警务标准化，细化社区民警工作职责，进一步规范社区警务工作；推行社区民警网格化，社区民警要整合综治网格中多方力量，组建网格化团队，合力开展基础管控。同时，要推广社区“微警务”，做大社区警务微信公众号，大力开展社区民警“千警微创新”、命名工作室等活动，提升服务水平。

3．坚持严管，提升依法管理能力。创新管理方式和手段，探索建立科学高效的现代管理体系，实现从经验型管理向精细化管理的转变。

一要推进物联网社会治安虚拟管控“四大升级”。要以应用精细化、成效规模化为发展方向，将物联网治安虚拟管控作为全年重点予以强势推进，并将其与各类治安要素相关联，把我市的公安物联网建设成为规模不断生长、功能不断扩展、具备自我调节能力的公共安全生态系统。推进建设升级。“以卡管人”要完善“e居卡”功能，对“e居站”进行升级；“以卡管房”要完成全市已建门禁系统升级改造，全市出租房覆盖率力争70%以上，10人以上出租房要实现全覆盖；“以卡管车”要新建3000个侦测基站，确保电动车登记备案率在98%以上。推进技术升级。“以卡管人”要在技术上实现“e居卡”与全省流动人口IC卡式居住证的关联应用；“以卡管房”要大力推广电子门牌，并实现与门禁系统的整合；“以卡管车”要在基站增加多维采集功能，扩充信息采集种类。推进管理升级。“以卡管人”要立足“抓小放大”，形成非前科劣迹人员列入管控；“以卡管房”要注重“发现疑点”，形成出租房可疑人员数据；“以卡管车”要实现“控案破案”，形成案件减少、打击增量实效。

同时，要以量化的数据指标细化评价标准，形成评价体系。要加大个案奖励力度，实行一案一奖。推进应用升级。充分整合信息、轨迹、平台三大核心资源，逐步实现与各类信息系统的关联应用、交叉碰撞，大力提升智能化应用水平。同时，要不断拓展物联网技术在物联网安防小区建设、失能老人服务、银行金融网点延伸、人脸抓拍比对等应用，真正构筑起一张社会治安物联网管控网络。

二要严密重点人、重点物品、重点部位、重点行业“四大管控”。要围绕G20安保，加强重点管控，确保各类风险隐患及时发现、全面稳控、有效化解。严格重点人管控。组织重点人员基础大排查，全面采集信息，落实责任，实行分级管控。全面推广“旅客通道身份采集核查系统”“人车核录”和人员甄别系统，强化通道控制，确保温州人不到涉会地区惹事。严格重点物管控。全面落实公安机关从严管控民爆物品十条规定，加大危爆物品清理整顿力度，强化物联网技术在民爆物品、民用枪支管控中的应用，从源头减少和防止危险物品流失、惹祸。要督促从业单位落实危化物品、易制毒化学品管理制度，确保不失管、不漏控。强化散装汽油销售安全管理，严格执行实名登记制度。严格重点部位管控。加强各警种和场站所在地辖区公安机关的“联勤、联战、联训”协作机制建设，通过实行一键式报警、场站安检等举措，进一步强化民航机场、公交场站、校园、医疗机构及治安保卫单位等重点部位的管控。严格重点行业管控。配合邮政管理、交通部门，落实寄递物流行业“收寄验视、实名收寄、过机安检”三个百分百制度，严防各类非法危险物品流通；加强新型旅业式民宿管理，将民宿以及有宿夜功能的场所全部纳入旅馆业治安管理范围。同时，要加强警卫基础建设，优化警卫勤务模式，确保G20杭州峰会要人警卫等各项任务圆满完成。

三要确保交通、消防、监所、大型活动“四个安全”。牢牢抓住交通、消防、监所和大型活动等四大安全，加强重点管控，确保温州“大事不出、小事少出”，绝对不发生恶性事件和平安创建“一票否决”情形。加强交通管理。要紧抓保畅通任务，保持严管力度，加大重点违法整治，确保道路通行畅通；要紧盯控大风险，抓好“两路、两车、两驾”管控，完善基础设施，严厉处罚严重交通违法行为，确保实现交通事故“零增长”；要紧推创新理念，做强“温州交警”微信“功能、服务、宣传”三大升级，提升管理服务水平。加强消防管理。要进一步完善消防安全监管体系，持续推进居住出租房、合用场所整治，紧抓组织责任和主体责任两个责任落实，严惩居住出租房消防违法行为，保障执法刚性。同时，进一步深化消防安全“网格化”管理，扎实推进消防宣传“十进”工作，提升消防宣传效果。加强监所管理。以监所等级提升为目标，深化“平安监管场所”和“法治文明监管场所”创建，全面落实监所“两个统一”工作规范，推进监管医疗专业化改革和教育转化工作，推动各地建立相应的综合治理联席会议制度，合力推进监管基础建设，全面提升全市监管工作“专业化、规范化”水平，确保监所安全。加强大型活动安保。严格落实大型群众性活动和人员密集场所“六条常态监督管理”措施，强化责任监督，确保万无一失。同时，要利用移动大数据技术，开发人流监测预警系统，有效提升对人群聚集热点的监测、预警能力，确保安全有序。

（五）以民意为引领，确保队伍建设双提升、双满意

群众满意是一切公安工作的出发点和落脚点，要真正用民意引领队伍建设、提升执法效能、融洽警民关系，实现政治素质和业务素质“双提升”、群众和民警“双满意”。

1. 以民意改进服务，使服务更温暖

要始终将民意作为公安工作的导向和根本，时刻关注群众的期待，做到管理亲民、服务时尚。

一要优化民生服务。以“能公开的公开、能上网的上网”为要求，全面梳理行政审批事项，进一步简政放权。继续做好24小时出入境证件自助受理项目和派出所出入境证件受理试点工作；继续做好114移车等便民措施的深化工作；继续推进驾考制度改革，实施三大驾考便民措施。要开辟“互联网+警务”这一新路径，推进网上办事大厅升级和微警务战略，建立全省领先的公安内网行政审批平台，完善网上服务功能，拓展网上办事领域，确保网上可办事项达75%以上。要在全市范围内全面实施户籍制度改革，进一步调整户口迁移政策，统一城乡户口登记制度。要切实完善流动人口管理体制，发挥公安主导优势，全力做好以居住证为重点的流动人口管理服务工作。

二要开展民意监督。探索各种接受群众监督的渠道和形式，及时发现公安工作的薄弱环节，问计于民，改善服务工作。同时，要将群众感受作为公安工作的考核标准，不断完善考核办法。要深化警务回访机制，真正以群众感受促进执法能力和服务水平提高。要高度重视特邀监督员工作，通过接受广泛的监督来推进各项工作，切实提高群众的安全感和满意度。

三要畅通警民沟通。建立和完善公安机关常年接访、定期约访、重点走访和领导下访的长效工作机制，畅通群众表达意愿的途径。继续办好“警民时时通”等栏目，各级领导要主动参与接听热线，与群众直接沟通，做到“件件有着落、事事有回音”。要探索构建警察公共关系新机制，通过“警营开放日”等多种形式，不断拓展联系群众的渠道，促进警民互动互信。

2. 以民意优化执法，使执法更规范

要以法治警务为目标，不断深化执法规范化建设，促进社会公平正义，实现法律效果与社会效果的统一。

一要抓住“标准”这一要素，有效规范执法行为。要大力推进执法标准体系建设，针对受案立案撤案、案件审批流转和采取强制措施等重点执法环节，要进一步优化执法流程，全面规范各类执法行为，确保所有的案件都办成合格的案件，大要案件办成铁案，有条件的案件办成精品案件。针对执法中遇到的新问题，要与检、法等部门加强研究、沟通协商，对基层加强工作指导，完善行政执法和刑事司法的衔接，使执法工作更顺畅。

二要抓住“责任”这一根本，大力提升执法质量。要强化“终身负责”的理念，提高办案质量。健全完善个案执法监督、执法过错责任追究、主办侦查员制等执法责任制度，切实将执法职责落到实处。对举报、信访和执法检查中发现的各类执法问题，要认真开展执法过错责任核查和责任认定，对执法问题有责的单位和个人，要依法依规给予相应的追责。

三要抓住“管理”这一重点，不断严密执法监督。全面推进受立案管理改革，探索实行受立案分离和立案归口管理制度，健全受案登记制度，确保如实受案。健全完善刑事案件法制部门“统一审核、统一出口”工作机制，有效纠正执法过错、执法偏差。全面深化执法办案积分制，实行积分结果与奖优罚劣紧密挂钩。加快推进基层所队执法办案、执法管理和物证管理“三位一体”机制建设，强化日常执法管理。完善行政、刑事案件快速办理机制，提升执法效率。健全完善指定居所监视居住点管理机制，并在有条件的地方增加设点。推进执法流程信息化，一线处警执法人员都要配备现场执法记录仪，重点执法场所都要安装视频监控，实现所有执法活动可溯式管理、有效性保护、全过程监督。

3. 以民意塑造队伍，使队伍更和谐

始终以“三提”为目标，推进队伍正规化建设，全力打造和谐的警营生态，不断提升队伍向心力、形象力和战斗力。

一要突出素质教育，坚持政治和业务并重。要始终坚持政治建警，把思想政治工作始终放在队伍建设的首位。一以贯之地坚持开展“三严三实”等主题教育活动，用科学的“三观教育”引导民警坚定理想信念、追求高尚情操。要牢固树立“抓好党建是最大政绩”的理念，切实加强机关党的建设，做到党建工作与公安中心工作同谋划、同部署、同考核。要认真开展好向潘超俊同志的学习活动，以身边典型激发广大干警学先进、赶先进的热潮。要把思想教育与业务工作有机结合，坚持在维护稳定、执法办案的第一线锻炼队伍、锤炼党性。同时，认真落实人民警察训练条令，抓好警校为主、警种参与的课题教学团队及教研团队建设，完善市县两级教官工作机制和警种专业训练积分制，以执法规范化、警务实战化和警体达标等为重点，组织开展警务实战技能训练和竞赛比武。

二要注重双向激励，坚持从严和从优并施。管理队伍要有性格。要坚持从严治警，始终将纪律和规矩挺在前面。要切实抓好新颁布的《准则》和《条例》贯彻执行，全面落实党风廉政建设“两大责任”。要构建“领导干部一岗双责、政工干部职责回归”的队伍管理责任体系，坚持“零容忍”导向，严格落实队伍管理五项制度，充分运用廉政风险预警管控系统，着力解决“教育不入脑、监督不常有、侥幸心作祟”等突出问题。完善政务督导和警务督察相结合的派出督察工作模式，建立督察问题清单整改销号制度，强化督察结果运用，充分发挥防微杜渐的作用。要前移关口，严格财物管理和审计工作。要坚持完善从优待警体系建设，从政治、生活、工作上多加关心。政治上的关心要牢固确立正确的用人导向，不断完善竞争性选拔选任机制，更大限度确保选人、用人公正公平；要坚持“战场即考场”理念，注重选拔实绩突出、敢于担当、善于攻坚、群众公认的干部，进一步激发广大干部民警干事创业的热情。工作上的关心要进一步完善主题奖励、即时奖励工作机制，立功授奖向基层倾斜，大力开展“送奖上门、报喜到家”、文艺小分队基层慰问等活动，最大程度扩大激励效果。要加大民警维权力度，全力维护民警正当执法权益。生活上的关心要争取落实基层派出所民警与乡镇工作人员同待遇和基层派出所民警待遇高于机关民警的政策，要完善功模民警子女择校、民警重大疾病绿色通道等举措，对无房户民警和家庭遇到重大变故的民警要给予有分量的补助，及时回应、解决民警期盼。同时，大力推进监管中心、特警业务用房、市县两级训练基地等基础建设，提升硬件设施水平。

三要倡导形象建设，坚持文化和宣传并提。进一步提炼警营文化内涵，在全市开展以美丽窗口、文化警营、花园庭院为主要内容的环境美化行动，并在年内进行评比和命名。要充分发挥机关党委、共青团、工会、妇委会、警察协会等党群组织作用，以警官艺术团、俱乐部、小分队为载体，不断丰富民警的精神文化生活，真正做到警营文化“人人所需、人人参与、人人时尚”。要主动运用好微信、微博等新媒体，围绕中心和重点工作，有计划性、有节点地推出主题报道，利用好“双十佳”评选等活动载体，发好公安声音、讲好民警故事，推动和谐警民关系建设。深入实施以“平安温州”为主体的“双微警务”，深化宣传大格局建设，全力塑造开放、亲民的公共形象。

同志们，2016年公安工作已经明确，让我们在市委、市政府和上级公安机关的坚强领导下，勠力同心、顽强拼搏，以实干赢实绩，以有为赢有位，全面夺取新一年公安工作目标，全力实现“平安温州•清静治安”，为温州打造迈入全面小康社会的标杆城市作出新的更大贡献！

在全市公安机关G20杭州峰会安保工作总结表彰大会暨重点工作推进会上的讲话

罗 杰

（2016年10月19日，根据录音整理）

今天这次会议，主要目的有两个：一是总结表彰G20杭州峰会安保维稳工作，隆重表彰先进集体和先进个人；二是学习贯彻近期习近平总书记就加强和创新社会治理作出的重要指示和中央政法委、省委、市委及公安部、省厅一系列会议精神，在盘点今年以来公安工作和队伍建设状况的基础上，按照“冲刺四季度、实现全年红”的要求，研究部署后峰会时期特别是当前重点工作。

近日，习近平总书记就加强和创新社会治理作出重要指示，强调要更加注重联动融合、开放共治，更加注重民主法治、科技创新，提高社会治理社会化、法治化、智能化、专业化水平，提高预测预警预防各类风险能力。要坚持问题导向，把专项治理和系统治理、综合治理、依法治理、源头治理结合起来。要完善社会治安综合治理体制机制，加快建设立体化、信息化社会治安防控体系。

10月10日至11日，中央政法委全国社会治安综合治理创新工作会议，孟建柱同志就深入贯彻习近平总书记系列重要讲话和关于加强和创新社会治理重要指示精神作了部署，强调要主动适应新形势，立足当前、着眼长远，坚持创新引领，积极推动理念、制度、机制、方法创新，不断提高社会治理社会化、法治化、智能化、专业化水平，努力实现对各类风险从被动应对处置向主动预防转变，建设更高水平的平安中国，进一步增强人民群众安全感。

10月12日，公安部接着召开全国公安厅局长座谈会，郭声琨部长强调，各级公安机关要认真学习贯彻习近平总书记和孟建柱同志的重要指示批示精神，突出问题导向，坚持改革创新，不断提升公安机关社会治理能力和水平，努力在更高水平上推进平安中国建设，走出一条具有中国特色的社会治理新路子。郭部长还就基础信息化、警务实战化、执法规范化、队伍正规化等四项建设和公安改革工作作了具体部署。

10月17日下午，市委、市政府召开全市“大拆大整”专项行动动员大会，徐立毅书记、张耕市长分别作了重要讲话，要求全市各级、各地党员干部统一思想，提高认识，按照“今年年底初见成效、明年上半年大见成效”的目标，以铁的决心、铁的手腕、铁的措施，强力推进以城乡危旧房隐患排查和治理改造、“四无”生产经营单位集中整治促进小微企业成长提升、违法建筑排查整治和拆除、城中村改造、流动人口管理、“居住出租房、合用场所、民宿”消防安全整治、市区旧市场搬迁整治提升、双屿综合整治等八大行动为主要内容的“大拆大整”专项行动，义无反顾地向各类乱象开刀，以坚定果敢的行动开辟温州转型发展新天地。18日上午，钱三雄副书记又专程到市局，就公安机关负责的流动人口管理、消防安全整治工作进行调研指导，提出了明确要求。

10月18日下午，省委召开第三届世界互联网大会动员部署暨维稳安保工作会议，省委副书记、政法委书记王辉忠明确提出了“八个绝不发生”“三个确保”的目标，并强调，要站在巩固G20杭州峰会成果、维护浙江良好形象的高度，坚决克服松懈和麻痹思想，层层落实维稳安保各项任务和责任，确保力量到位、措施到位、责任到位。要以网格为单位开展矛盾纠纷彻底排摸和集中攻坚化解，把矛盾排查化解工作做到位；要围绕人员密集场所、治安重点地区、重点行业、公共交通工具等开展治安问题、生产安全、公共安全大整治，把公共安全防范工作做到位；要立足技术支撑防范，补齐网络安全问题短板，把网络安全工作做到位；要强化专群结合的力量保障、运转顺畅的机制保障、科技支撑的装备保障，把综合保障工作做到位。会后，市委立即召开续会，钱三雄副书记就抓好贯彻落实进行了部署，要求坚决做到“北京不去人、桐乡不去人、温州不出事”。

今天上午，省厅召开全省公安机关G20杭州峰会安保工作总结表彰暨第五次市、县公安局长交流会。徐加爱厅长强调，全省公安机关要把圆满完成峰会安保任务的自豪感和自信心转化为推进各项公安工作的强大动力，认真贯彻落实全国社会治安综合治理创新工作会议和全国公安厅局长座谈会精神，积极适应经济社会发展新形势，紧紧围绕维护国家安全和社会稳定总任务，牢牢把握推进国家治理体系和治理能力现代化总要求，紧密结合全面深化公安改革，大力推进“四项建设”，坚持改革引领、创新驱动，不断固化成果、完善机制，抢抓机遇、乘势而上，推动浙江公安工作和队伍建设实现“保三争一、勇立潮头”，努力为党和人民再立新功。会议就做好下步峰会经验总结、机制提升等工作提出了7个方面具体要求。

上述会议特别是各位领导同志的指示精神非常重要，全市公安机关一定要深入学习领会，作为推进下步公安工作的方向指引和强大动力，全面抓好贯彻落实。

今年以来，全市公安机关在省厅和市委、市政府的坚强领导下，以G20杭州峰会安保为核心，全面强化各项公安工作和队伍建设，有效防控各类风险隐患，有力维护了全市社会政治稳定和治安平稳。特别是在G20杭州峰会安保这场近年来任务最重、挑战最多、要求最高、难度最大、时间最长的重大战役中，全市公安机关和广大公安民警、现役部队官兵、辅警坚持高标准定位、高强度作战、高质量落实，不辱使命、不负重托，出色完成了任务，顺利通过了大考，而且考出了高分，实现了“五个坚决防止”“三个确保”和“不去杭州惹事、本地不出事、绝对不出大事”的目标。具体工作情况及成效刚才江晖同志已作了总结，我不再重复。我市公安赴杭特援队的工作得到了孟建柱、栗战书、杨洁篪、郭声琨等中央领导的赞扬；“810”专案处置工作得到省委夏宝龙书记点名表扬；涉疆关注人群管控、旅客身份核验和实名登记、危险物品物联网监控、“寄递哥”APP采集等工作得到省委王辉忠副书记、省厅徐加爱厅长等领导充分肯定；市委徐立毅书记对我们整个安保工作也作出了“难能可贵，值得充分肯定”的重要批示。峰会安保的圆满成功，是各级党委、政府和上级公安机关高度重视、正确领导的结果，是各有关部门协同作战、全市干部群众大力支持的结果，是全市广大参战民警、现役部队官兵、辅警、治安积极分子尽责担当、顽强拼搏的结果。这也再次充分证明全市各级公安机关领导班子和全体民警、现役部队官兵是有强大凝聚力、战斗力的忠诚警队、血性警队、尖刀警队、铁纪警队。需要说明的是，由于表彰奖励的名额有规定限制，我们只能选一批代表进行表彰，但峰会安保的成功，所有参战队伍、参战人员包括间接作出贡献的人员都有功劳。这里，我代表市局党委，除了向受到省委、市委、公安部、省厅以及刚才市局表彰的先进集体和个人表示热烈祝贺外，也要向奋战在G20杭州峰会安保各条战线的全市广大公安民警、现役部队官兵、协辅警，并通过你们向默默地在背后支持你们、同样作出无私奉献的家属们表示诚挚问候和崇高敬意！

对于全市公安业务工作和队伍建设来说，G20杭州峰会安保既是一次综合检验，更是一次有力地促进和提升，带来的红利是巨大的。比如，在安保工作中，我们不惧艰险、迎难而上，把一些原来认为不可能或者很难做到的事变成了可能，这有利于增强我们在今后工作中攻坚克难、敢拼敢赢的自信和决心；我们坚持底线思维、问题导向，不仅消除了大量风险隐患，带来了近年来社会治安的最佳状态，而且全方位夯实了基层基础，带来了治安掌控能力的明显提升，为进一步维护好全市社会和谐稳定打下了坚实基础；我们积极改革创新，大胆探索实践，形成了一批行之有效的成功做法和经验，为进一步深化公安改革、提高社会治理社会化、法治化、智能化、专业化水平提供了有益借鉴；我们忠诚履职、勇于担当，公安队伍在实战中经受了洗礼、砥砺了意志、锤炼了作风、提升了能力，为进一步做好各项公安工作提供了更加坚强的保证。我认为，打赢峰会安保这场大仗硬仗当然可喜可贺，值得欢呼、值得庆祝，而通过安保带来的公安工作理念、机制、方法、手段创新，带来的队伍能力、水平的提升和作风的转变，特别是形成的“G20安保精神”，对我市公安事业的发展则具有更加重大而深远的意义，犹为可贵，犹要倍加珍惜，并务必转化为常态长效机制，不断巩固和扩大峰会安保效应。

同时，我们也要看到，虽然通过G20安保这个熔炉的改造，公安工作和队伍建设都取得了明显进步，但与我市的敌情、社情、民情、警情相比，基层基础较为薄弱的状况尚未得到彻底改观，涉疆、涉恐、涉宗、涉毒、涉黑恶霸等问题和金融、安全生产、通讯网络等领域风险隐患仍然大量存在，社会治安形势仍比较脆弱。从刚才沈强和李伟同志点评的情况看，我们的工作还存在情指衔接、情行衔接、打防衔接不够紧密，区域联动、部门协作、警种合成不够有力，基础排查、矛盾化解、隐患消除等工作落实不够到位，以及执法执勤不够理性平和文明规范的问题，民警违法违纪问题屡禁不止，队伍精气神有待进一步提高。对此，各地公安机关和各警种、各部门特别是领导同志，一定要保持清醒认识，引起足够重视。

今年只剩下70几天时间，但摆在我们面前的任务十分繁重艰巨。不论是党的十八届六中全会和第三届世界互联网大会的安保工作、还是全市“大拆大整”专项行动中公安机关的职责任务，不论是年初市局党委各项既定目标的实现，还是后峰会时期相关工作机制的建立完善，都要求我们必须打起十二分精神，发扬连续作战、团结拼搏的作风，奋力冲刺，努力取得全年红、满堂红。关于后峰会特别是第四季度工作，总的要求是紧扣一个目标、守牢两条底线：“一个目标”就是各项工作要走在前列，其中党委政府年度绩效考核保持一等；全面助力平安大市考核实现“保6争3”，公安口不出“一票否决”事项；打黑除恶、打侵财（打盗抢骗）、打假、禁毒打击、追逃、缉枪治爆等专项行动考核在全省要数一数二。“两条底线”就是不能发生影响恶劣的重特大案事件和队伍重大违法违纪问题。下面，我简单提四点要求。

一、增强大局意识，全力护航党政中心工作

公安机关的性质、任务决定了必须坚持围绕中心、服务大局，自觉把公安工作放到经济社会发展大局中去谋划和推进，做到党政有呼、公安必应。当前，摆在我们面前的一个重要任务，就是要坚决贯彻落实市委、市政府的决策部署，以公安机关牵头负责的流动人口管理、“居住出租房、合用场所、民宿”消防安全整治为重点，全力投入“大拆大整”专项行动，做到认识要高、推进要快、力度要大、排查要细、问责要严、效果要好。要统一思想认识，强化组织领导。以大讨论开路，充分认识开展的“大拆大整”专项行动的重要性、必要性和紧迫性，形成共识、凝聚力量。要加强组织保障，市、县两级公安机关“一把手”负总责，分管局长和主管警种具体负责；各相关警种要协同配合，形成行动协同体系，督察、督办部门牵头加强督导落实，建立问题通报和问责机制，行动成效纳入今年和明年年度考核。同时，要有机遇意识，充分借鉴G20杭州峰会安保的成功经验，乘势推动流动人口、出租房管理这一难点与重点的工作成效，夯实基层基础。要全面排查整治，强化刚性执法。要围绕“今年年底初见成效、明年上半年大见成效”的目标，排出“任务书、时间表、作战图”，义无反顾地向各类乱象开刀，以摧枯拉朽之势迅速全面地组织开展排查整治工作。对排查发现的问题，坚决依法依规整治，该拘留的拘留、该重罚的重罚、该查封的查封。要防控风险隐患，强化服务保障。全市公安机关在抓好牵头负责的两个专项工作的基础上，要充分估计、主动研究专项行动可能带来的涉稳风险，做到提前研判、提前预警，全力为专项行动提供服务保障；要积极应对“大拆大整”专项行动对社会治安带来的冲击，进一步加大社会面管控力度，做到严打、严防、严管、严控，切实维护社会治安平稳。

同时，要继续围绕“三改一拆”“五水共治”、金融、重点工程建设、换届选举等党委、政府重点工作，发挥好公安机关的清障护航作用，依法严厉查处各类违法犯罪行为，深化打霸打恶打闹工作。妥善做好泰顺雅阳涉宗问题处置和苍南三澳核电站执法保障工作，深入推进城市治乱特别是“乱停车”整治，并以此为契机提高道路交通管理精细化水平。

二、紧扣公安主业，全力维护社会大局稳定

全市公安机关要围绕后峰会时期社会治安形势和特点，紧盯各个重点领域，全面落实各项打防管控举措，全力消除各类风险隐患，确保社会治安大局始终保持平稳有序。当前重点要抓好三项工作：

一要全力做好重大活动安全保卫工作。党的十八届六中全会和第三届世界互联网大会的安保工作，是G20杭州峰会之后我们面临的第一场战役，同样只许成功、不许失败。各地、各部门要紧绷稳定这根弦，严格参照G20杭州峰会安保工作标准，全力做好各项安保维稳工作。特别是要按照反恐力度只能加强不能减弱的要求，进一步强化“四见面”“情报线索不过夜”“一把手审签”等机制，确保情况见底、心中有底、绝不漏底。要突出重点人、物、场所、部位等治安管理要素，大力加强情报信息工作，严格落实防范管理措施，确保实现“北京不去人、桐乡不去人、本地不出事”。同时，还要做好温州马拉松大赛、美国旅游作家协会2016温州年会等重大活动安保工作，宁可把情况想得复杂一些、把问题估计得严重一些、把准备工作做得更充分一些。

二要持续加大对各类犯罪的打击力度。打击作为公安机关维护社会治安的重要抓手，在任何时候都不能放松，特别是针对温州复杂的治安实际，打击这一手要进一步予以加强。要紧紧围绕公安部和省厅部署的专项行动，切实拿出大户担当，负起大户责任，发挥大户作用，以全省数一数二为目标，努力夺取各个专项绩效优胜。这个标准只能提高，不能降低，特别是以往成绩连续第一的专项行动，要继续保持连胜。负有专项行动主责的部门要就年底冲刺研究制定工作方案，列出任务清单，采用倒计时的方式倒逼目标完成。市局办公室要对各部门推进计划和进展情况定期开展督查通报，对进展缓慢或节点进度不达标的要紧盯不放、限时整改，并视情追责。各县（市、区）公安局也要加强研究，强势推进、高标落实，争取为全市多作贡献。当前，尤其要高度重视打侵财工作，特别是要加大电信网络新型违法犯罪的打防力度，进一步做强反诈中心，提升合成作战能力，扩大宣传防范成效，更大幅度地降低发案。

三要坚决防止发生重特大安全事故。各地、各部门要始终高度重视平安创建工作，绝不允许平安创建在公安口失大分、出岔子。从前几年我市平安创建失利情况看，往往出在“一票否决”情况上，特别是交通、消防安全事故是平安创建最危险的两个因素，也是最让人不放心的两个方面。事故的发生是有概率的，只要责任落地、措施落实，发生事故的概率就会大大减少，甚至消除。因此，全市公安机关要紧盯“控大”目标，进一步强化源头防范、隐患整治、行业监管工作，最大限度地消除各类风险隐患，坚决杜绝“一票否决”事项的发生。

三、固化安保经验，全力提升公安工作水平

峰会安保既是一份宝贵的财富，更是一次难得的机遇。哪个地方抓住了，哪个地方就有大的发展。如果温州公安不把握机遇，温州公安工作就会落后于人，就会失去一次腾飞的机会；抓住了，温州公安工作就有长远发展的扎实基础。各地各部门一定要抓住机会，乘势而上，巩固峰会安保经验，扩大峰会安保效益，全力推动我市公安工作上一个新的台阶。

一要固化安保机制。要在深入总结峰会安保经验的基础上，及时固化为机制、制度，使之成为常态长效工作。会前，市局梳理了部分在峰会安保工作中推出的行之有效的机制，并专门下发了通知，要求对这些机制进行固化和完善。各相关部门要高度重视此项工作，认真组织研究，确保峰会安保经验能够转化为常态工作机制，并形成完善的工作体系，推动公安工作水平的全面提升。

二要做强治理格局。此次峰会安保的最大成果之一就是有力推动了各个部门共同参与，破解了以往公安机关单打独斗的被动局面，形成了“党委领导、政府负责、部门联动、社会参与”的工作格局。这种格局来之不易，我们一定要倍加珍惜，绝不能“昙花一现”。9月22日，市委副书记、政法委书记钱三雄在市局报送的G20安保工作经验上批示:这一材料同时请政法委认真研究，成为G20维稳经验中的主要成分，在下一步工作中予以固化落实。全市公安机关要借此有利契机，紧紧依靠党委政府，推动建立常态的社会治安治理格局和责任体系，并将这种责任体系变成常态性的要求，纳入对部门乡镇的考核、平安考核和综治考核，健全倒查追责机制，推动维稳工作落到基层、落到实处。

三要推动警务创新。温州作为最早沿海改革开放城市之一，素有敢闯敢试、敢为人先的精神。温州公安也一直秉持着敢想敢干的改革精神，许多经验和做法领先于全省乃至全国。可以说，温州公安创新有良好的基础和氛围。全市公安机关要进一步积极推动理念、制度、机制、方法创新，不断提高公安机关社会治理社会化、法治化、智能化、专业化水平。对于警灯工程、物联网、大情报、合成作战等一批已经形成的工作品牌，要以实效和长效为检验标准，进一步总结好、发扬好，下一步市局也将出台进一步完善的意见。同时，要以警务创新大赛为载体，鼓励基层大胆探索实践，努力打造更多的温州公安品牌。

四、紧抓队伍根本，全力提升队伍精气神

队伍是根本，也是保障。各地、各部门一定要始终重视队伍建设，从严抓好队伍管理，坚决防止发生队伍重大违法违纪问题。一旦发生，市局将严肃追责问责，情节严重的对年度工作绩效一票否决。重点要抓好四项工作：

一是以“无限忠诚”为要求，不断深化思想政治教育。要把思想政治工作始终放在队伍建设的首位，把对党忠诚作为第一要求，持续深入地开展好“两学一做”学习教育和“无限忠诚•走在前列”主题教育实践活动。要突出关键少数，抓好各级公安机关党委班子建设，不断增强凝聚力、创造力、战斗力。因此，各级公安领导干部特别是班子成员要大胆喊响“向我看齐”的口号，带头讲规矩、树正气，切实落实民主集中制，共同维护好集体权威和班子团结，带头贯彻执行集体决定。各地、各部门要自觉与市局党委保持高度一致，确保执行不打折、不延误、不走样。要带头讲团结、重协作，团结是党的生命，是一个干部觉悟、能力、品质的一个集中体现。各级党委班子要相互支持、相互补台，要同心同德、同向同行地做好工作，共同营造和衷共济、和谐共治的氛围，真正打响做强温州公安这支优秀“团队”。

二是以“抓早抓小”为原则，持续加大正风肃纪力度。要秉持“严是爱、松是害”的理念，强化底线意识和党纪政纪警纪教育，注重日常监督，防止抓大放小、重大轻小的思想，变事后追责为事前监督、提醒，确保民警不掉队、不落伍。要认真抓好“两类违规”的治理，严肃查处少数公安民警违规从事营利活动、利用职权职务影响为家属及特定关系人的经营活动谋取利益的违纪行为，健全完善严禁“两类违规”问题的制度体系，进一步纯洁公安队伍。纪委要牵头抓好这项工作，全体民警逐人签订承诺书。近期开展的车改工作同样事关作风建设和公安形象，全局上下要按照从严从紧、应改尽改的原则，切实加强执法执勤用车管理，坚决不踩红线。

三是以“爱警惠警”为根本，综合落实从优待警措施。各级公安领导干部要设身处地理解民警的不易，感同身受地体谅基层的辛苦，多渠道、多形式地给予民警体恤和关爱。要给民警舞台，健全公平公正选人用人机制，坚持凭实绩进步，重平时、重能力，切实把有开拓精神、工作实绩突出、群众公认的优秀干部选拔推荐上来。要加大干部交流、锻炼等培养力度，创造能干肯干的人有奔头的氛围。要给民警保障，在现有的政策条件下，积极争取更多的爱警惠警举措，并通过形式多样的警营文化建设，打造真正的温暖警营，切实增强民警的认同感、归属感；同时，要更加注重科学用警，把关爱民警健康放在重要位置，适度用警、效率用警，避免无谓的过度劳动，要让民警的每一份付出都是值得、恰当的。要给民警保护，在提升民警的自我保护能力的同时，更加注重民警的权益维护，坚决依法查处暴力抗法、袭击民警等不法行为。广大民警特别是基层一线民警也要增强自我防范意识，提高规范执法和安全执法能力。

四是以“专家能手”为标杆，不断提升民警素质能力。要始终高度重视民警教育培训工作，引导民警树立终身学习的理念，建立健全分层分类培训机制，做实基础训练、做强发展训练。要注重教育培训创新，进一步优化专业训练积分制训练模式。要拓展警务交流渠道，开展干部互派锻炼、交流考察、送教上门、跟班作业等工作。要以实战为聚焦点、落脚点，组织开展警务实战技能训练和警种竞赛比武，全面提升民警应对实战的能力。要注重尖子人才的发展培养，让其有充分的施展空间。对此，政治部要积极研究，建立人才储备制度，搭建人才精英库，培育更多的高精尖专家型人才，并充分发挥人才的引领带动作用。

同志们，年度冲刺的号角已经吹响，希望全市公安机关戮力同心、奋力拼搏，全力投入四季度冲刺战，努力取得更大更好战果，为创建更高水平的平安大市作出新的更大的贡献！

2016年全市公安工作综述

2016年，全市公安机关在市委市政府和省公安厅的坚强领导下，以习近平总书记系列重要讲话精神为指引，深入学习贯彻党的十八大及历次全会精神、省委和市委全会精神，以G20杭州峰会安保工作为主线，以全面深化公安改革为动力，忠诚履职、勤勉履职、依法履职、廉洁履职，有效担负起维护国家安全和社会稳定、促进社会公平正义、保障人民安居乐业的职责使命，各项公安工作和队伍建设取得了累累硕果，不少工作绩效走在全省乃至全国前列。

一、戮力同心，负重拼搏，实现了G20杭州峰会等安保完胜

全市公安机关严格按照省公安厅和市委市政府的总体部署，顶住高压、迎难而上，全警作战、上下同欲，全力打好G20杭州峰会、世界互联网大会等安保攻坚战，向党和人民交出了一份满意的答卷。尤其是在G20杭州峰会安保这场近年来任务最重、挑战最多、要求最高、难度最大、时间最长的重大战役中，全市公安机关和广大公安民警、现役部队官兵、辅警坚持高标准定位、高强度作战、高质量落实，不辱使命、不负重托，出色完成了任务，顺利通过了大考，而且考出了高分，实现了“五个坚决防止”“三个确保”和“不去杭州惹事、本地不出事、绝对不出大事”的目标，得到公安部、省委、省公安厅和市委主要领导的多次批示肯定，包括市局在内的6个单位和28名个人受到省委、省政府表彰，赴杭特援队和2名同志被荣记一等功，46个集体和145名民警获得三等功以上奖励。

（一）**组织保障到位，做到了运筹帷幄。**市委市政府高度重视G20安保工作，成立由钱三雄副书记任组长的统筹协调领导小组，突出公安机关主力军作用，将公安安保与党政维稳统筹部署、同频落实，形成“党政重视、公安主力”的安保格局。市县两级公安机关均成立以一把手为组长的领导小组，并以此为核心建立“一部一办七专班”战时勤务指挥模式，所有局领导参加，全体民警在列。同时，积极做好协助任务，按照优中选优、精中选精的标准，抽调选拔全市精干警力1600名，组成赴杭特援队。

（二）**社会管控到位，夯实了打赢底气。**以全省率先开展的基础排查管控专项行动为抓手，狠抓重点人、事、地、物、网等基本要素管控，实现了“六大重点、15项具体工作和每项工作达到100%”的目标。同时，根据峰会安保实际，梯次提升社会治安防控等级响应，开展清查整治统一行动，通过严打、严查、严控、严防，切实强化社会面管控。安保期间，我市社会面保持平稳，社会治安达到近年来最佳状况，刑事和治安类警情同比分别下降30%和20%以上，各类警情均大幅下降。

（三）**安保联动到位，筑就了铜墙铁壁。**强力推进警种联动，武警支队积极参与重点部位的武装联勤，边防支队深入推进“净岛”“净港”系列沿海管控行动，省厅高速总队温州支队积极开展高速公路安检查控，共同确保了峰会安保的万无一失和绝对安全。强力推进区域联动，全力打好在温与在杭两条战线，在温战线共检查离温赴杭车辆10.2万辆、人员37.2万人，查获违法犯罪嫌疑人181人，没有让一名危险人、危险物流入杭州；在杭战线查获各类违禁物品224个，截获各类重点人员236人，消除各类隐患460个，为峰会安保筑牢防线，确保峰会安保“牢不可破”。强力推进部门联动，在党委政府的重视推动下，全市公安机关和各部门同心同力投入安保工作，有效破解了以往公安机关单打独斗的尴尬局面，形成了党政领导、公安主力、属地街道负责的工作态势，推动了主管责任、监管责任、执法责任的责任体系形成及落实，构建了全市上下齐抓共管的社会治理格局。安保期间，多次开展联合安保检查，尤其是向邮

政部门移交案件135起，查处多次违规企业8家。

二、主动作为，勇于担当，实现了维稳护航高效有为

自觉把公安工作纳入党委政府中心工作，时刻保持同频共振、同音共鸣，为我市转型发展提供强有力的保障。

（一）依法维稳，守牢底线。（略）

（二）有呼必应，护航发展。一是全力护航中心工作。立足公安机关职能，强势推进“大拆大整”专项行动，在册流动人口较9月20日减少26.15万人，下降7.43%；整治出租房、合用场所、民宿14.97万家；平稳处置因专项行动引发的聚集、纠纷、阻扰等事件205起。全程做好“三改一拆”执法保障工作，查处阻碍行政执法案件15起，采取刑事措施3人，治安拘留14人。深化“河道警长”制，水环境犯罪打击成效明显，全年共刑拘460人、治安拘留18人。二是全力开展清障护航。消除村级组织换届选举各类治安隐患，共排出重点村居534个，排出可能干扰破坏换届选举的重点人员206人，查破破坏选举案件2起。强力推进“项目警官”制，确保全市508个省、市重点工程和温商回归项目无障碍施工。以“两打两治”为抓手，铁腕治理“恶、霸、闹、防”等社会顽疾，共打击处理720人、团伙11个。三是全力维护金融稳定。主动研究经济运行新趋势，切实增强工作前瞻性，进一步加大打击恶意逃废债行为、互联网金融风险防范、串投标犯罪打击、“治赖”追逃等工作力度，查处骗取贷款、贷款诈骗、信用卡诈骗等逃废债案件689起，同比上升135.55%；破获查处互联网金融领域非法集资案件15起、串通投标案件16起，抓获各类“治赖”逃犯480多名，全力维护温州金融生态和“温商”信用体系。四是全力投入救灾救援。始终把人民群众的利益置于首位，视灾情为警情，视险情为命令，全力参与各项救灾救援工作。全力做好抗台抢险，全警参战，抗击14号台风“莫兰蒂”和17号台风“鲇鱼”，尤其是在抗击17号台风“鲇鱼”过程中，参战民警发扬连续作战作风，共转移群众346727人次，解救受困群众3315人。全力做好应急救援，第一时间投入鹿城双屿农民自建房倒塌事故救援工作，先后派出公安、消防等救援力量700余人赴现场开展救援，共从现场搜救出28名受困群众，其中6人无生命危险，遇难22人。全力做好日常救助，全年共接受群众落水遇险救助261次救起20人，成功劝阻跳江（河）自杀 114人。

（三）管控风险，清朗网络。牢固树立“没有网络安全就没有国家安全”“网络和信息安全牵涉到国家安全和社会稳定”的理念，不断强化网络风险管控，实现了全年网络安全案事件“零发生”。加强政务网络监管，全省首创网络安全管理执法工作体系，发现安全漏洞7万余个，消除网络安全隐患5214个，发放责令整改通知书858份。完善网络舆情管控和情报搜集模式，编报各类情报信息7000余篇，成功处置 “莫兰蒂”台风、苍南核电站等重大网络舆情案事件190起，处置数全省第一。保持对网络谣言的严打态势，共查处相关案件84起，刑拘2人，行政处罚84人，教育训诫200余人次，确保有效管控本地网络舆情。深化网络巡查执法，全年发布警示宣传1669条，处置各类违法有害信息2371条，处置率达到100%。

三、重拳出击，依法治理，实现了社会治安持续向好

强化打防管控各项基本策略，社会治安趋向良性发展，人民群众的安全感、满意度持续提升。

（一）破案打击更加高效。坚决落实“命案必破、重案快破、财案多破、黑恶必打”的要求，全年刑事案件破案数和刑拘数两项绝对数均列全省第一，打黑除恶、打侵财、打击盗销电动车、打假、打击地下钱庄、打击“食药环”、打击网络侵犯公民个人信息、打击黄赌毒等多项指标位列全省第一。攻坚克难破“大案”。强化合成作战、多警种同步上案，加大对命案、劫持、持枪、涉爆等严重暴力犯罪的快侦快破，命案发66起破65起，另破命案积案13起，占全省48%。五类案件共发204起，同比下降18.73%，破184起，破案率90.22%，为历年最好成绩。快侦快破了一批有影响力大要案件如“1·18”乐清杀害出租车司机案、“2·9”瑞安涉枪命案、“5·17”鹿城绑架案、“12·19”瓯海抢劫强奸杀人案等。重拳出击除“黑恶”。进一步完善打黑架构，拓展线索排摸渠道，实施下打一级、异地用警、驻点打黑策略，全面提升打黑质效，打黑绩效连续五年位列全省第一。全年全市共摧毁黑社会性质组织6个，占全省70%以上，绝对数居全省第一；打掉黑恶团伙302个，同比上升15.64%；侦破涉黑恶案件1480起，同比上升4.21%；

抓获黑恶人员2192名，同比上升41.23%。时刻紧盯打“侵财”。进一步完善线索发现、信息研判、审讯深挖等多环节合成，全面提升侵财打击的规模化效益。全年共刑拘侵财对象7091名、占全省的18.26%,位居全省第一；共起诉侵财对象6387名，绝对数和升幅列全省同类地区第一。特别是依托合成作战成功侦办了全国闻名的“1·25”“6·25”特大通讯（网络）诈骗案件、“10·8”淘宝代运营案件，分别归案28名、111名、285名对象。创新模式反“电诈”。全市依托“综治牵头、中心主抓、部门参与、市县联动”的反诈体系，全力开展处置、宣传、打击等工作，取得了“一降五升”成效。全年通讯（网络）诈骗发案15226起，同比下降13.14%，近三年首次实现全年负增长，“伪基站”案件自5月份至今零发案；止损6852万、封堵通讯号25405个、权威宣传780余篇、打处对象1420名、群众举报数12498条，同比分别上升10倍、70倍、10倍、3倍、30倍。强势打击“食药环”。坚持以百姓日益关注的食品、药品、环境安全等新民生问题为切入点，深入开展“清水蓝天”等专项行动，全市食药犯罪刑事打处数506人、同比上升了1.4%，环境犯罪刑事打处数704人、同比去年上升了38.1%，食药环犯罪打处总数占全省总数的1/4。由市局发起的打击“餐厨回收油（口水油）非法加工食用油”集群战役，成效显著，受到了省公安厅主要领导批示肯定。集中围剿“黄赌毒”。紧盯黄赌热点问题和重点区域，开展涉黄赌问题场所专项打击整治等系列行动，全年共破获黄赌犯罪案件1143起，采取刑事强制措施2906人，黄赌犯罪打处数占全省21.3%；共侦破毒品刑事案件1431起，抓获毒品犯罪嫌疑人1815名，移诉毒品犯罪嫌疑人1587名，缴获各类毒品82.9千克，查处吸毒人员8114人次，强制隔离戒毒3251名，禁毒各项打处绝对数均居全省第一。如瓯海分局连续破获3起贩卖冰毒3公斤级以上，瑞安市局接连侦破2起贩卖冰毒12公斤级以上的毒品案件。高压严打经济犯罪。全市共破经济犯罪案件956起、同比上升30.96%，移送起诉936人、同比上升15%。“猎狐”境外追逃抓获数和综合绩效连续两年全省第一，全年共抓获、劝返在逃境外经济犯罪嫌疑人33名，缉捕率超40%；打假行动实现全省“四连冠”，全年共破案105起，发起全国集群战役7起，占全省50%以上；打击地下钱庄行动综合成效全省“两连冠”，全年破案100余起，抓获犯罪嫌疑人90多名，涉案金额350多亿元；“云剑-2016”专项行动成效全省第一。全力以赴抓“追逃”。坚持“逃犯必追”理念，拓展刑事技术、人脸比对等追逃渠道，全面提升追逃效能。全市共抓获逃犯总数4437名，其中本市年前逃犯归案数1882名，抓获外地逃犯1173名，分别同比上升8.2%、31.9%、1.1%，占全省的25.1%、26.4%、18.4%，三项追逃绝对数居全省第一。

（二）**治安防控更有实效**。全面调动各方力量和资源，逐步构建起快速反应、路面巡防、虚拟管控、静态防控的全时空、多层次、立体化的社会治安防控格局。全年总警情同比下降18.8%，刑事警情同比下降16.8%，命案发案降至新低，“两抢”发案同比下降29.6%、零接警达83天，市区公交领域扒窃零警情达130天、再创历史新高。健全“135”快速反应机制。制定出台了《温州市公安局关于构建“135”快速反应作战圈的意见》，共建成“135”三级快速反应控制圈73个。同时，专门下发了《温州市公安局关于进一步强化落实“135”快速反应圈工作机制的通知》，强化日常对讲机点名抽检、实地明察暗访、模拟报警检查、结果上网通报，督促各地、各相关部门完善机制、抓好落实，全面提升了公安机关快速反应能力。健全路面巡防体系。坚持“民意导向、问题导向、结果导向”，召开全市“2.0版警灯工程”现场部署会，全面推进“警灯工程”升级建设，对全市5001个警灯工程值守岗亭，进行分级分类管理，群众认可度进一步增强，相关做法在全省综治会议上作典型交流。全年通过警灯工程抓获170人，其中逃犯57人；核录人员、车辆信息211万条；缴获管制刀具227把，赃物摩托车26辆、电动车339辆；现场帮助和解决群众求助26738起，调解矛盾纠纷10944起。健全虚拟管控模式。按照“建设升级、技术升级、管理升级、应用升级”的要求，在更高起点、更宽领域、更深层次上持续推进物联网治安管控工作，被公安部列为全国集成示范类科技成果项目和全国物联网技术示范应用基地。全市已累计建成了侦测基站、门禁设备、读卡器等感知终端3.2万余个，关联各类人员500万余人，物联网系统平台每天产生6000余万条信息，已累计获取数据232亿条。通过对积累的200多亿条轨迹信息的分析研判应用，全年通过“以卡管房”抓获违法犯罪嫌疑人120名，其中逃犯21名；通过“以卡管车”追缴电动车622辆，现场抓获346人。同时，不断拓展物联网技术在物联网安防小区等公共安全及失智老人寻找、肇事肇祸精神障碍患者行动轨迹感知等领域的应用，全市建成50个物联网安防小区，发放“安心手环”5846个，找回走失老人33人，找回率100%。健全静态防控机制。加快开发社区民警工作平台二期项目，创建社区民警菜单式工作任务清单，开发违法人员落脚点核查功能，并率先在龙湾开展试点工作。同时，制定下发《全市公安机关“三严行动”落脚点核查工作考评细则》，推动房屋标准地址的全警应用，倒逼社区民警落实落细各项基础管控工作。加大社区警务考评分值，制定出台社区警务工作考评办法和实施细则，有效提升了社区民警的见警率和满意率。

（三）**重点管理更显成效**。以探索建立科学高效的现代管理体系为目标，不断创新管理的方式和手段，实现了从经验管理向精细管理的转变。

1.确保重点人、物品、部位、行业管控到位。围绕基本治安要素，坚持严格管控，确保各类风险隐患及时发现、全面稳控、有效化解。严格重点人管控。全面落实重点人风险评估、分级定策和管控措施，其中A级重点人排查登记率、管控率达100%，抓获新疆籍暴恐逃犯1人；列管扬言报复社会极端行为人32名、肇事肇祸与危险性评估3级以上精神障碍患者1585名、扬言报复社会重点人32名；有效管控6655名在册流动吸毒人员、374名经侦重点人员、300余名重点敏感人员。严格重点物管控。加强枪爆危险物品的管控力度，以G20期间实名登记管控“十个一律”为抓手，严格落实涉危从业单位主体责任，对涉危单位开展地毯式隐患排查收缴工作，共收缴枪支608支，侦破刑事案件112起、治安案件504起；刑事处罚188人，治安处罚642人。严格重点部位管控。充分利用科技手段，在人流密集的重点部位及县市长途客运中心（站）共安装人脸抓拍比对设备372套、车辆轨迹抓拍设备215套，通过比对预警抓获各类逃犯35名，受到省平安办的充分肯定。同时，建立重点单位“三个三”内部安全保卫工作机制，明确保安力量配备、技防设施建设、违法违规处罚三项标准，强化部门联动、日常检查、隐患整改三项机制，落实单位主体、部门行业主管、公安内保业务归口三项责任。按照反恐防恐要求，组织人员对省级防恐袭击重点单位和各县市区2000多家医院、学校、金融、水电煤气、车站码头等治安重点单位，开展拉网式检查、对抗式暗访，全市共排摸重点单位2687家，督促整改隐患988家。严格重点行业管控。严格落实“实名收寄、开包验视、X光过机安检”三个百分百的标准，自主研发了寄递哥APP系统，抓获逃犯13人。全面落实散装汽油购销实名登记工作，在全市204家加油站全部安装散装汽油购销实名登记系统，预警前科劣迹人员93707余人次，通过后台预警抓获逃犯5人。推出旅馆等行业“四严”举措，对9家旅馆开出反恐罚单，行政处罚2561家次，取缔136家。推广应用民宿手机APP采集系统建设应用，完成我市756家民宿经营单位的备案工作。

2.确保交通、消防、监所安全监管有序。牢固树立安全红线意识，全面加强交通、消防、监管等安全管理，严守安全底线。坚持交通常态严管，全市交通事故四项指数继续全面下降，亡人事故起数、亡人数同比分别减少33起、33人，分别下降6.09%、5.88%，较大事故“零发案”。全力推进道路安全管理，狠抓酒驾、毒驾、超速超载等各类重点违法和风险隐患整治，全市查处交通违法556.2万起、同比上升28.9%，查处酒后驾驶13575起、醉酒3501起，同比分别上升29.5%、1.42%。打造重点车辆动态监管平台，强化对重点车辆、重点驾驶人的日常监管力度，大中型客车、校车的检验率、报废率均达到100%，淘汰黄标车及老旧车32100余辆，超额完成省政府下达的目标任务。全力强化交通治堵，大力开展城市“治乱”工作，打赢“乱停车、渣土车、电动车”三大整治战役，全年市区查处违法停车125.3万起、拖车10.3万辆，同比分别上升26.7%、21%；全市查扣非法加高拦板车辆3041辆，恢复非法加高拦板车辆1405辆；全市查处电动车各类违法44.3万起、同比上升243%，实现了城市交通秩序的根本好转，交通拥堵指数从整治前的全国第35名下降至第三季度的第66名，得到了市委主要领导的充分肯定。强化消防安全管理，全年火灾起数、亡人、伤人、财产损失同比分别下降49%、30%、82%、37%，降幅为近年来最大。以G20安保为契机，重点推进“五大领域”重点整治和“大拆大整”专项行动，集中攻坚出租房、合用场所、民宿、网店等隐患顽疾和省市县镇“四级政府挂牌”410家重大隐患单位，以及1处省级、51处市级重点隐患区域整改摘牌。全市累计整治出租房、合用场所和民宿消防安全隐患53.56万户，整治合格率96%；共检查单位21.4万家、查封3421家、三停1684家、罚款3303.9万、拘留2356人，“十项执法数据”6项全省第一、4项全省第二，拘留数占全省31.9%，执法力度全省第一。全省首创居住出租房、合用场所准入登记备案制，实施登记备案22.26万家。严格监所安全监管。全面加强公安监管工作，有效破解收押难、投监难、转送难、会见难等“四难”问题，全市公安监管场所累计收押56176人，实现全年安全“零事故”，历史性实现被监管人员“零病死”。市看守所紧盯监所医疗卫生安全，全面升级监所医疗保障力度，全年紧急处置危重病号17人次，诊治24148人次。市拘留所充分利用资源优势，建立各方参与、齐抓共管的社会矛盾化解“大格局”，全年成功化解社会矛盾76起，被评为全国拘留所矛盾化解工作成绩突出单位。戒毒所进一步完善深挖查证毒品违法犯罪工作新机制，全面强化狱侦破案工作，全年获取犯罪线索38条，破获各类案件13起，抓获违法犯罪嫌疑人14名。市监管医院收治全市重病刑事对象324名，有力服务一线、服务实战。

四、锐意进取，探索创新，实现了科技建设提档升级

着眼于长远发展，大力推进科技建设，推动公安工作向现代化、规范化方向迈进。

（一）情报应用创新拓展。不断深化“情报+”应用，全力实施“超级感知”计划，全面升级温州公安大情报建设。一是资源整合更优。大力度开展对特定人群信息、零散性社会信息的采集核录工作，全市利用移动警务终端核查117万人，是同期刑事治安接警数的4.6倍。同时，进一步规范公安外部资源整合类型和标准，完善信息资源整合长效协作机制，全市各级公安综合情报部门整合外部信息1亿条，采集零散性社会信息22万条。加快推进人力情报平台（二期）建设，全力提高情报服务领导决策和基层实战效能，全年利用人力情报协助打处各类违法犯罪嫌疑人9948人，破案7886起，管控重点人员3556人，协助处置各类涉稳、上访等事件4766起，化解各类矛盾纠纷3345件。二是专业研判更精。依托大情报平台分析研判功能，实现对预警逃犯、违法犯罪高危人员精确管理、精准打击，全市通过重点人员动态管控工作共抓获预警逃犯592人，打处重点人员（不含逃犯）5843人，下达研判指令1078条，抓获逃犯285人，打处625人。完善“二级四色”预警评估，全年下发社会治安预警评估通报61期。三是实战支撑更强。开通24小时服务热线，面向全局执法办案单位提供情报信息服务支撑，省、市、县三级平台全年共布控41670人次，打处对象422人，破获各类案件684起。通过多警种联动的基础数据监测、临控测试、预警管控、本地管控等途径，加大助推基层基础工作力度，全年共下达基础指令1302条，共对1240家旅馆和网吧进行治安处罚，基础指令查证率达到95.2%。

（二）四侦手段全面提升。坚持大数据战略下的刑侦、技侦、网侦、视侦等手段建设，实现四侦手段全面提升。刑侦建设全面提升。严格落实刑事技术“一长四必”，实现十五类案件技术室统勘、侵财案件现场必勘工作，提升了侵财类案物证提取、比对效能。全面深化刑事技术信息化，依托“四库合一”平台，主动融入合成作战，提升物证串并案工作，全年共串并案件561串共3202起，提供有效线索349条。拓展DNA混合斑迹拆分比对应用，提供有价值线索121起。技侦建设全面提升。创新完善“技侦—特侦”协作机制，大幅提升服务基层实战效能，协破案件量上升20%。技侦快速施工技术等5项新机制、新技术、新工具全国首创。技侦工作站运行机制在全国技侦系统推广。网侦建设全面提升。进一步提速“绿色”配侦通道，实现网安技术手段全辐射，全市网安共协查5000余起，同比增加11%。通过网站技术手段抓获CCIC逃犯1866名，实现全省十二连冠，在全国同类城市排名第一。开展网安大数据“打靶”行动，为实战单位提供180条精准案件线索。视侦建设全面提升。进一步优化视频监控资源配置，全市新建、改建视频监控6715个，全年任务超额完成100.22%。进一步提升视频监控实战效能，通过视频侦查破案达到47%，视侦技术真正成为破案的第一增长极。

（三）信息建设成效明显。以“166”科技信息化工作体系为工作主线，铺设科技信息化建设快车道，打造了信息警务“温州模式”。优化应用平台整合。开展新建系统应用整合，凡涉及派出所民警的应用系统，统一调用警综平台用户、机构和权限菜单。目前已开发整合部、省、市、县四级应用系统165个，共有十大方面338个功能模块1077个功能节点投入运行，建立地方、警种、个人工作门户共计70个，门户应用194个。其中，“三实有”管理模块成为全市社区民警工作唯一平台，入所人员核录模块切实解决了基础信息重复采集、多头录入等弊端，警务工作平台真正实现了“单点登录、一站应用”。实现数据汇聚整合。通过各类平台的整合集成，汇聚各类信息资源，形成信息处理与服务的“数据池”，现已经整合63类近35亿公安内部基础数据；接入115类4.3亿条政府部门数据；批量整合运输、快递、房产、卫生、社保、教育、水电、燃气等部门68类外部社会信息资源、时空类数据4类近900亿条。推进移动警务应用。结合安全管控要求，探索并建成了一个集移动警务开发规范、服务、管理和应用为一体的开放移动应用服务平台PSTORE。现已开发组件22个，上线应用42个，创新开发了警灯在线、社区警务、移动PGIS、NFC二代证等新型移动应用技术，全年累计核录人员、车辆信息1100余万条。

五、民意主导，改革创新，实现了自身建设长足进步

将民意作为一切公安工作的出发点和落脚点，真正以民意引领队伍建设、提升执法效能、融洽警民关系，实现政治素质和业务素质“双提升”、群众和民警“双满意”。

（一）以民意优化执法，实现执法更规范

以深化执法权力运行机制改革为核心，以完善执法管理体系为主线，以提升全市公安机关执法质量为目标，稳步开展各项工作，整体执法水平呈良性发展态势，全年共刑拘22379人，批捕10064人，移诉23036人。瓯海分局被评为“全国公安机关执法示范单位”。

1.推进执法运行机制改革。全面铺开受立案制度改革，市县两级公安机关均成立领导机构，制定完善相关制度，配备专门人员和硬件，确保了受立案改革工作的全面完成。强力推进“三位一体”执法管理机制建设，全市134个派出所已全部完成硬件建设，完成率为100%。推进案件繁简分流办理试点工作，在平阳试点轻微刑事案件快速办理的基础上，瓯海、瑞安、文成等地启动第二轮试点。同时，乐清市局的受立案制度改革、平阳县局的“认罪处罚从宽处理”和“刑拘直诉快速办理”机制、瑞安市局行政案件快速办理机制，先后得到公安部、省公安厅充分肯定。

2.推进执法办案体系建设。推进执法办案积分制落实，升级改造执法办案积分系统，实现积分与业绩挂钩，强势打造“又好又多又快”执法办案机制。积极拓宽执法公开渠道，将案件办理的进程和重点环节等公开信息通过短信、电话、书面等方式主动告知有关当事人，强力构建阳光执法体系。按照省厅的要求，在省厅执法办案平台上将行政处罚结果信息及时予以推送，全年共推送信息40226人次。

3.推进执法保障机制建设。把执法规范化建设与警务实战化应用紧密结合起来，依托轮训、比武等方式，积极推广案例式、互动式、情景式实战化教学。建设启用新执法办案应用系统，实现了案件在网上全程电子化流转。完善“两统一”工作机制，加强内部刑事执法办案监督。完善执法考评方式，通过突出重点案件评查、执法专项治理、执法安全管理、执法问题整改，实现了执法办案质量的切实提升。

（二）以民意改进服务，实现服务更便民

1.服务更加便民。全力推进网上办事大厅建设，实现140项非涉密行政许可和服务事项100%上网公开，网上可办事项达76.8%。全面推进“微警务”战略，打造“温州交警”微信2.0版，粉丝数突破300万，居全国公安政务微信第一位。出入境服务更加便民，积极开展派出所出入境证件受理试点，惠及2.58万群众就近办证；建成开通外国人管理综合服务平台省厅试点项目；推出24小时出入境证件自助受理项目，港澳再次签注实现“立等可取”，并在鹿城、瑞安、永嘉、苍南等地全面推广。全面启动户籍制度改革，发布《关于实施城乡统一户口登记制度的公告》，建立城乡统一的户口登记制度，全市户籍制度改革有序推进。同时，以户籍改革为契机，为群众解决历史遗留水上户口问题13起，梳理水上户口底册档案5083件。

2.沟通更加顺畅。建立和完善公安机关常年接访、定期约访、重点走访和领导下访的长效机制，尤其通过领导包大案、包难案，化解一批信访老户，全年共办结积案332起，办结率为91%，息访281起，息访率为77%。继续办好“警民时时通”等栏目，各级领导主动参与接听热线，与群众直接沟通，做到“件件有着落、事事有回音”。深化110接处警回访机制，接处警满意度在93%以上，受到了上级部门的充分认可和人民群众的一致好评。

3.互动更加紧密。联合市综治委等单位，围绕防范通讯网络诈骗、金融犯罪等群众关注问题，开展“安防进万家”百场系列活动，惠及全市100多个基层社区、医院、学校和企业的几十万基层群众，并利用微信等自媒体平台开展线上线下互动，受到群众广泛参与和好评。以“市民警校”为主载体，组织开展“学警日”“送教日”等活动，以学校与社会互动的形式，培养市民的安全防范能力，密切警民关系。专门聘请44名特邀监督员，定期不定期组织巡查、暗访，对各级公安机关执法情况进行监督，切实提高群众的安全感和满意度。

（三）以民意塑造队伍，实现队伍更和谐

1.政治建警铸警魂。始终将政治建警摆在首位，高标准、严要求开展“两学一做”学习教育和“无限忠诚•走在前列”主题教育实践活动，采取党委扩大会议、主题报告会、专家讲座等形式，第一时间组织系统学习贯彻习近平总书记系列重要讲话精神，用马克思主义最新理论成果武装全警头脑、推动各项工作。主动靠前强化意识形态教育，引导全体民警坚定对党忠诚的理想信念，自觉在思想上政治上行动上同以习近平总书记为核心的党中央保持高度一致。特别是G20杭州峰会和世界互联网大会安保期间，扎实开展战时思想政治工作，为圆满完成安保工作提供了强有力的组织和思想保障。

2.从严治警执铁纪。严格落实党风廉政建设党委主体责任和纪委监督责任，民警违纪案件数和人数同比分别下降28.6%和30.3%，受理涉警信访同比下降24.5%。深入开展民警“两类违规”问题全面清理工作，排出问题人员70多名并逐人落实整改，确保队伍“隐性问题”有效管控。加大经济责任审计力度，审计重心从机关向基层倾斜，审计重点从财务收支向执法活动财物管理转移，全年共组织实施审计项目295个，审计总金额12亿元，问责18人，开展审计约谈13次。先后制定出台或修订完善了党委工作规则、市局工作规则以及党委会、局长办公会议、局长专题会议议事规则，推出了《领导干部能上能下暂行规定》《领导干部分级问责办法》和“三包三连”机制、处（科）级干部述职述廉制度等，进一步强化对重点单位及领导干部的监督管理，全年共对6个单位的负责人进行约谈，对16个基层所队进行挂牌整改，对6名民警退回试聘，对3个单位开展驻点巡查，并调整了4名单位主要负责人。

3.素质强警提战力。紧紧围绕专业训练、发展训练、入警训练、晋升训练等四大基础训练，以执法规范化、警务实战化和警体达标为重点，训练基地建设为保障，扎实推进教育训练工作，市局机关全年共举办专业训练1456期，训练范围覆盖全警，其他各类培训18期，参训人数1247人次。同时，以“文化+”思维打造公安警营新生态，组织全市公安机关开展“美丽窗口、花园警队、文化警营”创建活动，积极构建绿色生态警营。

4.从优待警暖警心。汇编《温州公安民警优抚办理手册》，认真落实民警抚恤优待和因公负伤医疗费、人身意外伤害保险等政策，不断提高职业风险保障水平。加大政策落实力度，完成警衔补贴、加班补贴补发等工作，协调安排125名功模子女择优入读中小学校。G20安保期间，组织全市各级干部开展谈心、家访，及时掌握双警赴杭、家属生病、妻子怀孕、婚期临近等实际困难，对全市540多位参战民警进行专项慰问，累计发放慰问金近50万元。

5.宣传塑警树形象。突出典型示范作用，积极参与全省“千名好民警（协警）”宣传推广活动，筛选上报民警375人、协警14人。积极借助中央、省市级新闻媒体舆论平台，广泛协调市、县两级公安新闻宣传资源，以传统及新兴媒体为主要宣传平台，全方位对温州公安、温州警察进行宣传造势，全市在中央、省级电视媒体共报道各类专题80余部，其中联合央视《撒贝宁时间》，策划推广温州合成作战体系建设经验。

2017年，全市公安工作将深入贯彻党的十八大及历次全会特别是习近平总书记系列重要讲话精神，按照中央、省委政法工作会议和全国公安厅局长会议、全省公安工作会议及市委市政府的决策部署，紧紧围绕维护社会大局稳定这一基本任务、促进社会公平正义这一核心价值追求、保障人民安居乐业这一根本目标，切实增强风险意识、前列意识、亮剑意识、工匠意识，坚持全力维稳、精准护航、潜心筑基、铁纪铸警统筹推进，从严从实从细落实各项措施，主动预测预警预防各类风险，着力推进“实力公安、实效警务、实干警队”建设，为全市经济社会转型发展创造安全稳定的社会环境和公正规范的法治环境，以优异成绩迎接党的十九大胜利召开。

大事记

一　月

1月5日　市局召开2015年度县级公安机关“三确保、三创优、三创特”集中测评会　市委常委、公安局局长黄宝坤出席会议并讲话。市局党委副书记、常务副局长沈强对评分工作提出要求，各县（市、区）局（公安）分通过视频短片的形式汇报2015年“三确保、三创优、三创特”工作项目完成情况，专家评委按照评审规则对各县（市、区）公安局进行评审打分。

1月7日　市局参加全省公安系统全国青年文明号授牌仪式　省厅举办全省公安系统全国青年文明号、全国青年文明号创建活动成绩突出单位授牌仪式，省委常委、公安厅厅长刘力伟出席仪式并讲话。市局收容教育所等6个全国青年文明号新命名及创建活动成绩突出单位在会上受到表彰，市局收容教育所所长陈惠群代表全国青年文明号获奖集体作典型发言。

1月12日　第四届“双十佳”颁奖典礼举行　温州市第四届“十佳爱民警察”“十佳助警市民”颁奖典礼在温举行。市委常委、公安局局长黄宝坤以及市人大、市政协等领导出席观看典礼，并为授奖代表颁奖。市直机关各部门主要负责人及市局领导，离退休老干部代表，各县(市、区)政法委书记、公安局局长、政委、政治处主任，市局机关各部门、直属单位负责人以及民警、群众代表共300余人参加颁奖典礼。

1月12日　市局召开全市公安工作会议　市委常委、公安局局长黄宝坤出席会议并做全年公安工作报告，回顾总结2015年公安工作，分析面临的形势，全面部署2016年工作。市局党委副书记、常务副局长沈强主持会议并就会议贯彻落实和岁末年初各项重点工作进行部署。会议还表彰2015年度先进集体和个人。会议以电视电话会议形式开至县级公安机关，市局党委成员，市局机关各部门、直属单位负责人及班子成员，市局派出督察队队长，各县（市、区）公安（分）局局长、政委、政治处主任、办公室主任，市局部分科所队代表在主会场参加会议。各县（市、区）公安（分）局其他局领导、各科（所、队）负责人在各分会场参加会议。

1月11—13日　省厅党委委员、副厅长毛善恩到温州调研指导公安工作　省厅出入境管理局、高速交警总队、边防总队、交管局等部门负责人陪同到温州。市委常委、公安局局长黄宝坤陪同调研。调研期间，毛善恩一行先后到高速交警支队、边防检查站、交警支队指挥中心、市局出入境接待大厅、边防支队，乐清市局出入境管理大队、交警大队车管服务大厅、122交警指挥中心等单位，实地检查指导工作，分别听取市局及乐清市局的公安工作汇报。副厅长毛善恩肯定温州公安工作，并对下步交通管理、出入境管理等方面工作提出新的希望和要求。市局领导郑建国、胡松权、冯蒋龙、徐志宏，市局机关相关部门负责人陪同调研。

1月14日　浙江警察学院温州教学点举行2013级体改生毕业典礼　浙江警察学院党委书记、院长傅国良，副院长翁文到温州教学点出席浙江警察学院2013级体改生毕业典礼暨学士学位授予仪式。市局领导金凌森、杨枝立参加毕业典礼。仪式上，书记傅国良肯定2013级295名毕业生在校取得的成绩，并对毕业生提出4点希望。毕业典礼后，举行学士学位授予仪式，傅国良书记为毕业生颁发学位证书并合影留念。浙江警察学院相关人员参加典礼。

1月19日　市局召开“三严三实”专题民主生活会　市委常委、公安局局长黄宝坤出席会议并讲话。会上，局长黄宝坤回顾“三严三实”专题教育开展情况，肯定民主生活会的效果及2015年以来市局班子成员的工作成绩，并就下步工作强调4点意见。市局在家局领导，市局纪委、政治部、机关党委、办公室主要负责人出席会议。

1月21日　市局召开全市公安监管工作暨“两统一、一规范”现场会　省厅监管总队政委蔡高提、市局副局长胡松权参加会议。会上，副局长胡松权宣读市委常委、公安局局长黄宝坤的批示，肯定2015年全市公安监管工作成效，分析面临的形势和存在的问题，并就年度工作任务的落实强调10个方面的具体问题。蔡高提政委宣读省厅贺电，肯定温州监管及瓯海监管的工作成效，就下一步温州公安监管工作提出指导意见。会议还通报表扬2015年度全市公安监管部门先进集体和个人。与会人员实地参观瓯海区看守所，观看监所突发事件处置和安全管理相关视频，就如何加强和改进公安监管工作进行分组讨论。瓯海区委常委、公安分局局长黄伟军，各县（市、区）公安（分）局分管监管工作局领导，市局监管支队，全市公安监管场所主要领导，以及市法院、市检察院、武警支队和市局有关部门负责人参加会议。

1月22日　**市局召开“浙江骄傲”潘超俊先进事迹报告会**　市委常委、公安局局长黄宝坤出席会议并讲话，要求全市公安机关把潘超俊同志先进事迹和崇高精神作为教材，全力推动公安工作更好发展，并对工作提出3点要求。会议由市局党委委员、政治部主任李伟主持。在市局主会场，潘超俊的战友、亲人和他生前服务的群众，以及记者朋友从不同角度回顾潘超俊平凡而光荣的一生，展现英雄的先进事迹和高尚品格。市局在家局领导沈强、郑建国、叶望庆、冯蒋龙、金国平、金凌森、陈伟忠、徐志宏、邱溢鹏、陈先微及市局各部门、直属单位、警卫处、边防支队、消防支队主要负责人及民警代表共300余人在市局主会场参加报告会；市局交警支队、各县（市、区）公安（分）局、派出所民警代表在各分会场参加报告会。

1月25日　**市局召开全市公安交通管理工作暨2016年春运工作动员部署电视电话会议**　市委常委、公安局局长黄宝坤出席会议并讲话，肯定2015年交通管理工作，对下步工作提出指导意见。市局领导胡松权、徐志宏参加会议。会上，徐志宏支队长作题为《弘扬两大精神勇创五大标杆实现温州公安交通管理工作新跨越》工作报告。市局纪委监察室、政治部、办公室、指挥中心、警务保障部、治安支队、警务督察支队、法制支队、交通治安分局、机场分局、高速交警支队、温州南站派出所等部门负责人，交警支队全体副股级以上干部，民警代表及受表彰集体和个人代表在市局一号楼大会议室参加会议。各县（市）公安局分管领导，交警大队副股级以上干部及民警代表在各自分会场参加了会议。

1月26日　**市局召开老干部迎春通报会**　市局党委副书记、常务副局长沈强向老干部通报2015年公安工作和队伍建设情况，对离退休老干部关心和支持温州公安事业表示感谢，并致以节日祝愿。通报会由市局党委委员、政治部主任李伟主持，市局在家的局领导出席会议。市局机关离退休老干部230余人参加通报会。

1月26日　**市局领导到医院看望慰问在执勤中受伤的同志**　市局副局长胡松权，市局党委委员、政治部主任李伟，市局党委委员、交警支队长徐志宏在交警支队相关负责人的陪同下，到医院看望慰问在路面执勤时受伤的苍南大队民警兰准銮。

1月27日　**市局召开全市公安队伍建设会议**　市委常委、公安局局长黄宝坤出席会议并讲话，回顾总结2015年度全市公安队伍建设工作，客观分析公安队伍存在问题和面临形势，全面部署2016年公安队伍建设工作。市局党委副书记、常务副局长沈强主持会议并作会议小结。市局党委委员、纪委书记曾绪贤，市局党委委员、政治部主任李伟分别就全市公安反腐倡廉工作和公安政治工作作报告。会议同时展播“美丽窗口、花园警队、文化警营”创建活动视频。市局在家领导，市局各部门、直属单位主要负责人，边防、消防、警卫、交警纪委书记、政治处主任，刑侦、特警、技侦政治处主任，纪委（监察）室主任以上干部，政治部、督察支队、审计处副处长（副支队长）以上干部，市局派出督察队队长以及各县（市、区）公安（分）局政委、纪委书记、政治处主任在市局主会场参加会议。各县（市、区）公安（分）局班子成员及机关各科队（室）主要负责人，政治处、纪委全体民警在各地分会场参加会议。

1月27日　**市局召开物联网治安管控暨“警灯工程”建设工作部署会**　市委常委、公安局局长黄宝坤出席会议并讲话，市局副局长冯蒋龙主持会议并对温州物联网治安管控、“警灯工程”建设工作进行总结部署。市局有关部门、直属单位主要负责人，各县（市、区）公安（分）局分管基础、流管部门负责人参加会议。

二　月

2月1日　**市局召开党委理论中心组学习（扩大）会学习传达上级重要会议精神**　市委常委、公安局局长黄宝坤出席会议并讲话，传达中央政法工作会议、省委政法工作会议、全省政法干部队伍建设座谈会和全省公安工作会议精神。市局党委副书记、副局长李江晖就全省公安机关“春雷行动”作进一步强调部署。局长黄宝坤就贯彻会议精神以及做好新一年公安工作强调树立4种意识。市局在家局领导，市局各部门、直属单位主要负责人参加学习会。

2月1—3日　市局完成省委副书记、省长李强一行到温州调研安全保卫任务　省委副书记、省长李强一行到温州调研经济社会发展情况，走访慰问温州水警区护卫舰中队、市公安消防局下吕蒲中队、龙湾区综合福利院及困难群众。市委书记徐立毅，市委副书记、代市长张耕等有关领导陪同考察。此次安保任务在市委常委、公安局局长黄宝坤的统一指挥，市局有关部门和属地公安机关配合协作下圆满完成。

2月2—3日　省厅党委副书记、常务副厅长洪巨平到温州开展走访慰问并检查“春雷行动”　省厅政治部、办公室、法制总队等部门相关负责人陪同到温州。市局党委副书记、常务副局长沈强，党委副书记、副局长李江晖及市局政治部、办公室、法制支队、交警支队、治安支队等相关领导陪同慰问。2月2日下午，常务副厅长洪巨平一行先后到龙湾分局蒲州派出所、乐清市人民医院慰问公安英烈家属、见义勇为代表、公安困难民警及基层派出所民警和公安英模杨铭安的父亲。随后，一行人到乐清市局开展约访工作，并就所约访的案件组织分析、研究，提出下步工作意见。次日，常务副厅长洪巨平一行实地检查乐清市公安局乐成派出所城南警务站、乐清经济开发区浙江共感电镀有限公司，检查指导“春雷行动”社区基础管控工作和危化物品物联网管控工作。在听取温州市局和乐清市局关于贯彻“春雷行动”的工作汇报后，洪巨平对温州公安工作作出指示，要求重点抓好2方面工作。龙湾、乐清相关领导及龙湾分局、乐清市局相关部门负责人一同参加活动。

2月3日　市局举行温州警察俱乐部揭牌仪式　市委常委、公安局局长黄宝坤，市局领导郑建国、叶望庆、曾绪贤、冯蒋龙、李伟出席仪式并为俱乐部揭牌，参观俱乐部场内配套设施及惠警服务功能。市局政治部、办公室、机关党委、纪委、警务保障等部门负责人参加仪式。

2月4日　市委常委、公安局局长黄宝坤率市级挂钩帮扶小组赴永嘉县鹤盛镇开展挂钩帮扶活动　举行挂钩帮扶捐赠仪式，向鹤盛镇共捐赠117万元用于支持当地社会事业发展。活动期间，黄宝坤一行实地考察鹤盛镇下家岙村文化礼堂、下家岙村过路滩观景台、上塆滨水公园建设等情况，在听取鹤盛镇负责人有关工作汇报后，对扶贫工作取得的成效予以肯定，并就下一步扶贫项目开发、推动当地社会经济发展提出新思路。市人大常委会副主任卓高柱，市局副局长叶望庆，永嘉县委书记娄绍光，永嘉县委常委、公安局局长林志佩，开发区党委委员、公安局局长潘国杰及市银监分局、司法局、供销社、温州日报社负责人一同参加活动。

2月6日　市委常委、公安局局长黄宝坤赴基层开展节前检查慰问活动　先后到鹿城绣山派出所、世纪广场派出所、市局出入境办证大厅、合成作战室、反诈骗中心、交警机动大队、交警四大队、瓯海茶山派出所、龙湾永中派出所、市局戒毒所、市看守所等基层单位向在岗武警官兵、公安民警和协辅警及其家属致以节日问候。其间，局长黄宝坤先后检查体育中心沃尔玛超市、瓯海梧田文化广场烟花爆竹销售点、动车南站、头陀寺等重点要害部位的安全生产和节日安保情况。市局领导李江晖、胡松权、金国平、李伟、徐志宏，市局办公室、警务保障部、治安支队、监管支队、宣传处等相关负责人一同参加慰问。

2月6日　市委书记徐立毅节前慰问一线执勤民警　市领导黄宝坤、仇杨均、王祖焕陪同慰问“警灯工程”、交警路面执勤及特警支队路面执勤民警。市局领导李江晖、胡松权、徐志宏及相关部门负责人一同参加慰问。

2月16日　市局荣获“2015年落实党风廉政建设责任制先进单位”　市委市政府召开全市作风效能建设暨2015年度考绩表彰大会。市委常委、公安局局长黄宝坤出席会议。市局出入境管理局作为“万人双评议”满意单位代表作典型发言。会议对2015年度各项工作先进单位进行通报表彰，市局荣获“2015年落实党风廉政建设责任制先进单位”和“2015年度考绩优秀单位”，市局党委副书记、常务副局长沈强代表市局上台领奖。全市115家市直机关、企事业单位中，市局位列考绩第一名。市局党委班子成员及各相关部门主要负责人参加会议。

2月19日　市局召开以“控风险、补短板、树标杆”为主题的全市公安工作务虚会　市委常委、公安局局长黄宝坤出席会议并讲话。12个县（市、区）局就如何防控风险、补齐短板，提出切实可行的举措。局长黄宝坤和分管联系的局领导，对各地汇报进行分析点评。针对短板查找中暴露的共性问题，黄宝坤提出2点具体意见，并就G20杭州峰会安保工作、2016年集中开工重大项目的清障护航、重点人员的动态管控和队伍管理等具体工作进行强调。会上，黄宝坤代表市局党委和12个县（市、区）局及部门代表签订《温州市公安机关杜绝有责重大问题责任书》。市局在家局领导，市局各部门、直属单位主要负责人（含政委），各县（市、区）公安（分）局局长、政委和办公室主任参加会议。

2月23日　中共武警温州市边防支队召开党委三届十六次全体（扩大）会议　通报2015年度先进单位和先进个人，签订2016年党风廉政建设暨执法工作责任书。市委常委、公安局局长黄宝坤出席会议并讲话，市局副局长冯蒋龙参加会议。边防支队党委书记、政委程良祥作党委工作报告，边防支队党委副书记、支队长沈利明作班子建设讲评报告。听取报告后，局长黄宝坤肯定边防支队党委2015年工作，并对2016年提出4点工作要求。期间，冯蒋龙副局长对边防支队下步工作提出3点意见。边防支队党委常委，各大队、基层单位军政主官，机关科室负责人以及3名基层党代表共90余人参加会议。

2月26日　市委常委、公安局局长黄宝坤送奖上门慰问抓逃民警潘庆乐　局长黄宝坤在市局领导胡松权、李伟、徐志宏的陪同下到交警支队四大队为6小时抓获3名网上逃犯的民警潘庆乐送奖上门，并颁发三等功奖章及证书。市局政治部、交警支队相关负责人一同参加慰问。

2月24—29日　市局完成市“两会”安全保卫任务　此次市“两会”保卫工作在市“两会”秘书处和市局的统一领导下，市局成立以市局党委副书记、副局长李江晖，市局副局长陈伟忠为组长的市“两会”保卫组，各参勤单位严格落实安保力量，圆满完成此次安全保卫任务。

三　月

3月1日　市局召开第一次月度工作例会　市委常委、公安局局长黄宝坤出席会议并讲话。会上，市局领导就各自分管工作的上月完成情况、本月工作打算以及对全局工作的建议作交流发言。局长黄宝坤就当前公安工作作“四个全面”强调。市局在家局领导，市局纪委、政治部、机关党委、办公室负责人，市局派出督察队队长参加会议。

3月1日　市局召开全市刑侦工作会议　落实全省刑侦工作会议和全市公安工作会议精神，回顾总结2015年全市刑侦工作，研究部署2016年全市刑侦工作。市委常委、公安局局长黄宝坤，市局副局长王造出席会议并讲话。会上，局长黄宝坤肯定2015年刑侦工作，对2016年的工作提出要求。市局政治部、刑侦支队，各县（市、区）公安（分）局相关负责人参加会议。

3月4日　潘超俊、杨铭安荣获2015感动温州十大人物致敬奖　“最美温州人”—2015感动温州十大人物颁奖典礼在温举行，市局交警支队潘超俊（已逝）、乐清市局杨铭安（已逝）获评2015感动温州十大人物致敬奖。

3月5日　温州警方成功引渡首名境外逃犯　市局党委委员、经侦支队长邱溢鹏到温州龙湾国际机场迎接赴意大利执行引渡押解任务的民警凯旋，并在机场召开新闻通报会。会上，支队长邱溢鹏介绍此次引渡的意义和“猎狐2016”境外追逃工作情况。市局经侦支队、文成县局相关负责人一同参加。

3月7日　市委副书记、政法委书记钱三雄专题调研交通管理工作　市委副秘书长陈宏鸣、市委政法委副书记章公华陪同调研。市局副局长胡松权，市局党委委员、交警支队长徐志宏全程陪同并出席汇报会。汇报会上，支队长徐志宏围绕全市交通管理工作基本情况、当前交通安全管理工作短板、下步打算及建议进行汇报。副局长胡松权肯定交警支队工作成效，并对相关工作提出建议。在听取汇报后，副书记钱三雄对支队工作予以肯定，并就下步工作提出3点要求。市局交警支队相关负责人参加会议。

3月10日　市局召开全市公安网警工作会议　回顾2015年全市网警工作，分析当前网警工作存在的问题和不足，对2016年的重点工作进行部署。市委常委、公安局局长黄宝坤，市局副局长王造出席会议并讲话。会上，鹿城、龙湾、苍南网警大队分别进行典型经验介绍。局长黄宝坤肯定全市公安网警工作，并对下步工作提出3点指导意见。各县（市、区）公安（分）局分管网警局领导，市局相关部门领导，各县（市、区）公安（分）局网警大队大队长及网警支队中层以上干部参加会议。

3月10日　市局召开“1•29”专案总结分析会　市委常委、公安局局长黄宝坤出席会议并讲话。会上，“1•29”专案组参战单位及民警代表就侦察体会进行发言。市局领导李江晖、金凌森及市局相关业务部门、各县（市、区）局领导参加会议。

3月11日　市局召开全市公安机关基础排查管控专项行动动员部署视频会　市委常委、公安局局长黄宝坤出席会议并讲话，市局在家领导参加会议。会上，市局党委副书记、副局长李江晖对全市基础排查管控专项行动进行动员部署。局长黄宝坤就基础排查管控工作强调4点工作意见。市局情报信息支队、反恐怖支队、基层基础（经文保）支队、治安支队、流动人口管理支队班子全体成员；市局政治部、办公室、指挥中心、国保支队、经侦支队、网警支队、交警支队、特警支队、禁毒支队、警务督察支队、科技信息化局、水上分局、交通治安分局、机场分局、消防支队、温州南站派出所、温州站派出所等部门主要负责人在市局主会场参加会议；各县（市、区）公安（分）局领导、相关部门主要负责人在各地分会场参加会议；各派出所组织收听收看会议。

3月11日、14日　**市局组织集中观看警示教育片《警钟（一）》**　市局分别组织全市公安机关副县长级、副职调研员及以上、公安现役单位副团职和副高职（技术职称）以上领导干部集中观看警示教育片《警钟（一）》。市局在家局领导参加观看。

3月14日　**市局侦破“1·25”特大通讯（网络）诈骗案**　抓获犯罪嫌疑人28名（其中2名在台湾抓获）。市局副局长王造，刑侦支队负责人欢迎专案组凯旋并召开新闻发布会，刑侦支队通报介绍该案侦办情况和相关战果。市局宣传处、刑侦支队、瓯海分局、文成县局有关领导参加新闻发布会；省、市10多家新闻媒体记者应邀到会采访报道。

3月16日　**省厅党委委员、政治部主任刘静到乐清调研指导公安队伍建设工作**　省厅政治部干部处、宣传处等负责人陪同。市委常委、公安局局长黄宝坤，市局党委委员、政治部主任李伟陪同调研。调研会上，局长黄宝坤就具有温州特色的队伍管理工作与刘主任进行交流和探讨，并提出下步的建设思路和工作建议。李伟主任、乐清市局局长蒋荣国分别汇报温州、乐清近年来的公安队伍建设工作。听取汇报后，主任刘静肯定温州警营文化建设，就下步公安队伍建设工作强调5点意见。调研期间，刘静一行先后实地考察乐清市局在建的警察主题文化公园、民警教育训练基地基地及出入境管理大队、雁荡山公安分局的警营文化建设。市局政治部，乐清市局有关负责人陪同调研。

3月16日　**市局举办“平安印象、清静治安”第二届公安微剧本、微电影创作大赛**　市局党委委员、政治部主任李伟，市电影家协会主席、微电影协会会长、温州两家人编剧之一李涛等领导嘉宾出席颁奖仪式。本届大赛收到微剧本45件，微电影作品23件，鹿城公安分局南郊派出所民警周巧平为原型的温情微电影《片警老刘》斩获本届微电影大赛一等奖。颁奖典礼特别邀请电影家协会主席李涛做《我的故事里有你》专题讲座。

3月16日　**市委宣传部、市公安局联合开展潘超俊同志先进事迹巡回报告会**　潘超俊先进事迹巡回首场报告会在苍南举行。报告会上，潘超俊生前的战友、亲人和他生前服务的群众，以及记者朋友从不同角度回顾潘超俊平凡而光荣的一生。市局政治部，苍南县领导麻胜聪、林森森、汪泽斌和苍南县公、检、法及各乡镇、县直属各单位党员干部代表500余人参加报告会。此次巡回报告会将从16日开始至31日结束，奔赴温州各县市区开展演讲活动。

3月17日　**市局召开退出领导岗位干部工作会议**　市局党委副书记、常务副局长沈强出席会议并讲话，市局党委委员、政治部主任李伟主持会议。会上，主任李伟对《市局退出领导岗位干部服务管理暂行办法》作解读和说明。常务副局长沈强介绍“退二线”干部服务管理工作的相关背景，并就市局下步如何规范“退二线”干部服务管理工作作动员部署。市局各部门负责人及全体“退二线”干部参加会议。

3月21—25日　**美国警方工作组到温州旁听李向南案件庭审活动**　应公安部邀请，美国爱荷华州警方工作组专程赴温，与温州警方作工作交流，并旁听李向南案件的庭审活动。公安部刑侦局三处副处长刘杰，省厅、市局刑侦部门领导及市局副局长金凌森，市检察院、乐清市公安局相关部门负责人陪同活动。

3月27日　**市局联合市金融办、市人行、温州日报报业集团共同举办防范金融风险大型广场活动**　市局党委委员、经侦支队支队长邱溢鹏，市金融办副主任、党组成员叶新明，人行温州市中心支行党委委员、副行长周智，温州日报报业集团副社长、温州都市报总编辑郭乐天等领导出席活动。市局政治部、经侦、刑侦等部门在活动现场展示近年到温州州市10起典型的金融犯罪案例和反通讯(网络)诈骗典型案例；联合人行、金融办等单位开展假钞识别、非法集资等金融知识宣传；并设摊接受市民咨、报案，向市民讲述非法理财等案例。其间，市局警犬基地的警犬表演、交通治安分局民警防盗展示和瑞安市局的反通讯(网络)诈骗等宣传活动受到群众欢迎。

3月29日　**市委常委、公安局局长黄宝坤赴瑞平塘河开展“河长”督查工作**　市局领导沈强、市水利局领导郑祥孩陪同。局长黄宝坤一行对瑞平塘河瑞安杜山头村段、平阳万全镇观音亭段、昆阳镇鸣山古村落段以及凤湖公园一期、二期沿岸等部位的河道治理、水岸同治及污水、垃圾排放等问题开展巡查，并召开瑞平塘河“河长”工作座谈会。在先后听取瑞安市副市长余侠军、平阳县副县长张端坤、平阳县公安局局长徐国林、平阳县委副书记陈永光的工作汇报后，局长黄宝坤对瑞平塘河的治理工作给予肯定，并就下一步工作提出4点要求。市公安局、市治水办、瑞安市及平阳县相关单位人员陪同参加活动。

3月30日 **市局在市革命烈士陵园举行温州公安英烈清明祭奠暨重温入警誓词活动** 市委常委、公安局局长黄宝坤，公安英烈子女、家属代表向公安英烈敬献花篮。市局党委委员、政治部主任李伟主持仪式，市局党委副书记、常务副局长沈强代表市局讲话。仪式结束后，公安英烈家属代表及全体人员绕行瞻仰公安英烈纪念墙。市局在家局领导，市局机关各部门、直属单位负责人及民警代表；边防支队、消防支队、警卫处官兵代表；公安英烈家属代表共100余人参加活动。

3月31日 **市局召开全市公安工作和队伍管理季度例会暨“三确保、三创优、三创特”难度系数测评会** 市委常委、公安局局长黄宝坤出席会议并讲话。会上，市局党委副书记、常务副局长沈强就第一季度队伍整体状况、存在问题及原因进行分析通报，并就下步工作作出具体部署。局长黄宝坤对队伍工作进行3点强调。市局在家局领导，市局各部门、直属单位“一把手”、政委（或分管队伍管理领导），各县（市、区）公安（分）局政委、纪委书记、政治处主任、办公室主任参加会议。

四　月

3月29日—4月1日 **市局完成中共中央政治局原委员、北京市委原书记刘淇到温州警卫任务** 其间，首长一行14人先后考察灵峰景区、灵岩景区、大龙湫景区、苍坡村、丽水街、永嘉书院等地。市委书记徐立毅，市委副书记、市长张耕，市委副书记钱三雄等领导陪同。市局各参勤警种和属地公安机关落实各项安全措施，确保安全，圆满完成此次警卫任务。

3月31日—4月1日 **公安部公安改革情报试点验收组到温州考察验收** 公安部情报中心巡视员杨静宏一行3人在省厅情报中心政委杜红阳陪同下，到温州考察验收公安改革情报综合研判和重点人员动态管控试点工作，市委常委、公安局局长黄宝坤，市局领导沈强、金国平，乐清市委常委、公安局局长蒋荣国陪同调研。在实地察看、听取汇报后，杨静宏巡视员对温州公安情报工作给予肯定和评价，并就下阶段深化工作提出指导意见和具体要求。其间，验收组一行到基层实地调研派出所“三室合一”工作。市局改革办、情报信息支队等单位主要负责人参加汇报座谈。

4月5日 **市局召开月度工作例会** 市委常委、公安局局长黄宝坤出席会议并讲话。会上，市局领导就各自分管工作的上月完成情况、本月工作打算以及对全局工作的建议交流发言。局长黄宝坤肯定前期工作，并对基础排查管控工作、公安改革、打黑除恶、物联网治安管控等具体工作进行强调部署。市局在家局领导，市局纪委、政治部、机关党委、办公室负责人，市局派出督察队队长参加会议。

4月6日 **武警温州支队召开干部任命大会** 温州武警支队原支队长吴锦铎转业到地方工作，武警杭州支队原副支队长楼国伟改任为温州支队支队长。会上，市委常委、公安局局长、武警温州支队第一政委黄宝坤围绕温州当前建设发展实际和部队强军目标规划提出4点要求。武警总队党委常委、副司令员杭华根围绕当前部队建设提出4点意见。武警温州支队党委班子新老成员，机关全体干部和基层全体官兵参加会议。

4月6日 **市局举办全市公安机关政工干部培训班** 市局党委委员、政治部主任李伟出席第一期开班仪式。该轮训共有全市873名公安政工干部参加，分为9期，历时2个多月，围绕政工实务、职业理想、舆情处置、警营文化等内容开展培训。市局政治部、温州警校等部门负责人参加开班仪式。

4月6—7日 **省委副书记、政法委书记王辉忠到温州调研G20杭州峰会安保及公安工作** 省委副秘书长张才方、省委政法委副书记李新强等领导陪同到温州。市领导徐立毅、葛益平、余梅生、钱三雄、黄宝坤、仇杨均、陈浩等陪同调研。王辉忠书记实地调研市局合成作战室，听取基础排查管控专项行动汇报，对公安各项工作和围绕G20杭州峰会安保采取的举措予以肯定，并就下步工作作出强调。其间，书记王辉忠一行相继到温州动车南站，瓯海区郭溪、娄桥街道，鹿城区双屿街道检查指导安全生产、通道控制、治安防控、出租房管理、基层综治建设等工作。

4月8日 **市局举行合成作战中心揭牌仪式** 市委常委、公安局局长黄宝坤，市局副局长叶望庆、王造出席揭牌仪式。仪式上，局长黄宝坤为市局合成作战中心揭牌并讲话。副局长叶望庆、王造围绕合成作战中心的特点，就中心的下步发展提出具体要求。市局政治部、刑侦、情报、警保、经侦、网警、技侦、科信、宣传处等部门主要负责人，市局合成作战中心相关负责人参加会议。

4月8—9日 **市局完成全国人大常委会副委员长陈昌智到温州警卫任务** 副委员长陈昌智一行17人到温州赴苍南龙港镇调研新生小城市培育工作，听取有关小城市培育工作情况的汇报。市委书记徐立毅、市人大常委会主任葛益平等领导陪同。市局各参勤警种和属地公安机关落实各项安全措施，确保安全，圆满完成此次警卫任务。

4月13日 **《创业在温州——新温州人风采录》出版发行** 市委常委、公安局局长黄宝坤，市委宣传部副部长戴嘉宝，市局副局长冯蒋龙，温州日报报业集团副社长、温州商报总编金可生出席仪式。局长黄宝坤在仪式上肯定该书发行的意义，并宣布新书向全社会发行。该书由市流动人口服务指导中心联合温州商报编撰，自2014年12月开始筹备编写，共收录45位新温州人的创业创新故事，计十余万字，由光明日报出版社出版。市流动人口服务指导中心、市局流口支队、各县（市、区）新居民服务管理局（办）负责人、温州各异地商会会长、秘书长及入选《创业在温州——新温州人风采录》的优秀新温州人共80余人参加仪式。

4月19日 **市局召开全市公安信访工作会议暨G20杭州峰会信访维稳部署会** 市委常委、公安局局长黄宝坤出席会议并讲话。会上，各县（市、区）公安（分）局分管信访负责人汇报本地信访排查化积情况、存在问题及下步工作打算。市局党委副书记、常务副局长沈强简要回顾2015年全市公安信访工作，分析当前全市公安信访工作形势和现状，全面部署2016年信访工作和G20杭州峰会信访维稳工作。市局办公室、纪委监察室、政治部、督察支队、情报信息支队、经侦支队、治安支队、法制支队、基层基础支队等部门负责人，各县（市、区）公安（分）局分管负责人参加会议。

4月19—20日 **省厅党委委员、副厅长黎伟挺到温州督导调研刑侦、反恐等工作** 省厅刑侦总队副总队长蔡鸿鸣，反恐总队副总队长王一初陪同到温州。市委副书记、政法委书记钱三雄，市委常委、公安局局长黄宝坤，市局副局长王造参加会议。其间，副厅长黎伟挺相继出席市反恐会议，考察参观温州市局合成作战中心和指定居所监视居住点，听取全市刑侦工作的汇报。黎伟挺肯定温州改革创新精神，对刑侦工作提出4点要求，对反恐工作提出3点具体要求。市局刑侦支队、反恐支队相关负责人一同参加会议。

4月20日 **市局召开城市“乱停车”整治行动誓师大会** 市局副局长胡松权，市局党委委员、交警支队长徐志宏参加会议并讲话。会上，徐志宏支队长通报2016年以来支队在事故预防、秩序整治等方面工作情况，肯定支队前阶段取得的成效，并对全力做好“乱停车”整治工作及下一步工作要求提出具体要求。胡松权副局长肯定支队前期工作成效，并对下步工作强调3方面意见。会后，徐志宏支队长就“乱停车”整治工作接受媒体记者的采访。市局交警支队、机场交警大队相关负责人及省、市媒体记者代表共计400余人参加会议。

4月20日 **市局组织召开全市推进寄递渠道登记验视信息化工作视频会议** 市委政法委副书记、市综治办主任章公华，市局副局长冯蒋龙，瓯海区委常委、公安局局长黄伟军，市综治办专职副主任陈桢华，市邮政管理局副局长金乐等领导出席会议。会上，瓯海区公安分局介绍寄递渠道实名登记和开包验视信息化工作做法与经验。瑞安市综治办、平阳县公安局，申通、顺丰快递公司代表发言。市局及瓯海分局相关业务部门、申通等38家快递企业及寄递业协会在主会场参加会议。各县（市、区）公安（分）局分管领导及职能部门负责人在各分会场参加会议。

4月21日 **省厅党委书记、厅长徐加爱在省厅办公室负责人陪同下到温州调研公安工作** 并与市局党委班子成员集体见面、逐个交流谈话。厅长徐加爱肯定温州的公安工作，并对下步工作提出要求。其间，徐加爱到市局合成作战室，出入境大厅实地调研，听取有关业务部门负责人的工作情况介绍。

4月21日 **市委市政府召开全市反通讯（网络）诈骗联席会议暨全市第二次专项行动推进会** 市委副书记、政法委书记钱三雄，市委常委、公安局局长黄宝坤出席会议并讲话。会上，市局副局长王造通报全市面上相关情况及反通讯（网络）诈骗中心运行情况。市法院、市检察院、市委宣传部、市经信委、市财政局、市人行、温州银监分局等联席办主责单位汇报发言，与会人员就反通讯（网络）诈骗工作中存在的问题进行会商。局长黄宝坤对前期全市反诈骗工作给予肯定，并对下步工作提出意见。在联席会议结束后的公安续会上，副局长王造就贯彻落实联席会议精神明确了任务，局长黄宝坤提出3点贯彻意见。书记钱三雄就下步反通讯（网络）诈骗提出3点指示要求。市政府副秘书长陈俊，市委副秘书长陈宏鸣，市委副秘书长、宣传部副部长王丹，市政法委副书记章公华，市反通讯（网络）诈骗联席会议成员单位负责人，各县

（市、区）党委或政府分管负责人，瓯江口产业集聚区、浙南产业集聚区，各县市区政法委、公安（分）局分管负责人参加会议。

4月20—22日　省厅党委委员、副厅长金伯中到温州督导调研工作　省厅治安总队总队长朱思恩，消防总队总工程师严晓龙等领导陪同到温州。市委常委、公安局局长黄宝坤，市局领导沈强、李江晖、冯蒋龙陪同调研。金伯中副厅长先后到温州动车南站、瓯海娄桥派出所、永嘉上塘派出所、碧莲派出所、温州公安消防支队等处实地调研指导工作，并专题听取温州市局、永嘉县局公安工作汇报，对温州“清雷”行动、危化品管控、警务科技化、基层派出所建设、消防安全整治等工作成效予以肯定，并就下步工作提出具体指导性意见。其间，副厅长金伯中还在上塘派出所接待来访群众。省厅铁路公安、情报中心、流口中心，市局办公室、情报信息支队、基层基础支队、治安支队、消防支队、宣传处、瓯海分局、永嘉县局相关负责人陪同调研。

4月25日　市委常委、公安局局长黄宝坤到永嘉三江派出所为跳河救人好民警潘统健送奖上门　仪式上，市局党委委员、政治部主任李伟宣读潘统健荣记个人三等功的表彰决定，局长黄宝坤为潘统健颁奖，肯定潘统健的先进事迹。市局领导徐志宏，永嘉县委副书记、政法委书记胡晓东，永嘉县局领导一同参加仪式。

4月27日　市局召开机关“三确保、三创优、三创特”难度系数测评会　机关各部门负责人逐一上台演示汇报，专家评委现场评审打分，纪委全程监督。市委常委、公安局局长黄宝坤肯定机关各部门汇报成效，并指出个别项目在难度系数、可考程度等方面存在的不足。市局在家局领导，市局各部门、直属单位负责人，特邀人员参加测评会议。

4月28日　市局召开公安改革重点项目推进会　市委常委、公安局局长黄宝坤出席会议并讲话。在听取市局“改革办”工作介绍以及各部门项目情况汇报后，局长黄宝坤肯定近年到温州州公安改革取得的成效，并就下步全面启动2016年公安改革工作，强调4个方面意见。市局党委委员、政治部主任、“改革办”主任李伟主持会议，市局领导邱溢鹏、陈先微以及相关部门主要负责人参加会议。

4月28日　市局召开“温州交警”微信2.0版暨粉丝破200万新闻发布会　市委常委、公安局局长黄宝坤，腾讯大浙网总裁傅剑锋，省厅宣传处副处长俞涛、市委网信办应急中心主任王兴、中国人保温州分公司副总经理郑忠勇及市局领导胡松权、徐志宏出席发布会。会上，副局长胡松权通报“温州交警”微信粉丝超200万情况，观看“温州交警”微信2.0版视频介绍片。局长黄宝坤同总裁傅剑锋、副局长胡松权、支队长徐志宏一起按下启动球。市局各部门领导、交警支队在家领导及相关部门负责人，机场交警大队长，温州南站派出所负责人，“温州交警”微信幸运粉丝以及中央、省市媒体记者共计150余人参加发布会。

五　月

5月3日　市局举办《马长林群众工作法》专题讲座　特邀全国公安系统二级英雄模范、全国特级优秀人民警察、全国政法系统优秀党员干警、湖州市公安局经济技术开发区分局龙溪派出所民警马长林同志进行授课。课后，市局副局长冯蒋龙向全市各级公安机关提出3点要求。市局政治部宣传处、流管支队和基础支队等部门相关人员在主会场参加会议；各县（市、区）分局分管基础局领导和基础部门相关人员及基层派出所所有社区民警和从事基础相关工作的同志在各分会场参加会议。

5月5—6日　省厅党委委员、驻厅纪检组组长张钢到温州检查指导工作　组长张钢先后到洞头县局治安缉查大队、燕子山边防派出所、温州消防支队等地进行工作调研，看望慰问一线公安民警和边防官兵。在听取各地公安工作汇报后，组长张钢肯定工作成效，并分别对洞头县公安局、温州消防支队下步工作提出3点要求。其间，组长张钢还就公安纪检派驻改革等工作，与市委常委、纪委书记宋志恒，市委常委、公安局局长黄宝坤进行交流。市局党委副书记、副局长李江晖，洞头县委常委、公安局局长王小甫，消防支队政委张拥军、支队长罗军、市局纪委相关负责人等陪同调研。

5月6日　市局举行“警务面对面”第二十一站“护航G20•安防进万家”百场社区系列活动启动仪式　市委政法委副书记、综治办主任章公华出席仪式并致辞。仪式上，社区“红袖章”志愿者代表（庆年坊社区主任）、市十佳杰出青年代表（市局特警王海峰）宣读倡议书并宣誓，市局护航G20杭州峰会青年突击队代表进行授旗，反诈中心、经侦、便衣和辖区莲池派出所等单位民警进行现场防范讲解和有奖知识问答互动，鹿城分局和法制、公安消防、看守所、收教所、机场分局等市局警种部门和金融银行等各行业的青年志愿者、青年文明号集体为现场群众提供安防宣传和便民服务。

5月8日　市局组织开展2016年度人民警察基本级、中级执法资格考试　全市共1200余名民警参加考试。市局副局长冯蒋龙和省厅巡考组到考点进行巡考。

5月11日　市局召开人大代表建议和政协提案办理工作推进会　市局党委副书记、常务副局长沈强出席会议，听取各承办单位办理工作进展情况汇报，肯定市局2015年提案办理工作所取得的成绩，对2016年办理工作形势和进展情况进行分析点评，对下步工作，重点围绕“创新理念”“转变作风”“强化力度”3个方面内容进行强调和部署。市局各建议提案承办单位主要领导和具体责任人参加会议。

5月12日　市局召开G20杭州峰会安保工作推进会　市委常委、公安局局长黄宝坤主持会议并讲话。会上，市局副局长李江晖就G20杭州峰会安保工作及基础排查管控专项行动进行通报分析。局长黄宝坤肯定基础排查管控专项行动的前期成效，并就下步推进G20杭州峰会安保工作提出3点要求。市局领导王造、冯蒋龙、邱溢鹏、陈先微，瑞安市局、苍南县局局长，市局办公室、指挥中心、情报信息支队、反恐支队、国保支队、基层基础支队、经侦支队、治安支队、流口支队、刑侦支队、出入境管理局、网警支队、监管支队、交警支队、特警支队、督察支队、科信局、交通治安分局、消防支队、边防支队等部门负责人及市局派出督察队队长参加会议。

5月12日　2016年猎狐行动境外追逃工作组顺利押解境外逃犯陈财锦回温　市局党委委员、经侦支队支队长邱溢鹏迎接2016年猎狐行动境外追逃工作组凯旋，并慰问工作组成员。鹿城分局、经侦支队相关负责人一同参加。

5月15日　市局组织开展“5•15”打击和防范经济犯罪宣传日活动　市局联合市人行、税务、工商、烟草及各大金融机构，依托警务面对面“护航G20安防进万家”活动，在全市12个县（市、区）同步开展“5•15”打击和防范经济犯罪宣传日专场活动。市局党委委员、经侦支队支队长邱溢鹏，鹿城分局、经侦支队有关领导出席主场活动。活动现场进行警民互动，接受群众咨询服务。浙江日报、温州日报以及温州之声等新闻媒体到场采访。

5月16日　市局组织开展“市局领导干部集中下访”活动　市委常委、公安局局长黄宝坤在鹿城区公安局接待来访群众，并对办案单位就下步信访案件办理工作提出指导性意见。本次活动共设12个下访组，分别到各县（市、区）公安（分）局开展集中坐堂接访活动，共接待来访群众45批88人。市局政治部、办公室、国保支队、基层基础支队、经侦支队、治安支队、刑侦支队、交警支队、法制支队、出入境管理局等相关部门负责人随同接访。

5月17日　浙江省推广应用旅客身份信息实名核查系统工作现场会在温召开　省政法委副书记、省维稳办主任李新强，省公安厅党委委员、副厅长金伯中，市委常委、公安局局长黄宝坤，省道路运输管理局副局长方文理，上海铁路局杭州办事处副主任陈明龙出席会议并讲话。会上，温州市局、绍兴上虞分局分别就铁路和公路旅客身份信息实名核查系统的工作经验交流发言。上海铁路局杭州办事处和省道路运输管理局就做好旅客身份信息实名核查系统建设工作表态发言。在听取经验交流和表态发言后，副厅长金伯中就加快旅客身份信息实名核查系统建设，提出明确的时间节点和工作要求。副书记李新强肯定温州和上虞两地在旅客身份信息实名核查系统建设应用工作的典型做法，并提出工作要求。省厅治安总队总队长朱思恩，市局党委副书记、副局长李江晖，公安部治安局十九处，上海市公安局城市轨道和公交总队，江苏省公安厅治安总队，省公安厅治安总队、科信局、铁路公安处、情报中心相关负责人，各市公安局分管领导和治安部门负责人，各市交通运输部门及省金温铁路开发有限公司、上海铁路局宁波、嘉兴、金华车务段有关负责人，温州市公安局相关部门领导参加会议。

5月29日　公安部“公安文化基层行”文艺小分队到温州慰问演出　由公安部宣传局副局长孙洁带队到温州演出。市委常委、公安局局长黄宝坤，省厅政治部副主任齐跃明出席。其间，副局长孙洁与局长黄宝坤一行到“二级英模”杨铭安的家中，对其家属进行慰问，并参加乐清市公安局训练基地揭牌和乐清市警察文化公园开园仪式。公安部宣传局，省厅宣传处、治安总队、法制总队，市局副局长冯蒋龙，乐清市领导林晓峰、潘黄星、叶伟琼、刘云峰、蒋荣国，市局政治部、办公室、警务督察支队、法制支队、特警支队、出入境管理局负责人及各县（市、区）政治处主任等参加活动或观看演出。

5月30日　市局召开月度工作例会　市委常委、公安局局长黄宝坤出席会议并讲话　会上，市局领导就各自分管工作的上月完成情况、本月工作打算以及对全局工作的建议交流发言。局长黄宝坤肯定前期工作，围绕G20杭州峰会安保，就基础排查管控、专项督导、队伍建设等工作进行强调部署。市局在家局领导，市局纪委、政治部、机关党委、办公室负责人参加会议。

六 月

5月31日—6月2日 **省厅党委委员、副厅长华远平到温州调研督导公安监管、禁毒工作** 省厅监管总队总队长伍建利、省厅禁毒总队政委邵金强陪同到温州调研，并检查督导各级公安机关贯彻落实公安部“全国看守所突出问题治理”视频会议情况。市委常委、公安局局长黄宝坤，市局领导胡松权、金国平、陈先微陪同。其间，副厅长华远平一行到鹿城、乐清两地公安监管场所进行系统性督导检查，对发现的问题予以指出，并要求及时整改到位；在听取两地公安局有关公安监管、禁毒工作汇报后，副厅长华远平分别就鹿城“5•17”舆情事件处置和乐清监管、禁毒下一步工作分别提出具体指导意见。6月1日，副厅长华远平主持召开未成年被监管人员单独关押管理工作座谈会，分析当前未成年被监管人员的羁押现状、落实分押分管存在的问题并探索解决对策，温州、丽水、台州三地监管系统代表参加会议。市局办公室、宣传处、监管支队、网警支队、禁毒支队、鹿城分局相关负责人一同参加调研督导。

6月6—7日 **省政协“全面推进户籍制度改革”专项督察第二督察组到温州督察户籍制度改革工作** 其间，督察组分别由省政协常委、社法委主任盛继芳和省农办副主任、巡视员高启华带队分赴乐清市和平阳县开展专项督察，查看政府部门部署推进户改工作台账，召开相关职能部门和社区村居干部代表座谈会，实地走访社区（村居），听取两地政府推进户籍制度改革工作汇报。省政协带队领导对乐清市和平阳县户改工作进展情况及取得的成效给予肯定，并就下步工作推进提出希望和要求。市政协副秘书长林联初，市户籍制度改革领导小组办公室主任、市局副局长冯蒋龙，乐清、平阳领导李银巧、蒋荣国、赵乐平及政府相关部门负责人陪同督察。

6月11日 **市局举办迎“七一”重走红军路登山活动** 市局组织市局机关各部门、直属单位党委、党（总）支部代表共50余人，在永嘉县楠溪江红十三军遗址，举行“迎‘七一’，重走红军路”登山活动。市委常委、公安局局长黄宝坤，市局领导沈强、叶望庆、冯蒋龙、李伟等参加本次登山活动。

6月12日 **市委常委、公安局局长黄宝坤慰问因公负伤的瑞安上望派出所副所长孙玉宝，鹿城临江派出所民警罗成顶** 市局领导叶望庆、李伟、陈先微等随同慰问，局长黄宝坤详细了解孙玉宝、罗成顶抓捕时受伤的全过程，赞扬并勉励受伤同志。市局党委委员、鹿城区委常委、局长金国平，瑞安市委常委、公安局局长林振江，市局政治部、办公室、鹿城分局、瑞安市局相关负责人随同慰问。

6月13日 **市委副书记、市长张耕专题调研公安工作** 市政府秘书长彭立华及市发改委、市财政局、市人力社保局、市机关事务管理局等部门负责人陪同。在听取市委常委、公安局局长黄宝坤就温州社会治安基本情况、公安主要工作及特色亮点汇报后，张耕市长肯定近年来的公安工作，并提出工作要求。其间，张耕市长一行到市局特警支队、合成作战室、反诈中心、物联网运管中心、指挥中心、交警支队等看望慰问民警，了解公安装备使用、信息研判、反诈止损、科技治安、110接处警、道路交通管理等工作情况。市局在家领导、相关部门负责人参加公安工作汇报会。

6月14日 **市局召开全市交警重点工作推进会暨G20杭州峰会交通安保工作再动员再部署会议** 通报部署“黄标车”淘汰治理工作情况，并观看警辅着装规范及装备使用暗访检查情况。市局党委委员、交警支队长徐志宏肯定2016年以来工作成绩，对重点工作进展情况进行通报点评，并就下步工作进行部署要求。副局长胡松权就下步工作强调3个方面意见。会后，各县市交警大队长、综合室主任、车管所所长专题听取温州智能交通管理工作情况介绍。交警支队党委班子，各县（市）交警大队大队长、综合室主任和车管所所长等60余人参加会议。

6月15日 **市局组织离退休老干部到苍南参观考察** 市局政治部组织离退休老干部一行100余人到苍南县新城区、日月潭农庄参观考察，苍南县公安局有关负责人接待老干部一行。

6月16日 **浙江安防职业技术学院正式揭牌成立** 公安部第一研究所党委书记赵水芳，省厅副巡视员何建军，市领导仇杨钧、黄德康、郑朝阳、夏克栋，市局领导金凌森、杨枝立及浙江警察学院相关领导出席仪式。浙江安防职业技术学院全体师生参加成立仪式。

6月21日 **浙江省全面推进户籍制度改革督查组赴乐清、平阳实地督查并召开反馈汇报会** 市政协主席余梅生、副主席谢树华出席汇报会。汇报会上，市委常委、常务副市长陈作荣就温州市户籍制度改革总体情况作汇报，乐清市、平阳县汇报当地具体推进情况，市局副局长冯蒋龙汇报户改面上情况。省政协副主席、督察组组长王建满在听取汇报后，肯定温州户籍制度改革推进工作所取得的进展。市委政研室、市民政局、市教育局等部门负责人参加反馈汇报会。

6月22—23日 **省厅党委委员、副厅长王海仁到温州调研指导工作** 法制总队总队长徐芳根等人陪同到温州。局党委委员、副局长冯蒋龙随同调研。副厅长王海仁一行先到市人大，就省人大代表林其勉提出的在执法办案过程中保护未成年人合法权益的建议与其进行面商交流。市人大常委会主任葛益平参加面商会。然后赴永嘉参加“瓯江领域‘河长制’暨水环境治理工作座谈会”并代表省厅发言。会前，副厅长王海仁一行先后考察永嘉县局上塘派出所“三位一体”执法管理机制并给予肯定，调研平阳县局刑事案件快速办理机制，听取瓯海分局关于争创全国执法示范单位筹备工作情况的汇报。在听取相关汇报后，副厅长王海仁对平阳县局和瓯海分局的相关工作给肯定，并就下一步工作作出指示。永嘉县委常委、公安局局长林志佩，平阳县委常委、公安局局长徐国林，瓯海区委常委、公安局局长黄伟军等陪同调研。

6月22—23日 **市局完成省委书记、省人大常委会主任夏宝龙到温州保卫任务** 其间，书记夏宝龙先后赴瓯海、泰顺、文成等地，对山区城镇建设、特色乡村旅游、民宿经济发展、特色小镇建设等情况进行调研并召开村民座谈会，看望慰问老党员和困难党员。市委书记徐立毅，市委副书记、市长张耕等市领导陪同调研。为确保书记夏宝龙一行在温州期间的安全，市局成立安保工作领导小组，组织开展各项安保工作，各参勤警种和属地公安机关落实各项安全措施，圆满完成此次保卫任务。

6月23日 **市委常委、常务副市长、市禁毒委主任陈作荣到鹿城区五马街道考察调研禁毒工作** 市禁毒委副主任、市局副局长叶望庆，市局党委委员、市禁毒办常务副主任、禁毒支队长陈先微，市委宣传部、市教育局、市财政局、市卫计委、团市委、市妇联负责人陪同考察调研。陈作荣常务副市长一行考察鹿城区五马街道国家级社区戒毒社区康复示范点，走访慰问五马街道八仙楼社区基层禁毒工作者，了解基层禁毒工作实际情况，召开座谈会，常务副市长陈作荣肯定温州禁毒工作成效，并对下阶段禁毒工作强调4点要求。鹿城区领导朱崇敏、曾恩伟、金国平，市禁毒办、市局禁毒支队，鹿城区禁毒委相关成员单位以及五马街道负责人陪同考察调研。

6月24日 **市局组团包机赴柬成功押回39名电信诈骗嫌犯** 在公安部、省公安厅统一指派下，市局组织由刑侦支队领导带队的市县两级公安机关共100余名警力包东航专机抵达柬埔寨，押解39名电信诈骗犯罪嫌疑人回温。公安部刑侦局副局长陈小坤，省厅刑侦总队领导应剑峰、徐春法，市局副局长王造，刑侦支队领导到温州龙湾机场迎接专案组凯旋。

6月27日 **市局政治部、反恐支队、治安支队联合举办第八期“瓯越警务论坛”活动** 市局领导叶望庆、冯蒋龙、李伟等出席活动。本期论坛特邀美国肯恩大学James博士作题为“公共安全中的反恐策略”演讲，并与参加论坛的市局领导、主会场民警代表进行互动，共同探讨公共安全话题。活动结束后，宾主双方互赠礼品。市局反恐、治安等相关部门、警种负责人和各地分管局领导及各派出所所领导、业务骨干等参加本次活动。

6月29日 **市局召开全市公安机关流动人员登记管控专项整治行动工作视频部署会议** 市局党委副书记、副局长李江晖，副局长冯蒋龙出席会议。会上，副局长李江晖传达省厅“6•23”“6•24”会议主要精神，通报当前工作存在短板和不足，就下步工作提出具体要求，副局长冯蒋龙就省厅专项整治行动方案进行重点解读，并就抓好贯彻落实作出明确强调。市局相关部门主要负责人在主会场参加会议，各地分管治安、人口管理工作的副局长，相关部门主要负责人在分会场参加会议。

6月30日 **市局组织召开全市“美丽窗口、花园警队、文化警营”互比互学现场会** 市局党委副书记、常务副局长沈强，省厅宣传处副处长洪波，市局副局长冯蒋龙，市局党委委员、政治部主任李伟等领导出席会议并讲话。会上，12个县（市、区）局以“视频+”的形式对半年来的创建工作进行回顾总结，各地的政委表态发言。主任李伟肯定创建活动开展半年来取得的成绩、指出存在的不足，并就下一步工作提出具体意见。沈强常务副局长肯定前阶段成绩并作出强调。各县（市、区）公安（分）局政委、政治处主任，市局各部门、直属单位主要负责人和全市“美丽窗口、花园警队、文化警营”创建试点单位的主要领导共近130多人参加会议。

七　月

7月1日 **吉尔吉斯斯坦内务部警务决策与管理研修班到温州考察** 以吉尔吉斯斯坦内务部自身安全总局总局长科切尔巴耶夫为团长的内务部警务决策与管理研

修班一行15人到温州考察交流，市局党委委员杨枝立陪同考察。考察团一行先后到龙湾分局指挥中心、市局特警支队、合成作战中心参观考察，并召开城市社会治安与管理工作交流会，就温州物联网治安防控体系建设进行座谈交流。会后，杨枝立委员陪同考察团一行前往温州医科大学参加结业典礼。

7月6日 **市委副书记、政法委书记钱三雄到市局宣布主要领导人事变动** 市委组织部常务副部长徐强中、市委副秘书长陈宏鸣陪同。会上，书记钱三雄代表市委宣布，在黄宝坤局长调任、新局长未到任期间，由市局党委副书记、常务副局长沈强负责全局日常工作，并强调3点要求。市局领导班子成员，市局纪委、政治部、办公室负责人参加会议。

7月7日 **市局召开全市公安机关G20杭州峰会战时心理服务活动动员会议** 市局党委委员、政治部主任李伟出席会议并讲话，市局政治部副主任黄伟主持会议。会上，G20杭州峰会心理服务队骨干成员对全市公安机关心理服务现状及G20杭州峰会心理服务思路和策略进行讲解。会议成立G20杭州峰会战时心理服务队，李伟主任为服务队授旗。各县（市、区）公安（分）局政治处及市局刑侦支队、技侦支队、交警支队、特警支队、市看守所、市警校、市戒毒所分管心理服务工作的领导，各单位心理辅导员以及G20杭州峰会心理服务队骨干成员参加会议。

7月11日 **市局召开月度工作例会** 市局党委副书记、常务副局长沈强主持会议并讲话。市局领导就各自分管工作的上月完成情况、本月工作打算以及对全局工作的建议交流发言。常务副局长沈强总结点评前期工作，并就“防松懈、控大事、保稳定”进行3点强调。市局在家局领导，市局纪委、政治部、机关党委、办公室负责人，市局派出督察队队长参加会议。

7月12日 **市委副书记、政法委书记钱三雄专题调研公安工作** 市委副秘书长陈宏鸣和政法委副书记、维稳办主任卢旭帆陪同。会上，市局领导沈强、李江晖、王造、金凌森分别就公安工作总体情况、G20杭州峰会安保、反恐防暴、国保维稳进行汇报。听取汇报后，副书记钱三雄对近年来公安工作取得的成绩给予肯定，围绕G20杭州峰会安保，副书记钱三雄提出4点要求。针对下步公安工作，副书记钱三雄强调5点要求。市局办公室、安保办、宣传处、指挥中心、情报信息支队、反恐支队、国保支队、基层基础支队、经侦支队、治安支队、人口服务管理支队等单位主要负责人参加汇报会。

7月13日 **省厅副厅长华远平到苍南县拘留所、强制戒毒所检查指导工作** 省禁毒办常务副主任、省厅禁毒总队长缪敏红，市局党委委员、禁毒支队长陈先微陪同。副厅长华远平一行实地察看监区管理秩序和硬件设施情况，在听取相关工作汇报后，副厅长华远平对苍南县局强制戒毒、监所工作予以肯定，并指出工作不足之处，对G20杭州峰会安保期间监所安全工作提出指导性意见。苍南县委常委、公安局局长汪泽斌，苍南县局相关部门负责人参加会议。

7月13日 **市局召开半年度全市公安队伍建设例会** 回顾总结上半年全市公安队伍建设工作，客观分析当前公安队伍存在问题和形势任务，对“严纪律、正作风、树形象”专项教育活动等队伍管理工作进行再动员、再部署。市局党委副书记、常务副局长沈强讲话。市局党委委员、政治部主任李伟主持会议并就全市公安政治工作作报告；市局纪委副书记黄锦化通报全市公安纪检工作。在家局领导，各县（市、区）公安（分）局局长、政委、纪委书记、政治处主任，局机关各部门、直属单位主要负责人，交警、刑侦、特警、技侦支队政治处主任，交警支队纪委书记，纪委（监察）室主任以上干部，政治部、督察支队、审计处副处长（副支队长）以上干部，市局派出督察队队长参加会议。

7月14日 **市局领导赴机场迎接“猎狐”境外追逃工作组凯旋** 市局党委委员、经侦支队长邱溢鹏就成功劝返本年度市局自办案件的境外逃犯表示祝贺，对工作组的精神予以肯定。

7月14日 **全省易制毒化学品企业护航G20杭州峰会现场会在温州苍南召开** 国家禁毒办副主任、公安部禁毒局副巡视员邓明，省厅党委委员、副厅长、省禁毒委副主任华远平出席会议并讲话。与会人员实地观摩苍南县易制毒化学品协会应急救援队处置突发事件演练，观看苍南县易制毒化学品管理工作专题片，苍南县公安局、温州市禁毒办、台州市黄岩区易制毒化学品协会在会上作经验交流发言，各市禁毒办就全省G20杭州峰会易制毒化学品企业走访排查情况进行交流，会议还为“2015年度全省易制毒化学品管理规范单位”进行授牌。省禁毒办常务副主任、省厅禁毒总队总队长缪敏红，省禁毒办副主任、省厅禁毒总队副总队长钱吉伟，省禁毒办副主任、省禁毒协会秘书长周联盟，市局领导叶望庆、陈先微，公安部禁毒局五处副处长吴婷芳，苍南县委副书记、政法委书记麻胜聪，苍南县委常委、公安局局长汪泽斌，各市公安局禁毒支队分管支队长、易制毒化学品专管员及全省40

多家易制毒化学品企业代表，省禁毒办、省禁毒协会相关人员参加现场会。

7月13—15日　**省厅党委专职副书记华乃强率队赴温州苍南、永嘉开展扶贫帮扶并调研指导公安工作**　市局党委副书记、常务副局长沈强，副局长叶望庆，省厅机关党委、警务保障部和苍南、永嘉两地党委、政府、公安负责人陪同。副书记华乃强一行先后赴苍南县凤阳畲族乡、永嘉县溪下乡开展扶贫帮扶工作，通过实地查看、座谈等形式了解当地落实省厅扶贫资助建设情况、当前需要帮扶解决的问题等；到贫困户家中，询问生产生活情况及存在的困难，并为他们送上慰问金。其间，华乃强副书记对苍南、永嘉两地公安工作进行调研指导，走访慰问苍南县局矾山派出所，永嘉县局大若岩派出所、交警大队坦下中队等基层单位。市局机关党委、警务保障部等部门负责人陪同调研。

7月15—16日　**全市公安机关组织开展流动人口集中清查行动暨公安检查站查控试运行**　其间，市局党委班子成员到各联系点开展蹲点督导检查，实地检查流动人口排查登记及落脚点管控情况，听取各地工作情况汇报，分析指导工作短板，慰问坚守岗位的参战民警，各地“一把手”带队开展实地检查。省厅行动督导组、公安检查站验收组到温州督导检查，肯定温州市工作成效。

7月18日　**市局在永嘉县局召开全市公安G20杭州峰会安保信访工作现场会**　永嘉县局、鹿城分局、瓯海分局、瑞安市局从不同角度交流信访工作经验和做法。市局党委副书记、常务副局长沈强肯定上半年全市公安信访工作成效，分析工作中存在的薄弱环节和问题，围绕切实推进信访化解和G20杭州峰会安保公安信访工作进行重点部署。永嘉县委常委、公安局局长林志佩，市局纪委、办公室、指挥中心、情报信息、反恐、国保、基层基础、经侦、治安、刑侦、交警、警务督察、法制、交通治安、机场分局等部门单位负责人，温州南、乐清、苍南动车站派出所及温州火车站派出所负责人，各县（市、区）公安（分）局分管领导、信访部门负责人参加会议。

7月19—20日　**市局完成省委副书记、代省长车俊到温州保卫任务**　省委副书记、代省长车俊一行到温州调研，市委书记徐立毅，市委副书记、市长张耕等市领导陪同。各参勤警种和属地公安机关各司其职，落实各项安全措施，圆满完成此次保卫任务。

7月20日　**市局在永嘉县局召开全市公安监管护航G20杭州峰会推进“三无一防”现场会**　市局副局长胡松权参加会议。会上，监管支队作安全形势通报，永嘉县看守所、永嘉县人民医院和瓯海区看守所作经验交流发言。其间，与会人员实地参观永嘉县看守所、拘留所，观看“两统一、一规范”落实情况视频。胡松权副局长肯定2016年度上半年全市公安监管工作成效，分析当前面临的形势和存在的问题，针对下一步的工作提出3点要求。永嘉县委常委、公安局局长林志佩，各县（市、区）公安（分）局分管监管工作局领导，市局监管支队领导和各大队长，全市公安监管场所所长和各看守所驻所门诊部（卫生所）医院方面负责人参加会议。

7月20日　**市局召开G20杭州峰会赴杭增援工作动员大会**　省厅警卫局副局长张强，市局领导李江晖、冯蒋龙、陈伟忠、李伟出席会议并分别就相关方面进行动员部署。会议同时宣布G20杭州峰会安保增援警力管理团队及作战单位领导干部的任命决定，副局长冯蒋龙代表市局党委与各方队队长签订责任状，杨波、杜明代表增援人员表态发言。市局机关部门及相关县（市、区）公安（分）局主要负责人和选拔的首批赴杭增援人员参加会议。

7月21日　**市局召开半年度队伍建设例会精神贯彻落实情况部分单位汇报会**　市局党委副书记、常务副局长沈强，市局党委委员、政治部主任李伟出席会议。在听取与会单位汇报后，沈强常务副局长肯定工作，指出不足，并就下步工作强调3点要求。市局指挥中心、警务保障部、基层基础支队、治安二支队、刑侦支队、网安支队、技侦支队、监管支队、交警支队、看守所、拘留所、交通治安分局等单位主要负责人参加会议。

7月21日　**市局召开首届温州公安“十大人力情报精品案例”评比会**　市局党委副书记、常务副局长沈强出席评比会。会上，全市12个县（市、区）公安（分）局和市局禁毒支队选送的20个人力情报典型案例参与评比，经现场民警PPT演示和专家打分，现场公布评比结果，鹿城、瓯海、瑞安、龙湾、平阳、文成和禁毒支队的10个案例被评为首届温州公安“十大人力情报精品案例”。市局警务处、指挥中心、国保支队、刑侦支队、治安支队、网警支队、经侦支队、交警支队、交通治安分局、监管支队和看守所等单位负责人，情报信息支队有关领导，各县（市、区）公安（分）局情报大队负责人、业务骨干，以及列席观摩民警共70余人参加评比会。

7月21—22日　省厅党委委员、副厅长石小忠到温州调研指导公安工作　省厅技侦总队、治安总队等相关部门负责人陪同。市局党委副书记、常务副局长沈强，市局党委委员、副局长叶望庆陪同调研。副厅长石小忠一行在瓯海分局开展浙江省公安厅领导干部集中下访活动，参观分局情报合成作战中心。在听取全市公安工作思路、瓯海分局公安工作汇报后，副厅长石小忠对下步工作提出3点要求。随后，一行人观看技侦专用器材装备的演示，听取技侦支队工作汇报，副厅长石小忠对技侦支队队伍建设、业务创新和服务实战等工作给予评价，并对相关工作提出指导性意见。瓯海区委常委、分局长黄伟军，市局办公室、治安支队、刑侦支队、法制支队、技侦支队、瓯海分局等有关部门负责人陪同调研。

7月24—26日　省厅督导组到温州开展“两学一做”暨“无限忠诚·走在前列”主题教育检查督导工作　通过到瓯海娄桥派出所、瑞安刑侦大队等5个单位现场查看、调阅资料、台账检查、民警谈话等方式，了解学习教育开展情况。在听取市局党委委员、政治部主任李伟的专题汇报后，对市局机关开展的主题教育予以肯定，就下步学习教育提出意见和建议。市局纪委、政治部、办公室、警务督察、警务保障部、审计等部门负责人参加汇报会。

7月27日　市局召开G20杭州峰会维稳安保工作推进会　研究讨论G20杭州峰会期间实名登记管控、车站公交码头安保、重点人管理规范、责任追究办法等若干文件规定。市局党委副书记、副局长李江晖传达省委G20杭州峰会维稳安保工作会议精神和省委夏宝龙书记讲话精神，就围绕“五个坚决防止、三个确保”目标，进一步做好实战、决战阶段安保工作作出具体部署。市局领导金国平、金凌森出席会议。各县（市、区）公安（分）局局长，市局有关业务部门主要领导参加会议。

7月27—28日　市局完成国务委员、国防部长常万全到温州警卫任务　国务委员、国防部部长常万全一行20人乘专机到温州考察国防动员工作。其间，首长一行先后考察洞头海事码头、洞头先锋女子民兵连纪念馆、温州军分区教导队、温州海事局交管中心等地，听取部队和地方有关单位的汇报。市委书记徐立毅，市委副书记、市长张耕等领导陪同考察。各参勤警种和属地公安机关各司其职，落实各项安全措施，圆满完成此次保卫任务。

7月28日　市局组织召开市行政复议与行政审判联席会议　就有关行政案件办案期限及其他程序问题展开探讨和交流，并就一些长期困扰公安机关的行政执法问题达成共识。市局党委委员、副局长冯蒋龙，市中级人民法院副院长邱志丰，市政府法制办副主任张红戈，市中级人民法院行政庭、市政府法制办行政复议应诉处、市局法制支队以及部分县（市、区）法院行政庭、政府法制办等部门人员参加会议。

7月28日　市局召开市局机关“两学一做”学习教育推进会　市局党委委员、政治部主任李伟出席会议并讲话。市局指挥中心、出入境管理局、技侦支队、交警支队、看守所、交通治安分局6个部门主要负责人以PPT形式围绕“两学一做”进行经验交流。李伟主任肯定教育活动成果，就下步工作提出4点要求。市局机关各部门“两学一做”负责人及联络员共100余人参加会议。

7月28日　市局举行省厅改革创新大赛参赛项目推选会　13个候选项目主创团队以播放视频、现场讲解的方式对项目进行展示；专家评委评分，并点出不足之处。市局党委副书记、常务副局长沈强对参选项目总体表示肯定，并就下步做好警务创新工作提出3点要求。市局党委委员、政治部主任李伟，参赛单位主要领导及专家评委参加推选会。

7月29日　市局举办“两学一做”暨“无限忠诚·走在前列”主题演讲比赛　各县（市、区）公安（分）局12名选手及市局机关部门、直属单位18名选手参加。

7月29日　市局“6·25”专案组扩大战果抓获并押解40名通讯（网络）诈骗对象回温　市局副局长王造等领导到温州龙湾国际机场慰问专案组一行。

八　月

8月1日　市局召开全市公安机关重点网络安全保护工作部署电视电话会议　市局副局长王造在主会场出席会议并讲话。会上，王造副局长分析当前温州市峰会网络安保工作面临的形势，明确网络安全检查的工作重点，并就进一步加强网络安全保护工作的落实做具体部署。市局网安支队领导，科通局领导，各县(市、区)公安（分）局分管网安、科通局领导，市、县两级网安、科通部门相关人员参加会议。

8月3—4日　省厅党委委员、副厅长黎伟挺到温州督导调研反恐、刑侦等工作　省厅反恐总队总队长王顺大、刑侦总队总队长俞流江、机要室副主任章翚等人陪同。副厅长黎伟挺先后出席温州反恐怖工作汇报会和在温召开的全省反欺诈工作座谈会。在听取温州反恐工作汇报后，副厅长黎伟挺对市局反恐怖工作予以肯定，就下步工作明确5点要求。在全省反欺诈工作座谈会上，副厅长黎伟挺听取省移动公司、省联通公司、省电信公司及各市反欺诈中心的工作汇报和温州、杭州、宁波等地反欺诈工作经验后，对2015年11月份以来全省打击治理电信网络新型违法犯罪工作予以肯定，分析当前面临的形势，就下步工作明确3点要求。其间，副厅长黎伟挺专题听取温州市局“6•25”专案汇报。市局副局长王造，反恐支队、情报支队、刑侦支队、网安支队、技侦支队、出入境管理局等部门负责人参加反恐工作汇报会。省（杭州市）及各市反欺诈中心主任及日常事务具体负责人出席省反欺诈工作座谈会。

8月4日　**市局领导到鹿城督导G20杭州峰会安保“战鼓一号”集中统一行动**　市局党委副书记、副局长李江晖一行到新城大道特警卡点，检查特警驻点值守、设卡盘查情况，了解实战阶段全区特警卡巡布点设置、应急处突防暴等工作安排。随后，到黎明派出所督战G20杭州峰会安保“战鼓一号”集中统一行动，听取鹿城关于G20杭州峰会安保实战阶段工作部署的汇报，对基层在安保实战过程中遇到的问题和困难予以指导帮助解决，并就下步工作明确工作重点，提出具体要求。鹿城分局、市局机关有关部门负责人、市局G20杭州峰会安保办有关人员陪同督导。

8月5日　**市领导余梅生、钱三雄一行考察G20杭州峰会维稳安保工作**　市局党委副书记、常务副局长沈强陪同。市领导一行先后到温州动车南站、娄桥申通快递公司、市局指挥中心察看应急反应机制、重点人员管控、寄递业信息化管理、联勤指挥机制等工作并予以肯定，在听取市局有关工作汇报后，作出具体指示。市局办公室、指挥中心、情报信息支队、基层基础支队参加汇报会。

8月6日　**市局启动反恐防恐最高等级响应**　传达省厅通知精神，明确以最高等级的重视、最高等级的落实、最高等级的合力即时启动反恐防恐最高等级响应。次日，市局党委副书记、常务副局长沈强专题听取贯彻落实情况，开展当日情报研判会商工作，就反恐防恐最高等级响应工作作出强调。市局王造副局长，市局反恐、情报、指挥中心、国保、办公室、宣传处、治安、治安二、技侦、刑侦、基层基础、人口、网安、督察、出入境、交通治安分局、水上分局、机场分局等部门负责人参加会议。

8月10—11日　**市局开展实战阶段全省统一清查行动暨“战鼓一号”第二次集中统一行动**　行动期间，市局在家班子成员分赴基层开展督导、检查、慰问。全市公安机关共出动力量20037人次，其中民警4390人次，协警7934人次，其他治安保卫力量7696人次，清查出租房、旅馆、公寓式酒店、娱乐场所、桥梁涵洞等流动人口落脚点21128处，查处违规旅馆37家、出租房屋业主186人；盘查可疑人员12497名，刑拘各类犯罪嫌疑人95名，抓获逃犯7名；查缴一批涉枪涉爆物品，侦破一批犯罪案件。

8月11日　**市局以“警营大讲堂”形式召开G20杭州峰会战时健康知识讲座电视电话会议**　温州医科大学附属第一医院急诊科主任卢颖如、创伤外科主任方军分别就热射病的预防及救治和创伤急救知识进行讲解。市局党委委员、政治部主任李伟，市局机关各部门、直属单位负责人，全体G20杭州峰会安保参战民警、基层一线民警代表共1000余人参加会议。

8月11日　**市局召开G20杭州峰会安保第二批增援警力开拔协调会**　峰会特援警力管理团队有关负责人介绍队伍管理、执勤纪律、后勤保障等情况，解答与会人员的相关问题。市局副局长、赴杭特援队队长、战时党委书记冯蒋龙出席会议并就任务安排强调4点意见。G20杭州峰会安保特援警力管理团队成员及各县（市、区）带队负责人参加会议。

8月12日　**市局在乐清召开温州公安队伍管理平台建设现场会**　市局党委副书记、常务副局长沈强出席会议并讲话，市局党委委员、政治部主任李伟主持会议并对平台建设推广进行具体部署。乐清市委常委、公安局局长蒋荣国致辞，乐清市局作经验介绍。会议播放队伍管理平台视频片。各县（市、区）公安（分）局、市局各部门、直属单位政委和各地政治处主任等及平台专管民警参加会议。会后，参会人员实地参观乐清市警察文化公园、出入境管理大队等警营文化建设成果；是日下午，组织首次平台操作培训。

8月11日　**市委常委会专题研究《温州市禁毒工作领导责任追究办法》**　市禁毒委副主任、市局副局长叶望庆就原《温州市禁毒工作领导责任追究制暂行规定》历史演变、发挥作用、修订出台《温州市禁毒工作领导责任追究办法》的背景、修订过程以及主要内容作汇报。会议原则同意以市委市政府两办名义出台《温州市禁毒工作领导责任追究办法》，市纪委、市委组织部、市委政法委、市人力社保局等部门负责人列席会议。

8月15日　**市局召开峰会安保工作推进会**　传达学习省厅峰会安保工作推进会精神，结合温州实际提出贯彻落实意见，部署面上安保、反恐等工作，就峰会安保工作推进中存在的问题和困难进行研究讨论和协调解决。市局党委副书记、常务副局长沈强出席会议并讲话，在家党委班子成员分别就有关工作作具体部署。各县（市、区）公安（分）局局长，市局各部门、直属单位主要负责人参加会议。

8月18日　**市局组织开展“战鼓”反恐怖重大警情处置模拟演练活动**　市委副书记、政法委书记钱三雄到现场检查并讲话，市委副秘书长陈宏鸣，市局党委副书记、常务副局长沈强参加演练活动。全市社会应急联动反恐最小作战单元，共28个单位、32支队伍共350余名人员参加演练。

8月18日　**市局召开全市公安机关G20杭州峰会安保赴杭特援队（萧山）战前动员电视电话会议**　政治部主任李伟宣读《温州市公安局关于G20杭州峰会赴杭特援队（萧山）领导干部的任命决定》文件，鹿城、瑞安方队负责人表态发言，副局长冯蒋龙作动员讲话，副局长李江晖总结讲话，就下步工作提“三句话”的要求。市局G20杭州峰会赴杭特援队（萧山）管理团队负责人，县（市、区）公安（分）局方队负责人，市局机关方队全体参战民警参加会议。

8月18—19日　**省厅党委委员、副厅长杨建忠到温州调研指导反恐防恐暨涉疆关注人群流动人口管控工作**　省厅人口总队有关负责人陪同。其间，副厅长杨建忠慰问4名在温州工作新疆籍民警，到洞头分局实地检查灵霓大堤治安检查站安保工作，听取市局相关工作汇报，肯定温州G20杭州峰会安保工作，并就进一步强化涉疆关注人群流动人口管控工作提出指导意见。市局副局长王造、冯蒋龙，洞头区委常委、公安局局长王小甫，市局人口、反恐支队部门负责人等随同调研。

8月19日　**市局举行G20杭州峰会安保赴杭特援队（萧山）市局机关方队出征仪式**　市局党委副书记、常务副局长沈强，市局副局长、赴杭特援队队长、战时党委书记冯蒋龙先后为方队代表送上鲜花，鼓舞士气。沈强常务副局长就市局机关方队出征杭州动员讲话，宣布出征命令。市局特警支队瓯越突击队，市局机关方队代表40多人参加出征仪式。

8月19日　**市局组织召开G20杭州峰会安保联勤指挥部工作会议**　市局党委副书记、常务副局长、联勤指挥部常务副总指挥沈强就联勤指挥部工作进行再部署再动员，对联指日常勤务运行、信息报送、工作纪律等方面提出明确要求。市局党委委员、政治部主任李伟和联勤指挥部各成员单位相关负责人参加会议。

8月19日　**省厅党委书记、厅长徐加爱到市局特援队驻地及执勤点慰问**　厅党委委员、驻厅纪检组组长张钢和厅党委委员、政治部主任刘静等领导的陪同。徐厅长一行实地走访特援队驻地和现场指挥部，慰问参与执勤的队员，了解市局前阶段增援工作情况，查看工作台账，对市局前期相关工作予以肯定。市局副局长陈伟忠、特援队管理团队相关负责人陪同慰问。

8月19—20日　**市局领导慰问赴杭增援峰会安保民警**　市局党委副书记、常务副局长沈强，市局党委委员、政治部主任李伟等领导慰问赴杭增援民警代表及家属，送上慰问金，对民警家属的理解和支持表示感谢。

8月22日　**市委书记徐立毅来市局专题调研指导G20杭州峰会安保工作**　市委副书记、政法委书记钱三雄，市委常委、秘书长仇杨均等陪同。市局党委副书记、常务副局长沈强就公安峰会安保工作专题汇报。在听取汇报后，徐立毅肯定温州公安工作，并就峰会安保工作提出5点要求。市委副秘书长梁超、赖圣聪、陈宏鸣、钟方成，市委政法委副书记王易进，市局在家及在杭党委班子成员参加调研。

8月23日　**市局联勤指挥部对全市公安机关进行视频调度**　市局领导李江晖、金凌森、邱溢鹏出席会议。会上，各地联勤指挥部总指挥（执行副总指挥）视频汇报市局专题会议贯彻落实情况和重点人排查管控工作。市局副局长金凌森点评各地涉稳重点人排查管控存在的问题。市局党委副书记、副局长李江晖就视频调度情况进行总结。

8月23日　**市局召开战时队伍管理工作推进会**　传达学习徐立毅书记讲话精神，并对战时进一步加强队伍管理工作进行再部署，市局党委副书记、常务副局长沈强部署讲话。市局机关各部门、直属单位“一把手”参加会议。

8月24日　**省委副书记、政法委书记王辉忠来市局安保任务区检查指导住地安保工作**　听取住地情况汇报，慰问值勤民警。省厅副厅长王冰、市局副局长冯蒋龙、陈伟忠等领导陪同。

8月25日　**市局召开反恐防恐最高等级响应“每日清零”会商会**　在听取反恐、情报等17个部门“一把手”反恐防恐“每日清零”工作汇报后，市局党委副书记、常务副局长沈强就反恐防控工作提出具体要求。市局反恐、情报、指挥中心、国保、办公室、宣传处、治安、治安二、技侦、刑侦、基层基础、人口、网安、督察、出入境、交通治安分局、水上分局、机场分局等部门负责人参加会议。

8月25日　**杭州萧山公安分局传发“学习温州增援精神”战地倡议信《风雨同舟 和衷共济——向温州增援警力学习》**　对温州市公安特援队到达萧山以来的表现予以肯定。

8月26日　**市局G20杭州峰会安保联勤指挥部召开全市视频调度会**　传达全省G20杭州峰会维稳安保决战阶段工作部署会议和全市续会精神，特别是省委副书记、政法委书记王辉忠、市委副书记、政法委书记钱三雄讲话精神以及省委关于“八个绝不允许发生”的目标要求。市局党委副书记、常务副局长沈强就贯彻落实省市部署要求提出3点要求。市局党委副书记、副局长李江晖就各地执行提出7点具体指导意见，并强调信息报告和请假纪律。市局领导叶望庆、金凌森、邱溢鹏，市局有关部门主要负责人在市局主会场参加会议，各地党委班子成员及部门负责人在各地分会场参加会议。

8月28日　**市局赴杭特援队在公安部G20杭州峰会安保战时思想政治工作座谈会上作典型发言**　会上，市局副局长、赴杭特援队队长、战时党委书记冯蒋龙向与会领导汇报市局赴杭特援队抓队伍管理“刚柔并济、前后联动、张弛有度”的经验做法，受到肯定。G20杭州峰会安保各援杭单位、公安武警院校及杭州相关受援单位负责人参加座谈会。

8月28日　**市委副书记、政法委书记钱三雄赴市局联指检查指导工作并慰问执勤民警**　市委副秘书长陈宏鸣、市政法委副书记卢旭帆等人陪同。在听取市局党委副书记、常务副局长沈强对市局联勤指挥部的有关工作汇报后，钱三雄副书记充分肯定公安机关在峰会安保工作中的关键作用，并通过联指系统向全市公安机关作出指示。其间，钱三雄副书记通过视频系统先后检查泰顺省际卡点、市政府135驻点、温州火车站等9个公安检查站点的执勤情况，慰问一线执勤民警。市局在家局领导及相关部门负责人一同参加检查慰问。

8月29—30日　**中共中央政治局委员、中央政法委书记孟建柱，国务委员、公安部部长郭声琨分别到温州特援队七方队、三方队执勤点实地检查指导峰会安保工作落实情况**　并慰问一线参战人员。市局副局长、温州公安特援队队长、战时党委书记冯蒋龙，市局副局长陈伟忠及特援队管理团队成员参加相关活动。

8月30日　**省人大常委会副主任冯明、副省长朱从玖率省督导组一行到市局慰问检查G20杭州峰会安保工作**　市委副书记、政法委书记钱三雄，市委常委、常务副市长陈作荣，市人大常委会副主任孟建新等领导陪同。在听取市局峰会安保工作汇报后，冯明副主任予以肯定，通过联勤指挥视频平台向全市公安机关表示感谢和慰问，并提出工作要求。市局领导沈强、李江晖、金凌森，市县两级联勤指挥部成员单位负责人参加会议。

8月31日　**市局G20杭州峰会安保联勤指挥部召开会议通报全市打击网络贩枪“8•1”专案行动进展情况**　会议听取各县（市、区）公安（分）局有关涉恐线索、重点人管控情况的汇报。市局反恐、刑侦、基础、出入境先后作工作通报。市局刑侦支队长金斌华通报“8•1”专案行动面临的形势和各地进展情况，就下步工作提出对策。市局党委委员、副局长王造就“8•1”专案行动提出具体要求。市局党委副书记、常务副局长沈强就反恐工作、信访工作、重点人管控工作作具体指示。市局联勤指挥部各成员单位负责人出席会议。

九　月

8月27日—9月1日　**市局G20杭州峰会战时心理服务小分队完成赴杭州送教任务**　在杭州5日，小分队赴不同驻点为参战民警、部分武警战士和学员警380余人开展9场心理行为训练。

9月1日　**市委副书记、政法委书记钱三雄到市局联勤指挥部督导峰会安保工作**　市委副秘书长陈宏鸣等人陪同。在听取市局党委副书记、常务副局长沈强近期市局峰会安保工作情况后，书记钱三雄充分肯定公安机关峰会安保工作，并对下步工作提出要求。市局在家局领导及相关部门负责人参加督导检查。

9月2日　**市委书记徐立毅到市局联勤指挥部督战G20杭州峰会安保工作**　市委副书记、政法委书记钱三雄，市委常委、秘书长仇杨均等陪同。鹿城、苍南、泰顺3地通过视频联线汇报峰会安保工作，市局党委副书记、常务副局长沈强围绕抓全局、抓重点、抓斗志3个方面汇报全市公安峰会安保决战工作情况。在听取汇报后，徐立毅书记肯定公安工作，并对安保决战提出工作要求。市委副秘书长赖圣聪、陈宏鸣、钟方成、胡立左，市委政法委副书记王易进；市局在家党委班子成员参加调研。

9月3日　市委副书记、市长张耕到市局检查慰问峰会安保工作　市委副书记、政法委书记钱三雄，市委常委、常务副市长陈作荣等陪同。市长张耕一行实地检查龙湾机场大道国大广场路面执勤卡点和消防支队消防巡逻机制运行情况、公安科技大楼公安互联网信息监控中心、联勤指挥部运行情况。在听取市局党委副书记、常务副局长沈强关于全市公安峰会安保决战工作汇报后，市长张耕肯定工作成效并作出工作指示。市政府秘书长彭立华、副秘书长陈俊、市委副秘书长陈宏鸣陪同调研；市局在家党委班子成员参加汇报会。

9月6日　市局在家局领导迎接温州市赴杭特援队凯旋　市局党委副书记、常务副局长沈强代表市局党委，向赴杭特援队表示慰问，并肯定赴杭特援队为峰会安保作出的贡献。

9月7日　G20杭州峰会温州特援队萧山战区全体参战民警凯旋　2016年8月20日至9月6日，温州警方奉命援助杭州萧山警方执行G20杭州峰会主会场安保任务，成建制派出13个方队共763名警力，进驻峰会安保萧山战区，完成核心区新闻中心保卫任务、警戒区安检、控制区巡逻盘查等特援任务。9月6日，市局副局长、温州公安特援队队长、战时党委书记冯蒋龙到萧山战区驻地为浙江旅游职业学院赠送感谢信，感谢他们为特援队给予的后勤保障。9月7日，萧山战区党总支接到撤离回温指令，全体人员在驻地完成集结。杭州萧山区委常委、公安局局长李磊，杭州萧山公安分局政委、常务副局长等50多人到驻地送别，为温州公安特援队各方队赠送锦旗和纪念章。

9月8日　市局召开G20杭州峰会安保工作经验交流会　各县（市、区）局办公室主任及市局有关部门综合大队负责人就峰会安保工作先进做法、启示体会、存在问题、工作建议等方面作汇报。市局党委副书记、常务副局长沈强出席会议并讲话。市局办公室负责人参加会议。

9月9日　市局在温州警校召开第32个教师节庆祝大会暨2016年度全市公安系统"优秀教师""优秀教育工作者"和"优秀教官"表彰大会　市局党委副书记、常务副局长沈强，市局党委委员杨枝立，市局党委委员、政治部主任李伟出席大会。会上，主任李伟宣读《关于表彰2016年度全市公安系统优秀教师、优秀教育工作者和优秀教官的通报》，与会领导为来自全市公安系统的36名优秀教师、优秀教育工作者和优秀教官颁发荣誉证书。常务副局长沈强回顾总结2016年以来全市公安教育训练工作，肯定警校工作，并就下步工作提出3点希望。市局警校全体民警职工、受表彰的优秀教师、优秀教育工作者和优秀教官参加会议。

9月13日　市局召开全市公安机关领导干部会议　宣布省委、市委关于市局主要领导任职决定。省公安厅党委书记、厅长徐加爱，市委副书记、政法委书记钱三雄出席会议并讲话；市委组织部常务副部长徐强中宣读省委、市委关于罗杰任市委常委、市委政法委副书记、市公安局党委书记，并提名市公安局局长、督察长的决定。厅长徐加爱肯定近年到温州州公安工作的成效，并对下步工作提出4点明确要求。书记钱三雄对温州公安工作强调3点要求。罗杰表态发言，提出5点工作要求。市局党委副书记、常务副局长沈强代表市局党委班子作表态发言。会后，罗杰召集全体党委班子成员召开第一次党委会，听取近期重点工作汇报，就班子建设与与会人员进行交流，并就下步工作提出要求。省厅政治部干部处处长张海燕，市委副秘书长陈宏鸣，市委组织部部务委员、干部一处处长许佳，市局党委班子成员，二线局领导，离退休老干部、离退休党支部书记，各县（市、区）公安局局长，市局机关中层干部，市武警支队、消防支队、边防支队和高速交警支队、温州南站派出所、温州站派出所主要负责人参加领导干部大会。

9月15日　温州警方首次从法国引渡境外逃犯　出逃法国涉嫌非法吸收公众存款的犯罪嫌疑人陈某某是中法引渡条约2015年生效后中法两国间首例成功引渡的逃犯。市局副局长叶望庆到龙湾国际机场迎接赴京押解陈某某的工作组凯旋，市局经侦支队、机场分局、瑞安市局相关负责人一同参加。

9月18日　市局召开党委理论中心组学习(扩大)会　专题传达学习《中共中央关于辽宁拉票贿选案查处情况及其教训警示的通报》。市委常委、市局党委书记罗杰主持会议并讲话。会上，市局党委成员分别围绕通报精神交流发言。市委常委、市局党委书记罗杰就贯彻中央通报精神提出3点要求。市局各部门、直属单位主要负责人参加会议。

9月22日　市局在泰顺举行立功授奖仪式　肯定泰顺县公安局在抗击14号台风工作中的表现。温州市委常委、公安局党委书记罗杰和温州市局党委副书记、常务副局长沈强出席并为立功集体和个人授奖。泰顺县委常委、公安局局长钱继华主持仪式，市局政治部宣读记功决定，办公室、情报信息支队、国保支队负责人及有功民警等出席颁奖仪式。

9月28日　**市局举办G20杭州峰会安保优秀情报技战法评审会**　各县（市、区）局综合情报部门演示G20杭州峰会安保的成功经验和先进做法，评委对照标准现场打分。瓯海分局获一等奖，瑞安市局、鹿城分局获二等奖，平阳县局、乐清市局、洞头分局获三等奖。市局党委副书记、常务副局长沈强进行点评，并部署下阶段工作。市委常委、市局党委书记罗杰对全市公安情报工作取得的成效，特别是在G20杭州峰会安保工作中发挥的作用给予肯定和评价，并就情报工作提出3点要求。市局政治部、办公室、指挥中心、治安支队、经侦支队、国保支队、特警支队、禁毒支队等部门负责人，各县（市、区）公安（分）情报分管负责人参加会议。

十　月

10月1日　**市委常委、市局党委书记罗杰检查督导全市国庆安保及抢险救灾工作情况**　听取瑞安、苍南、平阳、泰顺、文成等地关于假日安保、交通安全和抢险救灾等工作情况的汇报，传达市委徐立毅书记在全市防台救灾工作会议上的讲话精神，提出工作要求。市局副局长金凌森，市局办公室、指挥中心负责人参加连线检查。随后，罗杰书记到会展中心实地检查第九届温州动漫节和国庆展销会等大型群众活动现场安保工作。市局办公室、治安支队、鹿城分局负责人陪同。

10月2日　**市委书记徐立毅到交警支队检查节日城市和交通管理情况并慰问路面执勤民警**　市委常委、秘书长仇杨均，副市长王祖焕等领导陪同，市局党委副书记、常务副局长沈强，党委委员、副局长冯蒋龙一同慰问。书记徐立毅一行听取关于国庆交通管理和抗台救灾工作和交警支队指挥中心智慧交管工作汇报，对2016年的交警工作表示肯定，并对下步工作提出具体要求。市局办公室、交警支队主要负责人相关人员陪同。

10月8日　**温州市召开打击治理电信网络新型违法犯罪工作联席会议第三次会议**　传达上级有关会议精神并通报全市联席会议运行情况，市法院、市检察院、市邮储银行、电信温州分公司4个市反诈联席成员单位发言汇报，市委副书记、政法委书记、市打防通讯（网络）诈骗工作领导小组组长钱三雄肯定2016年以来全市在打击治理电信网络新型违法犯罪方面取得的成效，指出当前反诈骗工作中存在的突出问题，并就进一步深化打击治理工作提出3点要求。市委常委、市联席会议总召集人、市公安局党委书记罗杰就贯彻落实会议精神，全面推进打击治理电信网络新型违法犯罪作3点强调。市联席会议副总召集人、市政府副秘书长陈俊，市委副秘书长陈宏鸣，市委政法委副书记、平安办主任王易进，市反诈联席办主任、市公安局副局长王造，市公安局党委委员、鹿城区委常委、公安局局长金国平等领导，市联席会议各成员单位负责人、各县（市、区）反诈联席办负责人和市反诈中心相关人员参加会议。

10月9日　**市局牵头举行失智老人走失查找“安心手环”发放启动仪式**　介绍失智老人走失查找“安心手环”项目背景及前期工作情况，现场为11位代表发放“安心手环”。市局副局长冯蒋龙、市科技局局长邵潘锋、市民政局副局长蒋义炮、市卫计委党委委员朱国晓、市政协委员何金彩等领导出席仪式。仪式结束后，各参加单位组织开展便民服务，开通“绿色通道”，组织专家开展义诊活动，为符合条件的老人现场发放“安心手环”。

10月9日　**市局组织开展离退休干部“重阳节”庆祝活动**　为市局离退休干部中的金婚和钻石婚的37对夫妇开展庆祝活动，发放纪念品。老干部一行170余人参加本次活动，并一同参观永嘉原野园林。

10月10日　**市区两级公安机关全力投入“10•10”鹿城农民自建房倒塌事故抢险救援工作**　凌晨3时25分许，鹿城区双屿街道中央涂村中央街159号4间农民自建房倒塌，多人被困。事发后，市委常委、市局党委书记罗杰赶到事故现场，担任市委现场救援组组长。温州市局、鹿城分局启动突发事件应急响应，先后派出公安、消防等救援力量700余人赴现场开展救援，并协调武警、驻温部队、民兵及卫生等应急力量赴现场处置。本次救援工作共从现场搜救出28名受困群众，其中6人无生命危险，遇难22人。市局领导沈强、李江晖、冯蒋龙、金国平、徐志宏先后赶赴现场开展相关指挥救援工作。市局办公室、指挥中心、治安、人口、刑侦、网安、技侦、交警、特警、科通、宣传等部门参与救援处置。

10月11—12日　**公安部刑侦局副巡视员陈士渠到温州指导“6•25”专案宣传工作**　省厅刑侦总队侵财犯罪侦查支队政委赵加俊等人陪同到温州。温州市反诈联席办主任、市公安局副局长王造陪同。副巡视员陈士渠一行听取市局关于“6•25”专案工作的汇报，对该案的成功侦办予以肯定，并就下步开展专案宣传工作提出指导性意见。其间，副巡视员陈士渠一行实地参观市局合成作战中心、市反诈中心，对两个中心的工作给予好评。刑侦支队主要负责人参加会议；新华社、央视新闻、人民公安报、腾讯新闻、浙江法制报、央广新闻等多家新闻媒体到会采访。

10月12日 **全市举办“护平安 树标杆”第二个平安温州宣传日活动** 市委副书记、政法委书记钱三雄，市委常委、市公安局党委书记罗杰，市委副秘书长陈宏鸣，市委政法委副书记、市平安办主任王易进，市委宣传部副部长胡瑞怀等领导出席活动。在活动现场，瓯海区委副书记、代区长王振勇致辞，书记钱三雄对全面创建较高水平平安大市的各项工作提出要求。罗杰主持活动，并提出工作要求。活动期间，各领导为平安“双十佳”及提名奖人员等获奖者现场颁奖。各单位共摆放宣传展板14块，发放宣传资料1000多份，发放各类宣传礼品500多份，现场宣传讲解受众达200多人。瓯海区委副书记、政法委书记冯金考，瓯海区委常委、公安局局长黄伟军等参加活动。

10月13日 **市委常委、市局党委书记罗杰主持召开市局机关警力下沉工作座谈会** 市局党委委员、政治部主任李伟参加会议。与会人员结合自身工作实际，就市局机关警力下沉工作尤其是当前存在的问题发言，并提出具体意见和建议。会议分上下半场举行，市局相关部门负责人及下派民警代表参加上半场座谈会；城区分局主要领导、政治处负责人及受援派出所干部民警代表参加下半场座谈会。

10月18日 **市委副书记、政法委书记钱三雄来市局专题调研流动人口管理和出租房消防安全整治工作** 市委副秘书长陈宏鸣，市委政法委副书记、市平安办主任王易进陪同。市委常委、公安局党委书记罗杰出席汇报会。会上，市局领导冯蒋龙、李江晖分别就流动人口管理和出租房消防安全整治工作进行汇报，市局党委副书记、常务副局长沈强就相关工作进行补充，罗杰书记分析专项行动推进过程中遇到的问题和困难，并就相关方面提出意见和建议。听取汇报后，钱三雄书记对前期工作予以肯定，并就下步工作强调7个方面。市局办公室、基层基础支队、治安支队、人口服务管理支队、消防支队等单位主要负责人参加汇报会。

10月19日 **市局召开G20杭州峰会安保工作总结表彰大会暨重点工作推进会** 回顾总结全市公安机关G20杭州峰会安保工作，表彰G20杭州峰会安保工作先进集体和先进个人，传达学习习近平总书记就加强和创新社会治理作出的重要指示以及中央政法委、省委、市委和公安部、省厅一系列会议精神，盘点分析2016年以来公安工作和队伍建设状况，研究部署当前重点工作。市委常委、市公安局党委书记罗杰肯定G20杭州峰会安保工作，并就下步工作要求作出强调。会议以电视电话会议形式开至县级公安机关，市局党委成员，市局机关各部门、直属单位“一把手”、政委（或分管队伍的部门领导），各县（市、区）公安（分）局局长、政委，纪委书记、政治处主任、办公室主任在主会场参加会议。各县（市、区）公安（分）局其他班子成员、各科（所、队）负责人在分会场参加会议。

10月20日 **市十二届人大常委会召开第三十八次会议任命市委常委罗杰为温州市公安局局长** 市人大常委会主任葛益平为罗杰颁发任命书，罗杰局长在会议现场宣誓就职。

10月20日 **全省公安情报工作推进会暨打击侵财犯罪合成作战现场会在温召开** 省厅党委委员、副厅长黎伟挺出席并讲话，市委常委、公安局局长罗杰到会致辞，省厅刑侦总队总队长俞流江，情报中心主任葛牧、政委杜红阳，市局领导沈强、王造等参加会议。温州市局、瓯海分局、鹿城分局分别在会上作典型发言。黎伟挺副厅长肯定近年到温州州情报工作和合成作战中心工作成效，并对下步情报工作和侵财打击工作专题部署。是日下午，杭州市局、宁波北仑分局、台州市局等9个单位进行经验交流，省厅情报中心主任葛牧就下步情报工作具体部署。其间，与会人员参观市局情报合成中心、指挥中心和警营文化建设。省厅相关业务部门负责人，全省各地（市）、县（市、区）分管刑侦、情报的副局长及刑侦、情报部门负责人参加会议。

10月24日 **市局组织集中观看《警钟》系列警示教育片** 市委常委、公安局局长罗杰，市局在家局领导，市局纪委、政治部、督察、审计等部门人员集中观看由公安部摄制的《警钟》系列警示教育片。市局自9月30日开始，分12批集中组织播放《警钟》系列警示教育片。市局机关全体领导干部和民警分批参加警示教育。

10月31日 **市局召开全市合成作战实战比武演示汇报会** 12个县市区进行合成作战实战比武演示汇报，会议对全市合成作战实战比武活动获得一、二、三等奖的单位颁发奖励证书。市局副局长王造对全市合成作战实战比武活动进行点评，省厅刑侦总队总队长俞流江对温州合成作战实战比武活动给予好评，就下步合成作战提出2点意见。市委常委、公安局局长罗杰肯定合成作战实战比武活动效果，就下步工作作出3点指示。市局政治部、办公室、刑侦支队等相关部门主要负责人；各地分管刑侦工作副局长、刑侦大队长参加会议。

十一月

11月1日　市局召开民警两类违规问题全面清理工作推进会　传达市委常委、公安局局长罗杰对两类违规问题全面清理工作的批示精神，回顾剖析前阶段工作情况，部署下步工作。市局党委副书记、常务副局长沈强对两类违规问题清理工作提出要求，并就吸取永嘉“10•27”案件教训、开展作风教育整顿活动提出具体要求。市局纪委、政治部、督察、交警等部门相关负责人，各县（市、区）公安（分）局纪委书记参加会议。

11月1日　市局召开全市受案立案制度改革工作部署现场会　乐清市局介绍受案立案改革经验；法制支队主要负责人就改革的相关工作进行部署；市局副局长冯蒋龙对受案立案改革工作作出强调。其间，与会人员参观乐清市局案件管理中心。乐清市委常委、公安局局长蒋荣国；各县（市、区）公安（分）局分管法制的局领导、法制大队大队长；市局相关部门负责人参加会议。

11月2日　市局召开全市公安机关互联网大会安保工作视频调度会　市委常委、公安局局长罗杰主持会议并对全市互联网大会安保工作进行调度检查、责任传导和督促落实。会上，各地分别汇报本地互联网大会安保工作开展情况，市局领导李江晖、王造分别强调部署社会面管控工作和反恐工作。听取汇报后，罗杰局长肯定各地前期安保工作，并就下步互联网大会安保工作提出3点要求，并就强化队伍管理、保密纪律、执法要求等提出具体意见。会议以视频调度会议形式开至县级公安机关，市局互联网大会安保工作组主要负责人及“净雷”行动工作专班组成部门主要负责人在主会场参加会议。各县（市、区）公安（分）局局长、相关局领导、相关部门负责人在分会场参加会议。

11月2日　全国公安综合情报部门智能研判工具应用工作现场会暨培训班在温召开　公安部情报中心副主任曲玉斌出席并讲话，市委常委、公安局局长罗杰到会致辞。市局党委委员、鹿城区委常委、公安局局长金国平就打造以“10X”为核心的鹿城情报体系向来自全国各地的综合情报专家授课。市局党委副书记、常务副局长沈强就温州公安机关实施“超级感知”计划进行经验交流。曲玉斌副主任作大会总结，并提出3点要求。其间，曲玉斌副主任一行先后前往鹿城情报大队、南郊派出所、市局情报中心实地参观，对鹿城自主研发的公安部改革试点项目重点人员管控平台予以肯定。公安部情报中心一处处长王卉、省厅情报中心主任葛牧、全国32个省（市）情报中心负责人，市局相关部门、各县（市、区）情报中心负责人参加会议。

11月3日　市局举办第九期“瓯越警务论坛”活动　市委常委、公安局局长罗杰，市局领导冯蒋龙、金凌森、李伟、陈先微等出席活动。本期论坛特邀浙江广电集团民生资讯广播记者、主持人叶峰作题为《管控涉警舆情，从规范执法、谨言慎行起步》的演讲，与参会人员进行现场互动，共同探讨新媒体时代涉警舆情的预防与处置等问题。本期论坛活动在市局一号楼设主会场，各县（市、区）公安（分）局、市局交警支队、特警支队设分会场；全市各警种代表近千人参加活动。

11月4日　市局召开党委理论中心组（扩大）学习会　专题传达学习中共十八届六中全会精神和全市领导干部会议精神。市委常委、公安局局长罗杰就贯彻中央全会及全市领导干部会议精神提出4点要求。市局在家局领导，市局机关中层副职以上干部参加会议。

11月7日　市反恐怖工作领导小组专门研究部署互联网大会安保反恐怖工作　市委副书记、政法委书记、市反恐怖领导小组组长钱三雄和市委常委、公安局局长、市反恐怖领导小组副组长罗杰听取反恐办工作汇报并讲话。市委副秘书长陈宏鸣，市委政法委副书记、综治办主任章公华，市局副局长、市反恐怖工作领导小组办公室常务副主任王造等参加会议。

11月8日　市局完成省委副书记、代省长车俊到温州保卫任务　省委副书记、代省长车俊一行先后考察鹿城区南汇街道横渡村、前网村和双屿街道中央涂村、垟田村，实地了解温州“大拆大整”专项行动开展情况，召开专题座谈会，听取温州市工作汇报。市委书记徐立毅，市委副书记、市长张耕等市领导陪同调研。市委常委、公安局局长罗杰审定安保方案、部署工作任务，各参勤警种和属地公安机关各司其职，落实各项安全措施，圆满完成此次保卫任务。

11月10—11日　市局完成中共中央政治局原委员、中央政法委原副书记王乐泉到温州警卫任务　在温州期间，首长一行先后考察鹿城区法学会、温州城市规划展示中心、乐清正泰集团等地。市委书记徐立毅、市委副书记钱三雄等领导陪同考察。市委常委、公安局局长罗杰审定警卫方案，市局副局长陈伟忠具体指挥，各参勤警种和属地公安机关各司其职，落实各项安全措施，完成此次保卫任务。

11月14日　市局召开党委（扩大）会议　专题传达学习省委书记夏宝龙，省委副书记、代省长车俊关于温州市“大拆大整”专项行动的系列重要批示精神和车俊在温调研讲话精神以及市委书记徐立毅在市委常委（扩大）会议上的讲话精神。市委常委、公安局局长罗杰主持会议并部署贯彻落实意见，市公安局党委副书记、常务副局长沈强传达有关精神。市局党委班子成员、各县（市、区）局局长和市局机关部门主要负责人参加会议。

11月14日　市局召开全市公安机关第三届互联网大会安保战前动员部署会　市局第三届世界互联网大会安保“一办八组”牵头单位以及各县（市、区）公安（分）局就有关安保工作情况进行汇报，市委常委、公安局局长罗杰就安保决战决胜进行战前部署。市局党委班子成员、各县（市、区）局局长和市局机关部门主要负责人参加会议。

11月15—16日　市局领导慰问温州公安乌镇增援队员　市局党委委员、政治部主任李伟率队到乌镇对温州公安第三届互联网大会安保增援队员进行慰问，了解增援队员在乌镇生活工作情况。温州公安乌镇增援队相关领导一同参加慰问。

11月17—18日　省厅党委副书记、常务副厅长洪巨平率省厅“做强专业、做实基层基础”课题组到温州调研　先后主持召开市局和基层单位2个层面的座谈会，听取与会局领导、部分单位负责人、基层所（队）长代表的意见和建议。其间，常务副厅长洪巨平开展下访接访活动。市委常委、公安局局长罗杰，市局领导沈强、李江晖、王造、冯蒋龙、李伟、邱溢鹏、陈先微，部分单位负责人、基层所(队)长代表参加调研座谈。

11月24日　市局举行全市公安机关警务创新年度大赛暨第十期瓯越警务论坛　市局党委委员、政治部主任李伟简要介绍本年度警务创新大赛的开展情况，并就本次大赛有关内容进行强调。各地、各部门就参赛项目演示解说，专家评委现场打分。市局党委副书记、常务副局长沈强肯定本年度的警务创新工作，并对警务创新工作提3点要求。市局政治部（改革办）、办公室、指挥中心、情报支队、基层基础支队、治安支队、刑侦支队、网警支队、交警支队、法制支队、科信局等部门负责人；各县（市、区）公安（分）局分管局领导参加大赛。

11月24日　市局启动党风廉政建设主体责任层级管理试点工作　市局党委副书记、常务副局长沈强到乐清市局就党风廉政建设主体责任层级管理试点工作开展专题调研。在听取乐清市局有关试点工作汇报内容后，常务副局长沈强传达市委常委、公安局局长罗杰就贯彻落实长兴现场会精神的具体要求，强调实行党风廉政建设主体责任层级管理的重要意义，并对下步工作提出要求。市局纪委相关负责人陪同调研。

11月30日　市局召开2016温州马拉松比赛安保工作部署会　市局副局长胡松权就赛事安保工作具体部署。市委常委、公安局局长罗杰肯定此次安保的前期准备工作，并就相关要求提出指示。市局领导徐志宏、鹿城、龙湾、瓯海及市局交警、治安、特警等相关部门负责人参加会议。

十二月

12月1日　省厅党委委员、副厅长金伯中到温州调研指导舆情管控、基层基础等工作　省流动人口综合信息中心副主任朱健辉、省厅治安总队派出所工作指导支队支队长谢钦豹陪同。市委常委、公安局局长罗杰，市局领导王造、冯蒋龙、金凌森，市局办公室、指挥中心、情报信息支队、国保支队、基层基础支队、治安支队、人口支队、网安支队、技侦支队、法制支队、科信局等部门领导和鹿城分局、苍南县局分管局领导，龙湾分局治安大队长、瓯海分局新桥派出所长分别参加会议。

12月4日　全市公安机关完成2016温州马拉松赛安保工作　本次马拉松赛事共有11759名国内外运动员和群众参加全马、半马、迷你跑及家庭跑比赛。3日下午，市委常委、公安局局长罗杰率局领导胡松权、徐志宏以及相关部门负责人全程踏勘，着重检查比赛沿线的安保措施落实情况。4日上午，局长罗杰先后到比赛起点、终点现场指挥部和市局指挥中心基地指挥部检查落实安保工作，市局领导沈强、胡松权、徐志宏、林振江及相关警种负责人分别在基地、现场和7个分指挥部分头开展指挥调度，全市公安机关共投入7227名现场安保力量（其中公安民警2566人），分成5个梯次入岗执勤，圆满完成此次安保任务。

12月5—7日　省禁毒委副主任、省公安厅副厅长华远平率全省禁毒工作专项督导第四组成员到温州督导禁毒工作　省禁毒办副主任、省公安厅禁毒总队政委邵金强等领导陪同到温州。市领导陈作荣、罗杰，市局领导叶望庆、胡松权、陈先微陪同督查。会上，在听取温州市禁毒工作情况汇报及市教育局、市司法局、团市委等市禁毒委相关成员单位汇报后，副厅长华远平对温州市2016年取得的禁毒工作成效给予肯定，并就相关方面工作提出指导性意见。在温州期间，副厅长华远平一行到市公安局强制隔离戒毒所开展督导检查，并到龙湾区督查禁毒工作情况，听取龙湾区及该区永中街道的禁毒工作情况汇报，实地走访龙湾实验中学禁毒预防教育基地、永中街道戒毒康复服务中心和永中街道新城村等基层禁毒部门和相关企事业单位。龙湾区领导陈应许、贾黎春、黄挺义，温州市、龙湾区两级法院、检察、教育、卫计、司法、市场监管、妇联、团委等单位负责人陪同督导。

12月7日 **市县两级以“全民反诈益起来”为主题的防范通讯（网络）诈骗集中宣传月活动同步启动** 活动现场穿插反诈情景剧和反诈知识有奖问答等互动环节，设置专门摊位向群众发放反诈宣传手册和防范咨询等，动员群众关注“温州防诈骗”微信平台，并为群众答疑解惑。市反诈联席办主任、市局副局长王造，市局副局长、鹿城区委常委、公安局局长林振江，市局刑侦支队负责人以及其他市反诈联席办成员单位主要领导在市本级活动现场出席活动。12个县市区联席办及成员单位主要领导在各地活动现场出席活动。

12月14日 **全市公安机关警务实战化工作现场推进会在龙湾召开** 龙湾、平阳两地进行经验介绍。省厅指挥中心主任王文运肯定市局警务实战化工作和试点工作经验，就下步工作提出3点意见。市局党委副书记、常务副局长沈强作讲话，分析警务实战化建设存在的工作短板，并就下步工作进行强调。与会人员实地参观龙湾分局联勤指挥中心和合成作战中心。市局政治部、办公室、指挥中心等相关部门负责人，各县（市、区）公安（分）局分管局领导、指挥中心、情报大队负责人，武警、消防、边防及铁路公安分处温州站派出所负责人参加会议。

12月13—16日 **省厅副厅长石小忠到温州调研并开展下基层当普通民警活动** 其间，副厅长石小忠到瓯海分局新桥派出所蹲点调研，以普通民警身份参与场所、出租房治安检查，走访企业了解安全生产情况；看望新桥街道、高翔社区警务室基层干部和民警，进行座谈交流；开展厅领导约访活动，走访慰问公安英模家属、因公负伤民警以及见义勇为人员代表；专题调研国保和网安工作。市委常委、公安局局长罗杰，市局领导王造、金凌森、黄伟军随同参加有关会议与活动。

12月15—18日 **省厅检查组到温州开展年度队伍正规化建设检查指导工作** 通过现场暗访、查阅台账、民警谈话等方式，走访检查乐清市局、市局交警支队四大队、瓯海分局娄桥派出所、瑞安市局刑侦大队、平阳县局等5个单位。18日，检查组听取市局专题汇报，对温州市局年度队伍正规化建设开展情况给予肯定，反馈了检查中发现的问题，并提出相关意见和建议。市局党委委员、政治部主任黄伟军，瓯海、乐清、平阳等地局长陪同检查。市局纪委、政治部、指挥中心、督察支队、警务保障部、审计处等部门负责人参加汇报会。

12月19日 **市局举行温州市第五届“十佳爱民警察”“十佳助警市民”候选人事迹评审会** 邀请市委宣传部、市委政法委等5家合办单位的相关负责人以及市局特邀监督员、人大代表、政协委员、新闻媒体代表、重点网站负责人，分别组成评审团与观摩团共同参与评审。市局党委委员、政治部主任黄伟军对评审提出3点要求。15位来自全市各单位、各警种的优秀候选人阐述本人的工作事迹，并与评委互动交流。本次活动同时采取公开投票方式，截至12月18日24时，活动共收到各类投票200多万张，网民点击率超过45万次，微信投票10万多人次，群众平面媒体投票6000多张。

12月20日 **市公安局、市烟草专卖局联合召开全市卷烟打假打私总结表彰会议** 市委常委、公安局局长罗杰出席会议并讲话。市局副局长李伟，各地分管治安副局长、治安大队负责人及市局相关部门负责人及先进单位、个人代表参加会议。

12月20日 **2016年“猎狐行动”境外追逃工作组凯旋** 是日，潜逃东南亚某国的信用卡诈骗犯罪嫌疑人缪某、陈某夫妇被押解回温，这是温州公安机关开展2016年“猎狐行动”以来，首次参加公安部工作组赴境外配合外国执法部门缉捕经济犯罪嫌疑人。市局党委委员、经侦支队支队长邱溢鹏在机场迎接执行任务的民警凯旋，慰问工作组成员。市局经侦支队、机场分局、瓯海区分局相关负责人一同参加。

12月20—21日 **全国省级反恐怖情报信息平台建设指导和推动小组第四次全体会议在温召开** 国家反恐办副主任、公安部反恐怖局副局长徐松、公安部科信局副局长魏平岩出席并讲话，市委常委、公安局局长罗杰到会致辞。国家反恐办副主任、公安部反恐怖局副局长徐松就全国省级反恐怖情报信息平台推进情况进行通报并提出相关要求。市局在会上作反恐怖工作经验介绍。公安部科信局副局长魏平岩作大会总结。

其间，副局长徐松一行在市局副局长王造的陪同下，到市局合成作战中心实地考察指导，对温州市反恐怖合成作战等工作予以肯定。国家反恐办、公安部网安局、公安部技侦局、公安部一所相关人员，北京、内蒙古、上海、江苏、浙江、福建、河南、湖北、湖南、广东、广西、海南、四川、云南、山西、宁夏、陕西、新疆18个省级反恐、科信部门负责人参加会议。

12月23—24日　**市局完成省委副书记、代省长车俊到温州保卫任务**　省委副书记、代省长车俊一行到温州调研传统产业改造升级情况，先后考察瑞安沿江新村旧房拆改项目、华峰集团、瑞立集团等地，并召开座谈会。市委书记徐立毅，市委副书记、市长张耕等市领导陪同调研。市委常委、公安局局长罗杰亲自指挥，市局警卫处牵头组织，各参勤警种和属地公安机关配合落实各项安全措施，圆满完成此次任务。

12月27日　**全省公安机关“联勤指挥、合成处置”机制改革工作小组到温州开展评估工作**　评估小组由省公安厅改革办常务副主任张晓峰、省厅相关部门、全省相关地市代表等14人组成。市局副局长王造就“打击主导、警种主建、合成主战”温州公安构建新型合成作战体系进行解读，与会人员就合成作战中心建设等相关问题进行探讨和交流。其间，工作评估小组考察参观市局合成作战中心、市反诈骗中心。市局政治部，指挥中心、反恐支队、情报支队、刑侦支队、技侦支队、网警支队、科信、瓯海分局等部门有关负责人参加会议。

12月29—30日　**省厅党委委员、驻厅纪检组组长张钢到温州调研指导全面从严治党、从严治警**　省厅政治部、驻厅纪检组有关负责人陪同到温州。市委常委、公安局局长罗杰，市局党委副书记、常务副局长沈强，市局副局长李善敏以及市局纪委负责人陪同调研。组长张钢一行先后赴苍南、文成和乐清等地调研指导，听取市局和各县（市）局有关推进全面从严治党主体责任层级管理建设和队伍建设的情况汇报，肯定温州市公安机关在贯彻省厅“长兴会议”精神、落实全面从严治党主体责任工作的进展和成效，并就下步工作提出具体要求。调研期间，组长张钢慰问因公牺牲的二级英模钱文杰家属、带病坚持工作的民警金丽萍、见义勇为的协警金良，并送上慰问金。

12月30日　**市局特警训练基地奠基开工**　奠基仪式在浙江安防职业技术学院举行。安防学院院长戴海东、市局副局长金凌森、市局党委委员杨枝立出席仪式。市局特警、警校等部门代表和项目施工单位、监理单位以及新闻媒体共计200多人参加奠基开工仪式。市局特警训练基地工程为温州市瓯海区郭溪南单元安防学院J-02北地块的先行启动项目，建设用地面积4383平方米，建筑面积7327.24平方米，层数为6层，建筑高度为23.95米。基地设计有室内射击馆、模拟街区、住宿、食堂等使用功能，预计2018年6月投入使用。

12月30日　**市局召开全市公安机关2016年度“三确保、三创优、三创特”工作汇报会**　市委常委、公安局局长罗杰出席会议。会议听取各县（市、区）公安（分）局“三确保、三创优、三创特”项目完成情况的汇报，进行集中测评。市局党委副书记、常务副局长沈强对各地工作的成效和亮点进行点评。

12月30日　**市局召开2017年工作思路座谈会**　全面谋划2017年公安工作思路，指挥中心、消防支队等10多个部门汇报2017年工作思路，分管局领导分别就明年工作思路发言，并就全年工作提出意见、建议。市委常委、公安局局长罗杰出席会议并讲话，对2017年工作思路作出强调。市局在家局领导，市局各部门、直属单位主要负责人参加会议。

组织机构

【市况简介】 2016年，温州市辖鹿城、瓯海、龙湾、洞头4个区及经济技术开发区，瑞安、乐清2个市，永嘉、平阳、苍南、文成、泰顺5个县。全市陆地面积1.23万平方千米，户籍总人口818.2万人，登记流动人口325.36万人。全市实现生产总值5045.5亿元，同比增加8.4%。全市城镇居民和农村居民人均可支配收入分别为4.78万元和2.30万元，同比分别增加8.5%和8.2%。

【机构人员】 2016年，温州市公安局有32个内设机构和6个直属单位，下辖鹿城、龙湾、瓯海、洞头、开发区5个公安分局和瑞安、乐清2个县级市公安局及永嘉、平阳、苍南、文成、泰顺5个县公安局，实有168个派出所（含18个边防派出所），总警力1.01万人，警力数占全市户籍人口的1.23‰。

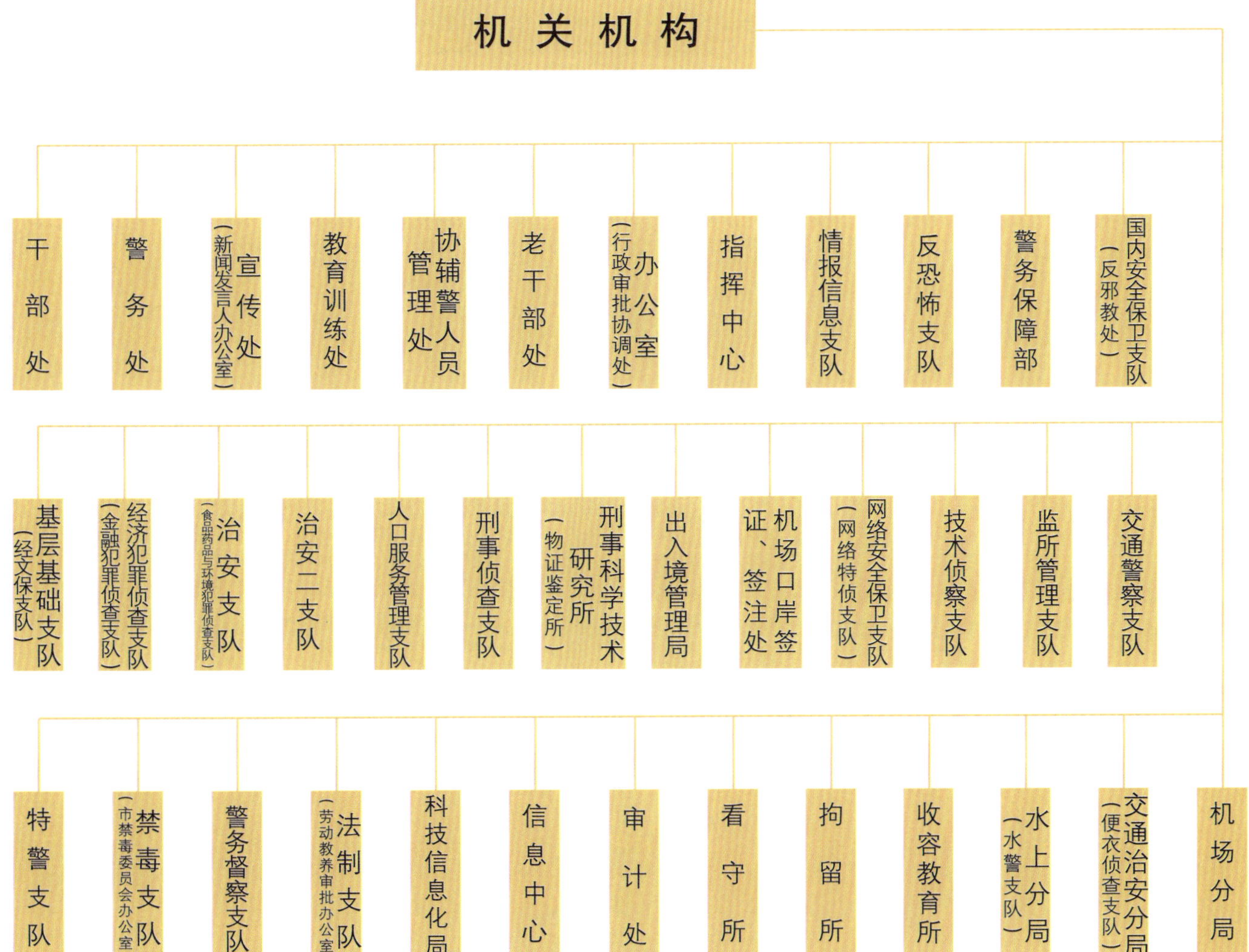

说明：2016年，温州市公安局有32个内设机构和6个直属单位。纪委、监察室、政治部、警令部、机关党委、三垟强制隔离戒毒所、市人民警察学校（增挂温州市人民警察训练学校牌子）不统计在内

温州市公安局中层副职以上干部名录（2016年度）

表1

机构	职务	姓名	警衔	附注
市公安局	市委常委、局党委书记、局长、督察长	黄宝坤	二级警监	2016年6月免市委常委职务，8月免公安局党委书记职务，9月免督察长职务，10月免公安局局长职务
		罗　杰	三级警监	2016年8月任市委常委，9月任温州市公安局党委书记、督察长，10月任公安局局长
	党委副书记、常务副局长	沈　强	三级警监	—
	党委副书记、副局长	李江晖	三级警监	调研员
	党委委员、副局长	陈锋进	三级警监	2016年12月免领导职
		郑建国	三级警监	2016年5月免领导职务
		叶望庆	三级警监	调研员
		张文伟	三级警监	2016年 9月去世
		胡松权	三级警监	调研员
		王　造	三级警监	调研员
	党委委员、纪委书记	曾绪贤	一级警督	2016年5月免领导职务
	党委委员、副局长	冯蒋龙	一级警督	2016年12月调往省厅任职
	党委委员，鹿城区委常委、鹿城分局党委书记、局长	金国平	一级警督	2016年12月免领导职务，任市民宗局局长
	党委委员、副局长	金凌森	三级警监	正县长级
		李善敏		2016年12月任现职，正县长级
	党委委员，安防学院副院长、纪委书记	杨枝立	一级警督	—
	党委委员、副局长兼警卫处处长	陈伟忠	武警上校	—
	党委委员、副局长	李　伟	一级警督	2016年12月任现职，免政治部主任职务
	党委委员、交警支队长	徐志宏	一级警督	—
	党委委员、经侦支队长	邱溢鹏	一级警督	—
	党委委员、禁毒支队长	陈先微	一级警督	—
	党委委员、副局长，鹿城区委常委、鹿城分局党委书记、局长	林振江	一级警督	2016年12月任现职
	党委委员、政治部主任	黄伟军	一级警督	2016年12月任现职
退二线干部	调研员	吴一剑	三级警监	2016年8月退休
		郑建国	三级警监	—
		吴国钱	三级警监	2016年12月退休
		邹业业	三级警监	—

续表1

<table>
<tr><th>机　构</th><th>职　务</th><th>姓　名</th><th>警　衔</th><th>附　注</th></tr>
<tr><td rowspan="10">退二线干部</td><td rowspan="10">副调研员</td><td>丁建辉</td><td>一级警督</td><td>—</td></tr>
<tr><td>杨遇春</td><td>一级警督</td><td>—</td></tr>
<tr><td>王　盛</td><td>一级警督</td><td>2016年8月退休</td></tr>
<tr><td>陈桓鸣</td><td>一级警督</td><td>—</td></tr>
<tr><td>汪荣耀</td><td>一级警督</td><td>2016年5月退休</td></tr>
<tr><td>黄兆举</td><td>一级警督</td><td>—</td></tr>
<tr><td>陈安路</td><td>一级警督</td><td>—</td></tr>
<tr><td>陈瑞挺</td><td>一级警督</td><td>—</td></tr>
<tr><td>赵建东</td><td>一级警督</td><td>2016年6月退休</td></tr>
<tr><td>李德洲</td><td>一级警督</td><td>—</td></tr>
<tr><td rowspan="6">纪委、监察室</td><td>副书记、监察室主任</td><td>黄锦化</td><td>一级警督</td><td>副调研员</td></tr>
<tr><td>副书记</td><td>潘　平</td><td>一级警督</td><td>副调研员</td></tr>
<tr><td>办公室主任</td><td>孔庆飞</td><td>一级警督</td><td>—</td></tr>
<tr><td>控审室主任</td><td>张笑玲</td><td>二级警督</td><td>—</td></tr>
<tr><td>案检室主任</td><td>林万志</td><td>一级警督</td><td>—</td></tr>
<tr><td>党风室主任</td><td>林　华</td><td>二级警督</td><td>2016年6月调往杭州市局</td></tr>
<tr><td rowspan="14">政治部</td><td rowspan="3">副主任</td><td>朱成元</td><td>一级警督</td><td>—</td></tr>
<tr><td>吴国秋</td><td>一级警督</td><td>—</td></tr>
<tr><td>黄　伟</td><td>一级警督</td><td>2016年5月任现职</td></tr>
<tr><td>干部处处长</td><td>张　义</td><td>三级警督</td><td>—</td></tr>
<tr><td rowspan="2">干部处副处长</td><td>吴文俊</td><td>一级警督</td><td>—</td></tr>
<tr><td>吴胜利</td><td>三级警督</td><td>—</td></tr>
<tr><td>警务处处长</td><td>方张锋</td><td>一级警督</td><td>—</td></tr>
<tr><td rowspan="2">警务处副处长</td><td>涂克杰</td><td>一级警司</td><td>2016年7月辞职</td></tr>
<tr><td>李祖科</td><td>二级警督</td><td>2016年4月任现职</td></tr>
<tr><td>宣传处处长</td><td>倪建海</td><td>二级警督</td><td>2016年4月任现职</td></tr>
<tr><td>教育训练处处长</td><td>林　海</td><td>二级警督</td><td>—</td></tr>
<tr><td>协辅警管理处副处长</td><td>叶　红</td><td>二级警督</td><td>2016年7月辞职</td></tr>
<tr><td>老干部处处长</td><td>吴红漫</td><td>一级警督</td><td>—</td></tr>
<tr><td>老干部处副处长</td><td>李海琴</td><td>二级警督</td><td>—</td></tr>
<tr><td>机关党委</td><td>专职副书记</td><td>黄建光</td><td>一级警督</td><td>—</td></tr>
</table>

续表1

机　构	职　务	姓　名	警　衔	附　注
办公室	主　任	赵均宙	一级警督	2016年12月调任洞头分局局长
		程　式	二级警督	2016年12月任现职
	副主任	伍　表	一级警督	正科长级
		曾仁海	三级警督	2016年4月转任反恐怖支队支队长
		周世淼	二级警督	2016年10月转任泰顺县局政委
		陈芳芳	二级警督	正科长级
		卢初本	二级警督	2016年4月任现职
		陈文武	一级警司	2016年4月任现职，鹿城挂职
指挥中心	主　任	李乐辉	一级警督	副县长级
	政　委	陈　策	一级警督	2016年4月交流任治安二支队支队长
		范　芳	一级警督	2016年4月任现职
	副主任	朱彬彬	二级警督	2016年6月转任洞头分局政委
		盛　俭	二级警督	2016年4月任现职
		韩海华	二级警督	—
		卢初本	二级警督	2016年4月交流任办公室副主任
情报信息支队	支队长	程　式	三级警督	2016年12月交流任办公室主任
	政　委	金　俊	一级警督	—
	副支队长	邹奕奕	二级警督	正科长级
		黄大鹏	二级警督	—
反恐支队	支队长	欧阳后照	一级警督	副县长级，2016年4月交流任网安支队政委
		曾仁海	三级警督	2016年4月任现职
	政　委	郑秀申	一级警督	副县长级
	副支队长	盛　俭	二级警督	2016年4月交流任指挥中心副主任
		韩宏城	二级警督	2016年4月任现职
警务保障部	主　任	陈锦波	一级警督	副县长级，2016年4月交流任交通治安分局政委
		方　文	一级警督	2016年4月任现职
	政　委	赖永林	一级警督	副县长级
	副政委	李凤良	一级警督	正科长级
	副主任	杨　星	一级警督	正科长级
		王成珏	二级警督	—

续表1

机构	职务	姓名	警衔	附注
国保支队（反邪教处）	支队长	董煜龙	一级警督	—
	政委	陈振波	一级警督	副县长级
	副支队长	虞冠宇	一级警督	正科长级
		王临峰	二级警督	—
		楼超	二级警督	—
	副处长	黄玉钒	一级警督	—
基层基础（经文保）支队	支队长	郑章辉	一级警督	副县长级，2016年4月任现职
	政委	陈建国	一级警督	副县长级
	副支队长	欧阳初	一级警督	正科长级
		钱战美	二级警督	2016年12月交流任人口支队副支队长
		温剑峰	一级警督	正科长级
		胡绍耀	二级警督	正科长级
经侦支队	支队长	邱溢鹏	一级警督	副县长级
	政委	汪建武	一级警督	2016年4月任现职
	副支队长	朱卫国	一级警督	正科长级
		朱杰	二级警督	—
		林健	一级警督	—
治安支队	支队长	叶辉	一级警督	—
	政委	邵曳戎	一级警督	副县长级
	副支队长	林超民	一级警督	正科长级
		叶程光	一级警督	正科长级
		葛震海	二级警督	正科长级
		柯受勤	二级警督	正科长级，2016年4月转任戒毒所所长
		张露阳	二级警督	2016年1月提任正科长级
		黄逸蓬	三级警督	2016年9月任现职
治安二支队	支队长	徐晓海	一级警督	2016年4月交流任交警支队车管所教导员
		陈策	一级警督	2016年4月任现职
	政委	冯先荣	一级警督	2016年4月交流任水上分局副局长
		褚长龙	一级警督	副县长级，2016年4月任现职
	副支队长	徐新哲	一级警督	正科长级
		胡茫	一级警督	—

续表1

机　构	职　务	姓　名	警　衔	附　注
人口管理服务支队	支队长	金　群	一级警督	副县长级
	政　委	周　辉	二级警督	副县长级，兼任乐清市公安局政委
	副支队长	何向东	一级警督	—
	副支队长	钱战美	二级警督	2016年12月任现职
		林忠义	二级警督	2016年4月任现职
刑侦支队	支队长	金斌华	一级警督	副县长级
	政　委	陈国安	一级警督	副县长级
	副支队长	徐　莹	二级警督	正科长级，2016年4月转任督察支队长
		赖立位	一级警督	正科长级，2016年2月任现职，
		林剑毅	一级警督	2016年1月提任正科长级
		张杰尔	三级警督	2016年1月提任正科长级
		柯海鸥	二级警督	2016年4月任现职
刑科所	所　长	陈声际	一级警督	—
	政　委	叶耀武	一级警督	—
	副所长	林志远	二级警督	—
		徐雪松	一级警督	—
出入境管理局	局　长	李维中	一级警督	副县长级
	政　委	金建光	一级警督	—
	副局长	吴良银	一级警督	正科长级
		杨松林	一级警督	正科长级
		林　峰	二级警督	2016年4月任现职
签证签注处	副处长	黄成业	二级警督	—
		金海峰	二级警督	—
网安支队	支队长	郭筱敏	一级警督	副县长级
	政　委	欧阳后照	一级警督	副县长级，2016年4月任现职
	副支队长	叶建伟	一级警督	正科长级，2016年转任信息中心主任
		胡建忠	级警督	正科长级
		钱　宇	一级警督	正科长级
		蔡进尊	二级警督	2016年4月提任正科长级
		徐　强	二级警督	2016年4月任现职

续表1

机构	职务	姓名	警衔	附注
技侦支队	支队长	潘旭光	一级警督	—
	政委	曾家和	三级警监	调研员、副县长级
	副支队长	范芳	二级警督	正科长级，2016年4月转任指挥中心政委
		曾金宝	一级警督	正科长级
		苏红光	一级警督	正科长级，2016年4月任现职
		潘竹旺	二级警督	2016年4月任现职
		陈文武	一级警司	2016年4月交流任办公室副主任
监管支队	支队长	卢昊列	二级警督	—
	政委	刘周明	一级警督	副县长级
	副支队长	方孔米	一级警督	正科长级
		潘建利	一级警督	—
		林建敏	二级警督	2016年4月任现职
交警支队	政委	林宗仁	一级警督	副县长级
	党委副书记、副支队长	陈贺达	一级警督	—
	党委副书记、副政委	施明杭	一级警督	—
	副支队长	刘建	一级警督	—
		屠明申	一级警督	—
		林毅	一级警督	—
		南汉利	一级警督	—
	副政委兼纪委书记	吴钊	一级警督	—
特警支队	支队长	杨波	一级警督	副县长级
	政委	吴肖峰	一级警督	—
	副支队长	徐知竑	一级警督	正科长级
		陆红日	一级警督	—
		杨骥	二级警督	—
禁毒支队	政委	胡建斌	一级警督	副县长级
	副支队长	薛建国	一级警督	正科长级
		林敏	一级警督	—
		蒋长华	一级警督	—
		吴爱武	一级警督	正科长级
		张孝淼	二级警督	2016年4月任现职

续表1

机　构	职　务	姓　名	警　衔	附　注
督察支队	支队长	陈光林	一级警督	副县长级，2016年4月交流任法制支队长
		徐　莹	二级警督	2016年4月任现职
	政　委	李小华	一级警督	2016年5月交流任机场分局副局长
	副支队长	倪良根	一级警督	正科长级
		赵东专	一级警督	—
法制支队	支队长	汪建武	一级警督	2016年4月交流任经侦支队政委
法制支队	政　委	王志平	一级警督	副县长级
	副支队长	黄用平	一级警督	正科长级
		陈建芬	一级警督	正科长级
科技信息化局	局　长	包家顺	一级警督	副县长级，2016年4月任信息化局政委
		娄剑辉	一级警督	2016年4月任现职
	政　委	包家顺	一级警督	2016年4月任现职
	副局长	李笑燕	一级警督	正科长级
		黄琛泽	二级警督	—
信息中心	主　任	杨晓东	一级警督	2016年4月交流任开发区分局政委
		叶建伟	一级警督	2016年4月任现职
	副主任	周　昊	二级警督	2016年4月任现职
审计室	主　任	何友兴	一级警督	—
	副主任	林　岚	二级警督	—
看守所	所　长	郑章辉	一级警督	副县长级，2016年4月交流任基层基础支队长
		周振宏	二级警督	2016年4月任现职
	政　委	陈朴标	二级警督	副县长级
	副所长	陈　康	二级警督	—
		厉天寿	一级警督	2016年3月交流任监管支队看拘大队教导员
		陈　畅	二级警督	—
		胡荣文	二级警督	2016年4月任现职
拘留所（收教所）	所　长	陈惠群	二级警督	—
	副所长	陈　迈	二级警督	2016年1月提任正科长级
		李忠钦	二级警督	—

续表1

机　构	职　务	姓　名	警　衔	附　注
水上分局	局　长	杨　波	一级警督	副县长级，2016年4月交流任特警支队长
	政　委	毛坚刚	一级警督	副县长级，2016年4月任现职
	副局长	冯先荣	一级警督	正科长级　，2016年4月任现职
		胡建标	一级警督	正科长级
交通治安分局	局　长	叶朝阳	一级警督	—
	政　委	陈锦波	一级警督	副县长级，2016年4月任现职
	副局长	李建龙	一级警督	—
		郑　义	二级警督	—
	副局长	季胜伟	二级警督	2016年4月任现职
机场分局	局　长	陈东晨	一级警督	副县长级
	政　委	王晓敏	一级警督	副县长级
	副局长	王云华	一级警督	—
		王日健	一级警督	—
		李小华	一级警督	2016年5月任现职
警校	校　长	胡益逊	一级警督	副县长级
	政　委	黄小中	一级警督	副县长级
	副校长	施小卫	一级警督	正科长级
强制戒毒所	所　长	方　文	一级警督	2016年4月交流任警保部主任
		柯受勤	一级警督	2016年4月任现职
	政　委	刘建光	一级警督	—
	副所长	施展静	二级警督	—
		吴斌林	二级警督	2014.10任现职
流动人口服务指导中心	主　任	郑　勇		—
	副主任	蒋新国		—

2016温州各县（市、区）局主要领导名录

表2

机　构	职　务	姓　名	警　衔	附　注
温州市公安局鹿城区分局	区委常委、局长	金国平	一级警督	2016年12月免温州市公安局党委委员、鹿城区委常委、公安分局局长职务
		林振江	一级警督	2016年12月任温州市公安局党委委员、副局长，鹿城区委常委、鹿城公安分局局长
	政委	刘国珍	一级警督	—

续表2

机　构	职　务	姓　名	警　衔	附　注
温州市公安局龙湾区分局	区委常委、局长	黄挺义	一级警督	—
	政委	陈国利	一级警督	—
温州市公安局瓯海区分局	区委常委、局长	黄伟军	一级警督	2016年12月任温州市公安局党委委员、政治部主任，免瓯海区委常委、公安分局局长职务
	副区长、局长	毛伟平	三级警监	2016年12月任瓯海区副区长、公安分局局长（保留正县长级），此前任省公安厅政治部教育训练处处长
	政委	周剑波	一级警督	—
洞头区公安局	区委常委、局长	王小甫	一级警督	2016年11月免洞头区委常委、公安分局局长职务
	副区长、局长	赵均宙	一级警督	2016年12月任洞头区副区长、公安分局局长
	政　委	毛坚钢	一级警督	2016年4月免洞头分局党委副书记、政委职务
		朱彬彬	二级警督	2016年6月任洞头分局党委副书记、政委
温州市公安局经济技术开发区分局	局　长	潘国杰	一级警督	—
	政　委	娄剑辉	一级警督	2016年4月免开发区分局党委副书记、政委职务
		杨晓东	一级警督	2016年4月任开发区分局党委副书记、政委
永嘉县公安局	县委常委、局长	林志佩	一级警督	—
	政　委	谢黎明	一级警督	—
乐清市公安局	市委常委、局长	蒋荣国	一级警督	—
	政　委	周　辉	一级警督	—
瑞安市公安局	市委常委、局长	林振江	一级警督	2016年12月免瑞安市委常委、公安局长职务
		王小甫	一级警督	2016年11月任瑞安市委常委，12月任瑞安市公安局长
	政　委	周立鹏	一级警督	—
平阳县公安局	县委常委、局长	徐国林	一级警督	—
	政　委	罗纯长	一级警督	—
苍南县公安局	县委常委、局长	汪泽斌	一级警督	—
	政　委	曾雪峻	一级警督	—
文成县公安局	县委常委、局长	徐良悟	一级警督	—
	政　委	褚长龙	一级警督	2016年4月免文成县公安局党委副书记、政委职务
		潘青来	一级警督	2016年10月任文成县公安局党委副书记、政委
泰顺县公安局	县委常委、局长	钱继华	一级警督	—
	政　委	黄　伟	一级警督	2016年5月免泰顺县公安局党委副书记、政委职务
		周世淼	一级警督	2016年10月任泰顺县公安局党委副书记、政委

防范打击犯罪

反恐怖工作

【概述】 2016年，温州市反恐部门围绕G20杭州峰会维稳安保反恐工作目标，以“最高层次的重视、最高等级的戒备、最高系数的防控、最高强度的处置”为要求，以“温州反恐领域不出事、不惹事”为底线，贯彻落实中央、省、市和市局党委系列部署要求，开拓创新、主动作为，确保温州市反恐领域安全。

【反恐安保】 2016年，温州市反恐部门围绕“G20杭州峰会”“第三届世界互联网大会”等重要活动和敏感时期的安保工作，强化安全防范措施，稳步推进各项安保反恐工作落实。全年共检查重要目标单位2000余家（次），排摸重点单位2687余家（次），督促整改隐患988家，查获各类危险品4393起，整改问题隐患95处，发出整改通知书60余份。3月至12月，开展严打整治暴恐活动“猎鹰”专项行动。其间，先后侦破8起涉恐案件，抓获27名犯罪嫌疑人（包括1名涉恐逃犯），开出反恐罚单15张。

【反恐合成信息化建设】 2016年，温州市反恐部门依托省级平台，率先开发人员信息采集移动警务终端APP，提升反恐怖基础工作能力。12月20日至21日，反恐怖支队在全国省级反恐怖情报信息平台建设指导和推动小组第四次全体会议上作经验介绍。《温州市公安局积极打造反恐合成作战新模式》一文被公安部专项办工作简报刊发。

【反恐考核评估】 2016年，温州市反恐部门制定《温州市反恐怖工作领导小组成员单位反恐怖工作目标考核办法》，将考核评估结果纳入《市直单位“平安温州”建设考核减分办法》，以考核、通报全力推动反恐怖工作领导小组各成员单位履行主体责任。

【反恐演练】 2016年6月28日，温州市反恐办通过反恐指挥中心（社会应急联动中心）向经信、住建、卫生、电力、交通、环保、气象、市城管与执法、出入境检验检疫等市反恐怖工作领导小组相关成员单位下达模拟暴恐警情集结指令，开展集结演练。

【反恐业务培训】 2016年，温州市反恐部门共开展反恐怖工作业务学习、培训50余次，参与人数3000余人次，印制《反恐基础工作实战手册》3000份。

国内安全保卫

【概述】 2016年，温州市公安国保部门面对复杂严峻的境内外对敌斗争和本地维稳工作形势，树立“主动进攻”和“主动维稳”战略理念，贯彻“无限忠诚，走在前列”的核心思想，围绕“维护政治安全”的中心目标，以护航发展为核心，以情报主导为支撑，以专案侦察为抓手，发挥职能优势，统筹推进各项工作，把握对敌斗争主动权，确保温州市社会政治稳定。

【专案侦察】 2016年，温州市公安国保部门强化“以小制大”的顶层设计，结合当前国际国内形势、政治任务需要、敌我力量对比、主客观条件、可利用资源等因素，灵活运用专案侦察，成功处置“1•29”“8•10”等一系列重大专案。

【工作机制】 2016年，温州市公安国保部门先后围绕全国两会、中共十八届六中全会、G20杭州峰会、世界互联网大会等重要节点安保工作的工作目标，进一步探索完善新形势下“主动进攻”特色的常态化安保稳控工作机制，以“滚动式排查”夯实基层基础，开展滚动排查，逐步缩减重点管控对象范围，全面梳理重点人台账。以“调度式会商”消除有害隐患，围绕人、事、网3个方面存在的安全隐患，启动“一日一会商、一日两调度”工作机制。以“战态化整合”强化联动响应，与相关职能部门对接协调，实现部门间联动、警种内联动，实现信息联动、资源整合。

刑事侦查

【概述】 2016年，温州市刑侦部门以G20杭州峰会安保、世界互联网大会安保等为载体，贯彻落实温州市公安局年初提出的“高压打击、创新手段、创建品牌、实干队伍”和“实力刑侦、魅力刑侦、活力刑侦”总体部署，发挥刑侦支队的引领作用，持续助推刑侦工作转型升级，温州命案侦破、打侵财、打黑除恶综合考核绩效列全省第一。全年共破获刑事案件22390起，刑拘16584名，两项绝对数均列全省第一。打造打黑、合成、反诈、视侦、指定居所监视居住、电子物证、心理测试7个全省乃至全国闻名品牌，全省反诈、合成、监视居住3个现场会在温召开，全国打黑现场会介绍推广温州打黑经验，温州视频侦查应用模式荣获全省警务创新大赛二等奖。

2016年4月19日至20日，浙江省委副书记、政法委书记王辉忠到温州调研G20杭州峰会安保及公安工作

【大要案侦防】 2016年，温州市刑侦部门坚持落实命案必破机制，强化市县两级一级合成作战、多警种同步上案。年内，全市命案发66起，破65起，破案率为98.48%，破命案积案13起，占全省56.52%，居全省第一。五类案件共发204起，破184起，破案率90.2%。快侦快破2016年“2•9”瑞安涉枪命案、2016年“1•18”乐清杀害出租车案、2016年“5•17”鹿城绑架案等一批有影响力大要案件。全市命案同比下降8.33%，为历年来最低值，五类案件同比下降18.73%。

【打击侵财犯罪】 2016年，温州市刑侦部门共刑拘侵财对象7091名，侵财人案比为7.47%，位居全省第一；刑拘占全省的18.26%。全市共起诉侵财对象6402名，上升15.64%，5年以上判决数172名，占比3.09%。市局刑侦支队自身实战刑拘侵财对象187名，同比上升41.67%。全市共破“两抢”案件317起，刑拘443名，均列全省同类地区第一，人案比、破案率分别为82.34%、58.92%。全市打击盗销电动车的人案比、破案率、追车率分别达27.5%、28.1%、34.97%，均超过25%的目标，破案数（924起）、抓获数（1039名）、追车数（1149辆）均高居全省第一。侦破入户盗窃、扒窃、盗窃车内物品案件分别为2780起、853起、680起，同比分别上升46.32%、42.88%、20.78%。侵财案件下降18.07%，实现“两抢”零接警82天，日均发案1.47起，为十年前日均50起的1/30。入户盗窃、电信诈骗、“两抢”、扒窃、盗窃车内物品案件同比分别下降7.56%、13.14%、36.85%、19.47%、24.69%。

【打防通讯（网络）诈骗】 2016年，温州市刑侦部门建立健全“综治牵头、中心主抓、部门参与、市县联动”的温州反诈体系，成立由市委副书记挂帅、各相关部门参与的全市反诈骗领导小组和联席会议制度，建立以反诈中心为龙头、联席成员单位参与的横向工作模式，构筑市联席办为牵头、12个县市区联席办参与的纵向工作架构，建立《反诈骗工作机制》。全市通讯（网络）诈骗发案15226起，同比下降13.14%，近3年首次实现全年负增长，被骗金额2.29亿元，同比下降4.18%。被骗资金止损数6852万、主动封堵数25405个、权威媒体宣传数780余篇、打处数1420名、群众举报数12498条，分别同比上升10倍、70倍、10倍、3倍、30倍。共回访被骗群众24204余人，止损2386万元。市局刑侦支队牵头县市区侦办全国闻名的“1•25”“6•25”特大通讯（网络）诈骗案件、“10•8”淘宝代运营案件，分别归案28名、115名、285名。

2016年3月14日，温州市公安局成功侦破“1・25”特大通讯（网络）诈骗案

【打黑除恶】 2016年，温州市刑侦部门完善支队、大队、派出所三级打黑架构，共侦办黑社会性质组织5个，占全省55.56%，绝对数居全省第一；打掉黑恶团伙302个，同比上升15.64%；侦破涉黑恶案件1480起，同比上升4.21%；抓获黑恶人员2192名，同比上升41.23%，温州打黑绩效连续五年位列全省第一。3月至7月，针对龙湾和经开区黑恶犯罪复杂态势，市局、龙湾、开发区三地开展专班打击，共打掉10个重大黑恶团伙，抓获对象100余人，破获案件42起，缴获枪支4把，子弹1100发。为护航G20杭州峰会安保，组织开展“以打灭枪”专项行动，全年共接省厅涉枪线索1151条，缴获仿制枪支1支、火药枪8支、汽枪210支、气枪

零部件487套。

【追逃】 2016年，温州市刑侦部门共抓获逃犯总数4437名，其中本市年前逃犯归案数1882名，抓获外地逃犯1173名，分别同比上升8.2%、31.9%、1.1%，占全省的25.1%、26.4%、18.4%，三项追逃绝对数据全省第一，总体成效连续第四年列全省第一。

【刑事科学技术】 2016年，温州市刑侦部门技术专业人员共勘查刑事案件现场25738起，提取生物检材6488起，提取率为28.2%，足迹提取8269起，提取率为32.1%；提取现场指纹25108枚，提取率32.3%，全市人员指纹采集入库185151份，利用指纹系统比中案件3682起，同比增长12.22%。受理高危人员DNA样本72940人份，同比上升11%，前科人员样本19625人份，同比下降10%，合计92565人份。全市利用DNA查破案件2693起（其中现案数达1407起，与同期相比增幅达103%），利用DNA数据库串并案件413串1164起案件，同比增幅分别达29.6%、11.6%、16.6%。提升DNA混合斑应用成效，拆分比对提供侵财案件线索205条。共串并561串共3202起，提供有效线索349条。以实验室资质认证为契机，推进刑事技术检验鉴定工作规范化，受理鉴定案件17400起，完成申报评审。

【刑侦合成作战】 2016年，温州市刑侦部门创新构建以“打击主导、警种主建、合成主战”为主体框架的温州特色合成作战体系。以4月8日揭牌的市局第三代合成作战中心为引领，带动县市区合成作战室建设，温州合成作战在全省乃至全国创特，得到领导肯定，中央级媒体集中报道，年内全国已有233余批同行前来参观考察。全市共依托合成作战生产线索同比上升37.85%；破案同比上升43.98%；刑拘同比上升50.15%；摧毁团伙同比上升53.85%。10月8日至20日，成功举办全市合成作战实战比武活动，24起比武目标案件和12起挂牌疑难案件全部破获，抓获逃犯41名，带动破获各类刑事案件262起。

2016年4月21日，浙江省公安厅党委书记、厅长徐加爱考察参观温州市局合成作战中心

【视频侦查】 2016年，温州市刑侦部门依托被省公安厅列为全省视频改革试点单位的契机，加快视频侦查手段升级发展，建立起以视侦专业为引领，以派出所视频监控室为基础、其他警种为补充的框架体系，制订涉案视频采集管理、应用评估、人才库、资质评定、挂牌侦破等8项制度。创新拓展看图有奖抓小偷、人脸比对等应用模式。全市通过各种方式途径共发布辨认视频图像1885张次，反馈线索398条，抓获人员196人，破获案件379起。通过人脸比对新技术手段应用，明确命案逃犯15人，抓获10人；明确侵财犯罪嫌疑人12人，抓获10人。全年视频破获命案50起，占有侦破过程的90.9%；破跨区域视频挂牌案件共14批164起，破案112起，破案率为68%，破案数和破案率均为历年最高。全年视频破案5600起，同比上升24.58%，破案占比47%，同比上升6%。

【队伍保障】 2016年，温州市刑侦部门开展系列警示教育、作风集中教育整顿活动等思想政治工作，落实廉政文化教育课堂学习等活动，健全完善三级督察、违规问题清理、队伍季度例会等举措，持续消除队伍隐患问题。开展报功奖励、困难慰问、党团活动、健康修养等活动。以刑警警营大讲堂、技战法比武、跟班作业等作为培训载体，定期安排跟班作业，开展市县两层面理论调研和技战法比武活动，全年共组织6期刑侦业务线主题类刑侦大讲堂活动。温州刑侦创新做法得到中央省级媒体200余次宣传、全国同行180余批慕名考察认可和部省市领导50余次批示肯定。受公安部指派10余名同志、20多次到中国人民大学等全国各地讲课和专案指导。全市刑侦部门有45个集体、160余名同志受到表彰，王即墨等2名同志获评部省刑侦专家。

经济犯罪侦查

【概述】 2016年度，温州市公安经侦部门按照年初制定的任务目标，围绕中心护发展、主动打击争有位、做实基础保峰会、创优创新出特色、严格管理强队伍，有效维护全市经济安全和社会稳定，全年共受理经济犯罪案件1560起、立案1407起、破案956起、移送起诉834人，同比上升35.89%、37.54%、30.96%、14.46%。在侦“10•10”专案取得重大进展，系列重大串通投标案成功告破。年内，取得“五大”行动成效全省第一，“四大”经验全国、全省推广，“三大”

改革项目集中突破，得到公安部、省厅、市委市政府和市局党委的肯定。

【打击地下钱庄】 2016年，温州市公安经侦部门破获非法经营外汇案件近100起，抓获90多人，涉案金额350多亿元，综合绩效全省第一，实现全省“两连冠”。公安部副部长孟庆丰、经侦局局长高峰作出批示，全国学习温州经验做法。

【金融维稳】 2016年，温州市公安经侦部门开展互联网金融领域非法集资排查管控、主动打击和维稳处置。全年排查互联网金融企业76家、“类金融”企业1500家；查处非法集资案件74起，涉案金额近15亿元，其中外来输入型互联网金融非法集资案件15起，温州金融维稳处置经验在全国第四次经济犯罪侦查工作会议上做典型交流。

2016年6月30日上午，佛山市建德区公安局党委委员、副局长麦志伟一行20人来我局学习考察金融领域维稳处置和打击地下钱庄专项工作。

【打击恶意逃废债】 2016年，温州市公安经侦部门查处骗取贷款、贷款诈骗、信用卡诈骗等逃废债案件689起，同比上升135.55%，抓获犯罪嫌疑人344名。

【“治赖”追逃】 2016年，温州市公安经侦部门持续开展“治赖”追逃集中缉捕行动，抓获各类逃废债逃犯480多名。

【打击串投标犯罪】 2016年8月至年底，温州市公安经侦部门开展打击串通投标犯罪行动，全市共立串通投标案件16起、破案12起，采取刑事强制措施46人，移送起诉24人，取得打击串通投标犯罪专项行动阶段性胜利。市领导徐立毅、宋志恒、罗杰等批示肯定。

【“猎狐”】 2016年，温州市公安经侦部门“猎狐”境外追逃全省“两连冠”，抓获、劝返在逃境外经济犯罪嫌疑人33名，从意大利、法国引渡3名境外逃犯，实现引渡“零”的突破，抓获数和综合绩效连续两年全省第一。

【打假】 2016年，温州市公安经侦部门破案105起，发起全国集群战役7起（全省共13起），实现打假全省“四连冠”。

【“云剑”行动】 2016年，温州市公安经侦部门共立案44起，捣毁生产、仓储窝点59个，抓获犯罪嫌疑人51名，涉案金额1.09亿元，工作成效全省第一，经侦支队荣获全省先进集体。

【基础排查】 2016年，温州市公安经侦部门指导各地累计完成14259名经侦领域重点人的排查，对167名重点人实行拦截。徐加爱厅长、王海仁副厅长，市委钱三雄副书记等领导相继作出批示，全省传发温州经侦重点人排查管控工作做法。

【重点人管控】 2016年，温州市公安经侦部门指导各地对100余名有上访风险隐患的重点人员进行教育、劝解；对30多名牵头、组织、参与的重点投资人开展专案经营；对374名“泛亚”“e租宝”等案件的投资受害人，向全国23个省、市发函55件，落实双重列管。

【G20杭州峰会安保】 2016年，温州市公安经侦部门组建特援队伍，将最精干、最年轻的21名支队民警拉到前线，完成验证600多人次，安检150多人次，工作“零差错、零遗漏”。

【警银合作】 2016年，温州市公安经侦部门深化警银战略协作。与工、农、中、建等20家银行签订警银合作协议，架设点对点专线，开发系统，实现银行资金快捷查询系统线上运行，为全警提供资金查询服务1000余次。银行资金快捷查询手段建设经验在全省第四次经济犯罪侦查工作会议上推广。

【银贷审查】 2016年，温州市公安经侦部门深化银行贷前审查机制。累计为银行开展贷前审查3000余次，涉及贷款业务上百万笔，比中前科劣迹人员20余万人次，服务银行信贷资金1000多亿元。深化预警预知预防机制，完成互联网金融领域涉众涉稳风险监测预警平台和分析系统开发调研。

【队伍保障】 2016年，温州市公安经侦部门实现全年经侦队伍“零违纪”，党风廉政建设“零扣分”，荣获年度执法优秀单位、综合绩效优胜单位，组织开展“无限忠诚•走在前列”“两学一做”“大拆大整”大讨论等专题教育活动。落实从严治警方针，制定出台经侦支队内部管理若干规定；落实主官主体责任、监督责任，每周每月领导带队检查、通报，分析查摆队伍管理、执法执纪、作风建设存在的问题。围绕“人、案、物”开展规范化执法，执行办案区管理使用“四个一律”的工作要求。年内，经侦支队民警个人荣立二等功2人次、三等功4人次、嘉奖4人次，以及G20杭州峰会安保、“猎狐”“打假”、打击地下钱庄等全国、全省先进集体和先进个人。

2016年5月15日，全市经侦部门组织开展“5·15”打击和防范经济犯罪宣传日活动

网络安全管理

【概述】 2016年6月，温州市公安局网络警察支队更名为网络安全保卫支队，围绕“G20杭州峰会”和“世界互联网大会”安保工作，全面推进打击整治网络侵犯公民个人信息犯罪专项行动，多项业务工作取得全省第一乃至全国领先。年内，该支队荣获“2015—2016年度温州市卷烟打假打私工作先进集体”“2016年度市局执法优秀单位”“2016年度全市公安机关党风廉政建设成绩突出集体”等荣誉称号。

【网络巡查执法】 2016年，温州市公安局网安支队开展网上公开巡查执法，删除、屏蔽、过滤各类违法有害信息8531条，编写网警情况反映专报157期。保持对网络谣言的严打态势，全市网安部门全年查处相关案件84起，刑拘2人，行政处罚84人，教育训诫200余人次。

【网络运行安全】 2016年，温州市公安局网安支队全省首创网络安全监管执法体系，起草发布《2016年温州市网络安全执法检查工作方案》，发放网络安全职责须知1225份，签订网络安全承诺书1107份，实地检查1892家重点单位，通过技术监测和检查发现安全漏洞7万余个，消除网络安全隐患5214个，发放责令整改通知书858份，累计466家单位的953个信息系统完成等级保护备案，其中626个系统完成测评，实现全年重大网络安全事件零发生的工作目标。

【网络阵地安全】 2016年，温州市公安局网安支队制定下发《温州市网吧黑名单管理实施办法》，检查网吧5499家次，处罚242家次；对1274家上网宾馆落实安全技术措施，抽查上网宾馆240余家次，处罚12家次。全省首创网吧人脸识别系统，实现全市覆盖，并全省推广，确保G20杭州峰会期间网吧实名登记率达到100%。

【涉网案件侦破】 2016年，温州市网安部门破获各类涉网刑事案件2568起，其中自侦案件321起，主侦案件1128起，部督案件3起，省督案件4起，成绩全省第一。严打黑客类案件，破获危害计算机信息系统案件14起，抓获犯罪嫌疑人89名，其中苍南耀发平台案件，涉及苹果手机串号3000余个，串并盗窃案件150余起，涉案金额达1亿元以上。在全国打击整治网络侵犯公民个人信息犯罪专项行动中，温州网安的打击数和个人信息缴获数均列全省第一。

【配侦服务】 2016年，温州市公安局网安支队通过一系列方式方法，办理各类协查5000余起，同比增加11%。全市网安部门通过网安技术手段抓获CCIC逃犯1866名，实现全省十二连冠，在全国同类城市排名第一。全年网安支队向实战部门提供案件线索39期，通报打侵财线索130余条。

【网络安保】 2016年，温州市公安局网安支队发布《G20杭州峰会温州网络安全保卫工作方案》，在G20杭州峰会和世互会期间开展《每日工作要情》编写工作，传递网上安保动态。G20杭州峰会前夕，市委书记徐立毅和市长张耕分别到支队视察网络安全保卫工作，予以肯定。

【电子物证检验鉴定】 2016年，温州市公安局网安支队电子数据取证分析实验室建设达到国家一级标准，指导各县局网警大队建设相应等级实验室，电子数据取证分析能力全省领先。全市实验室共出具勘验报告和笔录829份，勘验各类检材1748件。

技术侦察

【概述】 2016年，温州市公安局技侦支队以G20杭州峰会安保为主线，以“信息技侦”建设为抓手，提升信息化条件下预警、侦察、控制和处置能力，连续第二年获评“全市公安机关铁班子、好主官”，连续第五年获评“市局机关综合考评优胜单位”，连续第八年获评“全国技侦精品（优秀）案件”。

【情报信息】 2016年，温州市公安局技侦支队完善“情报信息通报会商机制”，建立G20杭州峰会安保情报工作方案，充分应用技侦专业系统，提升情报搜集、研判和预警能力，成功处置以“1•29”“8•17”专案为代表的一批情报专案。全年搜集编报情报信息340余期，情报信息综合排名全国直报城市第14名，获“全国技侦情报工作进步奖”。

【侦技协作】 2016年，温州市公安局技侦支队面向全市公安机关公开承诺并践行“开辟紧急查询快速通道”等《服务基层五项举措》，支撑严重刑事犯罪打击，参与各类专项打击行动，协助破获“6•25”部督跨国电信诈骗案、“2•8”瑞安纵火案、“12•19”瓯海抢劫杀人案等一大批大要案。

【工作创新】 2016年，温州市公安局技侦支队破解技术难题，创新战术方法，强化手段信息化改造、大数据应用和实战化训练，“QT技术革新”被确立为公安部技术革新项目，“ZQS”技术方法在全国技侦疑难课题攻关评审中获奖并推广，YJ阵地运行机制全国领先，大数据应用经验受邀在全省技侦工作会议作典型介绍，WX“一专多元”作战机制全省领先。

【基层建设】 2016年，温州市公安局技侦支队深化“一核多站”技侦工作模式，完善“技侦-特侦”协作机制，在苍南工作站示范点基础上，永嘉、平阳工作站相继完成改造，新报批的鹿城、泰顺、文成工作站筹建工作有序推进，温州技侦工作站建设管理经验得到公安部十二局局长龚道安的批示表扬。

特警工作

【概述】 2016年，温州市公安局特警支队先后完成全国公路自行车冠军赛（温州站）安保、G20杭州峰会安保、第三届互联网乌镇峰会安保、台风救援等勤务，支队本级共投入警力2236人次参与常态化巡逻防控工作。针对突出治安问题，根据舆情指向，共抓获逃犯40人，打击处理各类违法犯罪人员330人，其中刑拘103人。年内，该支队获集体三等功1次，1人荣立个人一等功、2人荣立个人二等功，4人荣立三等功，4人获得市局嘉奖，3人次获安保先进个人，1人获全市优秀人民警察。

【领导更迭】 2016年4月5日，水上分局原局长杨波到支队履新。

【全市特警工作会议】 2016年1月28日，特警支队召开2016年全市特警工作会议，总结2015年特警工作，部署2016年全市特警重点工作。7月6日，召开全市特警工作会议，围绕《关于进一步加强特警队伍建设的若干规定》《全市公安特警队伍处置各类事件区域协作工作方案修订》《2016年度全市特警队伍综合考评办法》《“美丽窗口、花园警队、文化警营”创建活动实施方案》四项议程开展探讨。

【抗灾救援】 2016年9月15日，受14号台风“莫兰蒂”和16号台风“马勒卡”的双重影响，泰顺受灾严重。特警支队组织全体民警在中秋节假期间投入抗台抢险救援工作。10月10日凌晨，鹿城双屿中央涂村中央街159号4幢6层农民自建房发生倒塌事故，凌晨4时37分，根据市局指令，该支队紧急集结，出动110名警力，连续奋战近24小时直至现场救援全部结束。

2016年10月10日，温州市公安局特警支队参与双屿房屋倒塌救援行动

【G20杭州峰会安保】 2016年G20杭州峰会期间，特警支队共出动警力143人分别投入杭州及温州本地的各项安保工作，工作时间长达48天，共完成各人员检查15万人次，完成大型会议安保30余次，领导人要人警卫30余次，成功处置13起涉爆案件。5月5日，支队举行护航G20杭州峰会安保专训动员仪式。5月25日，召开参加省厅G20杭州峰会安保工作誓师大会动员会议。5月27日，支队长杨波率23名特警队员代表市局参加全省G20杭州峰会安保工作誓师大会。7月1日，举行护航G20杭州峰会安保工作誓师仪式。7月4日，选派6名同志到杭州与省警卫局对接制作峰会安保方案。7月18日晚，召开G20杭州峰会安保工作部署会议。7月22日，赴杭三、四、五方队的同志先后3次动身赴杭。7月24日，排爆组3名同志到杭州支援排爆工作。7月25日，

赴杭二方队的同志赴杭增援。8月15日，特警维稳方队在温州警校召开培训动员会。8月19日，赴杭一、六方队同志赴杭增援要人警卫工作。留守的民警承担温州龙湾国际机场的巡控工作。8月21日，特警维稳方队203名同志赴杭增援维稳工作。9月7日下午，G20杭州峰会要人警卫队凯旋。9月9日下午，G20杭州峰会特警维稳方队凯旋。

【安全保卫】 2016年2月24日至29日，温州市十二届人大六次会议和政协温州市十届五次会议在市人民大会堂召开。按照市局的总体部署，特警支队共投入警力387人次，备勤警力213人次执行安全保卫任务。6月24日凌晨，根据市局统一部署，组织抽调50名警力，乘坐包机赴柬埔寨参与押解39名电信诈骗犯罪嫌疑人（其中台湾籍对象25名）回温任务。11月5日，以G20世界峰会安保标准，遴选53名民警投入第三届世界互联网安保工作。12月6日，共计投入现场安保警力110人，完成2016温州马拉松赛现场指挥、沿途护卫、备勤处置和应急处突等职责。

【“年关护平安”专项行动】 2016年12月24日下午，特警支队举行“年关护平安”专项巡控行动启动仪式，该行动为期2个月，旨在确保“元旦”“春节”前夕社会治安稳定。

【暴恐案件处置演练】 2016年6月8日晚，特警支队组织值班组开展暴恐案件处置演练，检验值班组紧急出动能力。6月15日晚，启动一级响应，在全队范围内开展暴恐案件处置演练。8月18日，温州市公安局在绝对保密的情况下，提请市委市政府在市区世纪广场（近锦江路处）组织开展“战鼓”反恐怖重大警情处置模拟演练活动。接到模拟警情后，该支队立即响应，出动警力43名，分三波警力梯次到警。

【“135”快反圈建设】 2016年2月17日至18日，特警支队组织4个督查组，对全市特警系统内部安全保卫和“135”快速反应圈进行暗访检查，选派15名民警、3辆警车配合警务督察支队对全市公安机关开展督察工作。11月11日，成立检查组赴全市11个县（市、区）督导检查“135快反机制”落实情况、信息报送、实战及演练工作和队伍建设4个方面工作，听取各地特警大队领导班子的工作汇报和建议。

【全市特警尖子队员比武】 2016年12月1日，特警支队开展全市特警尖子队员比武，全市11个县（市、区）特巡警大队和支队直属3个实战大队（包括瓯越突击队）共16支队伍、55名尖子选手参加竞赛。

【全市特警协作区拉练】 2016年11月22日至23日，特警支队组织开展全市特警协作区拉练暨协辅警技能考核活动，主要针对各县（市、区）巡特警大队的装备携带、协辅警队员快速集结、快速着盔甲服、着盔甲服800米跑等方面进行全面考核。

2016年11月22日，温州市公安局特警支队开展全市特警协作区拉练

【特警训练基地建设】 2016年4月18日至21日，温州市公安局党委委员、副局长金凌森、特警支队政委吴肖峰、警保部副主任王成珏、安防职业学院校建处副处长陈惜墨以及市发改委、市规划局相关工作人员，先后到南京、无锡和宁波等地对特警训练基地建设项目进行考察和交流，与各地支队领导就基地建设、经费保障、队伍建设、实战训练、反恐处突和巡逻维稳等各项工作开展座谈和交流。6月17日下午，政委吴肖峰陪同副局长金凌森参加市政府关于浙江安防职业技术学院建设工作专题会议。会议通过对特警训练基地建设工程项目在总平面及总体设计启动前进行先行审批的决定。12月30日上午，特警训练基地建设工程奠定仪式在浙江安防职业技术学院举行。

2016年12月30日，温州市公安局举行特警训练基地工程开工仪式

【警务交流】 2016年5月20日，新疆建设兵团第三师公安局特警支队3名同志到温州特警交流学习，为期

一个月。9月28日，5名同志赴疆开展为期一个月的警务交流工作。警务交流工作采取跟班专训模式，拓展专业训练工作思路，落实各项训练内容，突出特警训练工作实战化需要。7月1日，吉尔吉斯斯坦警务考察团到特警支队参观特种车辆、排爆机器人和武器装备等，了解各种装备的性能、用途和使用方法。

【专题教育】 2016年5月30日，特警支队召开“两学一做”学习教育推进会。9月27日，市局纪委副书记潘平率“两学一做”学习教育督查组，到支队督查“两学一做”活动进展情况。

【警营文化】 2016年6月23日，特警支队举办第一期警务论坛，特邀请鹿城执法监督大队黄子捷教导员和胡牧教官开展法制讲座。11月1日，举行警营开放日活动，邀请温五幼200余名师生和全市各大媒体到场观摩。活动主要包括儿童安全防范知识讲座、突击队员擒拿格斗术表演、排爆机器人操作演示及特种车辆和枪械展示等内容。11月25日，举办第二期“特警论坛”，由援疆交流学习的汪海峰授课，向全体民警交流分享援疆经历，分享工作经验和业务知识。12月9日，联合鹿城区文化广电新闻出版局首次举办“非遗”进警营活动。在支队大厅、书画室和八楼会议室分别安排鹿城区“非遗”保护成果图片展示、温州瓯绣、米塑、剪纸和馒头驻伤骨科等技艺展示、书画创作以及温州莲花、鼓词、变脸、陈氏太极拳等项目的展演。

禁毒工作

【概述】 2016年，温州市禁毒工作以G20杭州峰会、第三届世界互联网大会禁毒安保工作为中心，以“减主体、缩市场、断通道、禁制毒”为目标，以改革创新思路贯穿始终，增强缉毒专业化，推进禁毒社会化，做实做强缉毒破案、预防宣传、禁吸戒毒、毒品管制和禁毒保障等各项措施，推动全市禁毒工作持续健康发展。

2016年6月23日，温州市委常委、常务副市长陈作荣调研禁毒工作

【禁毒长效机制】 2016年，温州市委市政府两办出台《温州市禁毒工作领导责任追究办法》，明确12种“一票否决”情形，规定被列为重点整治地区的禁毒工作主要责任人不得提拔和交流重用。市级层面先后制定出台《温州市乡镇（街道）毒品问题重点整治办法》《温州市涉毒极端案（事）件责任倒查追究办法》等机制性文件，将禁毒工作纳入市考绩法“负面清单”，对永嘉县岩头镇等9个单位予以挂牌整治和限期整改，通过约谈、督导等形式督促落实整治整改工作，对发生未成年人涉毒、吸毒引发肇事肇祸等重大案事件开展倒查追责。

【G20杭州峰会禁毒安保】 2016年，温州市禁毒部门以G20杭州峰会禁毒安保工作为中心，加大对涉毒重点人群、物品的排查管控，全市共对39119名吸毒人员实施分级分类管控，温州市公安局在监管医院（康宁医院监管病区）专门建立病残涉毒人员收治点，对风险隐患较高的22名涉毒病残对象予以集中收治。在全省率先开展异地帮教管控试点工作，对全市11505名登记在册流动吸毒人员开展排查，落实管控6655名，挤压离温3827名；全省易制毒化学品企业护航G20现场会在苍南召开。峰会期间，全市共排查易制毒化学品企业14054家次，发现并整改隐患企业2206家次，查处易制毒化学品案件42起，确保全市未发生涉毒极端案（事）件。

2016年7月14日，全省易制毒化学品企业护航G20现场会在温州市苍南召开

【打击毒品违法犯罪】 2016年，温州市禁毒部门共侦破毒品刑事案件1431起，抓获毒品犯罪嫌疑人1815名，移诉犯罪嫌疑人1587名，摧毁3至5人、6人以上贩毒团伙76个和34个，侦破公安部、省厅毒品目标案件5起和26起，缴获各类毒品82.9公斤；查处吸毒人员8114人次，处以社区戒毒2855名、强制隔离戒毒3251

名；查处非法种植毒品原植物案件33起，铲除毒品原植物6045株，刑拘3人；查处易制毒化学品案件63起，刑拘10人，缴获涉案易制毒化学品6338.5公斤，罚款71.95万元；查处聚众吸毒案件39起，其中娱乐场所涉毒案件3起。

【禁毒预防宣传教育】 2016年，温州市、县两级禁毒、宣传、教育等13个部门分别联合制定《青少年毒品预防教育三年规划》。市禁毒办、团市委、鹿城区禁毒办在市青少年活动中心建立温州市青少年禁毒教育阵地；团市委、市禁毒办联合组织开展青少年“三禁三自”活动，成立“高校禁毒宣讲团”开展禁毒宣传集中大行动。全年共建成学校毒品预防教育品牌示范学校12所，建成《青少年涉毒管控系统》，对涉毒青少年实行分类管理和动态管控。全市共有40万名中小学生参加全国禁毒知识竞赛网络答题活动，组队代表浙江省赴北京参加全国禁毒知识竞赛电视大赛，荣获优秀组织奖。

2016年6月21日，温州市第六轮“不让毒品进我家”启动仪式在永嘉岩头进行

【禁毒信息化应用】 2016年，温州市禁毒部门建成集“基础信息、日常管理、涉毒管控、服务实战”于一体的温州禁毒“微平台”，在全市范围内投入运行。创新运用物联网手段对易制毒化学品实施管控，将全市首批1402家涉硫酸、盐酸两类易制毒化学品企业纳入物联网管理，相关企业硬件安装率、使用率达100%。

【戒毒康复】 2016年，温州市禁毒部门在全市范围开展市级社区戒毒（康复）示范创建活动，在鹿城区五马街道召开现场会进行交流推广，全市30个毒品问题重点乡镇（街道）在年底前均达到市级示范点创建标准，新增培育永嘉县鹤盛镇、瑞安市陶山镇等5个社区戒毒康复省级示范点。全市累计培育国家级示范单位、示范点各1个，省级示范单位2个、示范点14个，工作经验被国家、省禁毒办以编发简报等形式进行推广。

【先进集体与个人】 2016年，温州市公安局禁毒支队连续两年被评为“全国易制毒化学品管制先进单位”，抽调支援G20杭州峰会所属方队荣立集体二等功。在全省禁毒情报综合应用典型案例和优秀技战法评比中，荣获2个二等奖和1个三等奖，支队荣获优秀组织奖。在全省禁毒社工优秀案例评选活动中，取得2个二等奖，3个三等奖和1个优秀奖，市禁毒办荣获优秀组织奖。在全国第二届社区戒毒康复优秀案例评选活动中，乐清禁毒社工童丽雏提炼的优秀案例《阳光总在风雨后》荣获全国一等奖。在全省第二届“最美禁毒人”评选活动中，乐清市社会工作师黄首东被省禁毒委授予“最美禁毒人”荣誉称号。年内，全市共有8个集体、25名个人荣获省级以上荣誉表彰，1名民警荣获“全省优秀人民警察”称号，11名民警荣立个人三等功，禁毒队伍实现零违纪。

监所管理

【概述】 2016年，温州市公安监管场所累计收押各类违法犯罪人员56176名，其中看守所25104名、戒毒所2852名、拘留所28133名、收教所87名，日均在押名员9119名，其中看守所7633名、戒毒所844名、拘留所596名、收教所46名。面对繁重的羁押任务和不断提升的工作标准，全市公安监管部门以建设安全文明监所为目标，以看守所“五化建设”、拘留所“三项重点工作”和强制隔离戒毒所“两基础四深化”为牵动，确保监所安全稳定，成功抵御住强寒潮、强台风的侵袭，完成G20杭州峰会和第三届世界互联网大会安保任务，历史性地实现“双零”即全年监所零安全事故、被监管人员零因病死亡，继续保持全市25个监所全部上等级。年底，全市公安监管部门在编民警745名、职工170名、协警563名、工勤人员316名。

2016年7月20日，温州市公安局召开全市公安监管护航G20杭州峰会推进“三无一防”工作现场会

【领导调研与工作交流】 2016年，公安部监管局副局长游蓉、公安部监管局监所等级评定考核组、时

任省厅副厅长华远平、时任省厅监管总队总队长伍建利、政委蔡高提以及省戒毒管理局局长陈玉海等各级领导来温调研指导公安监管工作；江苏省盐城市、南京市和省内多地市监管部门，金华监狱等司法单位先后到温州参观交流工作。

【监管场所等级创建】 2016年，温州市25个监所继续保持全部上等级。其中，瓯海区看守所和乐清市看守所2个监所为一级所；永嘉县看守所，市本级、鹿城区、瓯海区、乐清市、瑞安市、平阳县、苍南县拘留所，市局收容教育所9个监所为二级所；市本级、鹿城区、瑞安市、平阳县、苍南县、文成县、泰顺县看守所，永嘉县、文成县、泰顺县拘留所，市本级、乐清市、瑞安市、苍南县强制隔离戒毒所14个监所为三级所。

【监管场所安全】 2016年，温州市公安监管部门查改各类安全隐患711处，成功处置自杀、自残等突发事件和事故苗头26起，确保G20杭州峰会、第三届世界互联网大会、强寒潮、暑期炎热季节、台风等敏感节点和危急时刻的监所维安任务完成，监内安全态势保持平稳，实现安全无事故。

【监管业务指导】 2016年，温州市公安局监管支队在每日视频巡检和每月实地检查的基础上，不定期开展安全检查“午•夜”行动和“对抗式”暗访工作，部署开展“制度执行示范月”“G20百日安全攻坚战”及执法管理专项检查等专项行动，与武警部队协作完成“湖北会议”的贯彻落实，完成看守所驻所武警三人应急小组前置工作。年内，监管支队督导全市监所清单式查改各类安全隐患711处，发布各类检查通报45期；严格把关审核减刑案件512起，办理异地羁押257人，延长异地羁押357人；组织医务专家带队到各监所开展巡诊，诊治被监管人员482人次；举办“警营大讲堂”管理专业监管业务讲座，邀请医务专家为全市监管民警和医务人员进行专题医务培训。

【监管制度建设】 2016年，温州市公安局监管支队将标准化管理、流程化管理引入监管工作，创新推行“两统一、一规范”（统一公安监管场所办公秩序，统一被监管人员一日生活制度，规范监管工作管理人员的职责、行为）监区管理机制和公安机关领导检查指导“三看一问四查”工作法，进一步强调落实每名管教民警管理被监管人员不超过45人、夜间民警带队巡逻、放风时间管教民警巡视、监内严重违规“三步走”处置等规定。

2016年，全市公安监管部门创新推行“两统一、一规范”监区监区管理机制

【监所人权保障】 2016年，温州市公安局监管支队开展生产劳动规范管理、未成年在押人员分押分管等专项行动，至12月底，市本级、永嘉、乐清、平阳、文成看守所，市本级、鹿城、瓯海、永嘉、平阳、苍南、文成、泰顺拘留所，苍南县强制隔离戒毒所，市局收容教育所，均取消生产劳动；市本级、乐清、瑞安看守所均实行分餐制；市本级、永嘉、乐清、瑞安、泰顺看守所，以及除市戒毒所以外的各行政监管场所，均取消被监管人员睡地铺的做法。

【监管场所教育感化】 2016年，温州市监管场所坚持人文关怀，推进在押人员教育感化，为在押人员提供多种文化、道德、技能学习机会，帮助违法犯罪人员更好地重新融入社会。针对在押人员容易受环境、思想影响产生恐惧、郁闷、烦躁等心理特点，全市监管场所定期组织心理医生对在押人员开展心理咨询和心理疏导工作。全市监管场所实行未成年人集中关押，健全完善未成年在押人员社会帮教长效机制。

【监管场所基础设施建设】 2016年，市本级监管中心新建工程、永嘉监所迁建工程、瑞安监所迁建工程、平阳监所迁建工程和乐清看守所扩建工程继续推进，其中，占地8.68公顷、投资2.52亿元的永嘉监所迁建工程于4月26日正式启用；占地14.27公顷、投资5.08亿的瑞安监所迁建工程完成扫尾工作；乐清看守所扩建工程完工。除新所建设工程外，全市监所年内共计获2000余万元投资，用于加强硬件和信息化建设。

【监管医疗卫生专业化建设】 2016年，温州市公安局打造“公安监管部门负责监管安全、卫生计生部门负责医疗卫生”的全市监所医疗卫生专业化运作模式，社会医疗机构驻各地看守所的门诊部（卫生所）先后实现实体化运作，全市监所历史性地实现被监管人员零因病死亡。7月20日，温州市公安局在永嘉召开现场会推广永嘉监管的医疗卫生专业化工作经验。

【新建市本级监管医院】 2016年，在原监管医院（友好医院监管病区）因客观因素停止运行后，温州市公安局争取市委市政府支持，通过政府招投标的方式确定向康宁医院购买医疗服务建立新监管医院（康宁医院监管病区），8月14日，面积2230平方米、病房10间、设计病床105张的新院正式启用。

【监管医院服务基层】 2016年，温州市公安局监管医院收治病员324人次，承担全市看守所86.4%的所外住院治疗任务，成为全市各看守所被羁押对象重症治疗的最主要诊疗场所。

【拘留所社会矛盾化解】 2016年，温州市10个拘留所以社会、媒体关注的敏感人员、涉访人员为重点，灵敏捕捉“大拆大整”专项行动等社会热点信息，成功化解群体性事件苗头、信访积案、拆违纠纷等各类社会矛盾348起，其中停访息诉案件14起，收到感谢信86封、锦旗24面，履行纠纷款项数额1774.39万元。

【监管情报信息】 2016年，温州市监管部门配合市局打侵财等专项行动开展“教育感化——情报信息——深挖犯罪”工作，主动对接市局阶段打击热点加强对监管羁押数据的分析研判，编发12期监管情报信息专报和领导参阅，定期为市局开展全市社会治安状况“二级四色预警”评估提供精准数据。

【社会宣传】 2016年，温州市各监所运用电视台、报刊、微信、微电影等“传统+时尚”的方式开展正面宣传。监管支队与《温州晚报》联合推出“高墙内的忠诚坚守”的专栏，6次以专版形式宣传全市监管的“先进所、先进人、先进事”。

【社会开放活动】 2016年，温州市各监所发挥廉政警示教育基地作用，全年共接待党政机关、企事业团体、学校等各级社会各界人士21252名。11月上旬，全市监管场所统一开展“展示法治文明形象”为主题的集中对社会开放活动，全市各级公安特邀监督员、人大代表、政协委员、党政干部和媒体记者以及被监管人员亲属等各界人士592人走进全市25个公安监所视察参观。

【队伍保障】 2016年，温州市7个监所的领导班子得到调整充实；10名监管民警得到定向提拔，分别为鹿城2人、瓯海2人、平阳2人、苍南3人、文成1人；61个协辅警编制实现人员到位。以监管民警应知应会知识等为主要内容，依托监管信息系统进行“每日一题、每月一考”在线学习考试，确保全员练兵；积极派员参加上级业务部门组织的各类培训；组织开展年度理论调研和工作法提炼活动，形成15篇优秀理论调研文章、提炼出11个优秀工作法，其中4篇文章和2个工作法在全省获奖。

2016年1月7日，时任省公安厅监管总队总队长伍建利到温州慰问累到在工作岗位上的永嘉县看守所

看守羁押

【概况】 2016年，温州市看守所共收押对象3942人，日均关押1092人。接待办案提审14962人次，协助办理出所辨认、开庭提押3372人次，接待律师会见5628人次，投送监狱72批次，安全投送对象921人。

【成立情报信息工作室】 2016年7月，温州市看守所成立监所情报工作室，深化“互联网+立体管控”新模式，共发现所内各类疑似违规情况2200余起，占全所发现起数87%。G20杭州峰会安保期间，运用工作法成功处置一名在押人员企图悬挂自杀事件，受到省厅总队的通报表扬。

【分流任务】 2016年1月21日，温州市看守所为永嘉县看守监管大队分流在押人员20人。

【未成年人羁押管理】 2016年11月1日，全市看守所未成年在押人员管理教育工作座谈会在温州市看守所召开。与会代表参观温州市看守所未成年监区，温州市看守所未成年监室管教民警钱雪峰介绍该所工作经验，鹿城看守所、瓯海看守所、乐清看守所、平阳看守所、瑞安安看守所、永嘉看守所、苍南看守所代表分别就各自未成年在押人员监管做法和经验进行典型交流，市监管支队副支队长林建敏总结发言。2012年底成立未成年监区以来，温州市看守所先后获评“温州市未成年人思想道德建设工作优秀阵地”“优秀青

2016年11月1日，全市看守所未成年在押人员管理教育工作座谈会在温州市看守所召开

少年维权岗创建单位”等荣誉称号，市所团支部“未成年人观护站建设”成为全省公安唯一的入选“团建优品汇”全国百强项目。

【巾帼文明岗建设】 2012年6月，温州市看守所创建女子管教大队，至2016年底，集中收押女性在押人员3500余人，女子监区日均关押量达300人，至今未发生一起女性在押人员安全事故，实现工作“零差错”、队伍“零违纪”。7月30日，《人民公安报》以《温州市看守所：聚焦发力建设巾帼文明岗》为题予以报道。年内，该所获评市巾帼建功先进集体、市级巾帼文明岗、市级青年文明号、市三八红旗集体和省级巾帼文明岗等荣誉称号。

【G20杭州峰会安保】 2016年G20杭州峰会期间，温州市看守所共收押艾滋病对象15名、精神异常对象6名、患肺结核对象8名、吸毒成瘾对象22名、外伤对象73名，清理7名已决未收押对象。推进精神病等难管对象的稳控工作，实现“五个坚决防止、三个确保”的既定目标。安保工作结束后，市所民警林礼丰荣获浙江省G20杭州峰会工作先进个人，协辅警白希瑜荣获温州市公安机关G20杭州峰会安保工作先进个人。

2016年9月G20杭州峰会安保期间，温州市看守所组织全所民警举行升旗仪式

【“三无一防”百日查改整饬活动】 2016年6月中旬至9月中旬，温州市看守所开展“三无一防”百日查改整饬活动，开展“抄底式”安全大检查25次，排查各类安全隐患91处，整改率100%。组织预案演练3次，刊发各类稿件60余篇，出台制度性文件13个，对表现突出的79人次进行通报表扬，对工作不到位的执行局规记分3人次，确保公安监所平稳、有序，完成此项活动。

【巡控专业化】 2016年3月7日，温州市看守所召开“巡控专业化”工作部署会，出台《温州市看守所巡控专业化实施方案》《巡控工作学习参考》等工作规定，组建专业化巡逻队伍，完善巡控专业化工作机制，实现24小时民警带队巡逻。

【领导更迭】 2016年4月14日，原交警支队党委委员、交警三大队大队长周振宏到温州市看守所履新。4月27日，原监管支队看拘工作指导大队大队长胡荣文到温州市看守所履新，免除市看守所副所长陈康的职务。

【开放日活动】 2016年11月9日，温州市看守所邀请人大代表、政协委员、特邀监督员8名及在押人员家属28人来所组织开展对社会开放日活动。各人大代表、政协委员及其他党政领导在市看守所民警和讲解的引导下参观监区监室、总控室、图书阅览室、心理咨询室、电教课堂、卫生诊疗室等所内综合设备设施。特邀监督员们对温州市看守所干净整洁的环境和人性化的管理表示赞赏。

2016年11月9日，温州市看守所邀请人大代表、政协委员、特邀监督员举办对社会开放日活动

【专题教育】 2016年5月9日，温州市看守所组织全警召开“两学一做”学习教育专题部署会。6月3日，开展“两学一做”学习教育专题党课活动。6月6日，召开中层以上领导干部会议，推进“学党章党规、学系列讲话、做合格党员”专项教育活动。6月7日，以支部为单位，开展“两学一做”学习教育大排查活

动。7月5日，中层干部以上领导会议，开展“两学一做”学习教育专题党课。7月18日，以“周一夜学”的形式，组织全体民警开展“两学一做”专题研讨活动。8月11日，利用市所微信群开展“两学一做”微党课推送学习活动。8月31日，以22个问题的形式组织全体民警学习“两学一做”学习教育核心内容。9月27日，市局政治部黄伟副主任来所检查“两学一做”活动开展情况。11月15日，所总支成员召开“严以用权”专题会议。

【队伍保障】 2016年，温州市看守所完善民主生活会、“三会一课”等制度，开展各项教育活动，推行“一带一、一帮一”学教模式，组织全警观看《警钟》等系列廉政教育影片，撰写观后感。推送“两学一做”微党课39期，民警谈心教育10人次。制定实施《温州市看守所关于严格考勤管理的通知》《温州市看守所关于强化协辅警管理明确责任捆绑的通知》等系列文件，以“两统一、一规范”内容作为督查的重点，通过实地检查、视频巡查、网上抽查等方式，对各项基础工作进行常态化督导。年内，该所通过量化考核、三级监督等工作机制，已通报表扬35人次，自主对民警局规记分6人次7分，辞退协辅警18名。

拘留工作

【概述】 2016年，温州市拘留（收教）所以“平安考核”、等级所创建及“两统一、一规范”活动为抓手，围绕年初提出的“确保、创优、创特”总体目标，树立安全第一的意识，完成被拘留人员4760人次、被收教人员87人次的收押、管理、教育工作，通过二级拘留所和二级收教所的考评。年内，该所分别被评为“全国拘留所社会矛盾化解工作成绩突出单位”、十五年安全无事故监管场所、2014—2015年温州市科普工作先进集体、2015年度“市局机关综合考评优胜单位”、五星党支部、战时队伍管理优秀单位、温州市第五次学法用法“示范基层站所（服务窗口）”、2016年度市局执法优秀单位、温州市公安局收容教育所和二大队分别荣立集体三等功一次。

【两统一、一规范】 2016年在7月下旬至9月中旬，省厅监管总队发布六期视频巡查，通报的100余起问题，及8月中旬至9月中旬监管支队发布的20期视频巡检通报的90余起问题中没有一起涉及温州市拘留（收教）所，该所系全市监管场所中唯一一家没有被视频巡检通报的单位。

【监所安全】 2016年，温州市拘留（收教）所坚持“管教每日查、大队每周查、所里每月查”的三级安全大检查制度，共排查隐患219起，其中设施隐患127起，管理隐患92起，遵循“隐患不过夜”原则，全年共完成总计2979个监室的安全风险安全评估。根据风险评估的内容及时更新监室风险等级指示牌的相关内容，为值班和巡控人员提供重点巡控目标。

【监所医疗卫生】 2016年，温州市拘留（收教）所开展所内门诊共6415人次，出所就医17人次，入所体检4569名被拘留人员、84名被收教人员、办理因怀孕及年龄70周岁以上不宜收拘各5人、因病建议停止执行拘留167人、因病不予收教5人，实现全年医疗安全无事故。

【教育感化】 2016年，温州市拘留（收教）所因教育感化成效显著，收到被监管人员表示感谢的锦旗38面，感谢信书籍、鲜花若干。出版《回归美丽》季刊4期，升级“回归美丽”微信公众平台，开展系列职业技能培训。通过市妇联的牵线，与温州市健身舞协会签订“健身舞进监区”合作协议，健身舞协会成员每周二来所为女性被监管人员免费公益教授健身舞课程。

【社会矛盾化解】 2016年，温州市拘留（收教）所化解社会矛盾494起，成功化解民事债务、邻里纷争、劳资纠纷等各类社会矛盾纠纷76起，收到被拘留人员赠送的表示感谢的锦旗16面、牌匾3个。4月，该所被评为全国拘留所矛盾化解工作成绩突出单位。

【开放日活动】 2016年11月10日，温州市拘留（收教）所开展“展示法治文明形象”对社会开放日暨“防治艾滋病”宣传活动，邀请省人大、市政协代表，市公安局、市司法局、市科协、鹿城卫生局、鹿城疾控中心、市健身舞协会等20多名领导、嘉宾参加活动，温州广电传媒集团、温州市都市报、温州晚报

2016年11月10日上午，温州市拘留所（收教所）开展“展示法治文明形象”对社会开放暨“防治艾滋病”宣传活动

等3家电视台、报刊媒体记者进行现场采访报道。

【监管场所基础设施】 2016年，温州市拘留（收教）所对收押室实行物理和技术改造；对全所的监室进行改造，将矮围墙的棱角改成圆弧状，统一制作地面置物架；对监室屋顶喷淋装置进行改造，增加12个喷雾头；购置75千瓦的发电机实现监所配电房双电源的改造；购置条码储物柜，保障被监管人员物品存放的安全。

【监管信息化】 2016年，温州市拘留（收教）所对3个询问室的录音录像设备进行数字高清改造；投入1.5万完成人像采集系统改造；组织研发《风险管控应用系统》，为管教大队提供有效的风险预警和管控响应提醒；开发《被拘留人员病患风险评估软件工具》，有效实现监管信息共享联动，重点人员的动态管控。

【心灵驿站】 2016年，温州市拘留（收教）所发挥由7名心理咨询师组成的专业心理咨询师队伍的优势，为被监管人员开展6次团体心理辅导课、4次“心•音乐舞蹈”团体辅导活动，邀请永嘉心理学会专业心理咨询师为被监管人员开展4次全体心理疏导。

【应急预案演练】 2016年5月9日、10月12日分别组织开展“被拘留人打架事件预案演练”“两名被拘留人员发生口角打架、被收容教育人员晕倒预案演练”。

【危急病情处置】 2016年10月5日上午，值班医生巡诊时发现被拘留人员谭春华诉腹胀，乏力，查体：皮肤黄染，巩膜黄染，腹软，无明显压痛，反跳痛，测血压125/79mmhg，考虑到有黄疸肝炎可能，经请示所领导后，送其至温州市人民医院检查，查腹部CT示：脂肪肝，肝右叶钙化灶，脾轻度肿大，盆腔少量积液，肝功能：谷丙转氨酶2798U/L、总胆红素209umol/L，乙肝两对半：HBsAg（+），HBcAb（+），诊断为：肝功能异常、病毒性肝炎，建议住院治疗，给予保肝治疗。该谭病情严重，极可能有生命危险，该所及时通知办案单位，建议对该谭停止执行拘留。10月5晚上，龙湾区公安分局对该谭做出停止执行拘留决定。

戒毒工作

【概述】 2016年，温州市三垟强制隔离戒毒所共收治戒毒学员1349人，男1166人，女183人，其中强制隔离戒毒1134人、行政戒毒治疗115人、继续强制隔离戒毒30人、临时羁押70人；办理出所1392人；获取犯罪线索38条，经查证反馈破获各类案件16起，其中重大刑事案件3起、一般刑事案件13起，抓获违法犯罪嫌疑人15名；通过三级巡查等措施及时发现并外出就诊93人、所外就医另行处理出所就医诊治58人、血生化检查1344人、X拍片检查857人、B超检查11人、成功排除消化道异物83人。年内，该所被省厅评为“十年安全无事故监管场所”，荣获“全市监管执法规范单位”“市局机关先进基层党组织”“药物滥用监测工作一等奖”，办公室、五大队党支部连续3年被评为五星党支部。1位民警荣获三等功，1位民警荣获“全市优秀人民警察”，1位民警荣获“全市公安监管巡控工作能手”，1位民警荣获“全市公安监管场所管教工作能手”，1位民警荣获“全市公安机关G20杭州峰会安保工作先进个人”。

【领导调研】 2016年3月31日，浙江省司法厅党委委员、省戒毒管理局党委书记、局长陈玉海一行3人在市公安局党委委员、副局长胡松权的陪同下到温州市三垟强制隔离戒毒所调研指导工作。12月5日，市委常委、公安局长罗杰在市局党委委员、禁毒支队长陈先微陪同下到该所调研禁毒工作。12月6日，浙江省公安厅党委委员、副厅长华远平带领省厅禁毒总队政委邵金强等一行，在温州市市委常委、公安局局长罗杰，市局党委委员、副局长叶望庆，市局党委委员、副局长胡松权，市局党委委员、禁毒支队支队长陈先微等领导的陪同下到该所调研指导戒毒工作。

【迎新春系列人文关怀活动】 2016年1月28日，温州市三垟强制隔离戒毒所开展戒毒人员“包饺子、迎新春”活动。2月，所领导将新购置的法律法规、传统文化、防病防疫等书籍发给每一位戒毒人员，并让食堂进行伙食补助、分发水果糕点。

【两统一、一规范】 2016年1月22日，温州市三垟强制隔离戒毒所开展“两统一，一规范”工作部署会。2月18日上午和9月5日晚，市局党委委员、副局长胡松权到所突击检查G20杭州峰会值班备勤及“两统一、一规范”安全管理情况，对工作予以肯定。全年，该所每周开展“两统一、一规范”专题安全检查，以“常态严查和突击抽查相结合，每周一分析、一通报”的方式，强化督导问责。

【在全市监管场所率先使用执法记录仪】 2016年9月，温州市三垟强制隔离戒毒所为一线管教民警和民警医生配备32台执法记录仪，制定执法记录仪使用相关规定，推行执法记录仪全过程记录管教执法工作。11月18日，邀请专业老师来所给全体人员进行执法记录仪使用的培训。

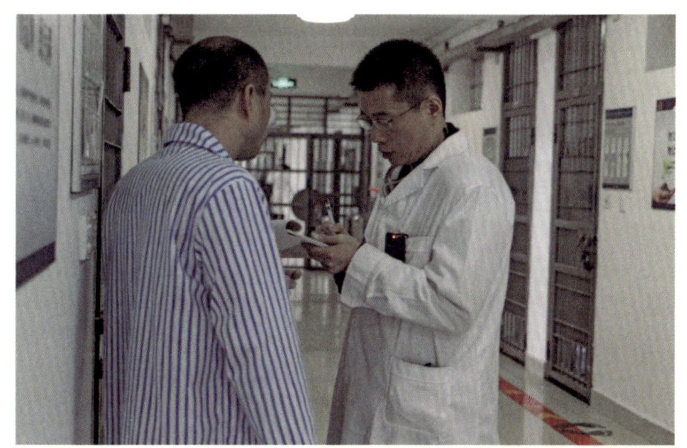

2016年11月23日，温州市三垟强制隔离戒毒所各岗位民警佩戴执法记录仪进行日常工作

【G20杭州峰会安保】 2016年2月15日，温州市三垟强制隔离戒毒所召开“护航G20，监管怎么干”活动学习会，制定《“护航G20,监管怎么干”活动实施方案》。7月至9月底，该所通过强化隐患排查、强化重点管控、强化医疗措施、升级应急备勤等措施，共收戒吸毒人员355名，其中患高血压对象40名，吞食异物对象21名，患心脏病、糖尿病、精神异常等疾病对象48名，对51名所外就医的病残涉毒人员进行收押，消除安全隐患35起，教育不服从管理26人，制止自杀1起，遏制打架等违规行为为5起，确保监所、队伍“双安全”。

【警营文化】 2016年2月15日，温州市三垟强制隔离戒毒所举办“凝警心、振精神”台球比赛。3月28日，该所召开“美丽窗口、花园警队、文化警营”创建活动动员部署会，制订活动方案。4月19日，组织民警职工参加“好书悦警”读书节活动。4月23日，利用双休日组织民警职工开展健步走活动。5月18日，与禁毒支队举行篮球友谊赛。5月27日，举办“桃红柳绿映春晖、警营文化展风采”手机摄影大赛。10月，发动全体民警亲自动手参与改造，打造花园警队建造美丽家园。

【专题教育】 2016年5月9日，温州市三垟强制隔离戒毒所召开“两学一做”专题党课暨学习教育部署会，制定《“两学一做”学习教育实施方案》。5月起，该所更新宣传栏和宣传显示屏，建立“党课学习”微信群助推“两学一做”学习教育活动开展。5月25日，承办市局团委“两学一做”学习教育、“无限忠诚、走在前列”为主题“团青志汇”沙龙，邀请市局领导、团市委副书记徐顺和、市十大杰出青年、全国五一劳动奖章获得者共同参与。7月22日，组织全体民警参加公安部“两学一做”学习教育在线知识竞答。7月29日，参加市局组织举办的“两学一做”暨“无限忠诚•走在前列”主题演讲比赛，荣获优胜奖。8月，组织民警职工观看《做合格党员》和动漫片《郑义门》等学习教育片，参与“两学一做”学习教育知识网络竞答。

【宣传教育开放活动】 2016年5月29日、6月21日、7月7日，温州市三垟强制隔离戒毒所分别参加由市局在乐清市警察文化公园、温州市附一医及龙湾区状元街道举行“护航G20•安防进万家”的禁毒教育、防艾宣传活动。6月22日，邀请市政协委员、特邀监督员、戒毒人员家属代表等30余人到该所开展警营开放日活动，《温州晚报》《温州都市报》等多家新闻媒体进行现场采访报道。7月13日，浙江东方职业技术学院的师生一行10人到所开展暑期禁毒宣传活动。11月12日，邀请市政协委员、社会监督员、温州市篮球发展协会等20余人到该所开展对外开放暨社会帮教活动。12月21日，联合瓯海团区委邀请温州职业技术学院学生一行25人来所开展青少年禁毒教育和防艾宣传活动。

【突发事件处置应急预案演练演习】 2016年6月29日，温州市三垟强制隔离戒毒所组织全所民警职工及协辅警开展消防演练，特邀瓯海消防大队专业人员对演练进行评估和消防设备检查。7月29日，组织开展紧急集合演练和临战反应检查。10月28日，组织开展“戒毒人员突发急病抢救送医”的演习。

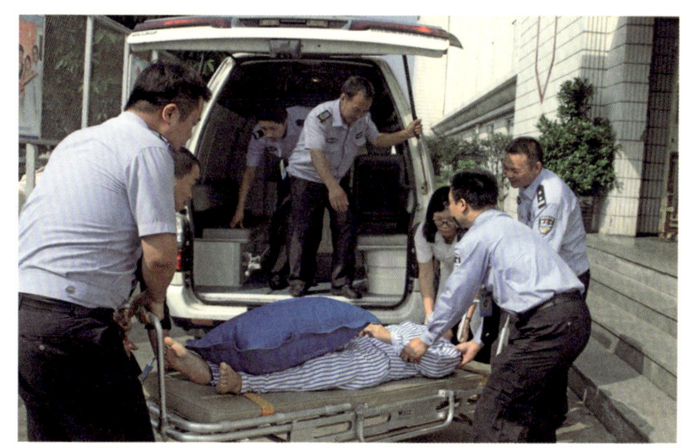

2016年10月28日，温州市三垟强制隔离戒毒所成功举办关于“戒毒人员突发急病抢救送医”的演习

公安行政管理

基层基础管理

【概述】 2016年，基层基础（经文保）支队以G20杭州峰会和第三届互联网安保工作为主线，以全面深化改革为动力，以“四项建设”为载体，围绕市局重点工作部署，结合工作实际，推进基层基础（经文保）工作转型升级。

【“以卡管房”】 2016年，基层基础（经文保）支队在全市推行出租房二维码智慧门戒系统建设，对门禁系统开展升级改造工作，将身份证与e居卡绑定，增加身份证刷卡进入门禁功能；研发出租房自主申报APP系统，实现员工自动签到，轨迹自动采集，全市已安装电子门牌26万张，完成率49%，出租房管理APP下载使用26848个，自主申报37364人，自主申报出租房数25455间。年内，全市已建门禁系统23759套，其中出租房门禁8409套、住宅小区门禁20套、企业门禁1302套、企业考勤1783套、企业用工报送仪2907套、企业数据整合8041套，二代门禁1299套。总授权157.2万人，占在册人数的50.65%，正常刷卡数135万人，刷卡率86.10%。下达“以卡管房”晚归前科、一人多房等异常人员预警指令7720条，利用其轨迹破案372起，直破63起，抓获67人，其中逃犯7人，其他嫌疑人员60人。

【“以卡管车”】 2016年，基层基础（经文保）支队在瓯海分局仙岩派出所开展燃油助力车防盗登记备案试点工作，在城区内试行防盗装置有效性核查机制，坚持对盗窃电动车案件发案情况分析、电动车登记备案率实地抽查及电动车被盗警情核查的定期通报。向各县（市、区）下达与实地抽查结果相关联的未登记备案电动车定期查扣指标，建立完善辖区交警中队与派出所的常态联勤执法机制。通过在新的视频专网内架设对接设备解决视频专网改造对基站的影响问题，建立基站日常运行维护管理工作例会制度；提升基站建设密度，使固定基站数与电动车保有量之比达到1:230个左右；增加基站的WiFi“热点”多维采集功能，扩充信息采集种类。年内，全市共登记备案电动车总量181.6万辆，新登记备案32.6万辆，路面警力查扣未登记上牌电动车共12978辆，经第三季度实地抽查，全市电动车登记备案率为97%。全市共建“以卡管车”基站5950个，其中固定侦测基站3957个，稽查基站569个，新增基站2540个。共发生盗窃电动车案件3590起，同比下降34.82%。下达有效预警查控指令1360条，追缴被盗电动车620辆，抓获盗销嫌疑对象354人，指令追车率为45.6%，指令抓现率为26.0%。共上报“以卡管车”战果快报660起，审核通过626起，典型案例上报237起，审核通过87起。

【“安心行动”】 2016年，基层基础（经文保）支队联合民政、卫计等相关部门组织开展“关爱失智老人走失查找‘安心行动’”，建立失智老人走失查找“温州模式”，该项目被列为2016年度温州市十大为民办实事项目之一。年内，全市共发放“安心手环”4600余个，成功找回走失老人12人，找回率100%。据悉，温州市是全国第一个应用物联网技术提供失智老人走失查找公共服务的城市。

【物联网治安管控】 2016年，基层基础（经文保）支队不断拓展物联网技术在人脸比对、车辆抓拍、物联网安防小区等公共安全及失智老人寻找、肇事肇祸精神障碍患者行动轨迹感知等其他领域的应用，提升物联网技术的应用范围。在人流密集的重点部位及县市长途客运中心（站）共安装人脸抓拍比对设备372套，车辆轨迹抓拍设备215套，通过两个系统比对预警抓获各类逃犯35名。开展小区物联网技防改造，建设16个物联网安防小区。

【基础管控中心建设】 2016年，基层基础（经文保）支队将物联网管控中心建设升级为基础管控中心，将单一的指挥、办公混合区域改造成具有指挥区、研判区、办公区、体验区等多功能现代化办公场所，置换办公电脑，扩建大银屏；加强与公安部一所合作，建立物联网应用基地，整合寄递、散装汽油，人脸识别，以卡管车、管房等数据的研判、分析、比对和推送，提升基础管控效能。年内，全市已初步形成感知网络，累计建成侦测基站、门禁设备、读卡器等感知终端3.2万余个，关联各类人员500万余人，物联网系统平台每天产生6000余万条信息，已累计获取数据232亿条。通过散装汽油预警系统，现场抓获嫌疑人5人；通过“寄递哥”AAP软件，抓获逃犯13人。

【警灯工程2.0版】 2016年，基层基础（经文保）支队在原有岗亭数量的基础上，引入多方合作，出资出力，以警银、警企、警信等形式新建公安岗亭65个，达到500个，发动企事业单位、内保单位、医院、学校、村居等重点部位新建治安联防岗亭195个，达到4500个，打造“五千岗亭守护温州”的防控格局。根据警亭周边实际和治安状况需要，将全市所有民警值守的警亭进行重新整合设置，对原有的警灯工程值守岗亭，进行分级分类管理，在全市共设治安复杂类155个，宣传服务类76个，要塞卡口类45个，反恐处置类11个等各类岗亭。研发警灯工程积分制系统，通过查看和统计民警采集的积分情况，评估民警的采集成效。对90台警务通进行更新置换，进一步开发警灯工程APP功能，新版警务通可以实现身份证NFC读取、可视化指挥调度、人脸识别等功能。

【社区警务】 2016年，基层基础（经文保）支队推进社区警务工作平台和社区民警信息采集积分制工作，推出瓯海分局新桥派出所“派出所警力资源综合调度平台”、瑞安市局社区民警信息采集积分制、苍南县局社区警务APP“责任清单”模块、泰顺县山区流动警务室等一批符合实际、贴近实战、具有实效的创新和发明项目。强化社区警务考核考评工作。根据市局对县级公安机关综合考评办法，加大社区警务考评分值，共设置考核20分，作为竞争性项目予以落实。制定出台《2016年度全市公安机关社区警务工作考评办法》《2016年度社区警务工作考评实施细则》。推行征兵政审工作新模式，实施违法犯罪人员落脚点核查工作机制，开展治安乱点常态整治工作，推动社区警务转型升级。

【“三电”设施安保】 2016年，基层基础（经文保）支队开展军警民联合护线宣传月活动，走村串户，宣传“三电”设施保护和线路安全的相关法律法规。加大对盗窃、破坏“三电”设施案件破获的奖励制度，对112个案件和86个办案单位进行奖励。建立市、县两级管线安全运行协作组，建立管线安全运行协作微群平台，县级有800人，市级有276人，密切日常工作联系。

【校园维稳安保】 2016年，基层基础（经文保）支队上报省厅情报信息35条，采用26条，上报数和录用数同比均有提升，做好高校重点人群的管控工作。开展“护校安园”活动，成立全市“护校安园”活动领导小组，下发工作方案，围绕强化校园内部安全制度建设、校园安全隐患排查、校园安全宣传等方面开展整治工作。全市共出动警力17090人次，破获涉校刑事（治安）案件17起，排查化解涉校纠纷矛盾52起，排查整治校园安全隐患440处，排查整治校园周边治安乱点80处。6月，温州市顺利通过部级校园安全检查。

【医疗机构安保】 2016年，基层基础（经文保）支队开展驻院警务室建设，16家三级医院全部建立警务室，派驻专职民警进行不定期的驻守和指导。督促各派出所将二级以上医院作为巡逻必到点，在医院设立巡逻签到点，建立巡逻签到台账，对医疗机构治安状况进行全天候不间断的掌握控制。全年全市公安机关出动巡逻警力11142人次，对医疗机构开展安全检查1350次，整改安全隐患187处，协助排查医患纠纷197起，协助化解医患纠纷284其，查处涉医刑事（治安）案件15起。建立医患纠纷定期排查制度，实行滚动式排查，于每月月中和月末更新上报医患矛盾线索，汇总分发各地比对、核实，全力做好防控工作。6月和11月，温州市先后顺利通过2次部级的医院安全检查。

【金融单位安保】 2016年，基层基础（经文保）支队在全市银行业内部进行滚动式对要害部位进行排查，市直银行业排查出隐患35起，督促整改35起，整改率100%。在金融系统开展以“防盗、防控、防火、防通讯诈骗”主要内容“心防工程”建设，全市发送提醒短信357080条，下发倒查通知书860份和倒查通知单81份。指导有条件的市直银行业建设访客系统和出入口控制系统，与公安物联网连接，实现信息采集、贮存、报警等功能。先后处置平安银行、稠州银行、恒丰银行等不安定因素3起。

【考试安保】 2016年，基层基础（经文保）支队配合指导市教育考试部门做好高考、成人高考、硕士学位研究生进学考试、高等教育自学考试等国家教育考试的安全保密、试卷运送等工作，制定每次安保保卫工作方案，就全市公安机关在各次考试安保工作中的组织协调、职能分工、执勤服务、信息报送等工作进行具体部署，指导，督促全市各地落实各项安全防范措施。全年该支队共出动警力58人次，指导配合教育考试部门完成11次国家教育考试的安全保卫工作。

治安管理

【概述】 2016年，温州市公安机关紧盯民生热点和治安乱点问题，提升对黄赌、枪爆、食药环犯罪的打击质效，全市食药环犯罪打击、黄赌犯罪打击和缉枪治爆工作成效均居全省一类地区第一位。

【联勤联防】 2016年，温州市公安机关举办全市保安员职业技能竞赛，为峰会选拔保安人才；对在岗保安员开展队伍大筛查，劝退有前科劣迹保安员238人，吊销保安员证152人，抓获混迹保安中的逃犯3名；落实全市保安公司主动配合属地公安开展重点部位巡护、社区周边巡查、辅警应急处突等工作；抽调1280名保安员作为公交车安全员跟车保卫，将保安公司峰会期间联勤联防成效纳入保安公司年度星级评定考核内容。

【安保安全监管】 2016年，温州市公安机关落实大型活动“六条常态严管措施”，创新活动现场视频整合、人流实时记数等预警技术，完成中华龙舟大赛、温州国际马拉松赛、世界温州人大会等174起大型群众性活动和26起群众自发性聚集活动的安全监管工作。

【推进“项目警官”制】 2016年，温州市公安机关对全市508个省、市重点项目配置三级（市局、县局、辖区派出所领导）“项目警官”，实施“四包、四专”机制（包信息收集研判、包治安秩序维护、包维稳应急处置、包审批服务保障，落实重点工程项目专班管理项目、专题评估风险、专门走访单位、专项台账管理制度）。

【护航发展】 2016年，温州市公安机关打击阻挠、干扰、破坏重点工程建设的违法犯罪，处置涉及重点工程的警情188起，为43个建设受阻的重点工程清障拔钉，确保全市重点工程和集中开工项目治安无障碍施工。对接护航“五水共治”工作和“河长”制工作，配备市、县、乡三级“河道警长”1016名，排查发现水污染犯罪线索105条，化解涉水矛盾纠纷74起，打处涉水犯罪嫌疑人385人。

【保障村级组织换届选举】 2016年，温州市公安机关以“打黑除恶、维护稳定、保障换届”为主要内容，对全市5405个村级组织换届工作开展清障护航行动，采取乱点整治、要案攻坚、专案经营、管控挤压、综合治理等措施，分类打击整治，全力消除村级组织换届选举前各类治安隐患，全市共排查出重点村居534个、重点人206人，打处违法犯罪的村官71名，处置涉及村民的聚集事件187起、破坏选举案件2起。年内，存在治安问题的428个重点村已全部整治到位，农村各类案件发案数同比下降20%以上，存在综合问题的106个重点村，函告属地党委政府加大源头治理。

【治理“恶、霸、闹、防”】 2016年，温州市公安机关推进 “两打两治”工作，以“打霸、打恶、治闹、治访”为重点，全年全市共打处“恶、霸、闹、访”类违法犯罪人员720人，团伙11个。其中采取刑事强制措施306人、行政拘留414人，同比上升31.15%。进一步完善党政与公安、网上与网下一体化处置格局，组织情报处置专班，成功化解处置市区出租车车主大规模静坐示威、“8·10”活动等一批重大涉稳问题。全年全市共排查化解不安定因素1369起，同比上升5.1%，协助属地党委政府稳控化解999起，平稳处置各类聚集事件370起，没有引发重大群体性事件。

【创新管控模式】 2016年，温州市公安机关建立重点人员“常规监控、本地管控、临时布控”的分级管控模式，排摸A类非访对象72名，排查涉枪爆重点人649人，抓获省厅涉枪涉爆在册逃犯6名。建立重点物品“信息化监控、规范化严管、常态化关注”的分类管控模式，收缴枪支449支、易制爆化学品16019公斤、剧毒化学品6218公斤、烟花爆竹618件。实施通道卡口“铁路、高速、省道”的分层管控模式，在全省率先建设应用实名乘客信息采集系统及旅客身份核查系统，并在全市所有离温通道建成39个旅客通道实名乘车和身份核查系统，完善25个环温公安检查站和治安卡点安保查控圈，采集核对旅客身份信息97万人次，通报拦截重点人员信息436人次，抓捕逃犯39人，拦截并劝返信访人员238人次。

【创新铁路通道管控核查预警系统】 2016年，温州市公安机关在全省率先研发的“铁路旅客通道身份采集核查系统”，实现对温州出发火车、动车旅客的全天候、全方位身份自动核查预警，被省政法委以召开现场会的形式，推广应用至全省G20杭州峰会安保通道管控工作中，受到省政法委副书记王辉忠、省厅副厅长金伯中的批示肯定。

【创新剧毒化学品物联网监管系统】 2016年，温州市公安机关在全省率先创建剧毒化学品物联网监管信息系统，利用物联网感知技术和二维码虚拟卡技术，实现剧毒化学品运输、储存、使用的全环节、全方位“无缝监管”，达到剧毒化学品“流向感知化、防范智能化、监管动态化、数据信息化”的效果，被省公安厅作为全省试点予以推广，公安部简报专刊对该系统的功效进行介绍，在全市市公安机关警务创新年度大赛获得一等奖。

【创新旅馆场所动态智能巡查系统】 2016年，温州市公安机关在瓯海、永嘉试点完成旅馆、场所视频联网整合工作，实现旅馆、场所行业的远程监管、视频巡查、实时对讲和记录回访功能，在全市714家民宿行业中实施住宿信息手机APP登记采集技术，强化民宿入住人员的身份核查与管理。

【护佑民生】 2016年，温州市公安机关开展“清水蓝天”等专项行动，刑事打击处理食药犯罪506人，同比上升1.4%，刑事打击处理环境犯罪704人。10月，开展打击餐厨回收油（口水油）非法加工食用油集群战役，共侦破案件24起，抓获犯罪嫌疑人94人，刑拘82人，取保12人。年内，深化“河道警长”制，打击水环境犯罪，共侦破案件176起，刑事拘留460人，治安拘留18人。食药环犯罪打处数连续3年占全省打处总数的1/4，治安支队破获的祝某等人非法经营山东疫苗案件，被公安部推荐为指导全国各地侦办涉山东疫苗案的示范案例；永嘉县局破获的全国最大寄血验子案件，被中央台焦点访谈等栏目报道，并在全国打击非法鉴定胎儿性别研讨会做经验交流。

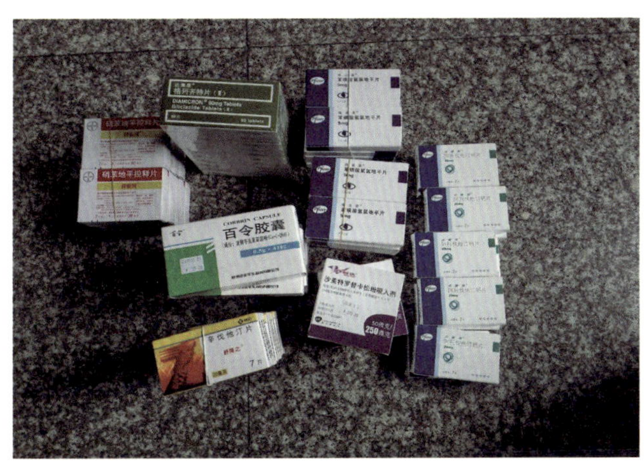

2016年3月，温州市公安局鹿城区分局联合市食药监部门及市社保局查处一起非法经营回收药品案件

【打击黄赌毒】 2016年，温州市公安机关开展涉黄赌问题场所专项打击整治系列行动，共破获黄赌犯罪案件1143起，采取刑事强制措施2906人。年内，共侦破毒品刑事案件1431起，抓获毒品犯罪嫌疑人1815名，移送起诉毒品犯罪嫌疑人1587名，缴获各类毒品82.9千克，查处吸毒人员8114人次，强制隔离戒毒3251人。治安支队牵头鹿城、瑞安、永嘉警方破获的1.11欧洲杯网络赌博案，涉案资金达上千万元，被公安部列为督办案件。

【缉枪治爆】 2016年，温州市公安机关开展涉枪涉爆问题严打整治工作，收缴枪支517支，同比上升106%，破获涉枪爆案件296起，同比上升214%。鹿城区公安分局侦破的省督娄某某等人生产、销售危险物质案件，采取刑事强制措施16人，缴获剧毒危险化学品丙炔醇（PA）45公斤。

【“三联、四推、五提升”督导制度】 2015-2016年，温州市公安机关治安部门开展领导联片、大队主官联线、骨干民警联点的分片包干负责的模式，先后为基层一线解决57个现实而棘手的难点问题，培育基层亮点12个。

【管理标准化体系】 2016年，温州市公安机关治安部门依托ISO 9001质量体系，在全省率先建立旅馆场所、危险物品、保安服务业等治安管理标准化体系，并获得中国质量认证中心的ISO质量认证。

【“三微”工作模式】 2016年，温州市公安机关治安部门推动治安“微创新”，支持基层创新推出10个具有全市示范、推广效应的创新机制、创新经验以及实用便捷“小工具”“小应用”“小系统”等治安“微创新”项目；运用治安“微管理”，建立治安“微信警务”模式，组建旅馆业、娱乐场所、危爆、保安、物流、民宿、大型活动等82个“治安管理服务微信群”，参与人数10608人；开办治安“微课堂”，全年开展8次网络“微课堂”教学，总结固化、推广应用基层治安打击、管理的典型经验和技战法。

【队伍建设】 2016年，温州市公安机关治安部门开展定期开展全员绩效考核和大队业务评估。组织全体民警开展形式多样的党团集体活动，邀请专家、领导和行业精英，组织开展10期的治安系统岗位业务技能全警培训。

城市治安管理

【概述】 2016年，温州市公安局治安二支队牵头全市公安机关在“三改一拆”“大拆大整”等重点工作中，共出动警力45409人次，提供公安执法保障1516次，累计完成“三改”总面积3188.48万平方米、拆除违章建筑1684.65万平方米的执法保障任务。

【护航转型发展】 2016年，治安二支队下发《温州市公安局关于进一步加强“三改一拆”、城市管理领域情报信息报送工作的通知》，将“三改一拆”情报信息上报工作纳入对各县级公安机关年终考评项目，建立不稳定因素的“一事一报”专报制度，关注相关重点人员和利益诉求群体，强化情报信息排摸落地和研判预警工作，共排摸上报“三改一拆”“大拆大整”等重要预警信息34条。督促落实重大项目风险评估工作，共组织各类风险评估474起，化解各类矛盾460起。对瓯海三垟湿地“城中村改造”等问题矛盾相对突出、存在社会不安定因素的重点推进项目进行重点关注、跟踪督导。

【专项整治】 2016年，治安二支队牵头开展非法瓶装燃气打击整治专项工作，推进各项工作措施落地，共打击处理非法储存、销售瓶装燃气违法犯罪人员257人，其中行政拘留206人，缴获液化气钢瓶6405个，取缔违法窝点321个。

2016年5月20日，治安二支队在G20杭州峰会及互联网大会期间开展查获非法燃气行动

【情报信息】 2016年，治安二支队开展治安信息员队伍建设和情报信息共享工作。4个城区治安信息员人数达1241名，提供各类治安线索信息126条，根据线索查处各类案件26起，其中刑事案件4起、治安案件22起，处罚42人次，其中刑拘7人次、治安拘留32人次、强制戒毒3人次，抓获逃犯2人。全年发放治安信息员奖励资金近万元。加强与综合行政执法部门的沟通、交流和协作，与温州市车辆停泊开发服务有限公司、鹿城区公共泊位管理服务中心、市行政与执法局数字城管等城市管理一线单位进行工作衔接，整合零碎城管信息，形成系统的信息链，实现“城管信息”到“公安情报”的“转型升级”。

【助推城市管理】 2016年，治安二支队对民生热点问题开展重点整治。下发《关于在市区开展停车乱收费治理工作的通知》，牵头组织开展市区停车乱收费现象专项治理工作，共排出停车非法收费点102处，重点人员165人，采取警示教育谈话107人，责令写承诺书97份。清理社会流浪犬及狂犬800余只。对市区“牛皮癣”涉及制贩假证的现象，进行研判分析，追踪查处制贩假证窝点，有效遏制制贩假证违法犯罪活动的高发势头。

人口服务管理

【概述】 2016年，温州市公安局人口服务管理支队（市局人口支队）以服务G20国际峰会安保为主线，以“服务到家、管理到位”为目标，以进一步推进户籍制度改革工作为契机，打好历时3年的户口清理整顿收官之战，夯实人口基础工作，取得较好的成绩。年内，支队推进流动人口基础信息质量突破性提升，持续有序推进以物联网治安管控“以卡管人”为重点的基础信息化建设，贯彻新修订的《浙江省流动人口居住登记条例》，提升流动人口管理服务工作水平。

【机构变更】 2016年6月8日，根据《温州市机构编制委员会办公室关于同意温州市公安局流动人口治安管理支队更名的函》（温编办〔2016〕19号）精神，市局流动人口治安管理支队更名为人口服务管理支队。11月7日，根据《温州市公安局关于户政管理指导大队等隶属关系变更的通知》，原隶属于基层基础支队的户政管理大队划归至人口服务管理支队，称谓更名为人口服务管理支队三大队；温州市居民身份证信息管理中心归口人口服务管理支队管理。

【历史遗留户别的清理转换】 2016年5月6日，市政府出台《关于进一步推进户籍制度改革的实施意见》（温政发[2016]26号），5月19日，全市召开进一步推进户籍制度改革工作电视电话会议，正式启动温州市城乡一体化户籍制度改革。6月29日，下发《关于印发全市公安机关推进户籍制度改革工作方案的通知》，在协调户改成员单位进一步推进地改、股改及出台相关领域配套政策的基础上，依托全市开展的户口登记管理清理整顿工作，开展历史遗留的蓝印户口、自理口粮等各种户口类型的清理工作。全市蓝印户口等其他类型户口清理转换为非农业户口11487人，转换为农业户口2286人。

【户籍信息数据库改造升级】 2016年按照全市户籍制度改革工作推进计划，在实施户改前，完成对常住人口信息数据库的改造升级工作。6月，制定《全市户籍制度改革人口信息数据升级技术方案》，下发《关于做好人口统计年报和户籍制度改革人口数据转换工作有关事项的通知》，明确人口数据转换具体工作步骤、相关单位工作职责以及具体时间节点等要求。经过半年多的统筹谋划，于11月19日至23日完成对人口信息数据进行转换。12月1日起，全市取消农业户口、非农业户口的性质划分，统一登记为“居民户口”，建立城乡统一的户口登记制度。

【市区户口迁移政策】 2016年市户改办着手调研市区户口迁移政策，6月初形成《温州市区户口迁移暂行规定》草案。之后多次通过OA系统、“中国温州”政府门户网站向市府办、户改成员单位以及社会公众征求意见，采纳一些部门意见，调整迁移政策，形成《温州市区户口迁入暂行规定》（征求意见稿）。市政府又多次召开专题征求意见会，后根据11月2日市长张耕在市政府73次常务会议第56次市长办公会议的指示精神，再次对《温州市区户口迁入暂行规定》文本进行修改完善，撰写《关于<温州市区户口迁入暂行规定>的起草说明》报市政府深化改革办公室，申请市政府常务会议研究审核通过。

【户口清理整顿收官工作】 经过2004至2016年3年努力，全市户政部门共清理违法违规办理的户口11846人，累计清理应销未销户口12634个，其中死亡未注销户口9228个，服现役未注销户口1235个，出国定居或入籍未注销户口548个；累计清理纠正户口登记项目差错4202个，其中姓名672个、公民身份号码222个、出生日期300个、相片496个、其他项目2512个，基本建立“不想为”的预防机制、“不能为”的监督机制和“不敢为”的惩戒机制。全市户政部门运用有关技术、业务手段，特别是省厅开通的“冻结”功能，对无相片人员进行清理；户籍支队采用周排名，排名靠后单位领导约谈等形式加强无相片人员清理工作。截至10月底，全市共计清理人口信息无相片人员信息36526人，仅余19人未清理，完成率为99.94%。

【无户口人员摸底排查和办理】 2016年初，全市部署开展无户口人员摸底排查工作，制定下发《无户口人员登记户口操作细则》，年内，全市累计排查出无户口人员2526个，办理无户口人员登记户口957人，完成率为37.89%。

【户籍人口实际居住地登记管理】 2016年，温州市初步建立起社区民警采集为主、户籍民警采集为辅的人口管理信息采集维护工作机制，G20杭州峰会安保期间，全市共采集户籍人口实际居住地信息362413条，同比上半年全市采集量增加148063条，极大程度地服务峰会安保专项工作。

【居民身份证“三项制度”建设】 2016年，温州公安人口支队户籍部门在全市范围推进跨省异地身份证受理和挂失申报工作。全市居民身份证异地办理受理点扩展到99个，跨省受理的范围从最初的1个扩大到26个省（市、自治区）。年内，全市共异地受理身份证2533人，受理挂失申报信息25434人，登记身份证拾捡信息27条，发还身份证信息5条。

【户籍窗口建设】 2016年，以永嘉美丽窗口建设为起点，从规范户籍窗口硬件设施建设、严格执行户籍管理政策和完善各项规章制度着手，温州公安人口支队户政部门统一实行低台办公模式，推行办理业务群众满意度评价机制，统一规范户籍窗口硬件配置标准。

【户口事项审批】 2016年，审批民族变更60件，运动员引进18件，姓名二次变更9件，性别变更2件；整理历史户口审批档案5000多份；共审核上传本市户籍制证信息707528条，其中合格信息704842条，退回不合格信息2686条，合格率99.62%，地市分拣、发放二代证506576个，其中军人证396个，跨省异地证2800个；二代证非首申人脸系统比对信息760824人，人工复核疑似照片信息不一致119623人，确认人像照片不一致9人（采集录入错误）；协助司法部门涉案人员进行常口信息查询1698人；回复群众网络问政24件，市线交办9件。

【百日攻坚行动】 2016年6月至9月，市局人口支队在全市组织开展流动人口基础管控百日攻坚行动，全市流动人口新登记148.28万人、注销111.55万人，排查出租房屋52.23万间、用工单位4.25万家、建筑工地1185处。截至9月15日，全市在册流动人口376.47万人，同比上升12.2%。健全工作机制，杜绝“自动注销”，确保“人走注销，人在延期”，流动人口登记信息自动注销率占比由前期的17%下降至2.53%。

【流动人口基础信息】 2016年10月，市局人口支队围绕市委市政府“大拆大整”工作要求，牵头组织开展全市流动人口管理专项行动，以“村（社区）不漏户、户不漏房、房不漏间、间不漏人”为要求，以管理体系构建、责任制落实为抓手，以地毯式拉网式大排查、组合式联动式大整治、重拳式挤压式大执法、多方位全民式大宣传为手段全力以赴强势推动工作。截至12月20日，全市共出动警力163093人次，见面排查流动人口362.594万人，新登记流动人口83.25万人，新注销流动人口109.59万人；新采集出租房信息18958条，新撤销50170条；行政拘留违反流口、出租房、消防安全管理的业主、房东、租住人430人。全市在册流动人口325.76万（不包含市内流动人口），较9月20日减少26.15万人，下降7.43%；全市流动人口基础信息质量稳步提升，居住信息登记率99.38%、信息准确率98.63%，出租房屋信息采集率已达100%。

【常态备考机制】 2016年，市局人口支队健全规范常态备考机制，继续坚持“月查季考”、重点督导的考评方式，对全市各县（市、区）流动人口管理情况开展每月常态化实地抽检，对重点单位、后进单位结合市级平安考核、专项行动考核开展定期暗访并书面通报，全年累计平安考核10余次，暗访抽检12次，专项行动检查5次，先后对流口基础管理存在薄弱环节的瑞安、乐清、开发区、苍南等地分别给予平安考核模拟扣分或通报批评，倒逼流动人口基础管理工作责任落实。

【“以卡管人”】 截至2016年12月20日，温州市e居卡制发卡率及实际持卡率均常态达90%左右；通过“以卡管人”工作破获案件1500余起，抓获违法犯罪嫌疑人1800余人，形成典型案例300余起；全市流动人口刑事作案占比下降至58.30%。全面推广流动人口移动终端采集，全市已配置“流管通”3873台，实现每日巡查力量人手一台，使民警、协管员能实时查询承租人员当前租住房屋的地点、进出记录和历史轨迹等信息。

【IC卡式居住证制度】 2016年，市局人口支队开展《浙江省流动人口居住登记条例》培训指导，与市流口办联合下发《关于切实做好〈浙江省流动人口居住登记条例〉贯彻实施工作的通知》，协同市政府办公室下发《温州市流动人口居住登记和申领居住证实施办法（征求意见稿）》征求各地政府及相关部门意见。与省公安厅沟通对接，解决温州市物联网“以卡管人”e居卡与浙江省IC卡式居住证系统互通兼容问题。明确居住证持有人可享受的权利、基本公共服务和便利等具体待遇，建立健全新型居住证持有人量化指标体系和管理办法。年内，IC卡式居住证已制证47850张，其中已发放15680张。协调人力社保、公交、公共自行车公司等，拓展卡式居住证的应用功能。

【“以外管外”】 2016年，市局人口支队相继聘请新疆、贵州、江西、四川、河南等地的外警共13名，发挥外警的乡音、乡情、乡域“三乡”优势，开展“维稳、维权、维系”的“三维”工作，共参与成功调解矛盾纠纷173起，化解群体性事件（苗头）12起；在瑞安和经济开发区创建“外警工作室”，形成品牌效应。

【研发推广“温州新居民”微信公众平台】 2016年3月，市局人口支队联系多家部门和科技公司研发建设“温州新居民”微信公众平台，在瓯海和龙湾进行试点后，在全市范围内全面推广，初步建成主界面信息推送、流口自主申报、便民常识、相关业务链接等功能，粉丝关注量成功突破120万，流动人口自主申报信息达9万余条，累计发送宣传文章270余篇。

【高危人员管控】 截至2016年12月20日，温州市列管流动人口高危人员55152人，列管率已超过1.5%，达1.78%，实现非系统比对重点人员列管率在高危人员列管比率中的占比高于50%以上。通过对购买散装汽油登记的关注人群倒查、房东签订合同等措施落实关注人群的登记；实行专人盯防、门禁刷卡物防、监控技防、管理强防等措施定人、定责严格管理，确保不漏登，护航G20杭州峰会安保。

【工作交流】 2016年3月22日，广州市荔湾区莱穗局局长王文蔚一行12人到温州考察流动人口服务管理暨物联网治安管控工作。3月25日，山东淄博市公安局副局长宁治坤一行7人到温州考察。5月10日，山东省东营市市委政法委副书记、综治办主任张俊臣一行7人到温州学习考察物联网治安管控工作。5月19日，江西省都昌县公安局副局长石冬青一行到温州考察流动人口服务管理工作。7月4日，杭州市流动人口服务管理委员会办公室副主任陈晓燕一行3人到温州考察流动人口服务管理体制机制工作。

【专题教育】 2016年4月15日，市局人口支队召开“敢担当、树标杆”作风建设五大行动动员部署会，传达学习《温州市公安机关“敢担当、树标杆”作风建设五大行动实施方案》以及《全市公安机关落实“敢担当、树标杆”作风建设五大行动推进表》等内容。 5月9日，召开全体党员民警大会，部署开展“两学一做”学习教育活动。9月26日组织开展“不忘初心、继续前进”专题讨论会，学习总书记习近平在建党95周年庆祝大会上的重要讲话精神。7月12日，举办“警营大讲堂”流管专业第26期暨贯彻实施《浙江省流动人口居住登记条例》讲座暨培训会。

【慰问援温新疆民警】 2016年8月10日，市局人口支队领导一行到援温新疆民警驻地开展慰问座谈活动，了解3名新疆民警在温的工作情况及体会，对援助温州开展涉疆关注人群流动人口管控工作表示慰问和感谢。12月7日，支队召开新疆民警迎送会，欢送即将离温州回新疆的、欢迎到温州工作的新疆籍民警。

出入境管理

【概述】 2016年，温州市公安出入境管理部门围绕市局中心工作，按照年初工作总体部署，改革创新，做实做好服务发展大局、服务公安中心、服务人民群众三大工作。

【省厅党委委员、副厅长毛善恩一行到温考察指导工作】 2016年1月11日至12日，省厅党委委员、副厅长毛善恩在市委常委、公安局长黄宝坤等领导陪同下，到出入境管理局调研指导工作，肯定该局“亮窗工程”建设、创先争优和出入境科技化应用等方面取得的成效。

2016年1月11日至12日，省厅党委委员、副厅长毛善恩到出入境管理局调研指导工作

【在全省率先建成开通24小时出入境证件自助受理点】 2016年1月，温州市公安局开通24小时港澳再次签注自助办证业务，满足群众非工作时间办证需求，得到省公安厅党委委员、副厅长毛善恩肯定，市委办《温州信息》专题刊发温州公安创新服务大力提升出入境审批效能的做法。

【在全省率先试点开通外国人管理综合服务平台】 2016年10月底，温州市公安局出入境管理局率先全省开通外国人管理综合服务平台（浙江省公安厅第一批改革项目），平台采用中英双语运行，整合链接涉外证件办理、法律咨询、旅游出行等政府和社会涉外信息。

【全面启动全国公安出入境管理信息系统】 2016年7月11日，温州市公安出入境管理部门统一启用全国公安出入境管理信息系统，全市13个出入境窗口共受理出国（境）申请2887件，试点工作运行平稳有序。

【G20杭州峰会涉外安全保卫】 2016年3月17日上午，温州市公安局召开全市公安出入境管理暨G20杭州峰会涉外安保工作会议。会议回顾总结2015年全市公安出入境管理工作，全面部署2016年工作，并专题部署G20杭州峰会涉外安保工作，表彰2015年度全市公安出入境接待“示范窗口”和“出入境窗口标兵”。鹿城、瓯海、永嘉、泰顺代表分别就涉外管控工作进行交流发言。年内，外管基础数据质量连续6年全省第一，排查出3名国际涉恐境外人员。

【开展打击毗邻国家人员“三非”专项行动】 2016年初，温州市公安局出入境管理局在全市范围组织开展为期1年的打击毗邻国家“三非”专项行动，破获组织偷渡和打击“三非”案件数同比分别上升221.4%、160.6%。

【建立县市区出入境工作巡回指导制度】 2016年，温州市公安局出入境管理局强化服务基层、服务实战，建立县市区出入境工作巡回指导制度，全年共组织4次全市范围的巡回指导，针对短板，由局领导带骨干下基层，为基层解决实际难题，推动各地重点工作落地。

【出入境管理局受理中心被评为2015年度“万人双评议”十大满意单位】 2016年2月16日，温州市公安局出入境管理局受理中心被温州市作风建设暨考绩表彰大会授予“万人双评议”十大“满意单位”荣誉称号，并作典型发言。这是该中心继2013年被评为首届“万人评议十大满意单位”后，再度荣获“十大满意单位”荣誉称号。

2016年2月16日，温州市公安局出入境管理局受理中心被温州市作风建设暨考绩表彰大会授予“万人双评议”十大“满意单位”荣誉称号

交通管理

【概况】 2016年，温州市拥有登记在册的机动车（机动车保有量）204.7万余辆，其中汽车178.2万余辆，摩托车26.4万余辆，各类机动车驾驶人225.1万人。市区登记在册的机动车（机动车保有量）65.5万

余辆，其中汽车62.8万余辆，摩托车2.6万余辆，机动车驾驶人80.9万余人。全年全市道路交通事故次数2558起、死亡528人、受伤2544人、财产损失331.6万，同比分别下降23.98%、5.88%、26.60%和29.60%。全市各级公安交警部门共查处各类交通违法行为556.2万起，同比上升28.9%，其中酒后驾驶13576起，同比上升29.5%。全年全市审核驾驶证吊销案件3056起，拘留案件4153起，办理醉驾刑事案件3114件，全市移诉2868人。全市完成1处省级、21处市级、818处县级事故黑点和临水临崖危险路段治理。全市没有发生有重大影响的群体性事件，春运、“两会”、“五一”、国庆、元旦等重要时期和敏感节点的道路交通秩序良好，群众出行通畅。

【“乱停车”整治宣传】 2016年，温州公安交警针对停车管理涉及面广、部分驾驶人文明停车意识较差的问题，在市委宣传部、市文明办的统一领导和各大新闻媒体的支持下，全方位开展宣传引导工作，使城市“治乱”严管理念逐步深入人心。整治前，全警上路集中开展温馨提醒，引导市民文明停车、避免受罚；整治中，组织市人大代表、政协委员和媒体记者上路考察市区交通，听取意见建议，通过传统媒体和自媒体，宣传公安机关治理“停车乱”的决心和措施。充分发挥有300万粉丝“温州交警”微信平台作用，开展停车整治民意调查，组织主干道整治前后交通面貌对比，展示“治乱”成效等做法。年内，全市各级交警部门在各类新闻媒体发表宣传报道5876篇，发放各类宣传资料100余万份。

2016年4月25日，温州市公安局交警支队开展乱停车整治行动

【“乱停车”整治规范】 2016年，温州公安交警针对市区交通设施存在的不精细、不美观等短板问题，落实“精细化”管理，按照“三个必须、两个严禁”要求（设置必须依法、新增必须要批、非标必须要改、严禁违规乱设、严禁擅自设置），研究制定市区停车泊位、交通隔离护栏设置等规范，组织开展交通标志、标线、标牌“三标”整治活动，通过打造样板路、“比学树”等措施，提升城区交通设施，做到“什么地方不能停、哪些路段可以停”一目了然。学习上海、杭州等地经验，推出23条主干道作为严管示范路，在向社会公告和实施“温馨提醒”后，违法停车一律按照违反禁令标志予以记3分罚100元的严管政策。整治以来，市区已新增各类交通标志牌9462个，施划标线30万平方米，更新新型交通隔离设施147.2公里。

【“乱停车”整治监管】 2016年，温州公安交警针对停车秩序混乱问题，推行路长制和责任包干制，打造智能化勤务管理平台，利用数字对讲机GPS定位，对民警进行实时监管，对跨区域的予以警告，确保民警在岗在位，提升见警率。提出责任区管理“六管六看”的要求，即管安全、看隐患，管秩序、看畅通，管违法、看查处，管处警、看满意，管信号、看配时，管设施、看完好；提出“有违必处”的理念、“零违法、零任务”的科学考核办法。强化督导考核，支队领导每周上路至少2次不少于2个小时的徒步检查。调整考核办法，采取责任区交叉考、督察专业考、支队领导上路巡查等考核新办法，将每公里违停数低于2辆作为阶段目标，组织评选停车管理最佳、最差责任区，组织开展“互比互学”活动。

【“乱停车”综合整治】 2016年，温州公安交警针对警力严重不足、管理无法全面覆盖的问题，坚持“属地政府街道牵头、交警城管主抓、部门配合、社区共治”的综合治理格局，在市、区两级政府的主抓下，在市联创办、市文明办的指导下，将工作任务分解落实到街道（社区）及具体人员。主干道外的背街小巷，尤其是学校、医院、市场周边，加强与街道、社区、志愿者的联动，加强停车引导。推进微循环社区建设，打造锦花、八仙楼等样板示范社区，以点带面推动全市22个街道的微循环社区建设。年内，市区104条重点管理道路每公里平均违停数从整治前的20多辆，下降至0.2辆，远低于省政府治堵考核要求每公里不超过2辆的治堵目标。市区查处违法停车125.3万起、拖车10.3万辆，同比分别上升26.7%、21%，对23条严管示范道路违法停车罚款记分3万余起。

【渣土车整治】 2016年，温州公安交警针对渣土车加高挡板、超载、闯红灯等违法突出和事故多发等问题，研究出台《渣土运输车交通违法集中整治行动工作方案》，明确“非法加高栏板一律强制恢复原状、车辆违法记录一律由当事驾驶人处理、非本市籍渣土运输车一律督促在本市落户、渣土车违法一律顶格处罚、渣土运输车2次以上交通违法未处理或超过15天未处理一律扣留车辆、妨碍公务的行为一律从严从重处理”等“六个一律”措施。依托重点车辆监管平台，采取“警力+科技”的办法，实施全天候、多方位管控，严厉查处渣土车超载、闯红灯、闯禁、故意遮挡号牌等突出交通违法行为，全市查扣、恢复非法加高拦板车辆3629辆，建筑工地签订责任书600个。

2016年7月28日，温州市公安局交警支队开展夜查渣土车行动

【交通治堵】 2016年，温州公安交警围绕省政府五年交通治堵工程和市委、市政府“1+7”道路综合整治工程，全面加强瓯海大道以及13条省级治堵重点道路和五马商圈、市行政中心2个交通常态严管示范区的秩序管理，提高治堵重点道路和严管示范区内主次干道的机动车、非机动车和行人3个守法率，达到省政府下达的90%、80%、80%治堵考核要求；强化市区主要公交专用车道管理，增设电子抓拍设备，强化执法威慑力，确保市区7条主要公交专用车道监控视距内每10分钟社会车辆违法占用起数基本不超过1起；强化机场大道、瓯江路2条城市快速通道整治，结合市政府对瓯海大道整治提升改造工程，通过完善智能交通监控抓拍系统、强化闯禁等违法常态严管等措施，优化城区快速路交通环境。

【“互联网+交管服务”】 2016年，温州公安交警实施“微警务”战略，打造“温州交警微信”警务服务平台，提供交通违法处理、学习减分、违法举报等77项功能，累计办理各类业务500余万起，其中违法查询处理330万起。在城市治乱工作中，创新开发“我要举报”功能，动员市民积极举报违法。全年平台接交通违法举报23万余起，审核录入18万余起，举报成功率近80%。“温州交警”微信警务服务平台被腾讯作为优秀政务案例在2015年世界互联网大会上推广，被中央网信办和国家网信办在“2016网信中国”微信培训会上重点推广。

【电动车整治】 2016年，温州公安交警针对电动车乱象，研究出台《全面深化开展电动车专项治理工作方案》，创新“五个一律”措施，对“违反规定载人、闯红灯、越线停车、加装雨篷、占用机动车道行驶”等违法行为开展专项整治。全市查处电动车各类违法44.3万起、同比上升243%，市区查处26.9万起、同比上升320%。

2016年11月7日，温州市公安局交警支队开展电动车整治行动

【“智慧交管”建设】 2016年，温州公安交警实施道路交通视频监控提升改造工程，增密道路监控布局，新增高空瞭望视频监控45处，改造地面高清监控410处，完成不礼让斑马线、违法变道加塞等新型电子警察系统60处。在全省率先建设智能化勤务管理平台，创新“课程表式”勤务录入方式；在全省率先试点新型警务通，实现牌照自动识别、卡口实时报警、警单点对点派送、警力地图标示、工作量实时统计等功能，提升实战能力和警务效率。组建专门的交警视频侦查队伍，通过视侦、刑侦手段应用，重点打击毒驾、无证驾驶、夜间闯红灯、假牌套牌、非法运输走私成品油等重点违法行为。

【“车驾管”服务创新】 2016年，温州公安交警在全市70多家4S店建设机动车注册登记自助超市，开发并成功投用新车远程查验系统，实现购车、上牌、审验、发牌一条龙服务。年内，已通过远程查验系统完成9800余辆机动车查验。

【安全保卫】 2016年G20杭州峰会安保期间，温州公安交警创新“日报、日清、日销”制度，建立健全早例会、专题会、汇报会和传达会等机制，对各单位的工作开展情况进行跟踪督导与检查；7月25日至9月9日，全市114名民警支援杭州G20杭州峰会安保；11月

7日至11月20日，全市56名民警、协辅警支援乌镇第三届世界互联网大会安保。安保期间推行战时巡控勤务，8月28日0时全面进入一级红色响应，全体民警实行24小时备勤上岗，在全市设立167个检查卡点，设立24小时勤务卡点25个，高速出入口管控点18个，对重点部位和关口进行检查管控，保障地方道路安全畅通。完成春运及“两会”“五一”“十一”小长假等重要节点，以及学生春秋游、各级领导到温调研指导工作和2016温州马拉松比赛等重要活动交通保障和警卫任务，全年完成各类交通警保卫任务114起。

【抗法处置机制】 2016年，温州公安交警建立和落实暴力抗法案（事）件快速处置机制，在民警、协辅警遇到暴力抗法时，交警支队、大队领导第一时间赶到现场，机动大队第一时间介入，从快从重打击暴力抗法行为，保障民警、协警合法权益，依法维护和树立执法权威。通过与检、法等部门的沟通对接，解决协辅警协助执勤中受侵害的身份问。年内，全市办理妨碍依法执行公务案件92起，依法惩处97人，肃清执法环境。

【警务保障】 2016年，温州公安交警协调沟通市财政、发改等部门加强预算经费保障，确保科技建设、着装装备、设施维护以及“美丽窗口、文化警营、花园警队”建设等重点工作经费保障。按照实战需求，结合发达城市装备配备标准，强化装备建设，全年完成包括9F进口产品激光测试仪项目、“铁骑”摩托车和骑行防护服、民警和协警反光防护警示服、新型执法记录仪等重点采购装备项目。

【先进集体与个人】 2016年，温州公安交警全面践行“肩上有责、心中有民”温州交警精神，通过“看交通”系列活动、典型选树、互比互学、警营文化等措施，增强队伍战斗力和凝聚力，实现队伍“零违法、零违纪”。年内，支队荣获4个省级先进集体、14个市级先进集体，1名全国先进个人（全国五一劳动奖章郑晓强）、6名省级先进个人、68名市级先进个人。

高速公路交通管理

【概况】 2016年，高速交警温州支队辖区发生交通事故9680起，死亡31人，受伤34人，同比分别增加17.63%、47.62%、70.00%。纠正各类交通违法行为385750起，其中现场查处违法54050起，非现场抓拍违法331700起，暂扣驾驶证54本，吊销驾驶证65本，降级261人，拘留142人。指挥中心受理话务量220431起，其中咨询180935起，救援求助24681起，投诉34起，事故14781起。采取交通管制措施856次，累计管制时间2153小时27分钟，执行设卡拦截任务22次，协助查处治安、刑事案件232起。年内，该支队有2个集体、29名个人受到总队级以上单位表彰，支队被评为全省公安机关执法质量优秀单位，4人荣立个人三等功。

【G20杭州峰会安保】 2016年8月10日至9月5日，高速交警温州支队出动警力2799人次，检查车辆44305辆、人员118834人，核查存疑人员9110人；查获部网在逃人员7人、法院协控人员21人；处置涉维人员21人、上访人员39人、涉稳人员18人、吸贩毒人员37人；查获管制刀具31把、仿真枪支2把、法院协控车辆19辆、“低小慢”飞行器10架及其他涉安物品83件；查扣严重交通违法36起。年内，温州北检查站因安保工作突出荣获省公安厅集体嘉奖。

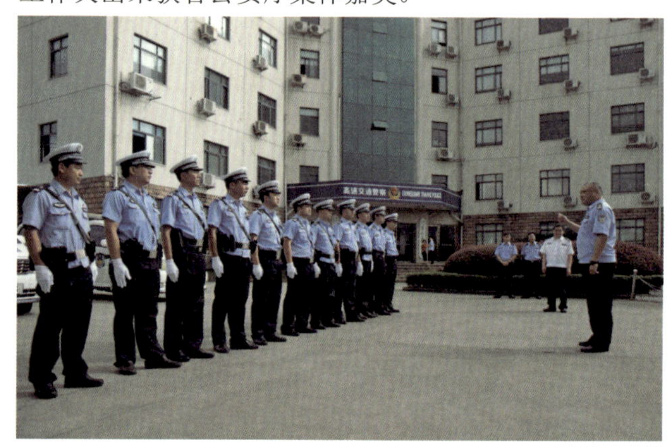

2016年7月6日，高速交警温州支队举行G20杭州峰会安保第一批增援队伍出征仪式

【重点车辆源头治理】 2016年，高速交警温州支队以“两客一危”重点车辆源头治理为切入点，完善重特大事故预防机制，将辖区19家客运企业、760辆省际班线、325辆市际班线和驾驶员1880人，登记造册、入档备案；将覆盖全市90%“两客一危”企业的动态监控平台接入支队指挥中心。各大队每月走访客运企业，推行企业联系人制度和“一车一户籍”管理，定期通过客车违法情况，及时更新车辆及驾驶员变化情况。全年共检查客运车辆79459辆，现场查处客车违法956起，非现场查处客车违法634起，大型客车驾驶资格降级129起；发函3份至安监、运管等行政主管部门，抄告违法行为至39家客运公司、121辆营运客车。

【交通秩序整治】 2016年，高速交警温州支队共开展集中整治行动68次，现场查处违法行为39565起，同比增加33.21%，行政拘留98人，同比增加50.77%，其中重点违法21548起，重点违法比例54.46%。开展查酒驾专项行动29次，累计整治时间566小时，查获酒后驾驶59起，同比增加742.86%，醉酒驾驶31起，同比增加244.44%，刑事拘留31人，形成一套科学严密的酒驾专项整治行动方案。

【隐患排查治理】 2016年，高速交警温州支队开展高速公路护栏、隧道、匝道及互通枢纽区和重点整治路段的回头看工作和施工管理安全隐患大排查。一大队负责雁荡至蒲岐段因施工单位原料混合比不达标导致沥青路面构造深度不达标引发的路面坑槽、车辙、壅包、泛油等病害的治理；二大队在温瑞段车道“二改三”的基础上进行优化和提升，于6月1日起实行应急车道错峰可变通行，在三都岭隧道北广场设置执法岗亭；四大队进一步落实每周四联合业主隐患排查制度，通过诸永高速温州方向长下坡综合治理方案，已完成温向173公里处50盏照明灯光设置、188公里处10盏照明灯光增设；卡点大队已完成分水关长下坡坡顶岗亭设置和1822K+400M至1823K+300M事故多发路段的路灯加装，联合业主公司、高速路政对坡顶加水站建设项目进行论证，就该项目建设达成一致意见。全年支队共排查出安全隐患点（段）115处，已完成114处，期限整改1处。同时，共检查施工路段552处次，发现隐患问题91处，立即整改69处，函告约谈施工单位25家。

【阳光执法工程】 2016年，高速交警温州支队全面推行执法办案、案件管理和物证管理“三位一体”机制，加强公安执法制度标准化、流程化建设，推进“阳光执法”工程。5月，执法办案区正式投入使用，全年带入办案区人员共153人，信息采集153人，行政拘留109人，拘留不执行2人，刑事拘留31人，取保候审4人，警告罚款6人，教育释放1人。宣传和推行交通违法网上自助处罚，科学布局市区违法处理窗口的布点，先后进驻潘桥物流中心和温州二手车市场，在温州地区增加至8个违法处理点。全年共理涉案车辆25辆，办理行政复议案件2起，维持1起、当事人自撤1起，行政诉讼案件3起、胜诉2起，待判决1起。

【科技基础建设】 2016年，高速交警温州支队升级完成涉及无线通讯、视频会议、视频监控、人车核录、卡口拦截、公安网络与信息安全、机房运维七大应用系统，新增事件检测系统3处，路肩抓拍设备10台，动态取证系统4套，800万像素测速设备4套，测速点位2处，区间测速项目1个，接入辖区业主监控视频355路，共享市局监控80路，市局卡口56处，完成“随手拍”群众举报平台的二期开发，基本建立与地方公安、交通、业主等协作部门有关信息资源有效共享和高效利用的数据平台。全年支队查获入库非现场违法331700起，其中超速289763起，路肩行驶27108起，事件检测5652起；“随手拍”群众举报平台接受举报违法7204起，有效录入5634起。

【交通宣传】 2016年，高速交警温州支队开展“随手拍人人当交警”“童心画文明交通原创绘画大赛”“护航G20平安行动”“系好安全带”“免通出行”等主题宣传活动，提升交通管理效果。组织策划“千名好民警（协警）”“最美高速交警（协警）”“我是标兵向我看起”“学雷锋”主题月等队伍宣传活动，组织对G20杭州峰会安保先进人物事迹进行采写报道。注重自媒体建设，“温州高速交警”微博关注数达46万，影响力居浙江政务机构排行榜前十名，“温州高速交警”微信关注数达22万，“双微”平台先后荣获“全国公安交管十佳飞跃力微博”称号、“全省公安系统十大最具影响力微信公众号”“浙江最具影响力公安头条号”“温州市十大影响力政务微信”等荣誉称号。全年通过微博平台发布博文5335条，其中“温州高速路况”阅读量1.8亿次；通过微信平台推送图文信息332期；在国家级媒体发稿35篇，省级媒体发稿260篇，市级媒体发稿388篇。

【党风廉政建设】 2016年，高速交警温州支队制定《落实党风廉政建设责任工作实施细则》，全面推行岗位职责及风险评估防控机制。党总支与各支部签订《党风廉政建设责任书》《党建工作责任书》，支部与所有党员签订《廉政承诺书》。9月底开始，部署开展民警“两类违规问题”专项排查清理工作，逐人签订《廉洁从警承诺书》组织民警利用廉政文化课堂在线学习开展日常廉政教育，通过分批组织参观警示教育基地、邀请检察院领导为民警上普法课等方式，开展警示教育活动。

【警务督察】 2016年，高速交警温州支队研究制定《2016年温州支队督查工作对照表》，对18个方面的106项工作内容，逐项细化督查重点，明确督察形式和要求。出台“加强队伍监管14项措施”《温州支队日常管理问题责任追究办法》。全年共开展督察49次，编发各类督察通报17期，有99人分为264次被记152分，其中大队领导21人分为49人次被记32分。

水上治安管理

【概述】 2016年，水上分局共接处警491起，出动公安艇273航次，受理行政（治安）案件7起，当场调解纠纷7起；接受群众落水遇险救助261次救起20人，成功劝阻跳江（河）自杀 114人，打捞尸体60具，救生、消防演练3次。发放出海户口簿3本；发放出海船民证46件，办理临时居民证162件；出海船舶签证375航次；解决群众历史遗留水上户口问题13起，梳理户口底册档案5083件。

【G20杭州峰会安保】 2016年，水上分局组织部署，开展基础排查管控工作，消除水上治安隐患，整合治安资源，攻坚重点部位，在安保期间，分局3名民警受到市委、市政府以及市公安局表彰，辖区温州港物业服务公司被市局评为市级G20杭州峰会安保先进单位，瓯游站被市局评为市级G20杭州峰会安保先进个人。

【库区安保】 2016年，水上分局参加市珊管办组织的珊溪水源保护百日联合执法专项行动，对库区采取常态化管理，每周派出2名警力到珊溪开展工作，加强同珊管办联系，到库区开展巡查、调研活动，及时掌握库区有关治安和社会面情况。

【水上救助】 2016年，水上分局牵头组织成立5支水上救助志愿者搜救队伍，先后3次组织开展对各支水上志愿者队伍水上救助技能的培训和实战演练。全年水上义务搜救队伍共在瓯江和内河救起落水群众5名。9月28日，强台风“鲇鱼”严重影响温州地区时，在瓯江水域的运输船“松工生888”船因碰撞桥墩船体严重侧斜，船上6名船员全部落水。分局接警后立即启动应急预案，就近调动警力，组织江州志愿者救助队参与救援，成功救起4名落水者，将失控船只成功拦截搁浅。搜救队6名队员分别被授予治安荣誉奖章，温州日报、商报、晚报、平安温州等媒体宣传报道该事迹。

2016年11月15日，水上分局举行水上救助志愿者搜救队伍授牌暨授奖仪式

【水上安保】 2016年5月20日至6月19日，水上分局抽调1名民警到市龙舟办开展工作，参与市区河面巡逻，加强龙舟禁划巡查，期间共出艇8次、警力24人次。9月24日至25日，分局制定安保预案，派出警力和船艇完成2016温州“加多宝杯”龙舟拉力赛安保工作。

【联合执法】 2016年，水上分局逐步建立水上公安和陆上公安的协调作战机制，实现重要信息的相互通报、突发性案（事）件的协同处置、重点（可疑）船舶、人员的协同查堵布控、重大活动安全保卫任务的协同配合和应急力量或装备的协同增援的水陆快速反应一体作战模式，完善水上执法部门之间的联动联勤机制。每季度开展水上执法部门1次联席会议，不少于2次的水上联合执法活动，年内，已经开展水上联合执法活动7次。通过联合执法活动打击违规采砂、违章超载和无证驾驶等违法违规行为，规范砂石采运行为，维护瓯江砂石采运销管理秩序和治安秩序管理。

【安全宣传】 2016年，水上分局以新码头建成为契机，完善警营布局，增设“水上救助体验室”，加强“心防工程”建设。对水上安全防范意识薄弱的学生、渔船等群体，开展水域安全防范与防溺水宣传教育。

【“活力”水警】 2016年，水上分局组织开展形式多样的警营文化活动。 6月24日上午，召集温州海事局瓯江海事处、温州港航管理局港航一大队、温州港集团物管公司、永嘉县轮船公司、永嘉县交通运输公司等单位负责人，组织召开“我为安保建功勋”沙龙，研究加强辖区治安防控工作，落实G20杭州峰会安保各项工作措施。7月1日上午，组织全体党员参观洞头先锋女子民兵连纪念馆，开展“重温入党誓词，筑牢忠诚警魂”主题教育活动。11月12日至13日，组队参加由温州市海洋渔业局主办的第八届“海洋杯”羽毛球邀请赛，获得团体冠军。10月至年底，先后3期组织民警到长江航运公安局芜湖分局开展交流学习活动。

2016年9月13日，水上分局开展深入农村，帮扶助学活动

交通治安管理

【概述】 2016年，温州市公安局交通治安分局（便衣侦查支队）共打掉犯罪团伙19个，刑事拘留138人，其中侵财对象106人，移诉102人，行政拘留16人。调处各类纠纷162起，救助群众125起；市区公交领域共接扒窃警情465起，同比下降33.95%，其中扒窃零警情天数高达130天。全市扒窃发案7749起，同比下降19.26%，打处650人，同比上升23.6%。年内，该分局获得温州市公安局（市局）机关综合考评优胜单位及执法工作优秀单位，作风建设受到温州市纪委通报表扬，分局党总支被市局评为先进基层党组织、G20杭州峰会战时队伍管理优胜单位，分局治安大队荣获集体嘉奖1次、1人荣立个人二等功，3人荣立个人三等功，2人受到市局嘉奖，3人在G20杭州峰会期间受到省厅、市局通报表扬。

【基础排查管控行动】 2016年初，市局交通治安分局（便衣侦查支队）开展为期3个月的基础排查管控工作。通过实地排查、企业自查、公交抽查和暗访巡查等途径，实行分片分点、条块结合和“一对一”排查的方法，深入辖区企业开展排查工作，共排查走访汽车站、公交公司、运输单位等 20 家，加油站 6 家，车站外租房间、店面482间，查获各类刀具、易燃易爆等违禁品 5543 件；抽查公交线路60余条，公交车1000余辆。发督查通报2次，发放整改建议书 3 份。

【G20杭州峰会安保】 2016年，市局交通治安分局（便衣侦查支队）以G20杭州峰会安保为主线，统筹推进春运、重大节假日、互联网大会安全保卫工作，实行驻站与巡查勤务模式，每天组织警力分赴双屿站、牛山站、新南站、新城站、汽车东站等车站加强现场武装巡查和监督检查指导工作，通过交通通道管控共检查车辆2.8万辆，核查旅客42万人，抓获逃犯23名，拦截非访人员及稳控对象40名，及时核实落地重点关注人员8名，查获易燃易爆8509件，管制刀具5141把，消除多起交通通道重大涉稳隐患。

【反扒】 2016年，市局交通治安分局（便衣侦查支队）整合调整警力，建立专业民警、反扒辅警和视频侦查3支队伍，推进“清雷”、打侵财和“三严”等反扒专项行动，全年共摧毁扒窃团伙10个，刑事拘留扒手62人，其中现行抓获17人。10月13日，经过2个多月侦查，在温州医学院附属第一医院保健体检中心抓获周某某等7名犯罪嫌疑人（包括2名保安），摧毁这个专门与医院保安“内外勾结”的扒窃犯罪团伙，共刑事拘留6人，取保候审1人。案件侦破后，中央电视台《新闻直播间》、浙江电视台《新闻深一度》等多家媒体予以报道。

【侦破系列伪造公文案件】 2016年3月3日，市局交通治安分局（便衣侦查支队）在鹿城鞋都、瓯海梧田等地抓获廖某某等6名犯罪嫌疑人，成功摧毁一个伪造证件、公章的犯罪团伙，端掉犯罪窝点3个，查获伪造的印章、证件数百个及制假工具一批。

【公共交通领域视频监控建设应用】 2016年，市局交通治安分局（便衣侦查支队）在全省率先实现公交视频监控全覆盖基础上，优化改造场站、公交车及站台视频监控布局，调整一批重点场站监控，完成38辆50路公交车和五大汽车站主要交通通道视频监控改造更新，共建成公交站点视频监控842个，公交车2537辆。全年利用视频破案41起，破案占比69.49%，打处138名对象中通过视侦突破的86名，占比达62%，工作成效在“12+2”序列中名列前茅。

2016年11月23日，市委常委、公安局长罗杰到交通治安分局调研公交反恐防暴工作

【公交内保工作】 2016年，市局交通治安分局（便衣侦查支队）制定出台《内保单位治安安全考核评分标准》、民警及辅警驻站工作细则和执勤勤务职责规定，以及车站（公交）安保工作规范手册等一系列工作制度，全面规范公交内保各项工作。

【合成作战室建设】 2016年，市局交通治安分局（便衣侦查支队）主动对接市局合成作战体系建设，优化整合视频侦查、信息资源、情报研判队伍，拓展合成作战功能，全年共发布有效线索131条，其中视侦线索80条，自主研判线索51条，共涉嫌疑对象197名。

【交通治安信息网络建设】 2016年，市局交通治安分局（便衣侦查支队）从基础类、轨迹类、图像类、情报类等方面整合现有公交车、出租车、站场、扒窃信息资源平台，建立采集、分析、管理功能集一体的交通治安信息管理平台，推进交通领域公交车和出租车司机微信平台建设，共有2121名公交车驾驶员加入微信平台，组建229名出租车司机治安信息员队伍。

【执法办案区管理】 2016年，市局交通治安分局（便衣侦查支队）强化软硬件建设，打造全市标杆执法办案场所，全年出入执法办案区对象501人次，采集396人，采集指纹362人。年内，争取市局拨款13万元建成案件管理中心。

【轨道交通公安分局筹建】 2016年12月5日至7日，市局交通治安分局局长（便衣侦查支队）叶朝阳率市局警务保障部副政委李凤良、科技信息化局副局长黄琛泽、市局指挥中心及分局相关同志先后赴上海、宁波等轨道（地铁）公安分局考察学习轻轨反恐防暴和治安保卫工作。温州市域铁路轻轨S1、S2线已在建设中，并于2018年、2019年分别投入运营使用，规划中的S3线即将开工建设。

机场治安管理

【概述】 2016年，温州龙湾国际机场航班起降6.79万架次、旅客吞吐量818.97万余人次、货邮吞吐量7.77万吨，同比分别增长9.9%、11.27%、7.03%。年内，温州公安机场分局围绕“紧抓一条主线，打造两个品牌”总体思路（一条主线：以反恐防暴为重点推进G20杭州峰会安保工作；两个品牌：科技信息化引领打防管控、党建引领队伍建设），全面推进各项业务工作和队伍建设，实现市局机关综合考评“五连优”，被中国民用航空局评为“G20杭州峰会民航运输安全保障工作先进集体”，被民航局公安局列为全国2个民航安保情报信息工作示范单位之一，被温州市委、市政府评为“温州市G20杭州峰会维稳安保工作先进集体”，获得“全市公安机关党风廉政建设工作成绩突出集体”、市局机关“五星党支部”等荣誉称号。该局自主开发的“猎屏鹰”安检信息自主采集与预警系统获全国公安机关改革创新大赛优秀奖（为全国民航公安系统唯一获奖项目）。分局候机楼派出所获2016年度全市公安机关“铁班子、好主官”荣誉称号。全年1名民警荣立个人三等功、1名民警被授予2016年度“全市优秀人民警察”称号、5名民警获得上级相关单项工作先进个人嘉奖、10名民警分别评为市局优秀共产党员、优秀公务员，2名协警分别获得省厅 “G20杭州峰会安保积极分子”、市本级年度优秀辅警荣誉称号。

【G20杭州峰会安保】 2016年，温州机场是省、市反恐重点单位和暴恐案件“1分钟控制处置圈”试点单位，G20杭州峰会指定备降机场。峰会安保期间，该分局以确保“公共反恐安全、专机备降安全、民航通道安全”为重点，全警动员，保障温州民航领域G20杭州峰会安保工作，被民航局评为“G20杭州峰会民航运输安全保障工作先进集体”、被市委、市政府评为“温州市G20杭州峰会维稳安保工作先进集体”，3名民警、协辅警分别被民航局、省厅评为先进个人，1名民警被记个人三等功。

2016年8月10日，机场分局开展G20杭州峰会安保联勤武装巡逻

【警卫安保】 2016年，机场分局完成警卫任务5批次（其中二级警卫3次，三级警卫2次），保障要客50人次；3月29日、4月8日，完成原政治局委员、北京市委书记刘淇一行10人抵离温州机场的二级警卫任务。4月9日，完成人大委员副委员长陈昌智一行20人离开温州的二级警卫任务。 7月27日至28日，完成国务委员、国防部长常万全一行20人乘专机到温州的二级警卫任务。12月25日，完成全国政协副主席齐续春一行离温的三级警卫任务。12月27日、28日，完成全国政协原副主席李蒙一行抵离温州的三级警卫任务。

【民航公安信息建设】 2016年，机场分局有效依托“一平台、六系统”（温州空港立体防控平台，安检信息自主采集与预警系统、安检通道人证合一系统、重点部位人脸识别系统、机场监控对接系统、机场道路卡口系统、无线对讲系统），保障温州机场安全，被民航局公安局列为民航安保情报信息示范单位（全国仅深圳、温州两个）。该分局自主研发的“猎屏鹰”系统获公安部改革创新大赛优秀奖（为全国民航公安系统唯一获奖项目），项目主创人员受到中央领导孟建柱、郭声琨等同志接见。信息化建设工作经验多次在全国民航公安机关情报信息工作会议上作典型发言，江西、天津、青岛、台州、常州等20余家机场公安机关以及教学科研机构先后来分局学习交流情报信息化建设。

【机场反恐防暴】 2016年，机场分局以“1分钟处置控制圈”建设为重点，推进反恐防暴“五化”工作机制（武装巡逻专业化、“联勤、联战、联训”常态化、应急预案体系化、预案演练经常化、技能培训全员化），G20杭州峰会安保期间设立12个反恐警力部署点，实战阶段落实二分之一警力、决战阶段落实全部警力，同武警、市局特警、龙湾特警等在机场设立安保联勤分指挥部，开展武装联勤巡逻设卡119天，投入巡逻警力3334人次，联勤警力1723人次，确保候机楼等重要部位暴恐案件处置警力1分钟到达。协调机场成立3支应急队伍，指导机场集团有关职能部门开展反恐防暴应急预案建设，形成2016版应急预案体系，全年开展反恐培训11次，参训人员达2000余人次，组织或参加机场集团组织的各类预案演练8次。7月12日，分局启动反恐防暴预案，成功处置一起候机楼内疑似爆炸物品事件，8月9日晚，分局民警在候机楼内巡逻时及时发现和迅速处置一起精神病人持刀欲肇事事件。

【机场空防安全】 2016年，机场分局贯共查处“民航严打”案件107起，同比提高40%，其中拘留及1000元以上罚款处罚57起；审查机场安检、机组移交的违法嫌疑人员916人次，没收、收缴刀具、电击器、警械、仿真枪等各类违禁物品806件，处罚469人次；开发建设安检通道人证合一系统、当场处罚案件办理系统、案事件管理系统等，查获冒用身份证和使用假身份证件的违法行为48起，行政拘留12人次。完善修订《安全监督检查手册》，全年开展安全检查119次，整改安全隐患28处。对机场从业人员实行“三色预警”风险管控机制，开展机场从业人员背景调查1900人次，办理控制区通行证1918件、控制区临时通行证2093人次。妥善处置因航班延误、取消引发的旅客群体性纠纷20起。

【机场治安防控】 2016年，机场分局实行派出所、治安大队双岗勤务制，航班运行期间实行“现场勤务班＋应急反应力量”动态勤务机制，全年各部门共查处一般程序行政案件126起，行政拘留23人次，简易程序行政案件1448起；查处违法拉客行为1330起，行政拘留扰乱公共秩序人员5人次；向运管部门移交违规营运“黑车”111辆。

【打击机上盗窃犯罪】 2016年，机场分局通过民航局公安局开发的手机APP和分局空港立体防控平台对机盗重点人员进行预警，对出港的机盗人员采集信息并通报当班机组布控，共查获机盗重点人员17人次，抓获机盗嫌疑人6名，破获机盗、机盗重点人员伪造、冒用身份证件等各类案件9起，其工作简报被华东局编发。10月27日，分局同南方航空机组、深圳机场公安机关“空地联动”，抓获两名现行机上盗窃犯罪嫌疑人。

【追逃】 2016年，机场分局整合民航局公安局民航安保情报综合应用平台、省厅重点人员动态管控系统、市局交警支队密控车辆报警系统、分局自建的机场公安综合信息应用平台以及机场重点部位人脸识别系统五大系统数据，提升预警能力，形成快速反应追逃工作机制，全年共抓获逃犯48名，为上年同期的1.5倍。9月23日，机场重点部位人脸识别系统发出预警，系统捕捉到一名与在逃人员林某相似度达到83.47%的旅客正通过国内出发1号门，分局第一时间出动警力，在3号值机柜台将正在排队等候办理手续的逃犯林某抓获。

【机场交通安全】 2016年，机场分局对接机场建设投资有限公司、中铁十六局、交警支队等单位，深化“大循环”交通组织和科学规划交通管理方案， 扩招交警大队路面警力，调整勤务制度，增加单位时间警力投放，加强重点路段交通整治，全年查处各类交通违法行政案件11646起，处理各类交通事故187起，整治4小车358辆。

2016年12月，机场分局开展机场辖区交通组织规划

【机场窗口服务】 2016年，机场分局结合市局“万人双评议”“创建美丽窗口”等活动，在候机楼派出所警务室、交警处理窗口、空防制证室设立党员先锋岗，实行民警着装挂党徽上岗，全年节假日无休，每日从清晨6时至航班结束“无缝隙”“零距离”为旅客提供免费办理临时乘机证明服务21258份；全年为群众找回遗失物品453起（其中苹果手机47部），价值共计150余万元，其中“机场民警翻找垃圾堆一小时帮旅客找回居留证”“机场治安大队民警为民服务找回一万多欧元”被《百晓讲新闻》、搜狐网、民航资源网、温都网等多家媒体报道。

警卫工作

【概述】 2016年，温州市公安局警卫处按照全省公安警卫工作的总体部署，全面实行战时和平时双线工作模式，抓重点、攻难点、树亮点，以G20国际峰会和第三届世界互联网大会警卫安保等为重点，确保各项警卫工作顺利完成。

【G20杭州峰会安保】 2016年，温州市公安局警卫处主要承担总书记习近平住地、双边多边会议现场（西湖国宾馆）、中宾住地（西子宾馆）、领导配偶活动现场（中国美术学院南山校区）、外宾住地（柳莺里酒店）、公安部、省厅安保总指挥部（花港海航酒店）等现场，住地温州执勤警力的指导协调以及美国副团、南非、泰国等与会外宾代表团的随团警卫工作，多名同志被抽调到安检、证件、信息化、政工宣传等多个组别担当重要工作任务。

中宾警卫

【刘淇】 2016年3月29日至4月1日，中共中央政治局原委员、北京市委原书记刘淇一行14人到温州考察，在温州期间，首长一行先后考察灵峰景区、灵岩景区、大龙湫景区、苍坡村、丽水街、永嘉书院等地。4月8日，首长一行乘飞机离温。市委书记徐立毅，市委副书记、市长张耕，市委副书记钱三雄等领导陪同。

【陈昌智】 2016年4月8日至9日，全国人大常委会副委员长陈昌智一行17人到温州赴苍南龙港镇调研新生小城市培育工作，听取有关小城市培育工作情况的汇报。市委书记徐立毅、市人大常委会主任葛益平等领导陪同。

2016年度警卫任务统计表

表3

序号	警卫对象	抵离时间	随行人数
1	中共中央政治局原委员、北京市委原书记　刘　淇	3.29—4.1,4.8	14
2	全国人大常委会副委员长　陈昌智	4.8—4.9	17
3	全国人大常委会原副委员长　路甬祥	5.2—5.3	5
4	国务委员、国防部部长　常万全	7.27—7.28	20
5	中央政治局原委员、中央政法委原副书记、中央综治办原副主任　王乐泉	11.10—11.11	12
6	全国政协副主席　齐续春	12.25	7
7	全国政协原副主席　李　蒙	12.27—12.28	5

2016年重要保卫任务统计表

表4

序号	保卫对象	抵离时间	随行人数
1	浙江省省长　李　强	2.1—2.3	多人
2	省委副书记　王辉忠	4.6—4.7	多人
3	省委书记　夏宝龙	6.22—6.23	23人
4	浙江省代省长　车　俊	7.19—7.20	12人
5	浙江省代省长　车　俊	11.8	13人
6	浙江省代省长　车　俊	12.23—12.24	17人

【路甬祥】 2016年5月2日至3 日，全国人大常委会原副委员长路甬祥一行5人在省人大办公厅副巡视员汤金达等领导的陪同下到温州考察。在温州期间，考察鹿城区海特克液压有限公司。市委书记徐立毅、市人大常委会主任葛益平等领导陪同。

【常万全】 2016年7月27日至28日，国务委员、国防部部长常万全一行20人乘专机到温州考察国防动员工作。在温州期间，首长一行先后考察洞头海事码头、洞头先锋女子民兵连纪念馆、温州军分区教导队、温州海事局交管中心等地，听取部队和地方有关单位的汇报。市委书记徐立毅，市委副书记、市长张耕等领导陪同考察。

【王乐泉】 2016年11月10日至11月11日，中共中央政治局原委员、中央政法委原副书记王乐泉一行到温州考察。在温州期间，首长一行先后考察鹿城区法学会、温州城市规划展示中心、乐清正泰集团等。市委书记徐立毅、市委副书记钱三雄等领导陪同考察。

【齐续春】 2016年12月25日，全国政协副主席齐续春一行由丽水乘车到温州乘CA1957航班离温。

2016年重要保卫任务

【李强到温州调研】 2016年2月1日至3日，省委副书记、省长李强一行到温州调研经济社会发展情况。李强省长一行先后考察浙江工贸职业技术学院众创空间、龙湾区永中街道朱垟村城中村改造项目、奥体中心等重大项目建设情况，了解金温铁路建设运行情况，检查中石化温州状元油库安全生产工作，走访慰问温州水警区护卫舰中队、市公安消防局下吕蒲中队、龙湾区综合福利院及困难群众。市委书记徐立毅，市委副书记、代市长张耕等领导的陪同考察。

【王辉忠到温州调研】 2016年4月6日至7日，省委副书记、政法委书记王辉忠在省委副秘书长张才方、省委政法委副书记李新强等领导陪同下到温州调研指导G20杭州峰会安保工作和公安工作。市领导徐立毅、葛益平、余梅生、钱三雄、黄宝坤、仇杨均、陈浩等陪同调研。

【夏宝龙到温州调研】 2016年6月22日至23日，省委书记、省人大常委会主任夏宝龙一行到温州调研。在温州期间，书记夏宝龙先后赴瓯海、泰顺、文成等地，对山区城镇建设、特色乡村旅游、民宿经济发展、特色小镇建设等情况进行调研并召开村民座谈会。其间，看望慰问老党员和困难党员。市委书记徐立毅，市委副书记、市长张耕等市领导陪同调研。

【车俊到温州调研】 2016年7月19日至20 日，省委副书记、代省长车俊一行到温州调研。代省长车俊一行先后考察森马集团、正泰集团、中国电工电器城、瓯江口产业集聚区、龙湾国际机场T2航站楼、朱垟城中村改造现场、南塘风貌街、温州民间借贷登记服务中心、瓯江路防洪堤、东部交通枢纽，并召开专题座谈会，听取温州市工作报告。市委书记徐立毅，市委副书记、市长张耕等市领导陪同调研。

【车俊到温州调研】 2016年11月8日，省委副书记、代省长车俊一行到温州调研。代省长车俊一行先后考察鹿城区南汇街道横渡村、前网村和双屿街道中央涂村、垟田村，实地了解温州“大拆大整”专项行动开展情况，召开专题座谈会，听取温州市工作汇报。市委书记徐立毅，市委副书记、市长张耕等市领导陪同调研。

【车俊到温州调研】 2016年12月23日至24日，省委副书记、代省长车俊一行到温州调研传统产业改造升级情况，先后考察瑞安沿江新村旧房拆改项目、华峰集团、瑞立集团等地，召开座谈会。市委书记徐立毅，市委副书记、市长张耕等市领导陪同调研。

消防管理

【概述】 2016年，温州市共发生火灾2902起、死亡23人、受伤6人、直接财产损失5449万元，同比分别下降49%、30%、82%、37%。全年全市公安消防部门共接警出动9269次，疏散抢救3159人，保护财产价值11.3亿元，完成“8•18”滨海皮革堆垛、“9•7”滨海三星包装厂火灾扑救，“8•17”甬台温高速纯苯泄露，“10•10”鹿城双屿民房倒塌事故救援，“鲇鱼”台风抗击等重大战斗任务。

【消防安全整治】 2016年，温州市公安消防局以G20杭州峰会消防安保为核心，围绕市委市政府“大拆大整”决策部署，开展民房电气线路，居住出租房、合用场所，民宿，网店，重点隐患区域、单位等五大重点领域消防安全专项整治，共推动整治出租房和合用场所55.5万家、民宿573家、养老机构189家、网店7576家；改造电气线路20.6万户、安装“漏保”47.3万个；消除政府挂牌重大隐患单位435家、区域495处，整改率100%。G20杭州峰会安保期间，消防局连续70天实行“每周7天工作制”，先后开展7次“祥和”“铁网”消防安全统一行动，检查单位21.4万家、查封3421家、三停1684家、罚款3303.9万元、拘留2356人。年内，该局“十项执法数据”6项全省第一、4项全省第二、拘留数占全省31.9%。

【消防监督】 2016年，温州市公安消防局推动将消防工作纳入全市督查“十大重点”、考绩“负面清单”和市政法委“护平安、树标杆”专项督查。市委常委会、市政府常务会4次专题研究消防工作，市领导55次批示推动消防工作。在全省率先出台《镇街消防监督执法工作方案》，加速推进消防执法权限下放。全省首创居住出租房、合用场所准入登记备案制，探索推行居住出租房“小区物业式”“旅馆式”“统租统管式”市场化运作模式。

【消防教育与宣传】 2016年，温州市公安消防局推动市、县两级公安机关建立安保联勤、联防、联动工作机制，建成公安正式编制的消防基础指导大队。创新开展“红门骑警”和消防宣传“进教材”“进军训”等“十进”活动2000余场次，发展社区消防宣传大使330名；持续加强“双微”新媒体平台建设，总目标人群数达63万人。年内，全市共有4个集体、7名个人荣获首届浙江“119消防奖”，全市公众消防安全知识知晓率同比提升7.81%，跻身全省第三。

【消防审批服务】 2016年，温州市公安消防局在连续三年“创人民满意消防队伍”基础上，进一步推出《“向人民承诺”11项措施》，以“美丽窗口”建设为引领，推行消防审批“容缺受理”“一站式服务”“首问负责制”和代办制，坚持工作日无午休、周末无休日，市本级审批事项缩减40%以上。启动《温州市消防管理条例》立法，建设“阳光执法”体系，实行执法依据、执法过程、执法结果和自由裁量标准“四公开”，全面应用移动执法终端和执法记录仪，加大执法回访和“每案一评”力度，全年执法项目回访满意率达98%。常态实施“驻百镇、入千村、进万企”惠民工程，走访乡镇（街道）167个、村（居）1508个、企业14258家。

【实战训练】 2016年，温州市公安消防局科学构建实战化教育训练体系，承办浙南战区攻坚组、指挥员等大型培训活动，全省率先开展冲锋舟驾驶员培训，首创《主战装备运用指南》等6类实战应用教材和“体能训练”“通天房初战控火救人”等5部示范片，在全省推广应用；推行“一熟悉、二演练、三宣传、四指导”的执勤模式，全年熟悉演练24846次；建设移动消防作战指挥系统，1500余家微型消防站同步纳入119接处警系统。年内，专业队建设在全省评比验收中获总分第三，其中高层和城市综合体专业队获三等奖；在全省城市政府专职消防队业务比武中获团体第三名；在全省两次数字化预案评审中分获一、二名。

2016年7月22日，温州市消防支队在瑞安市高楼镇赵山渡水库举行防汛防台暨水域救援实战演练

【先进集体与个人】 2016年，温州市公安消防局首获全市万人评议“十大满意单位”，社会总体评价列89个市直部门第二，市委考绩连续第4年获评优秀；获评全市G20杭州峰会维稳安保先进集体，2名同志荣获省政府G20杭州峰会工作先进个人；2个大队、5个中队荣立集体三等功，1名官兵荣立个人二等功，76名官兵荣立个人三等功；2个基层党组织、4名个人获得公安部、部局和省厅党内“一先两优”表彰；全市消防窗口全部获评市县两级季度 “红旗”或“先进”窗口。

边防管理

【概述】 2016年，温州市公安局边防支队围绕G20杭州峰会、互联网大会安保、辖区治安热点整治等主线职能任务，开展“固边”“清雷”“缉枪治爆”专项整治行动，共破获刑事案件396起，查处治安（行政）案件1152起；查破涉毒案件129起，抓获涉毒人员139名，缴获海洛因83.97克、冰毒41.06克。打击各类违法犯罪嫌疑人员2173人次，抓获网上逃犯68名，化解各类矛盾纠纷1200起，稳控可能引发重大矛盾纠纷的不安定因素18个，处置非正常死亡引发的重大矛盾事件77起。推进“净岛”“净港”系列行动，实现辖区388个无人岛屿的100%核查和同步建档备份。先后会同福建宁德支队、温州海事局和海洋渔业局开展浙闽G20杭州峰会安保联勤协作，针对入杭船舶联合设立“三层次”查控点，强化沿海船舶治安管理。依托打击成品油走私“春雷”行动，累计查获涉嫌走私冻品案件3起，缴获各种疑似走私肉类冻品约211吨；查处无合法齐全手续买卖、运输成品油案件50起，查获涉案船舶37艘，油罐车71辆，缴获成品油约6600吨，涉案金额达2640余万元，案件查破数和油品缴获数同比分别上升13.6%和106%。年内，该局边防支队苍南大队和6名官兵分别获评省级“一打三整治”专项行动先进集体和先进个人。燕子山所战士宋波获公安边防部队第三届“带兵模范”，立个人一等功、场桥所民警潘丽琼获评浙江公安“铿锵玫瑰•暖心警花”称号。在G20杭州峰会安保中，全支队151名官兵立功受奖，20余名警官受到地方表彰，4个支部、11名党员受到省边防总队表彰。

【实战训练】 2016年，温州市公安局边防支队围绕G20杭州峰会安保任务需求，整合派出所、公边艇和机动中队警力资源，开展无人岛屿登岛演练。制定《2016年度岗位技能练兵活动暨实战化训练实施方案》《加强体能训练工作意见》，配套研发并启用官兵基础体能管理信息系统，先后组织开展体能训练83次，考核35次。组织军事教员到新疆边防总队、温州警察学校、武警温州支队等单位进行交流学习。开展预提班长暨骨干集训、综合业务培训以及实战基本技能暨条令集训班。

2016年8月15日，边防支队联合温州海事局、温州市海洋与渔业局召开峰会安保联勤协作行动

【规范执法】 2016年，温州市公安局边防支队常态化落实机动中队和边防派出所联勤联动和治安卡点科学运作，制定《成品油案件办理流程图》《成品油案件集体议案制度》等七项制度规范，组织开展成品油积案清理活动。

【规范管理】 2016年，温州市公安局边防支队党委出台《党委加强自身建设若干规定》《贯彻落实总队军政主官座谈会精神“十项措施”》，建立党委“权力清单”和“责任清单”，带头清退超标车辆，取消机关“小食堂”，核减各类培训和会议经费71万元。推行干部选拔任用票决制和领导干部“双考”选拔制，强化日常评估和年终评定考核结果的运用，公开公示干部任免、士官改选、立功受奖、物资采购等敏感事项40余件。施行《战时党建文化工作实施细则》《峰会安保决战阶段战时党建工作实施意见》，落实总队“教（指）导员队伍建设”和“党支部委员准入制”两项试点。创推官兵思想隐患排查“分色预警”，召开“官兵思想分析会”。梳理“9类重点群体、9个重点环节、4个重点时段”，组织部队开展管理风险评估，开展“学条令、用条令、守条令”、安全大检查及枪弹安全大排查，重点推进“信息保密集中整治、兵员队伍集中整治、信息化系统集中整治”，官兵个人借贷、家属经商、手机使用、网络交友、个人事项报告等排查清理。运作“1+N”树状督查体系，完善“指挥中心常态化视频督导、警务部门动态化实地检查、交班会现场反馈”督查机制。

【文化建设】 2016年，温州市公安局边防支队推行大队级党委正副书记每月上党课活动。创推以“政工专题调研、记录本交叉调阅、党务知识学习月、可视化主题党日、党代表巡回宣讲”为主体的“党建文化带”建设。制定《加强部队经常性思想工作七项措施》，以解决一人一事思想问题为重点，推进“南北互动主题授课、典型巡回宣讲”。推进北麂所艰苦奋斗主题文化、西湾所红色主题文化等文化设施建设。

【后勤建设】 2016年，温州市公安局边防支队争取地方财政预算经费提高至2269万元/年；政法奖励性经费553万元；一打三整治专项经费、海防运行经费、龙港所油料补助等公安业务经费563.5万元及龙湾大队部变压器改造工程专项经费26.8万元；争取市财政局反恐装备专项经费100万元、瑞安市政府出资36万元购置安保执勤警用装备。修订完善《后勤应急处突保障预案》，对应急物资库室进行修缮，增添各类应急物资100余箱。完成218B型巡逻艇和108B型公边艇归建。安排自筹资金598.9万元，落实龙湾大队部外墙粉刷、炎亭所营房维修、场桥所办证大厅建设、公边33145艇生

2016年5月23日，公边33142艇顺利归建

活区营房装修等29个工程项目。排查支队营房安全隐患，对90套公寓住房进行危房鉴定、即时整改、封门上锁，对前期收回的空余房产统一装修。投入资金562万元，为基层配备执勤执法车辆8辆，改造接处警车辆15辆，并配齐车载无线图传系统、行车记录仪等先进设备50余个，为基层购置音视频指挥调度系统，开展兵器室硬件设施改造。

【基础建设】 2016年，温州市公安局边防支队升级基层“三室合一”勤务指挥室建设，完善“G20杭州峰会边防安保指挥信息系统无人岛屿、港口模块”录入和出海船舶边防治安管理信息系统试运行，实现沿海无人岛屿、出海通道等治安要素100%核查。推动2016年海防基础设施建设项目落实落地，新建瑞安大队部海防监控中心和公边33145艇海防监控站。升级改造支队指挥中心，为基层派出所、机动中队配发90台公安网集群对讲机，完成单兵无线图传设备后台系统接入。为基层单位配发防暴盔甲、约束带、警戒带、催泪喷射器等11个大类3200余件警务装备。采购106个高清监控探头，实现执法办案区声像监控的全覆盖、全程记载和回溯式管理。对9个基层派出所、14个执法场所开展软包装修。同时，配发7台不间断电源UPS，持续推动执法场所升级改造。

【从优待警】 2016年，2016年，温州市公安局边防支队开展支队指挥中心征地、黄华所新营房建造、西湾所办公楼扩建等工程项目，启动18套公寓房装修和分配计划；投入113.85万元，为基层改建篮球场、采购跑步机、乒乓球桌等，统一规范办公生活用品；指导灵昆所、霞关所、鹿西所等5个单位开展农副业生产。举办官兵集体婚礼、警地联谊会和首届军体运动会，争取乐清、洞头、瑞安、苍南大队官兵纳入地方绩效考核奖，解决8名随军家属工作安置、13名官兵子女入学；推行与总队救助基金并轨的“困难救助双向保障运行体系”，为1名家庭遭遇变故的官兵提供法律援助、3名家属患重大疾病的官兵申报医疗补助、6名官兵协调就医“绿色通道”、9人申请救助基金达27万元，投入350余万元完善官兵医疗保障体系、官兵年度体检及重特大疾病就诊机制。召开峰会安保战时表彰奖励仪式，7名官兵被火线授奖，25名战士被评为“优秀义务兵”。向基层倾斜分配人数，新分配的11名入警大学生、16名部队院校毕业生和17名驾驶员全部下沉一线。

警务综合保障

办公室工作

【概述】 2016年，温州市公安局办公室传承“快乐共事、荣辱共担、发展共赢”的理念和“忠诚、敬业、严谨、智慧”的精神，按照“面上抓重点、线上创特色、点上求优化”的三位一体工作主线，突出核心主业、直面重点难题、力争突破超越，推进各项工作取得新成效。年内，办公室（党支部）被评为2015年度市局机关先进基层党组织、五星党支部、市局机关综合考评优胜单位，调研室被评为2015年度市级青年文明号集体，机要科受到集体嘉奖，《温州公安年鉴（2011）》获全国地方志专业年鉴三等奖，获评2015年度全省公安机关史志（年鉴）工作成绩突出集体、温州市信访工作先进集体、市长专线（网络问政）工作先进集体、全市档案系统先进集体，7位同志被温州市公安局或温州市委组织部等单位记三等功，2人受温州市公安局嘉奖，7人被上级授予荣誉称号，6人被评为优秀共产党员荣誉称号。全年没有发生人员违法违纪违规情况，以优异纪律作风保障完成护航G20杭州峰会任务和其他各项工作任务。

2016年9月14日，市委常委、市局党委书记罗杰到办公室慰问调研

【G20杭州峰会安保】 2016年，温州市公安局办公室优选15位民警分批前往杭州执行安保任务，其中副主任周世淼、夏周凯参与温州市公安局G20杭州峰会特援队管理工作，蔡雄磊、高天化参与特援队第三方队管理工作，副主任伍表、黄谷参与萧山主会场安保执勤，金煜、施俊镇、江海峰、叶乐锋、何巅樯、任恒磊、张泉参与中国美院配偶活动场地安保执勤，周汉贵、李强参与重要领导随行机要服务工作。赴杭民警主力8月分批赴杭，至9月上旬返温。在温民警完成材料撰写等多项任务；总牵头开展峰会安保期间业务工作督导；做好峰会期间密码通讯保障服务。王瑞岳、余建海两位同志被抽调支援交通治安分局开展1个月的车站治安巡控工作。开展好“严纪律、正作风、树形象”专项教育活动，贯彻落实周一夜学、考核记录评估、民警表现评价、重点帮助（关注）人员排摸、谈心谈话等G20杭州峰会安保期间各项队伍管理措施，开展队伍紧急集合、通讯畅通演练，为完成G20杭州峰会安保任务提供坚实的队伍纪律作风保障。峰会结束后，对全市公安机关峰会安保经验进行固化并形成材料。因峰会安保工作突出，林敬门被记个人三等功，魏艳兵、施俊镇受到市局嘉奖，黄信静被评为全市公安机关先进个人。

【第三届世界互联网大会安保】 2016年，温州市公安局办公室主任牵头担任市局第三届世界互联网大会安保工作领导小组办公室主任，负责统筹协调、组织实施、督促落实和整体推进“指挥调度、情报信息、重点人管控、社会面管控、反恐防恐、网络安全、信访稳控、公共安全”等8个安保工作组的工作，办公室并具体承接信访稳控工作任务。参照G20杭州峰会安保的标准，完成第三届世界互联网大会安保工作任务。

【公安信访】 2016年，温州市公安局办公室将信访积案清理和信访基础管控两项工作纳入《全市公安机关“平安护航G20大会战”十大专项行动任务清单》。4月，召开全市公安信访工作会议暨G20杭州峰会信访维稳部署会，要求确保“两个不发生”（不发生G20杭州峰会期间公安口赴杭信访、不发生涉警有责信访）和“一个明显减少”（赴京赴省信访明显减少）。1月，部署开展信访矛盾滚动排查和疑难信访积案攻坚工作，4月，部署开展“迎G20杭州峰会、清信访积案”集中攻坚化解工作，7月，召开全市信访工作现场会进一步推进领导包案力度。全年共排查化解类信访积案365起，纠正补正执法错误瑕疵11个，追究责任人19名，发放司法救助433.18万元。办结积案332起（办结率91%），息访281起（息访率77%）；办结部、省交办件225起（结案率91%），息访194起（息访率79%）；信访老户（上访三年以上）息访90人，全市重复访存量从740件减少至344件。

【重点信访人基础排查管控】 2016年3月，温州市公安局办公室将公安口重点信访人员纳入基础管控工作，通过录入“旅客身份核验系统”，提升信息化管控效能。加强与经侦、治安、情报等部门信息沟通协商，将公安口节点基础排查管控融入到日常排查、评估和管理中。组建稳控工作小组，分别制定管控方案及应急预案，建立一人一档。7月1日起，对重点信访人相关情况开展“日汇总、周研判”，8月1日起，加强每日情况会商、逐案检查各项管控措施进行查漏补缺，8月28日起，各地实时掌控重点信访人员动态。G20杭州峰会安保期间，全市共排查涉警信访重点人173名，化解注销59名，落实管控114名，其中一级48名、二级38名、三级28名。出动77名警力开展查找劝返和处置工作，找回信访重点人29名，排查发现并及时处置扬言滋事事件14起，教育训诫41人，行政处罚58人，刑事打击23人，所有重点信访人在峰会召开前全部稳控在家或处于可控状态。

【参谋服务】 2016年，温州市公安局办公室撰写局领导讲话稿、汇报材料和相关会议材料百余篇，随同市局主要领导参与调研、督导50多次；起草《温州市公安局工作规则》《温州市公安局党委工作规则》《温州市公安局党委会议事规则》《温州市公安局局长办公会议议事规则》等系列规范性文件。全年编发《领导参阅》12期，同比翻番，其中7期获市局“一把手”批示肯定；编发《手机报》230期，确保每日发送。

【公安内宣】 2016年，温州市公安局办公室共发内宣文章1406篇，其中公安部简报5篇；省厅简报11篇、省厅动态273，占2016年省厅刊发简报、动态的近1/5（18.33%、18.43%），均居全省第一；编发市局简报95篇，市局动态977篇；编报录用温州信息28篇、温州政法9篇。

【理论调研】 2016年，温州市公安局办公室依托警察协会，定期开展专项研讨会，连续组织3次理论调研征文活动，共分别推荐61篇、21篇优秀理论调研文章参加省厅重点课题和“互联网+”主题征文活动，均创历史新高。市局共有6篇论文在全省公安机关“经济发展新常态下的社会治安与警务改革创新”征文活动中获奖，市局理论调研工作取得历史最好成绩，居全省第一名。其中，蔡雄磊荣获“一等奖”（一等奖占2篇、全省仅5篇），施俊镇荣获“三等奖”。

【平安温州创建】 2016年，温州市公安局办公室主动把握平安创建形势，建立月度平安创建考核模拟评估机制，多次组织召开平安创建推进会，有效掌握全市平安创建工作总体情况，及时消除热点、攻克难点，为全年创安目标的实现打下基础。7月至12月，下发平安创建形势分析材料7期，组织开展平安创建专项督察2次。

【“十大项目”建设】 2016年初，温州市公安局办公室制定下发2016年度重点工作“十大项目”责任分解表，进行项目化管理与推进，共下发通报4期。12月初，对接市考绩办，做好市局考绩重点工作各项目的年终总结、对应的台账以及梳理考绩相关的加分项目，为“十大项目”年终考绩做好准备。

【“大拆大整”专项行动】 2016年，温州市公安局办公室加强“大拆大整”信息报送工作，对相关工作信息和数据成效每日进行汇总、每周梳理上报。已编发上报市局大拆大整工作专报39期，相关内容多次被市政法委、市委办信息处、市大拆大整办收编上报。

【“民生工程”推进】 2016年初，温州市公安局办公室年做好项目筹划，根据市政府确定的年度“民生工程”项目情况，对局内各部门进行任务分工，以督办形式推进，每月汇总工作进度，对进度缓慢的项目予以督促。10月底开始，对未完成项目每周报工作进度，完成2016年“民生工程”各项工作。

【政务督办】 2016年，温州市公安局办公室依托网上督办系统，开展政务督办工作，全年通过政务督办系统交办各类事项516件，其中上级领导交办件193件，重大政务事项督办516件。上级交办件全部按期报结。共办理局长批示896件。9月13日，新局长罗杰到任后，登记办理局长批示件506件，其中阅件204件，办件302件，均依托领导批示系统快速转递到承办部门，对办理情况及时梳理，跟踪督导。

【政务考核】 2016年，温州市公安局办公室制定出台2016年度县级公安机关综合考评办法，通过合理设置考评分数和项目，突出G20杭州峰会安保等全局性年度重点工作。正视地区差异，突出地方特色，对洞头区公安分局继续实行免考，鼓励其根据当地治安实际开展工作。承接省厅综合绩效评估，三季度末对全市相关项目进行全面梳理，对短板项目逐一确定责任单位、明确任务目标，督促各部门全力做好冲刺。督查办牵头开展“春雷”专项行动，制定完善考评办法和相关工作机制，每日排名汇总、每周评分通报，组织开展专项督导和明察暗访，倒逼工作推进，年内，取得全省前三、同类地区第一的良好成绩。落实县级公安机关“三确保、三创优、三创特”工作，制定下发《2016年度温州市县级公安机关“互学互比”活动实施方案》，年初组织对各地项目进行难度测评，督促各县（市、区）局对“三确保、三创优、三创特”工作逐一立项，多次组织专题督导。年底组织对各地项目完成情况进行集中测评。

【局领导服务】 2016年，温州市公安局办公室共为市局领导呈阅办理各类文件材料3170余份，登记转递局领导批示信访件185件，安排局领导值班48期，编发市局领导一周活动预安排52期，发送温馨提醒短信2470条，为局领导提供各类便利服务389余次。深化市长专线办理，实行“两月一通报”制度，对典型办理件及办理中存在的问题及时进行通报，在市局网页“督考工作”专栏和市局“网络传真”栏目公布。对群众反映的问题，实地调查，进行研究，形成解决方案，在最短的时间内落实到责任人，有效处置问题，做好与反映人的沟通解释工作。全年共办理市长热线（“12345”政务服务热线）交办件2620件；网络问政咨询投诉件督办325件，反馈率、办结率100%，优秀办理件共7件，总办理数列市直单位首位，工作成效列市直单位前列。

【提案建议办理】 2016年，温州市公安局办公室将办理工作同全局各项重点工作项目结合，健全工作机制，开展交办转办工作，对政协232号和283号2件疑难件进行协商交办。召开交办推进会，对办理工作进行部署推进，对2015年人大403号等5个办理件和治安支队等3个先进单位进行表彰，对人大162号欠佳办理件进行通报。建立定期检查通报机制，主办的建议提案实现办结率、面商率、满意率3个100%，人大主办件评价平均得分88.42分，同比上升7.83%。

【办文办会】 2016年，温州市公安局办公室共核发温公通158件（同比减少0.63%）、温公311件（同比减少12.64%）、温公函564件、温公办14件、网络传真1211件、电子公告496件。全年召开169次会议（含上级召开和市局召开）。加快收文办理流转办结速度，为市局机关各部门单位开通OA办公系统，通过OA网上传递办公室领导批示件和文件，推出新版会议室预订系统，提升办文办会信息化水平。

【行政审批】 2016年，温州市公安局办公室继续清理审批事项，减少审批事项，实行规范化管理。5月，将各审批项目的法定依据、办理条件、办理流程、受理方式、送交材料、收费标准、办理时限等内容逐项进行清理并统一规范，按照“一事一公开”原则，全部在“温州公安网上办事大厅”及各办事窗口公开。9月，完成规范网上办事流程和服务指南手册编制。扩大网上办事事项范围，增加网上服务供给，治安、户政等14个事项实现网上申报和预审，网上可办事项达87个（占76.8%）。对治安、户政等22个事项实行无纸化审批，全流程实行网上办理，实行“单轨”网上申报、网上流转，使网上办理机制实现常态化。网上办事大厅全年办理网上审批事项54955件，同比增长13.5%。牵头制定《温州市公安机关“双随机一公开”抽查监管实施细则》，建立市局领导小组及办公室，建立“双随机一公开”机制，公布首批市局随机抽查事项清单。

【公安窗口建设】 2016年，温州市公安局行政审批窗口积极参评双万人评工作，与市审管办联系，开展宣传服务工作。全年公安窗口办理16554件，提前办结率98%，未发生一起投诉事件；为市交运集团、鹿城农商银行、平安银行温州分行等企业上门送上急需的机动车通行证、开工通知书和金融营业场所合格证，对大批量办件的、急事急办的、外地来温急需办理的预约在非工作时间办理。推进信访“美丽窗口”建设。4月，信访办和信访接待窗口从市局二号楼搬迁至一号楼，强化信访接待窗口建设，召集各地信访部门对永嘉信访示范窗口进行观摩，对申请参评的永嘉、瓯海接访场所进行评估验收。推进创建“美丽机要室”。市局办公室机要科完成荣誉墙、制度墙、机要标语墙建设，得到公安部检查组肯定；在全市公安机关一级机要室部署开展“美丽机要室”创建活动，向省厅推荐瓯海、永嘉、文成三地机要室参评省级“美丽机要室”。做好内部办事窗口服务。档案科全年共有效接待查阅、借阅档案、资料182人次，共计539卷。同时做好办公室保密室、收发室、文印室等窗口服务工作。

【政府信息公开】 2016年，温州市公安局办公室落实《温州市公安局政府信息公开工作制度》，常态性做好领导和下设机构负责人变更、政务工作动态、建议提案、社会治安、人事任免等相关信息的公开发布工作，年内对道路交通管制、实施城乡统一户口登记制度、财政预决算、道路交通安全违法行为举报奖励规定等信息及时予以公开。全年在温州政务网上公开信息497条，收到政府信息公开申请件0件，没有收到针对政府信息公开工作提起的行政复议和行政诉讼。及时上报年度工作总结、每月报表等材料。

【公安信访】 2016年，温州市信访总量2750批次、初信初访数量1167批次、越级上访量108批次，分别同比下降13.7%、22.2%、23.3%，实现全国“两会”、G20杭州峰会、中共十八届六中全会、第三届世界互联网大会期间全市公安口信访重点人“零进京”“零赴杭”“零滋事”“零脱管”“零失控”的安保信访维稳目标。坚持问题导向，运用法治思维，探索符合公安实际、行之有效的涉法涉诉信访工作新思路、新对策和新方法，把依法维权与依法办事有机结合起来，提升在法定轨道内解决问题，推动代表信访复杂区域的“温州模式”形成和完善。坚持诉访分离，做好法定途径的分类处理。推进通过法定途径分类处理信访投诉，按照通过法定途径分类处理信访投诉清单甄别信访事项，做好引导信访人和分类转办工作。坚持改革创新，做好内导办理的衔接配合。加强内导办理工作的监督、指导和协调，进一步落实信访事项三级评定机制，采取对应导未导、未开展信访评定、跟踪办理不力、不答复信访人以及未及时反馈办理情况进行定期通报的方式，促进各地抓好信访内导、跟踪督办、办理单位答复信访人，反馈信访部门等各项工作。

【档案管理】 2016年，温州市公安局办公室做好市局机关各类公安档案立卷归档工作。全年共接收归档2015年度市局机关37个业务部门、单位形成的公安文书档案867卷；接收归档2015年度市局机关各有关业务部门形成的各类公安专业档案共6728卷；公安声像档案方面，将2015年度温州公安网公安图片新闻及原始数码照片搜集归档，并拷贝移动硬盘备份进行归档保存，共计公安图片新闻413条、原始数码照片26110张、容量188GB，共接收、整理、归档2015年度形成的照片档案共4卷226张；公安实物档案的移交方面，移交接收归档市局机关有关业务部门形成的奖牌3件；移交接收归档市局机关有关业务部门形成的荣誉证书1件；移交接收归档市局机关有关业务部门停止使用的印章和局长名章等1枚。开展公安档案数字化建设。推进档案数字化外包加工，已完成1949年至2011年度市局机关各业务部门单位形成的公安档案159333卷的数字化加工工作，共计录入信息1937983条、扫描2684242页；推进数字档案室建设，市局省级示范数字档案室创建工作通过省厅验收，协助瑞安市公安局保障全省公安机关数字档案室工作创建推进会顺利召开，督促指导市县级公安机关及派出所档案数字化建设。做好材料征集和报送工作。全年共计整理、归档各类资料34类520册（本）；完成2015年11月至2016年10月市局机关和全市（市、区）局形成的重大活动声像档案材料征集和报送工作，共计新闻56条、照片296张、视频4个；完成全市公安机关G20杭州峰会安保工作文件资料搜集和报送工作，共计2108个文件；组织开展档案安全清查和风险排除并将汇总情况上报省厅；完成全市公安机关第三批档案数据异地备份工作并送省厅，共计硬盘数量5个，档案数字化成果数据总量5.223TB共5843368个文件；完成2015年全宗卷与编研材料的编写工作，内容共计6种、102086字；做好公安档案统计上报工作。做好电子文档和重要文件归档工作。共移交、整理、归档电子文件9081个，其中非涉密文件3880个，涉密文件5201个；做好2015年公安大事记、年鉴资料归档工作，共计条目1247条、字数64.45万字、图片351张；全年制作目录本共计23本、公安专业档案犯罪嫌疑人人物卡片5710张；对2015年度市局印发的重要文件进行归档。

【史志编撰】 2016年，温州市公安局办公室稳妥开展《2016温州公安年鉴》编纂。经稿件征集、编纂、排版和后期设计、校对，实现《温州公安年鉴（2016）》提前3个月定稿出版发行。全书共计54万字，彩图52页。完成各类史志材料编写任务。做好每季度《温州公安大事记》的编写工作，上载到温州公安信息网，供全市公安民警在线阅读。参与完成省厅《浙江公安年鉴（2016）》温州篇、市地方志办公室《温州年鉴（2016）》公安篇以及市档案局《温州市大事记（2016）》等的编写工作。完成机构设置资料、全国性会议发言和交流材料、续志征求意见稿反馈、2015年中国公安图片等材料报送任务。《温州市公安志（1993—2014）》和《温州市志（1991—2012）·公安篇》按编纂方案如期推进。编辑部特聘5位老领导、专家分组对已定型的稿件进行审读，10月始，在前期基础上，开始进行整部志书统稿。编辑部各组编辑同步分工开展志书非主体部分编纂。《温州市志（1991—2012）·公安篇》完成二稿上报市政府。加强对市、县（市、区）新一轮公安史志工作的调研指导。数次对各县（市、区）开展走访，调研并推动二轮修志工作开展，针对实际工作中出现的问题和困难给予及时指导和帮助。2016年史志工作列入考核，就各地初稿统稿问题及时沟通指导，审核把关稿件的体例结构、具体内容等。除文成县局已完成、开发区分局没有任务、瑞安市局因各种原因尚未启动，各地二轮修志相继完成初稿。年内，史志科黄松青被记个人三等功。

【机要工作】 2016年，温州市公安局办公室已在县级公安机关创建8个“一级机要室”、4个“美丽机要室”。全年开展2次机要保密检查；开展密码电报办理优质服务。完成随行领导密码通信系统建设，确保维稳处突和重大安保任务时的密码通信畅通；完成网警加密网系统建设。开展全市公安机关密码干部忠诚保密教育，组织2批次共9人参加新机要员培训班；开展密电专管员培训和全市公安机关密码通信岗位练兵活动。市局在2016年全省市级密码岗位练兵活动中获得单项成绩第三名，机要科因连续5年考核A等被市局记集体嘉奖一次。强化公安保密管理。规范管理，下发切实严格G20杭州峰会安保工作保密纪律、进一步加强G20杭州峰会安保网络保密工作等通知；组织全市公安机关规范填写浙江省非公安编制人员使用公安信息网审批表、签订《保密责任书》；对需要进行密级鉴定的各种密件提出鉴定意见，对以市局名义发文的文件严格密级审核。在全市公安机关组织开展公安信息网保密管理专项检查，组织开展3次保密检查，强化常态性保密工作检查。组织参加市国家保密局组织的涉密人员培训班，提升定密保密能力水平。及时上报保密自查工作报告等材料。

【外事接待】 2016年，温州市公安局办公室规范民警因公出国（境）管理。对出国（境）团组的申报相关材料进行审核，帮助填写各种表格、办理手续，对时间要求紧的出国批件积极上报，保证每批出国（境）人员顺利成行，全年共协助办理因公出国(境)4批7人次。做好公安外事接待工作，全年接待或参与接待公安部、省厅和兄弟省、市公安机关领导共95批938人次。

【教育培训】 2016年，温州市公安局办公室组织推进全办“两学一做”“无限忠诚•走在前列”“敢担当、树标杆”“严纪律、正作风、树形象”及五大行动等系列学习教育活动。在全办应用“市局机关专业训练积分管理系统”，组织赴警校开展射击训练，邀请特警派员指导警务技能训练，及时录入训练信息，完成各项专业训练任务。组织参加警体达标和警衔晋升培训。组织开展日常性学习教育，每月在办公室网页上公布学习重点，组织全办人员以集体学习、分科室学习、撰写个人学习心得、观看《警钟》系列警示教育片等形式，学习理论知识和警规警纪，全年已组织开展集体学习12次，“公安廉政文化教育课堂”学习率、达标率达100%。

【队伍保障】 2016年，温州市公安局办公室召开12次支部班子会议，对办公室重大工作事项进行民主协商、集中决定，补选副主任卢初本为办公室党支部委员，年内组织对党支部委员进行换届改选，及时调整支部委员工作分工并予公布。执行“三会一课”等制度，重新计算调整党费并补交、缴纳，落实好党员进社区志愿服务、义务献血、工会会费交纳、党内信息统计报表等工作。在办公室网页“团队先锋”栏目内发布团体及个人受奖信息，在办公室微信群内即时发布受奖喜报。发挥各科“每周例会”平台，组织开展走访慰问（家庭联系）、谈话谈心活动，为9位民警申领本人或家属慰问（困难补助）金共计2万余元；每逢节日或人员生日时以短信、微信等途径送上“温馨祝福”。年内，办公室民警黄永生光荣退休，陈文武、王羽分别挂职鹿城分局、永嘉县局领导，黄谷、施俊镇、杨婧结束下派。安排好“警灯工程”、节假日、台风应急响应等值班备勤工作，添置办公及生活用品，及时为全办民警分发警用装备、征订报纸等。组织市局机关第一退休党支部到龙湾、泰顺开展活动。组织参加市局工会年度活动，23位民警分批前往宁波、舟山、千岛湖、乌镇等地疗休养；鼓励各科、小范围自行组织开展羽毛球、登山等体育活动；活跃微信群沟通交流平台作用。实施科长“每日一查”制度，强化中层干部“一岗双责”职能。发挥各科政工干部履责作用，日常维护管理好“公安队伍管理平台”。严格经费管理、固定资产管理和队伍廉政风险预警管控；每季度召开队伍思想状况分析会并形成分析报告，排查队伍管理隐患；进一步规范内务管理；制订并实施领导“每月一纠”和“半月一纠”，全年已由领导带队开展6次督查，确保相关制度落到实处。

指挥中心工作

【概述】 2016年度，温州市公安局指挥中心以G20杭州峰会安保维稳为重心，以警务实战化建设为支撑，以“二确保二创优二创特”为工作载体，打造“实战型、服务型、智能型、创优型”指挥中心，服务大局，维护社会治安稳定。年内，指挥中心荣获全省“夯实110，护航G20”专项行动评比第一名，全省指挥中心系统综合评估第二名，被市局评为“五星党支部”。

【110接处警】 2016年，温州市公安机关110报警服务台共接报各类警情 3484225起，接警量位于全省第三，同比下降18.8%。有效警情1510514起，同比下降19.0%。其中，接报刑事类警情117891起，同比下降16.8 %；治安类警情146165起，同比下降19.2 %；交通事件（包括事故和拥堵等）744848起，同比下降23.1%；火灾事故类警情9886起。同比下降15.4%。人民群众接处警满意度94.13%。

【安全保卫】 2016年，温州市公安局指挥中心参与并完成G20杭州峰会、世界互联网大会、全国“两会”、十八届六中全会以及春节等主要节日安保维稳工作。8月、11月，完成安保联勤指挥部搭建并投入全要素实战运行，实行联勤指挥、合成处置，统一指挥协调全市G20杭州峰会、互联网安保等重大活动安保应急处突指挥调度。明确联指成员单位职责任务和运行勤务，以及联指与一办、七（八）专班，武警、边防、消防等警种线上安保指挥部及各县安保联勤指挥部联勤处置、合成作战模式，确保高效指挥处置各类勤务。组织开展夯实110，护航G20杭州峰会专项评比活动，温州市公安局荣获全省第一名的好成绩。G20杭州峰会、第三届世界互联网社会治安防控等级响应期间，累计接收处理领导批（指）示30余件次；接收各联指上报重大紧急信息、数据1822条，接收编报信息快报501件；成功指挥处置27起重大警情；及时指挥处置稳控重点人员24名；紧急拦截人员22人，拦截车辆6辆，救助群众20名。

【情报信息】 2016年，温州市公安局指挥中心接报情报息15957条，采编《公安信息快报》2646条，编报《公安重要情报》162期；编报《治安要情专报》80期；编报《每日治安要情》306期；处理落实省、市各级领导批示242条。

【快速反应机制】 2016年，温州市公安局全面落实指挥长任职制，全市公安指挥中心共配备指挥长39人，进一步健全完善“135分钟”快速反应作战圈、行业公安和毗邻公安协同处置机制建设，推行“33133”勤务机制。全市受理刑事案件同比下降16.2%，“两抢”下降36.3%（“两抢”单日零接报警达到83天），盗窃下降18.6%。

【社会应急联动】 2016年，温州市、县两级社会应急联动指挥中心处置各类应急联动警情70614起，其中市本级社会应急联动指挥中心处置各类应急联动警情44604起，群众回访满意度99.76%。全市受理群众移车服务2618140起，114受理群众移车服务2361218起，移车成功率 61.71%，每单移车耗时缩短至60秒。会同市应急办、东一飞和温州机场集团等单位出台《温州市航空应急救援综合体系规划》《温州市航空应急救援协调办法》等规定，将东一飞纳入社会应急联动体系。年内，东一飞的应急救援直升机执行应急任务32次，开展空地联动救援27次，成功救助伤病人员7人。

【警务实战化】 2016年，温州市公安局指挥中心发挥职能牵头作用，制定下发《全市公安机关2016年警务实战化建设推进工作方案》《温州市公安局构建联勤指挥、合成指挥处置机制建设试点任务书》。在龙湾、平阳2地开展情指一体化联动机制、立体式合成作战机制、“一呼百应”快速反应机制建设试点。12月，在龙湾召开全市公安机关警务实战化现场推进会，总结提炼工作经验，建立“联勤指挥、合成处置”工作机制，得到省厅指挥中心的肯定。

【指挥中心升级转型】 2016年9月12日，温州市公安局指挥中心正式搬迁入驻公安科技大楼。新指挥中心大厅分布在主楼3楼，总面积为655平米，分接警大厅、联动指挥大厅、重大活动安保指挥室、视频点名调度室四大功能区，集110接处警系统、社会应急联动系统、综合指挥调度系统、视频监控系统、智能会议系统、警用车辆卫星定位系统、液晶拼接显示系统、金融区域报警系统、3G无线音视频传输系统9大系统的“智能型”指挥中心建设。11月10日，全市9个110报警服务台顺利完成系统升级改造，新版110接处警系统通信畅通、运行稳定。

【违法犯罪线索有奖举报】 2016年，温州市有奖举报中心共受理各类举报线索10592条，其中包括涉黄类线索529条、涉赌类线索1939条、涉毒类线索2618条等，及时反馈办结10568条，总体反馈办结率99.77%。通过受理群众举报，破获各类案件5385起，刑事案件2452起、行政案件2933起，破案率50.84%。共（申请）发放奖金260万余元。

情报工作

【概述】 2016年，温州市公安局情报信息支队谋划实施“超级感知”计划，提升情报工作的协同服务能力、智能计算能力、预测预警能力和平行控制能力。年内，该支队被评选为全国公安情报工作示范单位、全市G20杭州峰会安保工作先进集体；荣获2016年度市局机关考评优胜单位；因连续2年被评为“市局机关综合考评优胜单位”，授市局集体嘉奖一次；支队党支部被评定为2016年度市局机关五星党支部。

【派出所“三室合一”】 2016年，温州市公安局情报信息支队着重针对边远中小派出所“三室合一”的建设与应用，调整完善派出所“三室合一”星级评定办法和考核细则，评估衡量并促进各地建设应用的水平和档次。全市星级提升率达到15%以上，其中4家派出所获得五星级。

【社会信息采集整合】 2016年，温州市公安情报部门开展对特定人群信息、零散性社会信息的核采工作。利用“移动警务终端”核查117万人，是同期刑事治安接警数的4.6倍。规范公安外部资源整合类型和标准，完善信息资源整合长效协作机制。推行指令式整合工作机制，拓展本地社会资源整合渠道，打通外地数据交换通道；建立信息实时更新机制，推进医疗、快递等信息实时同步应用。全市各级公安综合情报部门整合外部信息1.21亿条；采集零散性社会信息22万条。

【社会治安预警评估】 2016年，温州市公安局在完善社会治安“二级四色”预警评估机制的基础上，继续对全市派出所“四色”警示灯和警情显示器常态化运作开展监督管理。4月，完成评估办法的修订工作，每周、月向各地发布预警通报，加大督导力度，确保勤务响应落地。全年共下发社会治安预警评估通报64期（周52期、月12期）。全市刑事治安总接警数、“两抢”接警数、盗窃接警数和黄赌接警数同比分别下降18.14%、35.28%、16.70%和16.67%，全市社会治安形势持续平稳的良好效果。

【重大事件预警】 2016年，温州市公安局情报信息支队共完成辅助领导决策情报产品169篇（含专题、综合），获得市局领导批示56次。收集预警信息24447篇，省厅、公安部采编4024篇；收集综合研判材料5475篇，省厅录用325篇。

【服务实战】 2016年，温州市县两级综合情报部门面向全局执法办案单位开通24小时服务热线，提供在案件侦破、案件调查、嫌疑对象经营等公安工作中需要综合情报部门提供的情报信息服务支撑。利用多种情报平台系统，开展专题研判工作，提升情报实战应用力。全年共下达基础指令1302条，共对1240家旅馆和网吧进行治安处罚，基础指令查证率达到95.2%。

【安保情报】 2016年，温州市公安局情报信息支队开展G20杭州峰会、全国“两会”及“北戴河会议”“世互会”“浙商大会”等重大活动节点安保情报信息工作，拓展信息收集渠道，做精综合研判，抓牢落地核查，确保安保期间温州市社会面治安总体平稳。

后勤保障

【概述】 2016年，温州市公安局警务保障部以护航“G20”工作为主线，围绕公安中心工作，强化公安经费装备保障水平，推进基础设施建设，提升服务保障能力，适应公安工作新形势、新任务、新需求。

【经费保障】 2016年，温州市公安局警务保障部取得部门行政经费预算3.98亿元，同比增幅达11.48%；落实监管中心中心建设经费5526万元、科技大楼工程建设款2000万元、G20杭州峰会装备建设专项经费2116万元。实施从严控制三公经费，其中因公出国和公车购置费用同比下降明显。

【装备建设】 2016年，温州市公安局警务保障部围绕“G20杭州峰会”的护航维稳装备采购保障工作，第一次上报财政G20杭州峰会警卫装备经费预算3125.12万，财政经费困难，要求部分警卫装备内部调剂，按照市局领导和财政要求与各部门对接，从固定资产登记处调出现有警卫装备，提供给领导审定，市局领导和部领导多次召开会议协调经费和警卫装备调整，经过经费和警卫装备反复调整及修改，最终落实G20杭州峰会装备经费2860万元。共计28个项目为特警、技侦、刑侦、网警、科信、情报等部门配备技术装备、应急装备、指挥通讯设备、安检装备、排爆装备、单警装备、网侦装备、密侦设备等项目政府采购和涉密自行采购工作。根据省厅要求增援人员必须配备对讲机、执法记录仪、雨衣、防刺服、反光背心、警哨、白手套等个人装备，对接财政部门落实经费100万。为特警、技侦、刑侦、网警、等单位争取经费1000万元反恐经费。购置作战定位系统、车载频率干扰系统、全方位行为反制系统、超级物证发现仪、临侦设备等等项目的装备建设。完成市局机关公务用车改革任务，为民警（职工）增加车补。

【基础建设】 2016年，温州市公安局警务保障部完成温州市社会应急联动指挥中心及110接警指挥中心建设工程，完成投资额2500万元，完善公安科技大楼配套设施建设。6月30日，市监管中心建设工程主体工程正式开工，取得中央补助资金2775万元，完成投资15486万元。市公安指挥大楼改造工程完成项目立项审批工作，12月21日，取得市发改委的项目立项批准文件，总投资1900万元，其中信息化项目730万元。。

【管理规范】 2016年，温州市公安局警务保障部用心服务，为市局各项工作提供及时保障；精心服务，为就餐人员提供物美价平的餐饮服务；细心服务、为市局的固定资产提供严格的管理保障；安心服务，为G20期间大院安保工作提供安全保障。在2016年度“文明餐桌”示范食堂复评暨烹调比赛活动中，温州市公安局食堂厨师代表荣获“10元标准工作餐”一等奖、团体三等奖的佳绩。

【考务中心管理】 2016年，温州市公安局警务保障部指导考务中心组织7项内部排摸、精减编外人员、整合有关资源、完善基建采购等开源节流工作。组织考务中心核对跨区域考试收费情况，与苍南、瑞安、永嘉3地考场相互之间退费工作。取消科目三潘桥线和暂停东庄考场的考试工作。组织整改大中型车辆考场建设，各考场配置考生电脑签到自动分配系统，理论考场安装人脸识别门禁系统，候考大厅增设滚动播放科目一考场监控视频及科目三考试期间车内情况，安装科目三车载显示屏22套，更新“新桑”考试车10辆，报废考试车7辆，改车9辆，全年提供近93.4万人次的考训服务。

【队伍保障】 2016年，温州市公安局警务保障部以“敢担当、树标杆”作风建设五大行动和“无限忠诚、走在前列”主题教育活动为抓手，实化队伍建设举措；深化“两学一做”学习教育活动，将“两学一做”学习教育活动与“无限忠诚、走在前列”“严纪律、正作风、树形象”等教育活动相融合，针对部属各单位的职能特点进行细化。

警务督察

【概述】 2016年，温州市公安机关警务督察部门共开展督察行动2624次，出动督察警力9994人次，发现问题2916个，提出督察建议1210件，决定停止执行职务15人，禁闭6人，发督察法律书42份。全市督察部门民警荣立个人二等功1人，嘉奖5人。

【中心工作现场督察】 2016年，温州市公安局警务督察支队围绕G20杭州峰会和互联网大会安保工作重大警务部署，采取集中督察、交叉督察、随警督察、明察暗访等方式，开展“对抗式”“暗访式”督察，以督察通报、专报、局规应用、督察法律文书等倒逼问题整改到位。

【网上督察】 2016年，温州公安机关督察部门以网上督察工作“创特”为契机，顺应公安工作网络化、数字化、信息化发展趋势，通过建队伍、立制度、强应用，创新网上督察模式，拓展网上督察领域，发挥网上督察效能，推动公安执法规范化建设和队伍正规化建设。将网上督察的建设和升级改造纳入信息化建设总体布局，重点进行部署，在经费和技术上倾斜保障。年内，温州市公安局和全市12个县（市、区）公安（分）局网上督察中心（室）均已按照《全国网上督察系统建设任务书》《全国网上督察系统总体建设方案》硬件配置要求建成并投入运行。为解决警力不足的问题，全市网上督察中心(室)均择优配置专门的文职人员开展网上督察工作。

【投诉核查】 2016年，温州市共受理群众举报投诉案件321起，举报投诉案件中，办结309起，已结案件中，查实39起，反馈304起，5起无法反馈。“12389”系统接听群众举报投诉电话573起，其中有效举报79起（均是督察部门第一次受理），无效举报494起（占86.2%），已办结68起，未办结11起。

【民警权益保障】 2016年，温州市公安机关维权机构共协调查处维权案（事）件368起，查处违法侵权人员464人，其中行政处罚283人，追究刑事责任160人，其他19人，经济赔偿2人，维权慰问民警155人次。

公安法制

【概述】 2016年，温州市县两级公安法制部门适应全面推进依法治国新形势的要求，以中央两办印发的《关于深化公安执法规范化建设的意见》为指引，以深化执法权力运行机制改革为核心，以完善执法管理体系为主线，以提升全市公安机关执法质量为目标，稳步开展各项工作，整体执法水平呈良性发展态势。

2016年8月，法制支队在杭执行G20杭州峰会安保工作

【刑事执法】 2016年，温州市公安机关共刑事拘留犯罪嫌疑人22379人，同比减少839人，下降3.75%；刑拘转处率为51.04%，同比下降7.01%。共取保候审11873人，同比增加2265人，上升23.57%；取保候审转处率为85.67%，同比上升0.65%。共监视居住1688人，同比增加95人，上升5.83%；监视居住转处率为76.44%，同比下降0.01%。共提请批准逮捕犯罪嫌疑人12697人，同比减少1800人，下降14.18%。检察机关批准逮捕10064人，同比减少1732人，下降17.21%，批捕率为93.69%，同比下降0.57%；检察机关不批准逮捕2812人，同比增加158人，上升5.95%。其中：有罪不捕2134人，占不捕人员总数的75.89%；无罪不捕16人，占不捕人员总数的0.57%；因事实不清、证据不足不捕的有662人，占不捕人员总数的23.54%。共向检察机关移送审查起诉23036人，同比

减少620人，下降2.69%；移送审查起诉率为99.19%，同比下降0.04个百分点。检察机关决定不起诉1912人。其中：绝对不诉36人，占不起诉人数的1.88%；相对不诉1723人，占不起诉人数的90.11%；存疑不诉153人，占不起诉人数的8%，移送起诉准确率为99.18%。对检察机关作出的不批捕决定、不起诉决定提起复议、复核案件共265起，占不捕、不诉案件总数的5.61%，其中复准共50起，核准共8起。

【行政执法】 2016年，温州市公安机关共收到行政复议申请131件，同比减少21件，下降16.03%;受理114件，不予受理17件。办结105件,其中维持77件，占73.33%,复议纯维持率同比上升6.25%；复议终止21件，占20%，复议终止率同比下降7.33%；驳回申请4件，占3.81%；撤销重做2件，占1.9%;其他1件，占0.96%。复议撤变率为1.9%，同比下降1.83%。全市各级人民政府共收到公安行政复议案件71件，同比减少24件,下降26.32%；受理69件,不予受理2件。办结65件，其中维持50件，复议终止10件，驳回3件，撤销、确认违法2件，复议撤变率为3.07%。全市法院共受理一审行政诉讼案件208件，同比增加64件，上升44.44%。其中直接起诉的149件，占71.63%，同比增加72件，上升93.5%；经复议后诉讼的59件（其中，经温州市公安局复议后起诉41件，占19.71%，同比增加9件；经政府复议后起诉17件，占8.2%，同比增加19件；经县级公安机关复议后起诉的1件，占0.48%），占28.37%。全市共审结一审公安行政诉讼案件176件，同比增加66件，上升60%。其中，判决驳回原告诉讼请求123件，占69.89%；原告主动撤诉42件，占23.86%；裁定驳回起诉的2件，占1.1%；判决确认违法6件、撤销重做2件、责令继续履行法定职责1件（二审胜诉），败诉率为5.1%，同比上升2.6%。全市法院共受理二审行政诉讼案件82件，同比增加25件，上升43.86%。其中，原告上诉的78件，第三人上诉的1件，公安机关、政府上诉的3件，上诉39.2%。全市共审结二审公安行政诉讼案件79件，同比增加18件，上升29.5%。其中驳回上诉72件，占91.14%；上诉人撤诉3件，占3.8%；确认违法2件，占2.5%；撤销原判1件（原审责令公安机关继续履行法定职责），占1.27%。全年全市公安行政诉讼终局败诉的案件共8件，败诉率为4.45%。

【受案立案制度改革】 2016年，在总结乐清试点经验的基础上，温州市公安局于10月25日印发《温州市公安机关受案立案工作规定（试行）》。11月1日，召开全市受案立案制度改革工作部署现场会，要求市县两级公安机关必须在2016年12月底前完成成立领导机构、制定完善相关制度、完成案管部门的人员配备和基础硬件设施建设3项任务，确保从2017年1月1日起全面运行。该受案立案制度改革工作得到上级领导的肯定。《今日浙江》《人民公安报》《平安时报》《中国警察网》等媒体均对温州的受案立案改革工作予以宣传。

【“三位一体”执法管理机制建设】 2016年，温州市派出所全部完成“三位一体”执法管理机制的硬件建设，县级公安机关案管中心和物证中心建设完成率分别达到 67%和75%。温州市公安局借鉴物联网治安管控模式的先进经验，创造性地将物联网技术引入“三位一体”执法管理，打造“三位一体”以卡管案系统，实现“人、案、物”执法全要素、全流程的监督管理。

【案件繁简分流办理试点工作】 2016年，“认罪认罚从宽处理”和“刑拘直诉快速办理”两项机制在平阳的成功试点，得到公安部法制局和改革办的肯定，公安部法制局和改革办均以简报的形式在部网页上对两项机制进行介绍推广；瑞安市公安局针对案多人少、行政案件办理程序繁琐等实际情况，率先试点行政案件快速办理，取得阶段性成效，各类行政执法问题同比下降26%，经快速办理的案件实现信访“零投诉”、行政复议诉讼“零记录”，办案效能大幅提升，民警的工作量大幅降低，得到省厅肯定。

【“又好又多又快”执法办案机制】 2016年11月24日，温州市公安局印发《温州市公安局关于进一步深化执法办案积分制工作的通知》，就拓展积分制运用范围、信息化应用手段等方面作出明确规定，确保积分制全面实施。尝试在不增加民警工作量的基础上创新执法办案积分制，以适应不同的积分考评环境和复杂的计算方法，要求各地切实做好积分制结果运用，将积分与评优评先、立功授奖、提拔任用等挂钩，“以业绩说话，以考核评价”。

【刑事案件“两统一”机制】 2016年12月3日，温州市公安局印发《温州市公安局机关刑事案件“统一审核、统一出口”工作规定》，标志着市县两级公安机关全面实行“两统一”机制，实现对刑事案件的“统一审核、统一出口”扎口管理，提高刑事案件办案质量。

【阳光执法体系】 2016年，温州市县两级公安机关“以公开促公正”，全面构建阳光执法体系。拓宽执法公开渠道，将案件办理进程和重点环节等信息主动告知有关当事人，全年在省厅执法办案平台推送信息

40226人次。利用“温州公安案管”微信公众号，保障犯罪嫌疑人的委托代理人了解有关案件进展情况以及经办部门、经办人、联系方式等信息，全年共回复信息1000余次。

【执法权责体系】 2016年，温州市公安局强化“终身负责”的理念，健全完善个案执法监督、执法过错责任追究、主办侦查员制等执法责任制度，切实将执法责任落到实处。对举报、信访和执法检查中发现的各类执法问题，开展执法过错责任核查和责任认定，对有关单位和个人依法依规予以追责。执行执法责任书制度，根据法治政府建设的要求和省、市政府部署，进一步健全执法权力清单和责任清单，规范权力清单网上公布要素，规范公安行政权力运行。

【执法管控】 2016年，温州市公安机关落实《公安机关现场执法视音频记录工作规定》，配备与执法任务相适应的单警执法记录仪，保障接处警、巡逻盘查、现场处突、办案审讯等源头环节执法规范。依托刑事案件“两统一”机制，对办案主体、案件事实、证据定性、适用法律、办案程序、法律文书等方面予以严格审查。推动执法管理委员会实体运作，增强警种部门监督合力，形成整体联动的执法管理格局，实现对执法状况和办案质量的整体掌控。通过执法联席会议会商重大执法事项、研究疑难复杂案件、解决执法突出问题并对执法过错进行责任追究，做到常态化运行。

【执法流程信息化】 2016年，温州市公安机关通过新执法办案应用系统的投入运行，基本实现所有刑事、行政案件从受案立案、处理到执行的各个执法环节，都在执法信息系统中流转，案件信息、人员信息、物品信息能够及时录入执法办案平台，案件证据材料及时上传，文书在网上进行审核审批和开具，实现案件在网上全程电子化流转。瓯海区公安分局建立贯穿执法全过程的可视化平台，一案一档，形成独立的执法过程可视化卷宗，实现执法全过程可视化监督、管理，提高执法监督的透明度和精确度。

【执法质量考评】 2016年，温州市公安机关改变“一把抓”的检查模式，执法质量考评重点抽查检察机关作出不捕不诉、移送起诉后撤回和作出撤案、终止侦查决定等下行案件的办案质量，经过半年考评，此类案件问题大幅下降，第三季度抽查的案件将近一半的案件零扣分。严格执法安全管理，通过每日网上巡查和飞行临检，对各单位执法办案场所开展实时监督，推动全面落实“四个一律”要求。对考评中发现的普遍性执法问题，按照“发现一个解决一个”的要求，在梳理归纳并通报的基础上，规定此类问题的正确做法，引导规范执法。在省厅规定的督察、审计、刑侦等6个专项考评警种以外，增加禁毒和监管2个考评警种，加大警种对线上执法办案指导监督的覆盖面。

【重点执法环节操作引领】 2016年，温州市公安机关以执法活动需求为导向，围绕重点执法环节完善和细化执法标准，进一步规定执法动作、步骤、程序和操作规范。为了规范关键证人询问工作，与市检察院、市中院联合印发《推进关键证人询问录音录像工作纪要》。各地围绕警情处置、受案立案、案件管理中心（室）、同步录音录像等重点环节制定管理使用规范共15件，完善岗位标准、评议标准18件，使源头执法活动、重要执法环节有法可依、有章可循。

【疑难执法问题破解】 2016年，温州市公安机关主动对接市中院、市政府法制办等单位，形成《温州市行政复议与行政审判联席会议第十一次会议综述》，对公安机关在办理行政案件及应对行政诉讼方面起支持作用。

【执法制度落实执行】 2016年，温州市公安机关严格落实规范性文件合法性审查、报备和定期清理制度，提高规范性文件的科学性和可操作性。组织开展部门规范性文件清理，共废止9件，修改1件，将清理结果在市政府门户网站进行公布。注重挖掘、总结不同层级、不同岗位、不同执法方面的工作经验，从中选出一批优秀执法制度，向上级推荐或向全市推广。

【以考促学】 2016年，温州市公安机关组织该年度执法资格等级考试，全年共有2000多名民警参加基本级、中级和高级考试。4月，通过电视电话会议形式举

2016年5月8日，全市共1200余名民警参加2016年度全国人民警察基本级、中级执法资格等考试

办全市范围的执法资格考试考前集中培训。初级和中级考试通过率分别为99%、65%。各地加强对考试结果的运用。

【实战化培训】 2016年，温州市公安机关把执法规范化建设与警务实战化应用结合，依托轮训、比武、警营讲堂等平台，推广案例式、互动式、情景模拟式实战化教学。全年共开设法制培训班25次，举办专题讲座6期，受训民警10000多人次。

【拓宽载体】 2016年，温州市公安机关结合新形势、新特点，推陈出新，拓展学法载体途径。改进公安内网法制主页功能，调整网页版块设置，增设“执法指导”专栏，专门发布有借鉴性意义的执法办案信息；龙湾区公安分局创新打造“办案一查通”，以关键字搜索便能查找到齐全、准确的法律法规条文，方便民警办案。

【G20杭州峰会安保法律支撑】 2016年，温州市县两级公安法制部门成立安保应急服务队，印发《温州市公安局关于G20杭州峰会维稳安保期间依法办理有关案件的通知》《温州市公安局关于G20杭州峰会安保期间吸毒成瘾严重病残人员集中收戒的通知》等文件，及时介入苍南张XX等人涉黑案件和张XX虚构事实扰乱公共秩序案件处置等，为安保实战提供法制服务和保障。

【专项行动法律保障】 2016年，温州市县两级法制部门深化随警作战机制，实时为领导和业务部门决策指挥提供法律政策服务，帮助办案单位把好定性关、事实关、证据关、程序关，最大限度消除执法安全隐患，提高案件办理的质量和效率，确保打击处理的法律效果、社会效果有机统一。在全市开展的“大拆大整”专项行动中，法制支队起草《关于出租房安全整治适用法律的指导意见》，以市政法委的名义下发各地。

【基层一线执法服务】 2016年，温州市公安机关遵循“零距离”执法服务的原则，组织开展执法送服务活动，定期或不定期到基层所队，共同研究疑难案件，加强个案指导，解决执法问题，为基层执法单位提供法律保障。在“柬埔寨电信诈骗”“苍南核电站维稳”等重大案事件办理处置中，法制支队先期介入，发挥法制保障功能。

【队伍保障】 2016年，温州市县两级法制部门开展“两学一做”“无限忠诚•走在前列”“严纪律、正作风、树形象”专项学习教育活动，加强队伍和作风建设，与当前公安法制工作结合起来，做到两手抓、两不误、两促进，树立法制队伍良好形象。

2016年6月25日，法制支队开展队伍建设活动

科技通讯与管理

【概述】 2016年，科技信息化局以“166”科技信息化工作体系为工作主线，做实基础、做强专业，铺设科技信息化建设快车道，打造信息警务“温州模式”。全年共有15批次全国各地公安部门来温考察交流信息化工作。

【综合采集体系】 2016年，科技信息化局融合视频专网，建设统一采集网络，形成集有线无线于一体的公安物联采集专网。以手机、车辆、卡3个要素为主线，构建出租车MAC采集识别、加油站卡口、小区出入口、公共停车场车牌识别等数据采集体系。

【移动警务系统】 2016年，科技信息化局基于主流的移动应用AppStore理念，立足开放的架构和完善的底层服务体系，结合安全管控要求，建成集移动警务开发规范、服务、管理和应用为一体的开放移动应用服务平台—PSTORE，依托平台突破传统移动警务应用开发模式，构建可持续发展的温州公安移动警务建设应用生态系统。已开发组件22个，上线应用42个，创新开发OCR识别、警灯在线、社区警务、移动PGIS、NFC二代证、e居卡“刷一刷”等新型移动应用技术。年内，累计核录人员、车辆信息1100余万条。警灯工程通过系统打击处理刑拘以上1251人，抓获逃犯403名，查获被盗电动车1447辆。G20杭州峰会安保期间，根据G20杭州峰会卡点和主会场增援警力的安检需求，开发“通道核查”和“峰会辖区安检”2个APP，利用远程解码、图像识别等技术提升自动化采集水平。破解终端安全管控难题，在龙湾、瓯海、永嘉等地试点建设移动警务安全管控平台，突破移动终端安全管控模式。4月，温州市公安局移动应用平台被省厅移动警务专班作为全省唯一平台予以推广；9月，应公安部邀请在全国移动警务培训会上做温州市移动警务建设经验介绍。

【警务工作平台】 2016年，科技信息化局优化警务工作平台。凡涉及派出所民警的应用系统，统一调用警综平台用户、机构和权限菜单。已开发整合部、省、市、县四级应用系统165个，共有十大方面338个功能模块1077个功能节点投入运行，建立地方、警种、个人工作门户共计70个，门户应用194个。其中，依托平台开发的“三实有”管理模块成为温州市社区民警工作唯一平台；入所人员核录模块切实解决基础信息重复采集、多头录入等弊端。

【大数据工作】 2016年，科技信息化局推进数据整合工作，温州公安 “大数据池”已整合63类近35亿公安内部基础数据；接入115类4.3亿条政府部门数据；批量整合运输、快递、房产、卫生、社保、教育、水电、燃气等部门68类外部社会信息资源；时空类数据4类近900亿条，其中医疗信息、快递行业信息实现实时同步入池。完善“云搜”“合成作战”功能模块，“云搜”实现针对人员、车辆、案件等多个任意关键词实现多维度智能搜索，提供海量数据的快速检索，亿量级数据响应时间为秒级，“合成作战”模块已汇聚28类业务数据、11个战法，实现系统上图应用。

【数据分析】 2016年，科技信息化局整合全市公安机关信息化专业技术力量，组建数据专班攻坚解决信息化重点项目，加速信息化建设进程。通过专班内部沟通交流，在9月公安部科技信息化局举办的全国公安大数据分析比武竞赛中，温州市公安局参赛队伍在决赛中勇夺第一名。

2016年12月，温州市公安局参赛队伍在公安部科技信息化局举办的全国公安大数据分析比武竞赛决赛中勇夺第一名

【视频监控系统】 2016年，科技信息化局视频监控建设被列为市委市政府为民办实事项目。温州市公安局制定下发《2016年度全市“民生工程”视频监控建设工作实施方案》。全年新建、改建视频监控6715个，超额完成任务100.22%。全市已建接入全市公安视频监控共享平台点位44057个，卡口抓拍监控4000余，已建社会监控20万余个，均位居全省前列。持续推进建立视频监控“建设社会化、应用专业化”工作机制，提升监控视频资源整体利用效益。公安机关组织建设的视频资源（含卡口）接入率达100%，其他政府职能部门、社会单位（面向公共区域）、特定公共场所视频资源接入率达70%以上。

【通信勤务保障】 2016年，科技信息化局全力推进350兆无线数字集群系统建设和使用，制定出台《温州市公安局350兆（PDT）无线数字集群系统建设方案》，建成11个固定基站和一个移动基站，信号基本覆盖整个温州市区。指导和推进各分局和业务单位使用该系统，在网终端已达2400余台，每日通话量已突破6000条。拓展系统运维渠道，利用社会化资源优势，组建实体化驻点维保团队，对350兆数字集群系统开展实时维保工作。修订完善应急通信勤务保障工作预案，进一步明确保障流程以及各类重特大案（事）件处置警力配置和携行装备等相关工作标准。在智能调度、单兵定位和警情发送等方面进一步畅通应急指挥渠道、健全应急指挥体系。全年共完成温州“两会”、瑞安枪案追捕现场应急拉动、2016全国公路自行车冠军赛、G20杭州峰会安保期间通信保障工作、世界互联网大会期间通信保障工作及二、三级警卫任务等各类通信勤务保障21次。G20杭州峰会期间，温州市公安局“动中通”车组受公安部调遣赴杭完成土耳其团、韩国团的随车警卫通信视频保障任务，得到G20杭州峰会安保组通信保障组领导的肯定。

【信息安全保障】 2016年，科技信息化局部署事前、事中、事后全环节的信息系统查询控制防范体系。严密源头管理，强化查询权限控制，完善警务工作平台查询用户统一认证系统，查询用户必须统一经平台认证后才能查询。对部分重要信息系统的用户查询权限按业务需求、职责范围、管理权限进行分类，统一授权设置。严控过程管理。完善信息系统查询界面安全水印功能，在查询系统展示页面上显示查询时间、客户端IP地址、登陆用户名等“水印”信息，已在12个系统运行。推行“红名单”功能，即在各个信息系统内建立一份“红名单”，将需要屏蔽的人员信息纳入其中，红名单已在“云搜”等三个系统试行成功。开展用户行为分析，开展信息系统查询核查抽查机制，及时发现如高频率查询，非工作日查询，非办案部门工作人员查询频度高等异常行为。新增、完善审计功能的系统23个。

【科技项目规范化管理】 2016年，科技信息化局完善科技信息化管理体系，在科技信息化项目建设中，建成科技信息化项目“1+1+3”管理体系，即一个科技项目管理平台、一套信息化项目管理办法及项目库、维保库、专家库三个信息库。贯穿整个科技信息化项目的整个生命周期，实现技信息化项目的精细化、集约化管理。独创信息化项目绩效评估指标体系，以“人工+智能”模式嵌套入信息化项目的使用周期，用客观翔实的数据模型替代传统的主观打分方式。

公安审计

【概述】 2016年，温州市公安局审计处组织实施审计项目80个，其中经济责任审计20个、专项审计2个、审计调查2个、审计巡查11个、后续审计2个、项目采购现场监督30个、合同审计项目12个，审计总金额11亿元，发现违规金额31.25万元，增收节支101万元，提出审计意见建议210条，被采纳210条，共有16人被局规扣分，17人被追责，促进相关部门制定、修改规章制度31个，发放《岗位风险告知书》8份、《审计巡查建议书》8份、《审计专报》2份，开展审计约谈1次。年内，审计处被浙江省公安厅审计处评为“公安审计工作优胜单位”“工作信息报送优胜单位”“经济责任审计优胜单位”“审计结果运用优胜单位”“审计整改优胜单位”。报送的瓯海区看守所专项审计项目被评为省内部审计优秀项目。调研论文《温州市公安局审计项目管理系统的建设与应用》获得市二等奖、省三等奖，1名同志荣立个人三等功，3名同志获个人嘉奖。

【G20杭州峰会安保】 2016年年初，温州市公安局审计处开始谋划涉G20采购工作，共参与G20杭州峰会安保项目采购监督14次，采购金额1424.8万元，利用采购监督管理系统，查找比对历年同类项目，通过监督谈判节约资金40.1万元，提出并整改落实审计意见建议13条。发挥审计服务功能，抽调3名同志赴杭安保。其间，1名赴杭同志被评为安保每日之星，1名在温同志被评为先进个人。

【经济责任审计】 2016年4月至12月，审计处审计对象逐步向基层所队领导倾斜，进一步向4个交警中队延伸，在4个城区有选择性地铺开派出所所长任中经济责任审计。完善“以分类管理为基础、任中审计为主导、离任交接为补充”的经济责任审计工作模式，形成领导干部从上任伊始的责任告知，任中的审计、巡查，逢年过节的温馨提示，离任的审计、交接，到最后审计问题约谈、问责的动态管理机制。创新审计方法，推行“1+X”审计模式，将重心从财务收支审计上转移开来，重点关注执法活动财物管理、“三公”经费使用，将违规发放津补贴、私设“小金库”作为高压线重点关注，强化基层所、队领导的经济责任意识。打破传统一对一反馈模式，采用集体约谈与集中宣讲相结合的形式，提高领导干部的经济责任意识。全年共开展经济责任审计21人，其中任中审计9人、离任审计2人、离任交接10人，审计总金额7亿多元，提出审计意见和建议34条，制定完善各项制度3个，发放经济责任告知书18份，编发经济责任提醒短信116条。

【专项审计与执法考评相结合】 2016年6月起，温州市公安局审计处把审计重点从关注财务收支向执法活动财物转移，创新审计工作方式方法，将全市禁毒部门执法活动财物专项审计与执法质量检查相结合，结果纳入市局执法质量考评内容，在全省率先走出执法财物审计新路子。此次审计、考评共历时30余日，检查12个禁毒大队、9个派出所，调取案卷180余份，查询办案执法平台300余次，制作取证单190余份，发现问题130余个，促进建立和完善制度5个。全市禁毒部门退还或采取措施处理保证金33.88万元，处置暂扣款297.12万元（其中超期未处理173.38万元，管理不规范123.74万元），规范银行账户3个，整改毒品保管仓库7个，促进建立和完善制度13个，对13名相关责任人按局规记分。

【审计整改专项检查】 2016年2月至9月，温州市公安局审计处开展整改专项检查工作，制定出台《全市公安机关开展审计整改专项检查工作实施方案》，把此项工作作为《2016年度全市公安审计工作评估办法》主要内容，对县级公安审计部门工作进行评估，结果通报县局主要领导，以评促改。5月，召开全市公安审计整改专项检查工作动员部署会，制作《审计整改任务清单》。此次整改专项检查共建立健全5项工作机制，落实55个整改措施，促进被审计单位建立健全制度63个，全市公安机关已整改到位和基本整改到位问题406个，整改金额5939.97万元、港币0.3万、美元6.72万、欧元3.06万，整改率100%。9月，审计整改工作在评比中全省领先，被省厅审计处作为先进典型推荐给公安部。

【通讯费后续审计】 2016年4月至9月，温州市公安局审计处通过连续两年通讯费审计，建立健全通讯费相关制度规定7个，重新与电信、移动等运营商签订协议（合同）5个，拆除固定电话474部、宽带及光纤等线路963条，取消托收的虚拟网号码151人、其他收费项目19个，每年节约资金约60万元。各地各职能部门改变“各自为政”的现象，逐步建立部门间相互协作、相互监督的管理模式。

【审计信息化建设】 2016年，温州市公安局审计处围绕公安部“四项建设”要求，引入“互联网+”理念，在全省率先开展审计信息化建设，通过建立审计项目管理系统，实现资源实时共享，风险及时预警，问题限时整改。该信息化成果得到省公安厅、内审协会的肯定，审计处应邀在内审协会工作经验交流会上做介绍，荣获信息化建设项目评比省三等奖。

【审计成果运用】 2016年，温州市公安局把审计发现问题纳入全市队伍“三色”评估，对相关责任单位记分，把经济责任审计工作纳入年度队伍正规化建设评估要点，把执法活动财物审计结果纳入全市执法质量考核。将审计评价和单位队伍建设结合起来的做法，增强各级领导对审计工作的重视，推动县级公安审计工作，推进队伍正规化建设。鹿城、乐清、开发区等地相关责任人专门到市局审计处进行面对面沟通。开展审计宣讲活动，以经济责任审计和执法活动财物审计为内容，以全市公安政工干部培训为载体，强化领导干部审计意识和经济责任意识。

【队伍保障】 2016年，温州市公安局审计处把政治建警作为加强民警思想政治教育的首要任务，组织开展多项专项教育活动、深入贯彻中共十八届六中全会精神，保持“零违纪”的优良作风。整合资源，改进培训方式，多措并举，提高民警业务水平和审计能力。利用“周一夜学”、警营大讲堂、微信群等平台，学习最新的审计法规和业务理论，更新审计人员知识库，定期举办审计项目交流会，边总结边提高。推行跟班作业、挂钩联系等模式，鼓励基层审计人员跟随审计处骨干人员参加项目审计。老干部发扬“传、帮、带”优良作风，让新同志跟班作业，在实践中掌握审计技巧，提升审计队伍整改素质。对省厅项目进行任务分解，主动到基层开展面对面，手把手的指导。组织参加技能培训，选派民警参加省、市专业培训班，先后参加省内审协会、省厅审计处、市内审协会等组织的培训活动。

温州市警察协会

【概述】 2016年，温州市警察协会围绕法制警务、创新警务、智慧警务、民生警务等，组织开展警学理论研究，开展警察公共关系，加强警营文化建设。

【全省公安理论研讨会征文评奖活动】 2016年4月21日至22日，温州市警察协会组织参加在海宁召开的主题为“经济发展新常态下的社会治安与警务改革创新”的全省公安理论研讨会。共组织征文论文45篇，推荐其中的20篇上报省厅参评。经评选，共6篇论文获奖，其中一等奖2篇（全省仅5篇），二等奖1篇，三等奖1篇，优秀奖2篇。温州市人民警察学校课题组（成员：温州警校办公室主任尚文化；办公室副主任陈久闹；教学与训练研究室副主任刘云宗）撰写的《户籍制度改革完善之我见——基于对五省户改实施意见之比较》、市局办公室调研室民警蔡雄磊撰写的《新常态下的温州公安全面深化改革若干重大问题研究》等2篇论文获一等奖；市局交警支队四大队综合室民警陈沛豪撰写的《问题导向警务视角下的交通综合治理规划初探》获二等奖；市局办公室调研室副主任（正科长级）施俊镇撰写的《论公安执法对行政诉讼法修改的适应》论文获三等奖；另获优秀奖2篇。

【全市社科论文评奖活动】 2016年2月至9月底，温州市社科联组织开展全市社科论文评奖活动。温州市公安局刑侦支队陈伟撰写的《构建以“三感三度三体”为核心的警民共同体的探索》、永嘉县局徐东旭撰写的《基层公安机关执行力探讨》2篇论文获三等奖。

【全省公安机关“互联网+公安工作”为主题的征文活动、“1234567”重点调研课题研究任务】 2016年4月29日至11月底，全省公安理论研讨会以“互联网+公安工作”为主题。5月10日，温州市公安局下发《温州市公安局关于认真做好2016年度全市公安理论调研工作的通知》，至11月底，总共收到论文和调研文章80来篇。协会会同市局办公室组织审核，择优20篇参加全省“互联网+公安工作”为主题的征文活动；选择35篇参加“1234567全省重点调研课题”研究。

【《温州警学》和市警察协会网页】 2016年，《温州警学》共收到各类稿件300来件，共刊用各类论文82篇，其他文章50多篇，书法、摄影、图片等约50幅；《警营文化栏目》组织“两学一做、民警故事、护航G20杭州峰会、怀念战友、三八妇女节、父亲节”六大专题。学刊发表的文章，被上级学刊、简报和有关刊物录用的近四分之一。经常维护更新协会网页。

【2016年“温州市社会科学普及周”活动】 2016年10月，温州市警察协会组织市局禁毒支队、出入境管理局等单位，以图片巡展、发放有关图书资料、咨询服务等形式，宣传普及有关公安社科知识。

【警察社团与社会团体的联系交流活动】 2016年4月15日，温州市警察协会参加在市人民大会堂新闻厅举行的市社科联第五届七次理事会议。4月21日至22日，参加省警察协会在海宁召开的“经济发展新常态下的社会治安与警务改革创新”为主题的全省公安理论研讨会暨警察协会工作会议。7月20日至21日，参加在金华市浦江县召开的全省警察协会秘书长座谈会。7月29日和8月12日，参加市民政局在温州实验中学礼堂举办的2016年第一期温州市本级社会组织秘书长和法定代表人培训活动。10月10日，协会副主席李鹤松、秘书长石爱欢向来温调研的省警察协会副主席兼秘书长鲍浩东汇报协会工作和筹备换届工作情况。10月11日至12日，陪同鲍浩东到市局情报信息支队、网警支队及龙湾区警察协会的调研活动。

【民警维权】 2016年，温州市警察协会对温州市公安机关与律协之间的联系情况进行了解，开展与律协建立机制的前期准备工作，协助完成民警请求帮助“维权”事宜2起。

队伍建设

纪检监察

【概述】 2016年，温州市公安机关贯彻落实中央、省、市纪委全会精神，以开展“两学一做”学习教育、“敢担当、树标杆”作风建设五大行动等为载体，逐级压实“两个责任”，形成全面从严治党、从严治警的“新常态”。全年民警违纪案件数和人数同比分别下降28.6%和30.3%，受理涉警信访同比下降24.5%。温州市公安局连续3年荣获“市直单位考绩工作第一名”，该局纪委获评“2016年度优秀纪检组”。 在G20杭州峰会援杭期间，针对赴杭特援队“大兵团”异地作战，明确严抓严管队伍的“五个严格执行”和“五个一律”刚性规定，出台“六个必谈”和“六个反复提醒”思想政治工作措施，确保队伍思想“零懈怠”、工作“零瑕疵”、队伍“零违纪”。市局纪委参与特援队7名纪检干部中6人记功嘉奖，担任特援队政委的纪委副书记、监察室主任黄锦化荣记个人二等功。

【从严治党主体责任】 2016年，温州市公安局党委先后下发《党风廉政建设和反腐败工作意见》《责任分工》《考核办法》等，把年度工作分解为74项具体任务，明确党委主体责任、纪委监督责任和牵头部门责任，并以季度例会形式，全年先后4次专题研究党风廉政建设和反腐败工作。市委常委、公安局局长罗杰和时任市委常委、公安局局长黄宝坤均履行党风廉政建设“第一责任人”职责，在年初与各县（市、区）公安局局长、市局各部门“一把手”逐一签订责任书。各县（市、区）局层层分解任务，逐级签字背书，明确责任目标和职责分工。

【制度建设】 2016年，温州市公安局进一步立规矩、抓养成，研究出台市公安局、局党委工作规则，党委会、局长办公会和专题会议事规则等系列配套规定；出台《领导值班工作制度》《请假报告制度》等，进一步规范领导干部日常管理；出台《温州市公安机关领导干部分级问责办法》，划分“三大领导责任”，明确4大类25种问责情形。

【廉政教育】 2016年，温州市公安局依托全省首创的“清风警苑”廉政微信平台，开展以“晒家规家训•讲我家故事”为主题的优秀家规家训故事征集、学习讨论等系列活动，共征集发布优秀作品31期、日均参与超过5000人次，荣获市直单位“活动优秀组织奖”；“公安廉政文化教育课堂”综合考评成绩全省第二，人均积分和信息录用率全省第一。组织参加全省公安机关廉政微电影创作评选活动，征集上报作品12部，获评一等奖1个，二等奖1个，三等奖3个，市局获评优秀组织奖。年内，温州公安廉政教育基地共接待参观教育10批545人次。

【风险预警管控系统】 2016年，温州市公安局运用“四种形态”，执行《重点帮助与重点关注民警管理办法》《谈话提醒暂行办法》等制度，健全队伍状况滚动排查机制，升级应用“温州公安队伍廉政风险预警管控系统”，全年共录入各类民警管控措施4.1万条。

【作风建设】 2016年，温州市公安局结合“两学一做”“无限忠诚、走在前列”“严纪律、正作风、树形象”等专题教育，开展“敢担当、树标杆”作风建设五大行动。年内，会议数量和发文数量同比下降1%和8.8%；因公出国（境）批次同比下降40%；公务接待支出同比下降11%；县级公安机关记功嘉奖数占全市的90.3%，公务用车改革和办公用房清理全部整改到位。市局获评“2016年度‘敢担当、树标杆’作风建设五大行动先进单位”。

【案件查处和信访核查】 2016年，温州市公安局共查处民警违纪案件20起23人，同比分别下降28.6%和30.3%，受理核查群众涉警信访185件，同比下降24.5%。执行《领导干部分级问责办法》，全年共对64名“一岗双责”落实不到位的领导进行追责。

机关党建

【概述】 2016年，温州市公安局机关党建工作以中共十八大、十八届五中、六中全会和习近平总书记系列重要讲话为指导，树立“抓好党建是最大政绩”的理念，以服务赶超发展为主题，开展“两学一做”学习教育，按照“服务中心、建设队伍”的基本思路，继续开展“五星”党组织争创活动，实施“红色细胞工程”建设，发挥基层党组织的战斗堡垒作用和党员的先锋模范作用，推进机关党建工作的科学化水平，为打造法治警务、创新警务、智慧警务、民生警务，实现“平安温州•清静治安”的目标提供组织保障。

【“两学一做”学习教育】 2016年，温州市公安局开展“两学一做”学习教育，各党支（总支）部学习讨论会436次。开展“两学一做”学习教育知识竞赛，坚持“周一集中夜学”和“清风警苑”微信公众号“每日一学”“每周一测”，每日参与学习的民警、协警超2000人次。开展队伍作风建设，暗访督导20余次，发现问题50余个、重点关注帮扶294人，逐一跟踪整改。落实“一把手”和班子成员上党课，发布《勇当“两学一做”学习教育组织者、示范者》倡导书。筛选上报全省“千名好民警好协警”共计民警189人、协警4人，举行“向潘超俊同志学习”慰问演出14场，编写“双十”案例（民警违纪违法案例、队伍管理失严失管事例），以身边实例教育民警。

【“五星”党支部创建活动】 2016年，温州市公安局继续开展基层党组织“五星争创”工作，加强“红色细胞工程建设”，抓好民主集中制、“三会一课”、民主生活会，民主评议党员、领导干部双重组织生活情况公示等制度的贯彻落实，加大对党员领导干部的监督管理力度。培树典型，推荐的市局出入境管理局受理中心党支部、机场分局党支部等做法和党员肖敏、黄明锋等先进事迹得到省市肯定，特警支队汪海峰获评“温州市十大杰出青年”，市局2个基层党组织、2名党务干部和10名党员受市直机关工委表彰。

【组织生活排查工作】 2016年2月，温州市公安局机关各部门党组织进行组织生活排查，通过开展集中排查，全面核查党员身份信息，摸清“流动党员”“失联党员”和“口袋党员”的底数，市局2220多名党员填写《中国共产党党员基本情况表》，审核归档，各基层支部建立党员花名册。配合市委组织部对全市无法找到的失联党员的有关情况进行调查核实。

【群团工作】 2016年，温州市公安局加强机关妇委会工作，丰富职工文体活动，维护妇女合法权益；加强机关共青团工作，市局团委工作获团市委肯定，作为城市战线唯一代表在全市共青团会议上作典型发言，并被推荐获评“省级先进团委”。年内，该局机关工会荣获全省五一劳动奖状殊荣。

警务管理

【概述】 2016年，温州市公安局共有73个集体和359名个人荣立一、二、三等功，2名民警被追授为“全国公安系统二级英雄模范”荣誉称号，一批先进集体和先进个人受到表彰。

【G20杭州峰会安保战时思想政治工作机制】 2016年4月6日，温州市公安局印发通知全面启动G20杭州峰会安保战时思想政治工作机制。7月19日，启动战时队伍状况“三色”评估机制，加强队伍管理。

【G20杭州峰会安保工作总结表彰大会】 2016年10月19日下午，温州市公安局召开G20杭州峰会安保工作总结表彰大会暨重点工作推进会，总结全市公安机关G20杭州峰会安保工作，表彰G20杭州峰会安保工作先进集体和先进个人。全市公安机关共有1个集体荣立一等功，11个集体荣立二等功，35个集体荣立三等功，10个集体获嘉奖；2人荣立个人一等功，25人荣立个人二等功，120人荣立个人三等功，70人获嘉奖。另有一批集体和个人受到省委、省政府和市委、市政府的表彰。

【全市公安机关警务创新年度大赛】 2016年11月24日，温州市公安局举行全市公安机关警务创新年度大赛暨第十期瓯越警务论坛，12个县（市、区）和市局11个部门单位对选送的51个参赛项目进行演示解说，专家评委进行现场打分，现场颁发2个一等奖、6个二等奖和12个三等奖。

【试点研发“温州公安队伍管理平台”】 2016 年，温州市公安局以队伍管理信息化为依托，在乐清市公安局试点建设“温州公安队伍管理平台”。8月12日，在乐清召开温州公安队伍管理平台建设现场会，对平台建设工作推广进行具体部署并对专管员开展培训。

【汇编《温州公安民警优抚办理手册》】 2016年3月，温州市公安局政治部经对上级公安机关、政府部门以及其他与民警有关的现有优抚政策进行收集、整理、研究，汇编成《温州公安民警优抚办理手册》，供各地各部门学习查阅，规范全市公安机关民警优待抚恤工作。

【2个项目获全国公安机关改革创新大赛优秀奖】 2017年1月19日，公安部印发《关于全国公安机关改革创新大赛获奖情况的通报》（公政治〔2017〕24号），温州市公安局交警支队主创《“温州交警”微信移动互

联网交通综合服务平台》、机场分局主创的《“猎屏鹰”基于屏幕分享与识别技术的跨网数据实时采集及应用系统》获“全国公安机关改革创新大赛优秀奖”。

【在全省公安机关改革创新大赛中取得佳绩】 2016年12月12日，省公安厅印发《浙江省公安厅政治部关于全省公安机关改革创新大赛评选结果的通报》，温州市公安局交警支队主创的《“温州交警”微信移动互联网交通综合服务平台》获一等奖；基层基础支队主创的《运用物联网技术打造社会治安虚拟管控新模式》，刑侦支队主创的《视频侦查创新模式》，龙湾区公安分局主创的《移动微警务平台》获二等奖；市局科信局主创的《“指尖上的警务”温州公安新一代移动警务平台》，平阳县公安局主创的《探索刑事案件速裁程序》获三等奖；市局政治部获优秀组织奖。

【575名个人被授予“温州公安民警荣誉奖章荣誉证书”】 2017年2月20日，温州市公安局印发《温州市公安局关于授予林海等575人“温州公安民警荣誉奖章荣誉证书”的决定》（温公通〔2017〕16 号），授予131人“温州公安民警银质荣誉奖章”；授予444人“温州公安民警铜质荣誉奖章”，并颁发荣誉证书。

【杨铭安和潘超俊被授予二级英模称号】 2016年3月17日，公安部印发《关于授予胡朝霞同志和追授徐鉴华、杨铭安同志全国公安系统二级英雄模范称号的命令》（公奖字〔2016〕23号），追授原乐清市公安局刑事科学技术大队副大队长杨铭安“全国公安系统二级英雄模范”称号。2016年5月15日，公安部印发《关于追授莫永伟、潘超俊同志全国公安系统二级英雄模范称号的命令》（公奖字〔2016〕85号），追授原市局交警支队五大队副教导员潘超俊“全国公安系统二级英雄模范”称号。

【4个单位被评为2016年度全省公安队伍正规化建设优秀单位】 2017年1月22日，省公安厅印发《浙江省公安厅关于2016年度全省公安队伍正规化建设优秀单位的通报》（浙公通字〔2017〕8号），瓯海区公安分局、乐清市公安局、平阳县公安局、泰顺县公安局被评为2016年度全省公安队伍正规化建设优秀单位。

【1名个人被授予“浙江省劳动模范”称号】 2016年4月27日，省政府印发《关于授予三门核电有限公司等3家单位浙江省模范集体称号和秦曙光等51人浙江省劳动模范称号的决定》（浙政发〔2016〕15号），市公安局交警支队三大队事故处理中队民警郑晓强被授予“浙江省劳动模范”称号。

【1个单位和4名个人分别被评为2015至2016年度温州市模范集体和劳动模范】 2017年4月21日，市政府印发《关于2015—2016年度温州市劳动模范和模范集体的通报》（温政发〔2017〕16号），苍南县公安局经侦大队被评为“2015—2016年度温州市模范集体”；瓯海区公安分局指挥中心主任李林、乐清市公安局信访科副科长俞弘华、平阳县公安局榆垟派出所副所长周刘伟、温州市公安局刑侦支队电子物证室主任王即墨被评为“2015-2016年度温州市劳动模范”。

【4个单位和4名个人被评为全市政法系统“十佳政法单位”和“十政法干警”】 2016年2月1日，市委政法委、市人力资源社保局印发《关于表彰全市政法系统第四届“十佳政法单位”和“十佳政法干警”的通报》（温政法〔2016〕7号），温州公安系统受表彰的有：

1. 十佳政法单位

市局国保支队

瓯海区公安分局特巡警大队

乐清市公安局出入境管理大队

瑞安市公安局上望派出所

2. 十佳政法干警

王美宁　鹿城区公安分局南郊派出所所长

徐贤区　平阳县公安局特巡警大队副中队长

金　勇　苍南县公安局治安一大队一中队副中队长

李忠立　泰顺县公安局禁毒大队民警

【20名个人分别被评为温州市第五届“十佳爱民警察”和“十佳助警市民”】 2017年1月3日，市局联合市委宣传部、市委政法委、市总工会、温州日报报业集团、温州广播电视传媒集团印发《关于表彰温州市第五届“十佳爱民警察”和“十佳助警市民”的决定》（温公通〔2017〕1号），受到表彰的有：

1. 十佳爱民警察

杨国强　鹿城区公安分局刑侦大队副大队长

金熙博　瓯海区公安分局三垟派出所警长

林　佳　洞头区公安分局交警大队二中队副中队长

潘统健　永嘉县公安局三江派出所民警

陈光星　瑞安市公安局禁毒大队民警

林司旗　平阳县公安局刑侦大队勘查员

叶　希　文成县公安局巨屿派出所副所长

陈国静　泰顺县公安局泗溪派出所民警

王　武　温州市公安局交警支队一大队二中队副警长

张　婷　温州市公安局特警支队民警

2. 十佳助警市民

徐佩兰　鹿城南汇街道南塘社区书记兼主任
张神爱　龙湾区永中街道镇南村村委会副书记
吴国彪（已故）贵州岑巩县羊桥乡龙湾村吴家组团员
尤成武　浙江华远汽车零部件有限公司总经理
邹恩妙　乐意经济信息咨询有限公司巡逻队队长
林赞玉　乐清北白象派出所调解室调解员
林　志（已故）苍南县公安局桥墩派出所辅警
林全法　泰顺县仕阳镇人民调解委员会调解员
陈永芬　温州市保安服务总公司副大队长
吴贵龙　浙江正润机械有限公司项目部经理

【3个单位和9名个人被评为2016年度全市公安机关队伍正规化建设工作成绩突出集体和成绩突出基层政工干部】

1. 成绩突出集体
龙湾区公安分局
经济技术开发区公安分局
文成县公安局
2. 成绩突出基层政工干部
林　智　市局交警支队四大队二中队副中队长
陈立华　鹿城区公安分局五马派出所教导员
张新海　龙湾区公安分局永中派出所教导员
姜列娜　瓯海区公安分局南白象派出所教导员
钱正聪　永嘉县公安局沙头派出所教导员
王如福　乐清市公安局特巡警大队教导员
陈　舟　瑞安市公安局南滨派出所教导员
金培道　平阳县公安局鳌江镇派出所教导员
王一坚　苍南县公安局预审大队教导员

【46个单位和65名个人分别被评为2016年度全市公安系统优秀单位、“铁班子、好主官”和优秀人民警察】

1. 全市优秀公安局
平阳县公安局
2. 全市公安机关“铁班子、好主官”
瓯海区公安分局
乐清市公安局
鹿城区公安分局刑侦大队
鹿城区公安分局南郊派出所
龙湾区公安分局永中派出所
经济技术开发区公安分局星海派出所
乐清市公安局乐成派出所
永嘉县公安局乌牛派出所
瑞安市公安局玉海派出所
平阳县公安局鳌江镇派出所
苍南县公安局龙港分局
文成县公安局大峃镇派出所
泰顺县公安局禁毒大队
市局经侦支队
市局技侦支队
市局交警支队
市局刑侦支队八大队
市局交警支队一大队
市局禁毒支队一大队
市局机场分局候机楼派出所
3. 全市优秀公安基层单位
鹿城区公安分局绣山派出所
鹿城区公安分局治安二大队
龙湾区公安分局户政基础大队
龙湾区公安分局治安大队
瓯海区公安分局郭溪派出所
瓯海区公安分局法制大队
洞头区公安分局洞头派出所
经济技术开发区公安分局刑侦大队
永嘉县公安局办公室
永嘉县公安局大若岩派出所
乐清市公安局法制预审大队
乐清市公安局磐石派出所
瑞安市公安局鲍田派出所
瑞安市公安局湖岭派出所
平阳县公安局萧江镇派出所
平阳县公安局情报信息大队
苍南县公安局矾山派出所
苍南县公安局国保（反恐）大队
文成县公安局玉壶派出所
泰顺县公安局仕阳派出所
市局监管支队监管医院管教大队
市局交警支队二大队一中队
市局特警支队四大队
市局消防支队鹿城大队下吕浦中队
市局边防支队洞头大队灵昆边防派出所
4. 全市优秀人民警察
池万年　鹿城区公安分局仰义派出所民警
陈　威　鹿城区公安分局莲池派出所民警
任超勇　鹿城区公安分局南郊派出所民警
黄益庭　鹿城区公安分局治安一大队中队长
陈道胜　鹿城区公安分局政治处民警
李盛凯　鹿城区公安分局刑侦大队民警
张　剑　鹿城区公安分局江滨派出所民警
杨志远　龙湾区公安分局蒲州派出所民警
石泼泼　龙湾区公安分局刑侦大队民警

郑南福　龙湾区公安分局状元派出所民警
金肖演　瓯海区公安分局潘桥派出所副所长
余海平　瓯海区公安分局梧田派出所民警
王珍时　瓯海区公安分局南白象派出所民警
林文南　瓯海区公安分局刑侦大队技术室副主任
江周峰　瓯海区公安分局指挥中心指挥长
吴素存　洞头区公安分局刑侦大队副大队长
林　斌　洞头区公安分局霓屿派出所副所长
徐新程　经济技术开发区公安分局治安大队中队长
朱传荣　经济技术开发区公安分局星海派出所民警
陈王都　永嘉县公安局岩头派出所副所长
郑子平　永嘉县公安局刑侦大队视侦中队民警
徐炜皓　永嘉县公安局江北派出所民警
汪望成　永嘉县公安局治安大队民警
徐　凌　永嘉县公安局交警大队瓯北中队民警
郑　吕　乐清市公安局柳市分局民警
丁　周　乐清市公安局治安二大队民警
葛程隆　乐清市公安局北白象派出所民警
唐春勇　乐清市公安局刑侦大队机动二中队中队长
林贤品　乐清市公安局交警大队市区中队副中队长
章宝福　乐清市公安局虹桥派出所民警
谢明明　乐清市公安局石帆派出所民警
高瑞兵　瑞安市公安局玉海派出所民警
陈元静　瑞安市公安局塘下派出所民警
苏通鹤　瑞安市公安局飞云派出所民警
李　志　瑞安市公安局汀田派出所民警
陈　健　瑞安市公安局情报信息大队民警
陈永如　瑞安市公安局交警大队安阳中队民警
叶海锋　瑞安市公安局治安大队民警
郑仁荣　平阳县公安局鳌江镇派出所民警
温经阔　平阳县公安局昆阳镇派出所民警
林　敏　平阳县公安局水头镇派出所民警
林秋杰　平阳县公安局交警大队一中队民警
洪振洲　平阳县公安局刑侦大队视侦中队民警
倪孔邦　苍南县公安局灵溪中心派出所民警
陈希胆　苍南县公安局龙港分局民警
罗明琛　苍南县公安局钱库派出所民警
陈德贯　苍南县公安局龙港新城派出所民警
曹明盾　苍南县公安局刑侦大队重案中队民警
涂福周　苍南县公安局治安一大队民警
叶紫黎　文成县公安局交警大队大峃中队副中队长
温兴艺　文成县公安局南田派出所民警
陈如麒　泰顺县公安局筱村派出所民警
洪　滨　泰顺县公安局三魁派出所民警
金茂俊　市局反恐怖支队情报侦查大队副大队长
张　剑　市局技侦支队二大队民警
姚海峰　市局交警支队一大队二中队民警
韩加驰　市局交警支队四大队副大队长
王焕乐　市局禁毒支队二大队民警
郑　烨　市看守所一大队副大队长
翁　宇　市局交通治安分局刑侦大队大队长
李晋刚　市局机场分局刑侦大队正科长级干部
谢枝彪　市人民警察训练学校学生处负责人（市公安局警务督察支队二大队大队长）
林颖颖　市三垟强制隔离戒毒所办公室副主任
李玉龙　市局消防支队文成大队文成中队副中队长
李鹏飞　市局边防支队瑞安大队场桥边防派出所副所长

【集体记功情况】　2016年，根据《公安机关人民警察奖励条令》，全市公安机关共有1个集体荣立一等功，14个集体荣立二等功，58个集体荣立三等功。

附：2016年全市公安机关集体三等功以上记功情况一览

【集体一等功】

温州市公安局G20杭州峰会特援队

【集体二等功】

鹿城区公安分局情报信息大队

温州市公安局侦破“8.1”特大破坏计算机信息系统案专案组

瓯海区看守所

温州市公安局G20杭州峰会安保办

温州市公安局G20杭州峰会安保特援队一方队

温州市公安局G20杭州峰会安保特援队交警方队

温州市公安局G20杭州峰会安保特援队瑞安方队

温州市公安局鹿城区分局G20杭州峰会安保工作组

温州市公安局龙湾区分局G20杭州峰会安保工作组

温州市公安局瓯海区分局G20杭州峰会安保工作组

永嘉县公安局G20杭州峰会安保工作组

乐清市公安局G20杭州峰会安保工作组

瑞安市公安局G20杭州峰会安保工作组

泰顺县公安局G20杭州峰会安保工作组

【集体三等功】

温州市公安局“温州交警”微信工作专班

瑞安市公安局侦破“2015•5•19”抢劫杀人案专案组

温州市公安局科技大楼建设专班
泰顺县公安局泗溪派出所
温州公安赴杭特援队花港海航方队
温州公安赴杭特援队中国美院方队
温州公安赴杭特援队浙大紫金港方队
温州公安赴杭特援队楼外楼方队
温州公安赴杭特援队柳莺里方队
温州公安赴杭特援队特警维稳方队
温州公安赴杭特援队鹿城方队
温州公安赴杭特援队瓯海方队
温州公安赴杭特援队乐清方队
温州公安赴杭特援队平阳方队
温州公安赴杭特援队苍南方队
市局治安支队G20杭州峰会工作专班
市局基层基础支队四大队
市局反恐怖支队情报侦查大队
市局交警支队四大队
鹿城区公安分局警务督察大队
鹿城区公安分局仰义派出所
龙湾区公安分局指挥中心
龙湾区公安分局治安大队
瓯海区公安分局特巡警大队
瓯海区公安分局梧田派出所
洞头区公安分局特警大队
经济技术开发区公安分局治安大队
永嘉县公安局基础管理大队
永嘉县公安局岩头派出所
乐清市公安局治安二大队
乐清市公安局柳市分局
瑞安市公安局情报信息大队
瑞安市公安局上望派出所
平阳县公安局户政基础大队
平阳县公安局水头镇派出所
苍南县公安局交警大队省际卡点中队
苍南县公安局龙港分局
文成县公安局西坑派出所
泰顺县公安局指挥中心
瑞安市公安局交警大队高楼中队
平阳县公安局交警大队三中队
市局出入境管理局受理中心
瑞安市公安局打击“逃废债”专案组
瑞安市看守所
瑞安市拘留所
泰顺县看守所
鹿城区公安分局出入境管理大队
市收容教育所
市拘留所（收教所）二大队
鹿城区公安分局经侦大队
龙湾区公安分局特巡警大队
瓯海区公安分局情报信息大队
洞头区公安分局法制预审大队
永嘉县公安局江北派出所
乐清市公安局雁荡山分局
瑞安市公安局禁毒大队
苍南县公安局网警大队
泰顺县公安局罗阳派出所

【个人记功情况】 2016年，根据《公安机关人民警察奖励条令》，全市公安机关共有2人荣立个人一等功，35人荣立二等功，322人荣立个人三等功；根据《公务员奖励规定（试行）》，共有68人荣立个人三等功。

附：2016年全市公安机关个人三等功以上记功情况一览

【个人一等功】
吴崇明　龙湾区公安分局办公室副主任
郑淳刚　乐清市公安局法制预审大队综合中队中队长

【个人二等功】
郎乘林　市局特警支队六大队一中队副中队长
郑向雷　市局交警支队二大队三中队副中队长
王海波　市局交警支队四大队二中队副中队长
叶其彩　瑞安市公安局鲍田派出所所长
周晓峰　市局经侦支队一大队民警
张露阳　市局治安支队副支队长
朱可强　市局交通治安分局副局长
姚晓锋　永嘉县公安局治安大队民警
陈　策　永嘉县公安局刑侦大队瓯北中队副指导员
黄锦化　市局纪委副书记、监察室主任
蔡晓鹏　市局国保支队二大队大队长
周　杰　市局经侦支队六大队副大队长
倪　路　市局治安支队五大队副大队长
白剑声　市局网安支队二大队副大队长
潘旭光　市局技侦支队支队长
刘剑文　市局交警支队一大队二中队副中队长
瞿　峰　市局交警支队二大队四中队指导员
戴伯静　市局特警支队一大队二中队副中队长
潘　义　市局特警支队二大队一中队副指导员
陈晓东　市局法制支队综合大队大队长
林孟闯　鹿城区公安分局党委委员、刑事侦查大队大队长

王　旭　龙湾区公安分局经济犯罪侦查大队民警
徐光勇　瓯海区公安分局警务督察大队副大队长
金定忠　瓯海区公安分局治安大队副大队长
叶明誉　洞头区公安分局指挥中心主任
徐新程　经济技术开发区公安分局治安大队民警
王海业　永嘉县公安局控告申诉科科长
陈　盾　永嘉县公安局刑事侦查大队重案中队民警
谷乐荣　乐清市公安局副局长
方顺宽　瑞安市公安局党委委员、治安大队大队长
黄正相　平阳县公安局昆阳镇派出所民警
刘　耀　苍南县公安局灵溪中心派出所副所长
林长云　文成县公安局大峃镇派出所民警
吴周涵　泰顺县公安局国内安全保卫大队民警
徐知竑　市局特警支队副支队长

【个人三等功】

唐成耀　市局交警支队办公室副主任兼指挥中心主任
娄树泽　市局交警支队三大队一中队副中队长
陈永如　瑞安市公安局交警大队安阳中队民警
赖华飞　泰顺县公安局刑侦大队副大队长
张　浩　市局技侦支队瑞安工作站副站长
赖良顺　瑞安市公安局莘塍派出所民警
王志强　瑞安市公安局鲍田派出所民警
朱式浪　瑞安市公安局上望派出所民警
林初余　瑞安市公安局仙降派出所民警
夏建光　瑞安市公安局刑侦大队暴力犯罪侦查中队民警
南慧靖　乐清市公安局北白象派出所民警
周德龙　乐清市公安局虹桥派出所民警
林银美　乐清市公安局禁毒大队民警
张　翔　鹿城区公安分局刑侦大队重案中队民警
姚　捷　鹿城区公安分局洪殿派出所民警
潘庆乐　市局交警支队四大队三中队民警
林　庆　市局警务保障部基建管理中心副主任
陈　斌　市三垟强制隔离戒毒所医务科民警
倪维调　市局宣传处副处长级干事
黄迎春　鹿城区公安分局科技管理大队民警
孙　衡　龙湾区公安分局经侦大队一中队中队长
叶挺武　龙湾区公安分局永中派出所民警
侯亦才　永嘉县公安局刑侦大队重案中队中队长
叶晓良　瓯海区公安分局情报信息大队民警
郑小鸽　平阳县公安局昆阳镇派出所民警
叶挺荣　鹿城区公安分局仰义派出所副所长
方　良　龙湾区公安分局海滨派出所民警
潘晓静　瓯海区公安分局新桥派出所警长
徐象考　永嘉县公安局乌牛派出所民警
李上苗　苍南县公安局龙港新城派出所警长
张秋林　市局交通治安分局刑侦大队副大队长
裘　建　市局交通治安分局刑侦大队民警
虞陈政　鹿城区公安分局蒲鞋市派出所民警
郑巨峰　瓯海区看守所所长
罗　杰　瓯海区公安分局特巡警大队三中队民警
李志舜　瑞安市公安局治安大队民警
曾俊达　市局技侦支队永嘉工作站民警
潘统健　永嘉县公安局三江派出所民警
吴胜淼　市局出入境管理局受理中心民警
阮荣泽　瑞安市公安局莘塍派出所民警
谢明明　乐清市公安局石帆派出所民警
胡　特　瓯海区公安分局三垟派出所民警
郑炎钢　龙湾区公安分局海滨派出所民警
王　盛　鹿城区公安分局刑侦大队民警
潘剑叶　鹿城区公安分局莲池派出所民警
李万铎　鹿城区公安分局网警大队二中队指导员
林上钧　鹿城区公安分局五马派出所民警
方金乐　乐清市公安局雁荡山分局民警
郑立波　瑞安市公安局刑侦大队民警
诸葛作澄　瓯海区分局新桥派出所民警
赵必晓　泰顺县公安局三魁派出所民警
张帆帆　泰顺县公安局交警大队泗溪中队民警
吴圣发　泰顺县公安局雅阳派出所警长
张勤伟　文成县公安局南田派出所民警
刘博文　文成县公安局珊溪派出所民警
黄成利　苍南县局特巡警大队民警
陈建余　市局禁毒支队二大队副大队长
蔡晓伟　市局基层基础支队五大队副大队长
郑绍新　市局教育训练处副科长级干事
林　旭　鹿城区公安分局治安一大队民警
张　俊　市局警务处民警
李高见　市局刑侦支队三大队大队长
林秋花　市局特警支队综合大队教导员
陈　策　市局科信局信息服务中心副主任
李　宏　市局特警支队民警
郑山荣　平阳县公安局交警大队民警
王照委　苍南县公安局交警大队副中队长
李敏书　市局宣传处民警
庄文宇　鹿城区公安分局办公室民警
潘　珏　鹿城区公安分局治安二大队副大队长
邵建权　龙湾区公安分局局刑侦大队民警
林　峰　瓯海区公安分局刑侦大队民警
汤玉簪　瓯海区公安分局出入境管理大队民警
叶飞华　洞头区公安分局治安大队民警
金华利　经济技术开发区公安分局办公室民警
瞿远仙　永嘉县公安局国保大队教导员

魏　跃　永嘉县公安局警务保障室民警
李　事　乐清市公安局情报信息大队副大队长
蔡国良　乐清市公安局法制预审大队民警
丁友弟　瑞安市公安局政治处民警
徐　坚　瑞安市公安局刑侦大队市区中队中队长
徐启洋　平阳县公安局指挥中心副主任
郑招生　平阳县公安局拘留所民警
林为赞　苍南县公安局刑侦大队副大队长
方升立　苍南县公安局网警大队民警
丁　诚　文成县公安局刑侦大队副大队长
蔡亚波　泰顺县公安局刑侦大队中队长
陈明智　市局特警支队五大队副教导员
吴文清　市局干部处正科长级干事
林敬门　市局办公室调研室副主任
滕荣耀　市局指挥中心打防控工作指导大队大队长
程建益　市局情报信息支队二大队大队长
戴　伟　市局反恐怖支队民警
王文杰　市局经侦支队一大队副大队长
章华健　市局刑侦支队四大队副大队长
陈阅书　市局网安支队四大队民警
叶　娜　市局技侦支队政治处副主任
陈孟琰　市局交警支队办公室副科级指挥员
潘淑标　市局交警支队三大队三中队民警
郑朴幸　市局交警支队四大队四中队民警
项秉进　市局交警支队五大队事故处理中队民警
叶宇锋　市局特警支队一大队二中队民警
汤安棋　市局禁毒支队二大队副大队长
刘丽英　市看守所五大队民警
蔡启放　市局交通治安分局城南派出所教导员
戴文斌　市局机场分局候机楼派出所民警
谢　谦　鹿城区公安分局办公室综合科科长
张方晨　鹿城区公安分局经侦大队大队长
胡晓倩　鹿城区公安分局治安一大队二中队指导员
徐　瑞　鹿城区公安分局治安一大队民警
郑　权　鹿城区公安分局特巡警大队大队长
钟结义　鹿城区公安分局五马派出所民警
陈重阳　鹿城区公安分局南浦派出所民警
郑正常　鹿城区公安分局南门派出所民警
金　伟　鹿城区公安分局鞋都派出所警长
池久甲　鹿城区公安分局仰义派出所警长
赵　瑞　龙湾区公安分局刑侦大队中队长
张　来　龙湾区公安分局蒲州派出所民警
苏义甲　龙湾区公安分局状元派出所民警
吴　涛　龙湾区公安分局永中派出所民警
黄　忠　龙湾区公安分局永兴派出所民警
包绍班　瓯海区公安分局办公室副主任
王晓琴　瓯海区公安分局控申科副科长
黄珍春　瓯海区公安分局户政基础大队大队长
陈民球　瓯海区公安分局娄桥派出所副所长
金鑫海　瓯海区公安分局茶山派出所所长
张　斌　瓯海区公安分局仙岩派出所所长
叶学虎　瓯海区公安分局丽岙派出所警长
陈建波　瓯海区公安分局泽雅派出所民警
金书杭　洞头区公安分局特警大队民警
戴培迪　洞头区公安分局治安缉查大队民警
叶　帆　洞头区公安分局洞头派出所民警
张　文　经济技术开发区公安分局国保大队副大队长
陈　博　经济技术开发区公安分局治安大队副大队长
张春鲁　经济技术开发区公安分局星海派出所中队长
柯大鹏　经济技术开发区公安分局海城派出所民警
马　骥　永嘉县公安局情报信息大队民警
潘　敏　永嘉县公安局有组织犯罪侦查大队民警
林建峰　永嘉县公安局交警大队瓯北中队民警
戴建波　永嘉县公安局江北派出所民警
陈大伟　永嘉县公安局大若岩派出所民警
方飞鹏　乐清市公安局刑侦大队民警
张俊杰　乐清市公安局情报信息大队民警
林伟明　乐清市公安局虹桥派出所民警
胡可杰　乐清市公安局北白象派出所民警
陈优泉　乐清市公安局翁垟派出所民警
朱新怡　乐清市公安局白石派出所民警
俞　忠　乐清市公安局石帆派出所民警
干方欢　乐清市公安局湖雾派出所民警
潘朝克　瑞安市公安局网警大队民警
徐欢乐　瑞安市公安局安阳派出所民警
彭文图　瑞安市公安局锦湖派出所民警
张　浩　瑞安市公安局鲍田派出所民警
孙正周　瑞安市公安局飞云派出所民警
董良余　瑞安市公安局马屿派出所民警
林建隆　瑞安市公安局湖岭派出所民警
卢麟童　瑞安市公安局陶山派出所民警
陈王品　平阳县公安局交警大队六中队副中队长
陈青锦　平阳县公安局鳌江镇派出所副所长
雷顺柔　平阳县公安局水头镇派出所民警
朱德金　平阳县公安局萧江镇派出所民警
柳纪根　平阳县公安局钱仓派出所民警
顾金国　苍南县公安局政治处宣教科科长
金运雷　苍南县公安局国保大队民警
林　敏　苍南县公安局网警大队民警
蔡乃增　苍南县公安局龙港分局社区队警长
黄瑞碰　苍南县公安局龙港新城派出所民警

苏英銮　苍南县公安局灵溪中心派出所民警
叶方俊　苍南县公安局灵溪新区派出所民警
温作乾　苍南县公安局宜山派出所副所长
刘日平　文成县公安局基层基础大队大队长
陈永明　文成县公安局情报信息大队副大队长
程炳跃　文成县公安局大峃镇派出所副所长
李　鸣　泰顺县公安局网警大队民警
陈卫兵　泰顺县公安局特警大队民警
张传河　泰顺县公安局仕阳派出所民警
赵一齐　鹿城区公安分局临江派出所警长
王　方　鹿城区公安分局特巡警大队一中队中队长
张　靖　乐清市公安局白石派出所民警
万智超　瑞安市公安局高楼派出所所长
李锦超　瑞安市公安局湖岭派出所民警
陈　伟　平阳县公安局水头镇派出所警长
王高鹏　平阳县公安局南雁派出所民警
林立忠　文成县公安局特警大队大队长
陈　波　文成县公安局交警大队峃口中队副中队长
陈　帅　文成县公安局大峃镇派出所民警
王益霜　泰顺县公安局筱村派出所民警
徐时银　泰顺县公安局特警大队三中队民警
黄松青　市局办公室史志科民警
付　强　市局刑侦支队八大队民警
陈　义　市局经侦支队一大队民警
杨晓川　市局技侦支队平阳工作站民警
潘才华　市局技侦支队乐清工作站副站长
金伟标　市局技侦支队五大队民警
冯炳永　市局交警支队一大队五中队民警
周海渊　市局交警支队四大队事故处理中队中队长
刘劲松　泰顺县公安局刑侦大队副大队长兼任技术中队中队长
张奕会　泰顺县公安局刑侦大队民警
潘统清　泰顺县公安局特警大队民警
朱常锟　泰顺县公安局泗溪派出所民警
胡海斌　泰顺县公安局经侦大队民警
周　锋　文成县公安局大峃镇派出所民警
邓以宏　苍南县公安局龙港分局民警
倪孔淮　苍南县公安局灵溪新区所副所长
吴昌印　苍南县公安局特侦大队民警
谢尚骏　苍南县公安局刑侦大队打击有组织犯罪中队民警
林甲景　苍南县公安局灵溪中心派出所民警
欧阳亦民　苍南县公安局治安一大队民警
钱克累　苍南县公安局治安二大队民警
金大晓　平阳县公安局特巡警大队民警
徐贤静　平阳县公安局网警大队民警
陈敦葵　平阳县公安局特巡警大队民警
章　军　平阳县公安局南雁派出所民警
徐建伟　平阳县公安局鳌江镇派出所民警
洪振洲　平阳县公安局昆阳镇派出所民警
王存力　平阳县公安局经侦大队副大队长
苏　航　平阳县公安局禁毒大队民警
金　华　市局技侦支队平阳工作站民警
董大国　平阳县公安局治安大队民警
周立勇　平阳县公安局鳌江镇派出所民警
戴全玉　瑞安市公安局有组织犯罪侦查大队民警
薛孝荣　瑞安市公安局锦湖派出所民警
叶　志　瑞安市公安局禁毒大队民警
李　淑　瑞安市公安局经侦大队民警
林飞前　乐清市公安局网警大队技术中队指导员
陈志武　乐清市公安局北白象派出所副所长
陈　鹏　乐清市公安局经侦大队民警
徐建阳　乐清市公安局禁毒大队民警
陈建锋　乐清市公安局芙蓉派出所警长
王　敏　乐清市公安局北白象派出所民警
黄才余　永嘉县公安局刑侦大队街面犯罪侦查中队中队长
王　伟　永嘉县公安局刑侦大队上塘中队民警
杨章峰　永嘉县公安局经侦大队民警
朱传荣　经济技术开发区公安分局星海派出所民警
姜列娜　瓯海区公安分局南白象派出所教导员
李　秉　瓯海区公安分局娄桥派出所副所长
全纪周　瓯海区公安分局刑侦大队民警
木兆隆　瓯海区公安分局经济开发区派出所所长
薛成汉　瓯海区公安分局瞿溪派出所民警
金一剑　瓯海区公安分局网警大队民警
诸建丰　瓯海区公安分局娄桥派出所副所长
徐一勤　龙湾区公安分局刑侦大队民警
朱恩敏　市局技侦支队三大队民警
王兴貌　龙湾区公安分局蒲州派出所民警
林建考　龙湾区公安分局禁毒大队民警
项光瑞　龙湾区公安分局经侦大队民警
郭良守　龙湾区公安分局经侦大队民警
王　枫　鹿城区公安分局刑侦大队三中队中队长
王　振　鹿城区公安分局刑侦大队民警
陈　哲　鹿城区公安分局黄龙派出所民警
姚　凯　鹿城区公安分局黄龙派出所民警
陈建敏　鹿城区公安分局广化派出所副所长
黄挺超　鹿城区公安分局江滨派出所警长
施　强　鹿城区公安分局刑侦大队刑事科学技术室民警
池仁汉　鹿城区公安分局绣山派出所中队长
吴立选　鹿城区公安分局南浦派出所民警
周　磊　鹿城区公安分局江滨派出所民警

罗成顶　鹿城区公安分局临江派出所民警
汤以诺　鹿城区公安分局南郊派出所民警
刘　胜　鹿城区公安分局情报信息大队民警
柯建星　鹿城区公安分局绣山派出所副所长
胡益逊　市人民警察训练学校校长
麻旭勇　市人民警察训练学校政治处负责人
林通炼　永嘉县公安局交警大队机动中队指导员
朱恩仁　永嘉县公安局特巡警大队警犬中队中队长
林　苑　苍南县公安局交警大队机动中队副指导员
付广鸽　市局刑侦支队四大队民警
苏建武　市局特警支队三大队二中队副中队长
李进宇　市局指挥中心110管理指导大队教导员
朱良才　市局交警支队办公室民警
涂光富　瑞安市公安局交警大队副大队长
林德形　市局交警支队车管所考试中心指导员
邓有聪　市局网安支队六大队副大队长
徐林静　市局技侦支队四大队副大队长
孙　祥　市局情报信息支队一大队民警
吴登顺　市局刑侦支队六大队民警
黄文俊　市局经侦支队五大队民警
胡方荣　鹿城区公安分局经侦大队民警
王　义　鹿城区公安分局经侦大队中队长
章　葳　鹿城区公安分局鞋都派出所民警
林绍兴　瓯海区公安分局经侦大队民警
章　泽　瓯海区公安分局经侦大队民警
金邦考　经济技术开发区公安分局星海派出所所长
潘志敢　苍南县公安局龙港分局民警
张书剑　苍南县公安局经侦大队副中队长
夏伟君　文成县公安局经侦大队大队长
沈丙乡　文成县公安局经侦大队民警
章中一　龙湾区公安分局办公室民警
汤家全　瑞安市公安局刑事科学技术中心民警
周戎戎　市局治安支队综合大队副大队长
姚展翅　鹿城区公安分局水心派出所警长
吴开平　瓯海区分局经济开发区派出所民警
张　磊　瑞安市公安局莘塍派出所民警
梁小芬　瓯海区公安分局梧田派出所警长
李长丰　永嘉县公安局江北派出所民警
狄献成　瑞安市公安局安阳派出所民警
潘利明　瑞安市看守所所长
黄维四　泰顺县看守所所长
周　颖　龙湾区公安分局永中派出所警长
吴建波　乐清市公安局指挥中心民警
周朝海　平阳县公安局国保大队大队长
王即墨　市局刑侦支队电子物证室主任
周卓彦　市局交警支队三大队一中队中队长
李　稳　鹿城区公安分局南郊派出所警长
严　峰　鹿城区公安分局刑侦大队民警
尹　鹤　鹿城区公安分局情报信息大队副大队长
李　展　龙湾区公安分局刑侦大队副大队长
潘长克　瓯海区公安分局娄桥派出所警长
项方畅　瓯海区公安分局梧田派出所民警
周星累　经济技术开发区公安分局刑侦大队民警
施贻海　洞头区公安分局北岙派出所副所长
杨晓峰　永嘉县公安局特巡警大队民警
李伟衡　永嘉县公安局刑事科学技术室民警
叶旭锋　乐清市公安局柳市分局民警
钟余敏　乐清市公安局乐成派出所民警
陈耀光　瑞安市公安局刑侦大队民警
金扬秋　平阳县公安局萧江镇派出所民警
陈修武　平阳县公安局昆阳镇派出所民警
戚观栋　苍南县公安局特侦大队一中队副中队长
黄小虎　苍南县公安局灵溪中心派出所民警
吴荣朝　文成县公安局大峃镇派出所副所长
杨婵娟　泰顺县公安局出入境管理大队副教导员

根据公务员考核规定，由市委组织部、市人力资源和社会保障局发文（温人社发〔2016〕114号）记个人三等功人员：

江海峰　市局办公室
林中明　市局办公室
任恒磊　市局办公室
魏艳兵　市局办公室
叶际苗　市局办公室
陈法达　市局交通治安分局
翁　宇　市局交通治安分局
郑　强　市局交通治安分局
李蓓蓓　市局出入境管理局
沈珠健　市局出入境管理局
苏可人　市局出入境管理局
陈情富　市局法制支队
董煜龙　市局国保支队
黄高明　市局机场分局
章方正　市局基层基础支队
孔庆飞　市局纪委
吕纯建　市局技侦支队
潘旭光　市局技侦支队
吴登庚　市局技侦支队
胡荣文　市局监管支队
贾婷婷　市局监管支队
潘建利　市局监管支队
陈建余　市局禁毒支队
陈圣青　市局禁毒支队
方晓君　市局禁毒支队

谷华敏　市局经侦支队
王连杰　市局经侦支队
温怀星　市局经侦支队
陈胜一　市局警保部
林　庆　市局警保部
叶　艳　市局拘留所
刘丽英　市局看守所
陈　策　市局科信局
何友兴　市局审计处
周昌委　市局水警支队
王　陈　市局特警支队
赵　翔　市局特警支队
陈晓彬　市局网安支队
陈阅书　市局网安支队
鲁瞻远　市局网安支队
马雪榕　市警校
吴玉远　市警校
陈芝银　市局刑侦支队
张铁敏　市局刑侦支队
郑瓯翔　市局刑侦支队
张仁将　市局交警支队
张志远　市局交警支队
邵大炯　市局交警支队
林　武　市局交警支队
林红峰　市局交警支队
陈盛武　市局交警支队
曹　滨　市局交警支队
张　伟　市局交警支队
张苗亭　市局交警支队
吴勇夫　市局交警支队
刘剑文　市局交警支队
任官伟　市局交警支队
戴崇杰　市局交警支队
冯炳永　市局交警支队
支瓯阳　市局交警支队
吴　钢　市局交警支队
瞿　峰　市局交警支队
瞿晓芳　市局交警支队
蒋云磊　市局交警支队
戴仁孚　市局交警支队
林海勇　市局交警支队
林　建　市局交警支队
叶　辉　市局治安支队

干部人事

【概述】　2016年，温州市公安局执行干部管理“十二条”规定，完善“多元遴选”体系建设，加强市县两级公安机关领导班子建设和队伍建设。强化制度建设，从严管理队伍。严格公务员考录制度，坚持基层导向、一线导向，优化警力资源配置。从严治警、从优待警两手抓，统筹兼顾，重点突出，为公安工作提供保障。

【局领导更替】　2016年8月，省委决定罗杰任中共温州市委委员、常委，9月，市委决定罗杰任中共温州市公安局委员会委员、书记，10月，温州市第十二届人民代表大会常务委员会第三十八次会议通过决定任命罗杰为温州市公安局局长。12月，市委市政府任命李善敏为温州市公安局党委委员、副局长（正县长级），任命李伟为温州市公安局副局长，任命林振江为温州市公安局党委委员、副局长，任命黄伟军为温州市公安局党委委员、政治部主任，免去冯蒋龙的温州市公安局党委委员、副局长职务，免去金国平的温州市公安局党委委员职务。

【战时队伍管理】　2016年8月，温州市公安机关调集1600名警力赴杭增援G20杭州峰会安保，在温机动备用警力200名，总计警力1800名。抽调8名正科长级干部任管理团队成员，指定7名市局中层干部担任要人警卫7个方队队长，圆满完成赴杭增援峰会安保各项任务，做到工作“零瑕疵”“零事故”、队伍“零违纪”“零懈怠”，得到中央领导孟建柱、栗战书、杨洁篪、郭声琨等的赞扬。出台《关于G20杭州峰会安保期间加强队伍管理考核工作的实施意见》等2个重要文件，加强战时队伍管理考核工作，市局反恐怖支队等6个单位被评为优秀队伍管理部门。

【市局机关干部管理】　2016年，温州市公安局制定《领导干部能上能下暂行规定》《退出领导岗位干部服务管理暂行办法》。选拔6名正科长级干部转任中层正职，10名副科长级干部转任中层副职。选拔11名优秀干部到县市区局挂职任职，其中2名干部担任县局主要领导职务。

【县局领导班子建设】　2016年，经市委批准，温州市公安局调整鹿城、瓯海、瑞安、洞头4个地区局长职务。选任3名干部担任洞头、文成、泰顺县局政委职务，提任1名干部担任开发区分局常务副局长职务，选任4名干部分别担任鹿城区分局纪委书记、政治处主任以及龙湾区分局纪委书记、苍南县局纪委书记职务。

【机构变更】　2016年4月，根据温编办〔2016〕16号文件，温州市公安局网络警察支队更名为网络安全保卫支队。同月，根据温编办〔2016〕19号文件，流动人口治安管理支队更名为人口服务管理支队，原属于基层基础支队承担的户政管理职责划入人口服务管理支队。12月，法制支队增设案件管理中心、刑事案件审核大队，机构规格正股级。

【人民警察招录】 2016年，温州市公安局先后组织开展特警招录、部属公安院校公安专业应届生招录、公安院校公安专业往届生招录、浙江警察学院应届生招录、面向社会人员考录公务员、浙江警察学院2017届毕业生招录、人民警察学员招录等7批次人员考录工作，共录用421人。其中，按照部属公安院校应届毕业生录用分配制度改革要求，以综合成绩高低择岗方式录用毕业生13名。健全完善警力轮换机制，先后面向县（市、区）局选调6位民警，面向局机关内部选调10位民警。

【警力下沉】 2016年12月，温州市公安局组织开展新一轮市局机关警力下沉工作，选派60名警力下沉到5个城区分局，其中鹿城分局26名、龙湾分局9名、瓯海分局15名、洞头分局4名、经济技术开发区分局6名。其中有3名民警自愿转任到城区分局工作。出台《温州市公安局机关警力下沉工作暂行规定》，规范下派民警管理。

【职务与职级晋升】 2016年，根据《温州市关于县以下机关建立职务与职级并行制度的实施意见》，温州市公安局开展城区分局公务员职级晋升工作，共计晋升职级148人，其中晋升副处级10人，晋升正科级3人，晋升副科级135。

【从优待警】 2016年，温州市公安局按规定上调2058名民警本年度警衔津贴标准和法定工作日外加班补贴标准，并全额补发2015年度的差额；完成2012名民警职工基本工资标准调整和养老保险基金清算工作。推荐17人参加刑事技术、技术侦察中高级专业技术资格评审。协调安排98名市局机关及城区分局功模民警子女择优入读市区中小学校，协调解决适龄幼儿入托27名。

公安宣传

【概述】 2016年，温州市公安政工宣传树立“宣传就是警力，就是战斗力”的工作理念，以“两学一做”“无限忠诚、走在前列”“大拆大整促转型发展”大讨论活动等为抓手，紧扣公安中心工作，组织宣传策划，突出典型人物宣传，加强涉警舆论引导，开展“警务面对面”“反诈宣传”“猎狐行动”等系列主题宣传活动，为树立温州公安形象、构建和谐警民关系、营造良好舆论氛围发挥作用，为完成各项公安工作提供保证。

【党委理论学习】 2016年，温州市公安局党委理论中心组继续将学习型机关建设作为公安中心工作和队伍建设的最佳结合点来抓，学习贯彻中共十八大及十八届三中、四中、五中、六中全会精神，增强班子成员的政治理论素养。年初，宣传处根据省公安厅、市委理论学习的要求制定局党委年度理论学习计划，共组织党委理论学习4次，内容分别为贯彻传达中央政法工作会议、省委政法工作会议、全省政法干部队伍建设座谈会和全省公安工作会议精神、《中共中央关于辽宁拉票贿选案查处情况及其教训警示的通报》、中共十八届六中全会精神和全市领导干部会议精神等。

【“两学一做”学习教育暨“无限忠诚·走在前列”主题教育实践活动】 2016年，温州市公安局把开展“两学一做”学习教育作为重大政治任务，融入党建和队建新常态，成立学习教育领导小组，开展“领导讲党课、全警听党课”“敢担当、树标杆”作风建设五大行动等活动。召开党委理论中心组学习会4次，各党支部（总支）开展学习讨论会436次。坚持“周一夜学”制度，每周参与自测超过5000人次。通过知识竞赛、主题演讲、大培训大讨论的形式，强化“全心全意为人民服务”的宗旨意识。

【专项行动宣传】 2016年，温州市公安局围绕“物联网治安管控”“猎狐”“G20杭州峰会安保”等温州公安的重点工作、亮点工作研究策划，在《法制日报》《人民公安报》《平安时报》《浙江法制报》和浙江之声等中央、省市级媒体上刊发一系列反映温州公安维护稳定、服务民生有力举措和显著成效的报道。全年在市级以上媒体刊发报道突破1万篇，在省级以上媒体报道量同比提升12%，创历史新高。在《温州日报》全年刊发的公安报道在报纸头版刊登的有31篇，其中头版头条3篇，系列评论员文章6篇。

【先进典型宣传】 2016年9月起，温州市公安局联合市委宣传部、市委政法委员会、市总工会、温州日报报业集团、温州广播电视传媒集团等单位组织开展温州市第五届“十佳爱民警察”和“十佳助警市民”评选活动。在对外投票平台上网民点击率超过45万人次，微信投票10多万人次，群众平面媒体投票6000多张。根据省厅“千名好民警（协警）”宣传推广活动要求，做好典型宣传活动的策划和推荐工作，发动各地发现、培养、树立一批群众认可、基层拥护的正面典型，共有127名民警、17名协警入选省厅“千名好民警（协警）”。

【潘超俊先进事迹巡回报告会】 2015年12月30日，中共温州市委召开潘超俊先进事迹报告会，时任市委副书记、代市长徐立毅出席会议并讲话，报告会由时任市委副书记、政法委书记钱三雄主持，市领导胡剑谨、黄宝坤、仇杨均、姚高员等参加报告会。2016年3月16至31日，温州市公安局联合市委宣传部在局机关、交警支队及各县（市、区）先后组织举办14场潘超俊先进事迹巡回报告会。报告会上，潘超俊生前的战友、亲人和他生前服务的群众，以及记者朋友从不同角度回顾潘超俊平凡而光荣的一生，向大家展现这位英雄的先进事迹和高尚品格。

【警察公共关系】 2016年，温州市公安局强化与省市媒体合作。5月初，与浙江日报温州分社、温州广电传媒集团、温州日报报业集团等单位联合举办的“护航平安G20•安防进万家”百场系列活动，组织动员市、县两级青年民警（辅警）和各行业青年志愿者3000余人次，历时半年，走进90多个基层社区、医院、学校和企业，惠及数十万基层群众，增强群众的安全感和满意度，推动基础防控宣传工作。

【舆情引导】 2016年，温州市涉警舆情继续保持平稳，全市公安机关共妥善处置鹿城区看守所未成年人被“鸡奸”事件、永嘉交警殴打老师案、瑞安纵火案、律师张某案、女子跟贴骂苍南公安被拘案等40多起涉警舆情。组织开展全市公安机关教导员舆情轮训工作，提升基层舆情预防与处置能力,较大舆情发生数同比下降15%。建立由30名民警组成的全市公安机关网评特战队伍，在鹿城美女失联事件、张某某涉黑案等敏感舆情的处置过程中，发挥网评特战队的分析研判、网评引导等作用，有效促进舆情平稳。

【警营文化】 2016年，温州市公安局将警营文化阵地建设作为“满足民警精神需求，增强民警精神力量”的重要内容，以文化的软实力增强队伍凝聚力，打造警察俱乐部和政治部楼道文化。年内，先后在警察俱乐部组织警营读书会、青年沙龙等活动。拓展文艺小分队宣传慰问，在G20杭州峰会安保期间，组织市局警官艺术团文艺小分队赶赴杭州，为参加峰会安保工作的温州民警开展战地慰问演出。

【“美丽窗口、花园警队、文化警营”创建活动】 2016年1月26日，温州市公安局下发《全市公安机关“美丽窗口、花园警队、文化警营”创建活动实施方案》启动创建活动。6月30日，召开全市公安机关“美丽窗口、花园警队、文化警营”互比互学现场会，12个县（市、区）局以“视频+”的形式对半年来的创建工作进行回顾总结，并做表态发言。评比公布50个基层单位“美丽窗口、花园警队、文化警营”创建活动相关类别市级示范点，其中市局交警支队四大队二中队、鹿城分局出入境管理大队等14个单位荣获“美丽窗口、花园警队、文化警营”创建活动“美丽窗口”市级示范点；市局戒毒所、瓯海分局瞿溪派出所等13各单位荣获“美丽窗口、花园警队、文化警营”创建活动“花园警队”市级示范点；龙湾分局状元派出所、乐清市局虹桥派出所等9各单位荣获“美丽窗口、花园警队、文化警营”创建活动“文化警营”市级示范点；瑞安市局陶山派出所、苍南县局望里派出所等14个单位荣获“美丽窗口、花园警队、文化警营”创建活动市级综合性示范点。

教育训练

【概述】 2016年，温州市公安教育训练部门围绕公安中心工作，贯彻落实《训练条令》，以入警、晋升、发展、专业训练为载体，以训练基地建设为保障，以执法规范化、警务实战化和警体达标为重点，开展岗位练兵，提升队伍整体战斗力。

【G20杭州峰会安保岗位业务培训】 2016年3月至6月，温州市公安局围绕G20杭州峰会安保警种培训要求，指导各警种制定培训计划、确定课程和师资，开展培训工作。市局指挥中心、情报、国保、治安、特警、刑侦、出入境管理、交警、网警、反恐、宣传、教育训练12个G20杭州峰会安保重点培训警种、部门，针对峰会安保任务开展专项培训，参训民警达2982人次。7月19日，组织王哲浩等3名教官到泰顺等检查站、卡点开展G20杭州峰会安保“送教到一线”活动。

【G20杭州峰会安保战时心理训练服务】 2016年4月至10月，温州市公安局组织12个县市区的心理服务小教员分批参加心理课堂跟班学习，提升小教员为当地民警培训授课能力。6月，成立G20心理健康训练服务活动领导小组，抽调全市公安机关11名有心理咨询师资质的骨干组成战时服务队。峰会安保期间，战时心理服务队走遍全市12个县（市、区）局，并赴杭为温州参战民警、部分武警战士和学员警开展心理行为训练共21场次。

【政工干部大轮训】 2016年4月至6月，温州市公安局政治部结合G20杭州峰会安保岗位业务培训要求，在温州警校组织开展全市公安政工干部大轮训，共举办9期轮训班，全市公安机关887名政工干部参加轮训。

【专业训练积分制管理模式升级】 2016年3月，温州市公安局在积分制管理的基础上，开发市局机关网络系统平台，打造专业训练“积分制”2.0版。指挥中心、情报、国保、治安、特警、刑侦、出入境管理、交警、网警、反恐、宣传、教育训练12个G20杭州峰会安保重点培训警种部门，针对峰会安保任务开展专项培训共668课时，参训民警达32628人次。市局机关全年共举办专业训练1456期，参训73398人次，其中警体类训练314场次。

【师资建设】 2016年1月至3月，温州市公安局共举办警务实战教官、教员培训班3期，共127名警务实战教官、教员参加培训。1月至3月，组织推荐11人到省厅参训；5月6日，组织推荐6人到省厅参加培训；5月17日，组织推荐特警支队2人到省厅参加培训。9月9日，市局在温州警校召开2016年度全市公安系统“优秀教师”“优秀教育工作者”和“优秀教官”表彰暨庆祝第32个教师节活动，36名优秀教师、优秀教育工作者和优秀教官受到表彰。

【课程建设】 2016年2月24日，温州市公安局下发通知组织2016年全市公安教育训练课程申报和师资推荐工作，共征集到208个实战训练课程。3月29日至5月11日，在市警校分阶段组织4次，共对38人拟聘用教官的课程进行试教评选活动。11月17日，组建温州市局教育训练教学团队，共确定9个团队34门课程为温州市局教育训练教学团队课程。

【警衔晋升训练】 2016年4至12月，温州市公安局在市警校举办2016年度警衔晋升训练班，涉及侦查类、交管类、治安类、综合类和监管类共9期726人参加培训；组织4名县级公安机关副职于10月10日至21日参加2016年度全省第二期警衔晋升培训。

【入警训练】 2016年11月上旬，温州市公安局对2016年度全市公安机关新录用的165名新警，在市警校组织开展为期6个月的入警训练。

【岗位业务能力竞赛】 2016年11月，温州市公安局组织指挥中心、刑侦、出入境、基层基础(经文保)、禁毒和特警6个警种开展岗位业务能力竞赛活动，对优胜集体和个人予以表彰。县级公安机关警种竞赛总成绩前三名为永嘉、瓯海和瑞安(瓯海和瑞安并列第二名)，末位单位为文成。

【基地建设】 2016年4月28日，温州市公安局下发《2016年全市县级公安机关警务技能训练基地考核评估工作办法》。11月16日至月底，对全市12个县级公安机关警务技能训练基地建设进行检查评估，并对训练基地建设检查评估情况进行通报，确定乐清市公安局警务技能训练基地为“县级公安机关示范警务技能训练基地”。

【素质强警交流合作】 2016年8月1日至19日、8月25日至9月12日，温州市公安局承接长江航运公安局芜湖分局2批共10人在温州的跟班学习。10月14日至12月16日，承接西藏嘉黎县公安局的6名民警在温州集中学习和跟班作业。

【警体达标测试和实弹射击考核】 2016年，温州市各地公安机关组织本地本单位男56周岁以下、女51周岁以下民警开展警体达标测试，参考率达90%以上，合格率为81．5%；温州市公安局分别于7月、11月组织市局机关1700余名民警开展警体达标测试。这次警体达标测试在执行《公安机关人民警察体育锻炼达标标准》规定的基础上，首次采用“40周岁以上民警参测‘立定跳远’项目中增加‘游泳’选考项目”。全市各地各单位自行组织实弹射击考核，参考率超过90%，合格率达95%。

【警察体育赛事】 2016年2月28日，市前卫体协网球分会在市局警察网球俱乐部基地（市公投集团网球场）举办“乐清安保杯”网球双打邀请赛。6月29日至7月3日，由温州市体育局、体育总会主办的温州市第一届市民运动会暨“欧立光学”杯首届排球锦标赛在温州大学体育馆举行，全市共有27支代表队300多名排球运动员参加，温州市公安局代表队荣获市首届排球锦标赛行业组冠军。

【全警健身活动】 2016年5月20日，温州市公安局组织200余名市局机关民警在市区瓯江路沿江堤坝举行“平安温州•清静治安”健步走活动。6月11日，组织市局机关各部门、直属单位党委、党（总）支部代表共50余人，在永嘉县楠溪江红十三军遗址，举行“迎‘七一’，重走红军路”登山活动。10月13日，组织市局机关100余名民警（职工）在瓯海区瞿溪街道与瑞安市湖岭镇交界处瞿湖古道线举行“九九”登高活动。

【组织参加浙江省首届公安民警子女夏令营活动】 2016年7月25日至8月5日，温州市公安局组织26名全市优秀基层民警子女代表，分2期参加由省厅政治部举办的“奉献•感恩•传承”——浙江省首届公安民警子女夏令营活动。

老干部工作

【概述】 2016年，温州市公安局老干部处开展“从优待老警”系列活动，通过多种方式加强和完善对老干部的服务和管理，初步实现“让局党委放心，老干部满意”的工作目标。

【“从优待老警”系列活动】 2016年，温州市公安局老干部处开展“从优待老警”八大活动。包括“金婚、钻石婚”庆祝活动、送生日蛋糕祝福活动、手机虚拟网免费活动、老年大学学费报销活动、健康体检活动、离休干部健康休养活动、驾驶证换证绿色通道、每人订阅三份报刊等。对重病以及困难老干部开展“送温暖”143人次，全年慰问金额达61万元。

【老干部学习活动】 2016年年初，温州市公安局老干部处制定《市局机关老干部每月活动日时间安排计划》，明确每月10日（节假日顺延）为定期集中学习时间。组织有专长的老干部走上讲台，为全体老干部开展讲座活动。全年聘请有专长的6位老干部为大家开展健身保健、心理调适、手机电脑使用等方面的讲座活动6场。

【老干部“走基层、看变化、促发展”活动】 2016年，温州市公安局老干部处开展参观学习“4+X”活动。全年组织老干部参观学习4次，包括庆祝“三八节”妇女节、“七一”党的生日、“重阳节”活动、党支部委员外出学习。鼓励各党支部每年组织老干部不少于一次的外出参观学习，市局机关退休第一党支部每个季度组织本支部老干部外出参观学习。开展一系列的“走、看、促”活动，引导老干部发挥余热，献计献策。

【表彰奖励活动】 2016年，2位老干部被温州市公安局党委评为“优秀党务工作者”，21位老干部党员被市局党委评为“优秀共产党员”。退休第四党支部书记陈寿富被评为“全省最美老支书”，退休干部李保顺被公安部评为“全国公安机关离退休干部网络宣传工作优秀网宣员”。

协辅警人员管理

【概述】 2016年，温州市公安局秉承“像管理民警一样管理警辅”的理念，坚持严优并重，规范警务辅助人员管理和保障，加强关爱培训，优化生活保障，增强职业认同，激发和调动警务辅助人员的工作积极性和主动性，发挥辅警队伍作用。

【辅警管理改革】 2016年1月，温州市公安局联合市编办、财政局、人力社保局相关职能部门组队到宁波、绍兴、杭州、苏州等地，重点就辅警队伍编制、薪酬等改革核心内容进行学习调研；3月开始，组织开展市局机关和所属事业单位编外用工（辅警）定岗核编摸底工作，制定初步核编和控制数申请计划；9月，市编办核定市局编外用工控制数为2427名，其中，市局机关1006名（含配置城区的接处警辅警）、交警支队1353名、下属事业单位68名。

【日常管理培训】 2016年3月，温州市公安局印发《2016年全市公安机关辅警人员教育训练工作方案》，组织2期160余名全市基层派出所辅警骨干进行培训；11月中旬至12月中旬，在全市公安机关组织开展“除陋习、树形象”辅警队伍管理集中整顿月活动。

【面向辅警招录人民警察学员】 2016年8月，温州市公安局组织开展面向协辅警招录人民警察学员工作，全市共有280名符合条件的协辅警报考，共落实招录7人(男性6人，女性1人)。

【先进典型】 2016年9月，苍南县局桥墩派出所23岁的辅警林志，在抗击17号台风“鲇鱼”、救助受灾群众的过程中因公殉职。省公安厅党委书记、厅长徐加爱批示：“英雄无编外。”林志被追授“浙江好人”“最美温州人”、温州市“见义勇为勇士”等荣誉称号，12月被温州市人民政府追记个人二等功。

【表彰奖励】 2016年，温州市公安局共评选出市本级协辅警“季度之星”52名，年度优秀协辅警20名，发放奖金5.5万余元。G20杭州峰会安保期间，全市协辅警积极参与安保工作，因工作突出，共有100名优秀辅警受到省厅表扬，21名辅警受到市局表扬。

温州市人民警察学校

【概述】 2016年，温州市人民警察学校贯彻落实《训练条令》，按照“一校人马三校工作”的模式，圆满完成全市公安民警年度培训任务，浙江警察学院体改生学历教育，安防学院“去筹”建校工作。全年该校共举办各类培训29期2964人。采取“学研结合”新思路，探索建立“理论学习周、实践调研周、学考交流周”晋升训练“1+1+1”新模式，共完成培训8期690人次，收到调研文章72篇，组织评审8场次32课时，该做法被省厅主页《工作动态》《公安简报》栏目刊发介绍。年内，295名2013级体改生顺利毕业，179名2014级和244名2015级体改生分别从7月和11月开始在省内外实训基地开展岗位实习。6月16日，安防学院举行正式建校揭牌仪式。在浙江警院第六届警察运动会暨第二十五届田径运动会，教学点代表队取得男子铁饼冠军、男子铅球亚军、男子800米亚军、七项全能亚军、女子400米第二名、男子1500米第四名、4×100米第四名、团体总分第四的成绩。

【G20杭州峰会安保】 2016年，温州市人民警察学校抽调援杭团队、学警团队、留守校园团队“三支队伍”，分别在核心会场要人警卫、杭州铁路车站安保、温州留守校园值守“三大战场”。由警校5名老师组织带领的300名体改生学警全力增援G20杭州峰会铁路杭州东站、杭州站和余杭站3个站点。谢枝彪同志被市委市政府评为杭州G20杭州峰会维稳安保先进个人；胡益逊、谢枝彪、刘云宗、项纪明、曾海疆被杭州铁路公安处评为安保先进个人；学警团队荣获省公安厅“G20杭州峰会安保督察战时表彰”荣誉；胡益逊、麻旭勇、吴玉远、马雪榕荣立三等功；谢枝彪、林胜国、林成欣、陈奕嘉、李文杰被市局授予嘉奖；李文杰被通报表扬；王哲浩受到市局通报表扬；林成欣、王宜崇、李王、陈奕嘉获“每日安保之星”。

【2013级体改生毕业】 2016年1月12日下午，浙江警院温州教学点举行2013级体改毕业生座谈会。1月13日，举行毕业总结暨表彰大会，会议回顾总结2013级体改生2年来的学习和实践工作，为荣获奖项的学生颁发荣誉证书、奖金。1月14日，举行毕业典礼暨学士学位授予仪式。

2016年1月14日，浙江警察学院傅国良书记到温州出席2013级体改生毕业典礼

【第530期（入警）训练班实习动员大会】 2016年1月22日，温州市人民警察学校举行第530期（入警）训练班实习动员大会，校长胡益逊对学员们在校期间完成第一阶段的学习训练任务表示肯定，并提出实习要求。

【2015级体改班开学典礼】 2016年3月11日，浙江警院温州教学点举行2015级体改班新生开学典礼。市局党委委员、副局长金凌森作开学动员讲话。浙江警院孔忠副院长出席并讲话。市局党委委员杨枝立主持典礼并做会议小结。温州警校校长胡益逊、政委黄小中、副校长施小卫出席开学典礼。

【看望李君老师】 2016年4月6日，温州市公安局党委委员杨枝立在警校校长胡益逊的陪同下，前往累倒在课堂上的李君老师家中看望慰问。李君老师在4月5日上午的课堂上昏迷倒下，紧急送往医院救治后脱险。

【西藏嘉黎县党政代表团到校考察交流】 2016年4月8日，西藏自治区那曲地委委员、嘉黎县委书记索朗嘎瓦率嘉黎县党政代表团一行6人在温州市公安局政治部副主任吴国秋的陪同下到温州市人民警察学校考察交流，校长胡益逊、副校长施小卫陪同考察并出席考察座谈会。办公室、教务处、总务处、警体部相关人员参加座谈会。

【市民警校系列活动】 2016年4月20日，温州市人民警察学校组织开展“护航G20——市民警校进校园”活动。通过安全知识抢答、交通情景模拟互动、观看安全教育视频、学习安全防范歌曲等趣味性等方式，对小学生进行安全知识传授。6月16日和9月28日，副校长施小卫带队分别到中移铁通温州有限公司和市水心小学开展“市民警校—上门送教•共创平安”活动。讲授突发性事件的处置、安保器材的介绍和使用、个人徒手防卫等知识，进行现场示范演练。

【该校课题组论文在全省公安理论研讨会上交流】 2016年4月21日至22日，温州市人民警察学校尚文化、刘云宗、陈久闹组成课题组撰写的论文《户籍制度改革完善之我见——基于对五省户改实施意见之比较》一文获得一等奖。陈久闹老师代表课题组领奖并在研讨会上进行交流讲话。

【2015级体改生警训汇报暨授衔仪式】 2016年4月29日，浙江警院温州教学点举行2015级体改生警训汇报暨授衔仪式。浙江警院继续教育学院、安防学院、武警支队、市公安局政治部等相关领导出席仪式。教学点各处室领导、民警代表和部分学生家长观摩仪式。

【第530期训练班（入警）结业典礼】 2016年5月20日，温州市人民警察学校举行第530期训练班（入警）结业典礼。市局党委委员杨枝立、市局政治部教育训练处处长林海、校长胡益逊、政委黄小中、副校长施小卫出席典礼。

【全国二级英模阮林根来校讲课】 2016年6月13日，邀请全国二级英模、台州市公安局民警阮林根在实训楼报告厅为温州教学点14和15级400多名学员讲授《如何当好一名社区民警》。

【中国刑事警察学院考察团到校交流指导】 2016年7月18日，中国刑事警察学院考察团一行8人在警训部部长、教授朱伟的带领下到校考察交流，校长胡益逊、副校长施小卫和市局刑侦支队领导陪同考察并出席座谈会。

【校教师节表彰大会】 2016年9月9日，温州市公安局在该校召开第32个教师节庆祝大会暨2016年度全市公安系统“优秀教师”“优秀教育工作者”和“优秀教官”表彰大会。市公安局、市警校领导出席大会。

【与瓯海区公安分局举行警务技能训练基地共建签约揭牌仪式】 2016年10月14日，温州市公安局瓯海区分局与温州市人民警察学校举行警务技能训练基地共建签约揭牌仪式。瓯海区区委常委、公安局局长黄伟军、政委周剑波、政治处主任蔡国华一行5人到校出席仪式。校长胡益逊与局长黄伟军共同为“训练基地”揭牌。温州警校副校长施小卫、教务处领导以及瓯海分局相关人员共同参加揭牌仪式。

【与温州市红十字会签订培训合作协议】 2016年11月3日，温州市红十字会与温州市人民警察学校签订培训合作协议，成立警校培训基地。温州市红十字会党组书记、副会长陈晓甜、副会长姚庆国一行4人和校长胡益逊、副校长施小卫、教务处领导出席签约仪式。会上，双方就加强合作培训进行沟通和交流并签订培训合作协议。温州市红十字会领导一行参观温州警校实训教室和校园环境。

【第552期（入警）训练班开学典礼】 2016年11月9日，温州市人民警察学校举行第552期（入警）训练班开学典礼，温州市公安局、市人社局、市局政治部、宁波市局教育训练处和校领导出席典礼。警校各处室领导及相关人员和202名552期全体新警参加典礼。

【刑事办案训研中心建设评审会暨两“中心”授牌仪式】 2016年11月29日，温州市人民警察学校邀请市各县市区公安分局刑事办案方面的专家和老师参加校刑事办案训研中心建设评审会暨两“中心”（刑事办案训研中心和枪械训研中心）授牌仪式。

【宁波警校校长朱情孝一行到校考察交流】 2016年12月21日，宁波市人民警察学校校长朱情孝一行6人到温州市人民警察学校考察交流。校长胡益逊陪同朱情孝校长一行参观校园环境和教学训练设施，看望慰问在温州培训的宁波籍新警。总务处、教务处、警体部、办公室负责人陪同。

【红十字应急救护培训基地授牌仪式】 2016年12月29日，温州市人民警察学校与温州市红十字会举行应急救护培训基地授牌仪式。政委黄小中与市红十字会副会长姚庆国出席授牌仪式。双方就加强合作培训进行沟通和交流，并就应急救护培训基地建设达成共识。姚庆国副会长为训练基地授牌。

县（市、区）公安

鹿城公安

【区况简介】 鹿城区是温州市政治、经济、文化中心，辖区总面积295平方公里，下辖12个街道、2个镇。2016年，全区总人口133.9万人，其中常住人口75.8万人，暂住人口58.1万人。全区实现地区生产总值877亿元，人均突破10万元大关，增速15年来首次赶上全省发展水平；一般公共预算收入、固定资产投资、社会消费品零售总额分别达到28.5亿元、372.7亿元、862.8亿元；城镇常住居民人均可支配收入53535元，农村常住居民人均可支配收入27747元，同比分别增长8.0%、8.3%。

【概述】 2016年，鹿城公安分局紧扣护峰会、护平安、护发展中心工作，打造“高效、民生、智慧、规范”四大警务，推进中心城区治安管理“首善模式”，大情报应用、刑事侦查、金融维稳、打击侵财、缉枪治爆、窗口服务等工作走在全市、全省乃至全国前列。G20杭州峰会安保、清障护航等工作先后得到浙江省公安厅长徐加爱、温州市委书记徐立毅等省市领导10余次批示肯定；“G20安保工作组”立集体二等功。南郊派出所被省委评为“法治浙江建设十周年工作先进集体”；莲池派出所被省厅评为“全省公安机关G20杭州峰会安保工作先进集体”；情报信息大队、治安二大队被市局评为“全市公安机关G20杭州峰会安保工作先进集体”；出入境管理大队获“浙江省温暖警营”等省、市、区约10项荣誉，立集体三等功1次。全局共有2个单位立集体二等功，3个单位立集体三等功，12个单位获集体嘉奖；2名民警立个人二等功，24名民警立个人三等功，67名民警获嘉奖。

【机构人员】 2016年，鹿城公安分局设警令处、警务保障处、行政审批科、刑侦、出入境、治安、经侦、禁毒、国保、网警、特巡警大队等33个机关科室和职能大队，22个基层派出所，共有民警1198名（不含交警），总警力占全区常住人口比例为0.16%。

【命案侦破】 2016年，鹿城公安分局践行“命案必破、命案必防、命案必救”理念，加大对命案打击力度。全区共发命案15起，破15起，破案率100%。落实命案防破倒查机制和激励机制，畅通命案救治“绿色通道”，实现由破命案向防命案工作思路转变。

【应急处突】 2016年，鹿城公安分局建立“联合指挥、分层处置；联动应急、快速反应；联勤联防、重点管控；战时保障、强力支撑”的“三联一保障”工作架构，完善应急处突快速反应机制，强化特警突击队、特警预备队建设，打造“升级版”处突防暴工作机制。全年市政府周边突发、涉稳事件处置“零失误”，全区应急处突成功率100%，处置突发性、群体性和人员聚集事件苗头620起，被评为温州市综治维稳工作先进集体。

【安全保卫】 2016年，鹿城公安分局共出动警力2万余人次，参加世界温州人大会、两会、端午节中华龙舟文化节、G20杭州峰会、第三届世界互联网大会等86起大型活动安保和维稳工作，完成11次重要警卫工作任务，快速有效处置双屿街道中央涂农民自建房倒塌事故，抗御“莫兰蒂”“马勒卡”等突发性事件、抢险救灾20余次。强化拆违执法和城市管理，提供执法保障226次，投入安保警力3.7万余人次，拆除违法建筑面积累计107.2万平方米，化解矛盾纠纷25起，办理各类案件25起，刑事拘留60人，行政拘留15人。

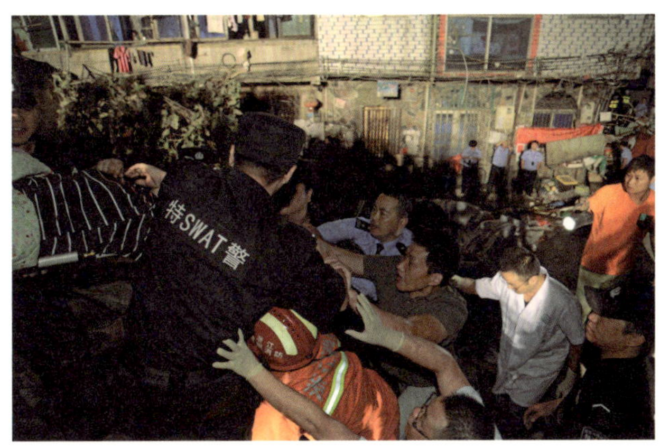

2016年10月10日，鹿城区双屿街道中央涂村中央街159号发生农民自建房突然倒塌事故。鹿城公安分局立即启动重大警情和社会应急联动处置预案，赶赴民房倒塌现场开展救援工作

【G20杭州峰会安保】 2016年，鹿城公安分局出台峰会安保方案，落实“工作清单”，形成“统一指挥、分工协作、整体联动、高效运作”工作格局，在全市率先开出首张“反恐罚单”，完成全市43%重点人员管控、67%人员聚集事件处置工作。信访总量、公安口信访量同比分别下降42%、34%，重点信访人“零滋事、零进京”。挖掘提炼峰会安保“十条经验”，固化安保经验“六大体系”。峰会安保工作得到市委、省公安厅领导10余次批示肯定，分局“G20安保工作组”立集体二等功。

2016年9月9日，鹿城公安分局在音乐广场举行迎接赴杭特援队员凯旋仪式，局领导为凯旋归来的队员献上鲜花，并一一握手予以亲切慰问

【互联网大会安保】 2016年，鹿城公安分局落实全警备勤、等级响应等机制，开展第三届世界互联网大会安保，全区共排查出租房29671家，集中注销出租房620余家，排查行业场所1077家，取缔行业场所21家，督促整改消防隐患239处，查处消防违法案件693起，刑事拘留3人，行政拘留70人。刑事治安、两抢、盗窃和入室盗窃接警数同比分别下降29.9%、44.6%、24.1%、47.6%，各类安全生产事故、火灾数分别下降19.6%、48%。

【护航发展】 2016年，鹿城公安分局创新“项目警官制”“网格警长制”等政务警务对接机制，推进“打霸治闹、清障拔钉”，摧毁黑社会团伙1个、恶势力团伙25个，查破案件114起、打处170余人，打处非访对象17人，优化经济社会发展环境，营造风清气正换届选举氛围。强化金融领域维稳处置，查破经济案件137起、打处174人，抓获“治赖”逃犯116人、追缴赃款赃物1.2亿。清障护航、打黑除恶、打击非访等工作赢得市、区两级党委政府认可，多次获得温州市委书记徐立毅等主要领导批示肯定。

【平安建设】 2016年，鹿城公安分局围绕平安鹿城建设，严打违法犯罪，夯实基础防控，提升社会治安掌控力，共刑事拘留2717人，抓获逃犯225人；摧毁涉黄团伙10个、赌博团伙21个、涉毒团伙13个，刑拘216人，强制隔离戒毒635人；打掉通讯（网络）诈骗犯罪团伙6个、伪基站团伙1个，刑拘网络诈骗等新型侵财犯罪嫌疑人114名，破获通讯网络诈骗案件306起、破坏电信设施案件（伪基站）11起，挽回群众财产损失751.4万元；侵财打击成效列市同类地区第一；查处“食药环”案件30起、打处96人；查处消防案件693起、打处责任人员73人，安全责任生产事故、火灾数同比分别下降20%、48%。全区没有发生影响重大的群体性事件、安全生产事故、恶性案件。

【公安“大网格”警务】 2016年，鹿城公安分局以全面深化公安改革为动力，配合全区街镇体制调整工作，设立103个网格，配备网格警长（民警）143名，完成有独立办公场地网格警务室规范化建设89个，落实“项目清单、管理清单、防范清单、线索清单、责任清单”5张清单。完善预警评估、复杂疑难敏感件督办、领导包案化解信访积案机制，健全局领导接访下访工作体系，实现公安归口重点信访人员“零进京、零滋事”，被市委市政府评为“全市人民调解工作先进单位”。运用“流口管理、打击治理、责任倒查”3张清单，开展“大拆大整”和“冬雷”百日攻坚战，得到市委领导批示肯定。

【物联网治安管控】 2016年，鹿城公安分局以科技手段为支撑，深化“以卡管人、以卡管房、以卡管车”，实施应用升级、资源建设和顶层设计，突出流动人口、出租房、电动车三大核心要素，运用信息、轨迹、平台三大核心资源，加强人、房、车管控力度。全区发生盗窃电动车案件同比下降22.3%，接市局物联网运管中心指令177条，现场追缴被盗电动车86辆，追缴率48.5%；现场抓获盗销电动车嫌疑人52人，抓获率29.3%。“以卡管房”流动人口覆盖率71.3%，列市同类地区第一；安装智能门禁303套，人脸抓拍点位安装34处。全区累计登记流动人口同比上升12.29%，注销同比上升31.53%。

【窗口服务】 2016年，鹿城公安分局依托“互联网+”技术优势，优化户籍、治安、出入境等公安行政管理服务，改善窗口服务，规范办事流程，减少审批环节，简化审批手续，压缩审批时限，推出港澳通行证24小时“自助签注一体机服务”“手机微服务”等系列便民措施，全年审批窗口群众满意度100%。全年出入境办理各类证照35092件，办理外国居留、签证253件，境外人员临时住宿登记55177人次；查处各类涉外违法案件108起，涉外案件打击量全市排名第一；外管基础考核全市排名第一。出入境管理大队获“浙江省温暖警营”“浙江省公安出入境一类文明窗口”称号。

【治安管理】 2016年，鹿城公安分局开展“横扫丑恶现象”“肃清黄赌毒”“危险物品管理专项整治”和“治爆缉枪”专项行动，全区黄赌毒警情下降23%。全面推行企业“电子凭据”建设和易制毒化学品物联网管控工作，统一推行《鹿城区易制毒化学品企业规范化管理台帐本》，物联网管控率100%。新建15支志愿消防队，组建83个社区和324个单位微型消防站，全区火灾报警下降34.8%。全年破获污染水环境案件5起，采取刑事强制措施6人；破获食药品犯罪重大案件25起，采取刑事强制措施90人。

【情报专业体系建设】 2016年，鹿城公安分局创新研发智能化工具系统，结合PGIS警务地理系统、视频监控网，全面整合刑侦、技侦、网侦、视侦多种侦查手段，形成“研判—经营—落地—再研判—再落地”实战工作链，实现人、车、物、案等警务资源全面关联，成功处置“望洲财富”“行行贷”投资人聚集请愿等事件苗头。情报中心被授予“全国情报信息应用开发基地、情报人员培训基地”，全国区级公安情报重点人员管控改革试点单位。全国公安综合情报部门智能研判工具应用工作现场会在鹿城召开，该局就鹿城大情报体系向来自全国各地综合情报专家作经验交流。

【治安防控体系建设】 2016年，鹿城公安分局深化视频巡查、便衣巡控、公开巡逻和社区巡防“四维一体”巡控体系，岗亭警力常态值守，专业接处警巡处结合，便衣别动队布点守候，特警力量点穴防控，视频监控全覆盖巡查，群防群治星状布点守望。全年通过“警灯工程”抓获现行嫌疑人16名，居市同类地区前列。组建5万人群防群治队伍和4万人平安志愿者队伍，纳入指挥调度体系。建立5分钟、3分钟、1分钟三级快速反应控制圈，实现警情快接快处。建成“人像抓拍系统”一期工程，实现重点区域“人像抓拍、智能预警和落地管控”三位一体。辖区刑事治安总警情、盗窃警情、两抢警情、“黄赌”警情、入室盗窃警情同比分别下降27%、25%、34%、25%、29%，总破案数、侵财刑拘数、侵财移诉数同比分别上升11%、2.5%、8.1%。

2016年12月18日，市公安局副局长、鹿城区委常委、区公安分局局长林振江实地督导检查“千警巡逻·百卡护城”工作，并就冬季大巡防行动提出具体工作要求

【执法办案规范化】 2016年，鹿城公安分局推行基层所队执法办案、案件管理、物证管理“三位一体”执法管理机制建设，推进“人、案、物”集约化、标准化、流程化、精细化管理。南郊派出所自主研发“执法小管家”平台，经市局升级改造为“以卡管案”系统在全市推广。开发应用执法廉政风险预警管控系统，配合“局规”建立配套工作机制，智能分析民警执法办案情况，产生单位和个人“红、黄、蓝、绿”四级执法廉政风险管控指数及工作建议。深化执法办案积分制，实行积分结果与奖优罚劣直接挂钩。推进执法流程信息化，利用现场执法纪录仪、视频监控技术等手段，实现所有执法活动可溯式管理、全过程监督。

【队伍管理精细化】 2016年，鹿城公安分局落实“一岗双责”、刚性问责、约谈、挂牌整改等制度，融合民警等级化和档案数字化管理机制、量绩择才绩效考核机制与“廉政风险管控系统”应用平台，风险管控水平处于全市公安领先水平。优化督察机制，以“政务警务督办、重点工作督导、视频会议督促、常态合成督察”四项活动为载体，保证政令畅通、警令执行。开展好民警讲故事活动，分别举办2期鹿城警务

2016年10月28日，鹿城公安分局在会展中心举行“鹿城公安·农商杯”五人制足球比赛决赛暨闭幕式

论坛和名师讲坛。组织兼职教官等级化评定，聘任包含高、中、初级教官共计43名。在各级电视、报纸媒体共发表宣传报道1270篇，国家级媒体录用20篇，省级媒体录用138篇，被评为《警方时空》专栏优秀通联单位。《鹿城警务观察》电视栏目播出节目44期，央视录用13期，省台录用14期，被省厅评为全省优秀公安电视专栏。

龙湾公安

【区况简介】 龙湾区位于温州市东部，濒临东海，辖区陆地总面积279平方公里，海岸线长60公里，是温州工业区之一，也是温州城市东扩主要区域，区内有国家重点保护文物单位永昌堡、省级风景名胜区瑶溪风景区。2016年，全区常住人口230326人，登记在册流动人口269273人。全区实现生产总值384.44亿元（不含温州经济技术开发区），同比增长9.0%；财政总收入39.47亿元，同比增长3.5%，其中公共财政预算收入25.07亿元，同比增长8.0%；外贸出口总额122.68亿元，同比增长5.0%；城镇常住居民人均可支配收入48217元，同比增长8.7%；农村常住居民人均可支配收入28855元，同比增长7.7%。

【概述】 2016年，龙湾公安分局把握“十三五”开局之年的公安发展主题，推进“四项建设”，圆满完成G20峰会、第三届世界互联网大会等重大安保工作任务。全年分局共接报各类警情31479起，同比下降9.17%；刑事发案3853起，同比下降23.1%；破结刑事案件1050起，同比上升5.39%；治安处罚2989人，同比上升40.79%。行政立案6185起，查处2623起。年内，共有52个集体和383位个人受到省、市、区以及分局表彰。分局G20峰会安保办荣立集体二等功，分局层面首次获得此荣誉；区部门年度考绩连续六年优胜；“大拆大整”流动人口专项整治、群众安全感满意度、物联网治安管控、社区警务、警务全回访、机要工作等年度重点工作全市第一，执法规范化、队伍正规化建设、科通业务等工作全市领先。信访科荣获全省公安信访“抓打强促”专项活动成绩突出集体，出入境管理大队荣获全省公安出入境“亮窗工程”建设二类文明窗口单位，特巡警大队荣获全省优秀基层单位称号，特巡警大队、指挥中心、治安大队分别荣立集体三等功，户政基础大队、治安大队荣获全市优秀公安基层单位，永中派出所荣获全市公安机关“铁班子、好主官”单位。吴崇明立一等功，王旭立二等功，李展等19人立三等功；娄维光荣获全省公安机关打击侵财犯罪专项行动成绩突出个人称号；徐佳、林星闪荣获全市公安系统优秀教官称号；杨志远荣获全市优秀人民警察称号。

【机构人员】 2016年，龙湾公安分局内设20个职能机构和7个派出所，共有民警394人，机关工人7人，事业编制人员22人，协警533人（包括文职22人），其中局党委委员12人，中层干部146人。

【公安维稳】 2016年，龙湾公安分局共处置各类涉稳案事件23起、化解各类不稳定因素63起。

【公安信访】 2016年，龙湾公安分局共受理群众来访来信160批（件），信访总量同比下降25.6%。其中来访60批次90人次，同比批次下降34.1%，人次下降37.7%；收到群众来信100件（初信37件），同比下降19.4%；办结信访142件。

【命案侦破】 2016年，龙湾公安分局围绕“命案必破”目标，强化合成作战和综合手段应用，提升命案攻坚能力。全区命案发7起，破7起，命案破案率达100%，并侦破1起2009年的命案积案。

2016年4月11日，龙湾公安分局分别从湖南长沙和安徽安庆抓获2名犯罪嫌疑人，成功破获7年前发生在温州大道速8酒店附近郑某某被抢劫杀害案

【打黑除恶】 2016年，龙湾公安分局组建温州东部地区打黑除恶工作专班，并在6个派出所配套设立打黑工作小组，合力开展线索排摸、情报分析、案件侦办、司法协调和重点整治等工作，全年共摧毁13个恶势力团伙，破获1个长期霸占垄断行业的黑社会性质组织。

【打击侵财犯罪】 2016年，龙湾公安分局整合全局资源，依托“打击电动车”“侵财攻防”等4项专项行动，共移诉侵财犯罪嫌疑人491人，完成率91.95%；五年以上判决数12人，完成率91.95%；两抢人案比100%，两抢现案破案率71.05%；刑拘22名高财对象，完成率22.22%；通讯网络诈骗案共发案960起，同比下降15.64%。

【打击经济犯罪】 2016年，龙湾公安分局共立各类经济犯罪案件37起，破39起（其中年前案件17起），移诉38件58人，挽回直接经济损失3600万元；继续强化“治赖”追逃，采取“科技+传统”手段，对76名“老赖”开展上网追捕，共抓获49人；全年查破恶意逃废债案件18起，其中境外逃犯2名。

【打击涉网犯罪】 2016年，龙湾公安分局及时发现并成功处置多起重大舆情事件，收集整理涉稳网络舆情事件68起，落地查证26人，涉稳舆情落地率达100%。全年自侦破获23起涉网刑事案件，刑拘75名犯罪嫌疑人，配侦案件130余起，协助抓获CCIC逃犯131名。

【护佑民生】 2016年，龙湾公安分局移诉涉食品犯罪嫌疑人30人、移诉涉药品犯罪嫌疑人12人，移诉涉环境犯罪嫌疑人24人。成功破获“毒狗肉”系列生产、销售有毒、有害食品案7起，移诉8人。

【追逃】 2016年，龙湾公安分局落实“全警追逃”机制，规范逃犯上网前缉捕工作，强化逃犯及其重点关系人信息采集和专业研判工作，开展关系人信息追逃、举报追逃、劝投追逃、合成追逃、协查追逃等多种措施。全年共抓获外省逃犯84名，抓获本市年前逃犯101名，本地年前逃犯归案数140名。

【视频侦查】 2016年，龙湾公安分局构筑“3211”为总体建设框架的视频监控“天网”工程，构建科学、可持续发展的安全技术防范体系，继续完善主要街区、交通路口、商业街、市场、广场、学校门口、小区出入口、要害部位、乱点部位、村居等监控大布点。全年新建1030个监控点，改建到期监控290个，联网社会监控4000个。年内，监控点位全部完成验收并投入使用。

【刑侦合成作战】 2016年，龙湾公安分局通过自主提线、协助研判或指令，抓获犯罪嫌疑人392名，摧毁侵财等各类团伙27个，破获各类案件400余起。尤其在“1•13”故意伤害致死案、“2•2”故意伤害致死案、“10•24”故意伤害致死案、状元纵火等重特大案件侦破中发挥重大作用。

【禁毒】 2016年，龙湾公安分局以“春雷”专项行动为主要载体，打击成效列全市同类地区前列，共抓获毒品犯罪嫌疑人126名，移诉118名，破获3人以上团伙13个，完成确立公安部目标案件2起、省厅目标案6起，查获吸毒人员499人次，强制隔离戒毒128名，美沙酮维持治疗42人。全年全区共开展15次踏查行动，未发现非法种植毒品原植物事件，继续保持毒品原植物“零种植”“零产量”。以《龙湾区2016年毒品预防教育工作要点》为指引，开展禁毒宣传预防教育工作，全年共组织禁毒宣传大型活动5场，参观禁毒预防教育基地12场，制作、分发禁毒宣传资料与禁毒级纪念品30万余册（份），利用LED播放禁毒宣传广告和视频500余条，受教育群众达30万余人。

2016年6月23日，龙湾区举行“6·26”禁毒日暨出租房禁毒预防宣传省级试点工作启动仪式

【户籍改革】 2016年，龙湾公安分局全面建立新型户籍制度，调整户口迁移政策，统一城乡户口登记制度，完善居住证制度，推进义务教育、就业服务、基本养老、基本医疗卫生、住房保障等城镇基本公共服务覆盖全部常住众人口。全年共清理重户户口39人次，清理人口信息无相片731次，办理出生业务2994人次，死亡业务918人次，迁入业务5388人次，迁出业务5388人次，其他业务30人次，解决疑难的无户口人员10人次，核查户籍人口实际居之地36758人次。

【物联网治安管控】 2016年，龙湾公安分局建立物联网智慧防控体系，建立覆盖全区的物联感知网。在“以卡管房”方面，共安装电子二维码门牌22802家，安装率为77.61%，增添商铺防盗系统952套、电子门戒392套，布建物联网侦测基站554台。在“以卡管车”方面，共登记上牌电动车辆103966辆，建设以卡管车基站554个，查获车辆31辆，抓获嫌疑人24人。在“以卡管人”方面，共发放“e居卡”283817张，在册流动人口发卡率97.26%。通过物联网“以卡管人”抓获对象75人，其中行政拘留42人，刑事强制措施29人，抓获逃犯4人。

【社区警务】 2016年，龙湾公安分局以“五大举措”为载体，推动社区警务转型升级，打造创新培育工场，提升社区警务软实力，固化社区工作模式，优化指令流转机制，拓展为民服务渠道。全年加强社区巡防工作。

【出入境管理】 2016年，龙湾公安分局共受理公民因私申请出国（境）33496人次，其中办理普通护照9950人次，办理往来港澳通行证18777人次，内地居民赴台旅游大陆证4769件，处理涉外案（事）件20起，其中逾期非法居留7起7人次，法定不批准出境人员报备1409人，其中跨省报备703条，省内报备706条，撤销报备15人，发现扣留、收缴或宣布作废25人。

【情报信息】 2016年，龙湾区公安分局印发《龙湾区公安分局“四级四色四巡”预警勤务响应机制（修订稿）》。结合市局发布的《温州市公安机关社会治安状况“二级四色”预警评估办法》，建立分局和派出所两级预警机制，开展周预警、周预测、月预测和月评估工作，及时发布预测指令和响应指令，针对性组织开展巡逻工作。全局利用“移动警务终端”采集人员信息184439条，核录入招兵买马人员信息173760人，采集零散信息14495条。通过研制打处各类犯罪嫌疑人74人，抓获逃犯 4 人，追赃16起。

【防暴处突】 2016年，龙湾公安分局健全应急反恐机制，设置“135”快速反应圈，每天安排1/3警力备勤。以防为主，打防结合，构建立体化防控体系。启动联动联勤机制，以特警PTU为核心，建立全区域全天候覆盖的街面巡防模式，加强辖区重点区域和易发案件地区的巡逻防控力度。全年共成功处置各类群体性事件及苗头76次，巡逻抓获各类违法人员202名，其中逃犯21人，刑拘41人，行政处罚139人。

【指挥勤务】 2016年，龙湾公安分局共接报各类警情31479起，同比下降9.17%。其中，刑事+治安类警情20183起，占总接警数的64.12%，同比下降20.57%；求助类警情4599起。创新“移动微警务”警务工作模式，出台“移动微警务”平台三期建设方案和《全区公安机关“移动微警务”平台营运管理规范》，完善龙湾“移动微警务”运营规范和奖惩激励机制，“移动微警务项目”获得2016腾讯全球全作伙伴大会“E治理创新奖”。深度拓展“互联网+”指挥调度模式，结合“微指令”功能，将具有明确目标位置和现场情况的“可视化”指令直接摄推送到移动警务终端和民警，打造“勤务中心”，设定上班、加班等 9 种基础勤务状态和30种二级勤务状态，绑定微信和PDT对讲机实进定位人员位置。

【公安法制】 2016年，龙湾公安分局共刑拘1224人，取保候审905人，监视居住184人，提请逮捕764人，批准逮捕515人。收容教育5人；社区戒毒149人，社区康复100人，强制隔离戒毒201人；行政处罚2939人次，其中拘留2676人次，罚款313人次，警告5人次。

【审批服务】 2016年，龙湾公安分局整合窗口资源，4月，出入境管理大队（行政审批科）合署办公，统一开放对外办公窗口。对整个办证大厅进行统一规划，重新布局接待大厅设立咨询预检区、填表区、受理区、等候区、信息采集区、自助办证区、社会服务区7大功能区。实施“采验分离”受理模式，专门开设采集窗口，民警直接受理申请，最大限度地缩短申请人在窗口的等候时间，增设2台自助填表机，实现自助填表功能，实行周六无休日工作模式。全面铺开“公安网上办事大厅”“龙湾公安”微窗口服务，可通过手机实现网上咨询、预约、办证、查询进度服务。全年共受理各类行政审批33883件，受理办结户口材料745件；临时证审核签发5310件，审批易制毒化学品管理事项16041件，公章入网备案11212件，民用爆炸物品购买、运输许可567件，旅馆业许可2件，互联网上网服务营业场所安全审核5家，公章刻制业1家，电子服务评价器群众满意度为99.8%。

【勤务保障】 2016年，龙湾公安分局重新修改《全区公安机关财务管理规定》，调整分局工作人员差旅费报销规定。加强装备资产购置与管理，先后采购单警装备4批次。落实永兴派出所基建项目建设，完成业务用房项目建设，启动分局科技综合楼和瑶溪派出所业务用房前期准备工作。完成147辆公车车改任务。

【警务督查】 2016年，龙湾公安分局开展G20安保专项督察、公务用枪清理整顿、反恐维稳督察工作、“两会”安保专项督察、重大节假日安保工作等重点工作专项督察，共执行现场督察任务246次，出动督察警力775人次，发现查纠各类问题215个，提出督察建议85条，发督察法律文书 1 份，停止执行职务 2 人，发督察通报62期。局规查记554人次/624分。

【公安宣传】 2016年，龙湾公安分局以“寻找身边的榜样”“G20安保风采”为载体，选树12个先进集体和36名先进个人，专刊宣传先进事迹。全年在各级媒体刊发稿件共600余篇。

【从优待警】 2016年，龙湾公安分局推进爱警惠警促活力活动，开办微信超市，提供下午茶，建设“民警之家”休闲中心，整合修理厂和物业资源为民警提供便捷服务；继续举办民警子女暑期素质培训班；逐步完善心理健康测查测评和心理健康档案制度，及时发现并解决民警心理危机。推进“美丽窗口、花园警队、文化警营、心愿墙”创建活动，相继建成蒲州所“鹰文化”、海滨所“花园警队”等系列基层警营文化。

瓯海公安

【区况简介】 瓯海区位于温州市区西南。全区辖1个镇、12个街道、1个省级经济开发区，251个行政村，86个社区，区域面积467平方公里。2016年，全区常住人口43.9170万，流动人口59.6332万。全区实现生产总值487亿元，同比增长8.6%；财政总收入55亿元，一般公共预算收入32.2亿元，分别增长10.4%、12.1%，增速名列全市前茅；限上固定资产投资首次突破400亿元大关，同比增长13.8%；规上工业增加值125.5亿元，增长8%；服务业增加值223亿元，增长10.8%；社会消费品零售总额265亿元，同比增长15%；城镇居民、农村居民人均可支配收入分别为49521元、28062元，同比分别增长8.3%、8.2%。

【概述】 2016年，瓯海公安分局以G20杭州峰会安保为主线，以创新完善社会治安立体防控体系为主载体，切实营造和谐稳定的社会治安环境。全年，全区有效警情同比下降3.12%，刑事发案同比下降16.39%，两抢（含治安）发案同比下降44%，盗窃（含治安）发案同比下降16.71%，盗窃电动自行发案同比下降26.07%，通讯网络诈骗发案迎来拐点，同比下降12.94%；刑事破案数同比下降5.51%，刑拘数同比下降15.17%，移诉数同比上升10.21%，其中，侵财移诉同比上升23.39%，黄赌移诉同比上升14.84%，涉食药环移诉同比上升30.9%。全区没有发生影响恶劣的重大案事件，没有发生影响重大的涉警舆情事件，社会大局平稳。年内，该局被评为全国公安机关执法示范单位，10名民警获评省公安厅“千名好民警（协警）”。共有2个单位、2名个人荣立二等功，6个单位、16名个人荣立三等功，8个单位、51名个人受到嘉奖。

【机构人员】 2016年，瓯海公安分局内设机构38个，直属单位2个，直属事业单位1个，派出所15个，总警力744名（包括行政职工32名，公务员1名，事业职工36名）。

【局长履新】 2016年12月8日，瓯海区委常委、公安局长黄伟军荣调市局党委委员、政治部主任。12月9日，浙江省公安厅政治部教育训练处处长毛伟平同志到瓯海就任副区长、公安局长。

【护航发展三百行动】 2016年，瓯海公安分局围绕“三改一拆、五水共治、重点工程”等政府中心工作，启动以“百警助百强、百警联百企、百警进百村”为主要内容的护航发展“三百”行动，共查处阻碍重点工程案件41起，提供执法保障385次，出动警力5621人次，提供风险评估99次，化解矛盾纠纷108起，为三类改造343.376万平方米、拆除违法建筑187.67万平方米提供坚强保障；办理涉水案件44起，刑拘19人，取保候审77人；处置群体性事件和越级闹访苗头13起，采取刑事强制措施8人，行政拘留54人，警告性谈话57人，党政中心工作推进顺利；建成瓯海农商行、温州东瓯集团公司2家警企工作室，向企业、商户发布预警信息165条，帮助解决困难42件，接受法律咨询221次，破获各类逃废债案件61起，采取刑事强制措施71人，治赖追逃64名。该做法在《温州信息》刊发，得到市委副书记钱三雄批示推广。

【大拆大整执法保障】 2016年，瓯海公安分局聚焦减员增效和无安全事故为目标，以流动人口管理专项行动和消防安全整治专项行动为载体，护航大拆大整专项行动，共查封出租房、合用场所及民宿855家，断水断电4492家，协助拆除违章75.42万平方米，关停四无企业3992家。执法保障过程中，共刑拘12人，取保候审4人，行政拘留69人，行政罚款271人。

【G20杭州峰会安保】 2016年3月，瓯海公安分局围绕“四个满意”“六个绝对不发生”总目标率先全市启动安保办，组织推进G20杭州峰会安保围绕峰会安保工作，圆满完成安保任务，综合成效位列全市之首，被省政府评为全省G20杭州峰会安保先进集体，系全市

2016年5月27日，瓯海公安分局举行护航G20杭州峰会誓师大会暨屯警街面大巡控启动仪式

唯一一家获此荣誉的县级公安机关。

【命案侦破】 2016年，瓯海区共发命案8起、破8起，破案率100%，并破获命案积案3起（2起为10年以上）。

【打黑除恶】 2016年，瓯海区公安分局共排摸黑恶线索57条，打掉涉黑恶团伙39个，破案134起，刑拘275人。成功打掉南白象叶某涉黑团伙和娄桥菜篮子聚众斗殴涉恶团伙。

【打击侵财犯罪】 2016年，瓯海区公安分局以全省公安机关打击侵财犯罪专项行动、全区公安机关打击侵财百日冲刺战为载体，推进打侵财工作。全年共破获侵财案件1854起，刑拘侵财对象847人，移诉917人，起诉684人，五年以上判决10人，其中打击两抢对象52人，高财对象21人，销赃对象27人，刑拘通讯网络类犯罪对象153人，追回赃款216万元。

【护佑民生】 2016年，瓯海区公安分局联合区食安委、环保、药监等部门开展“食药环”打击，共对食药环对象采取刑事强制措施185名，移诉148名，同比上升42%，成功破获公安部督办的特大生产、销售假酒案，刑拘20多人，收缴五粮液和茅台假酒成品3200瓶。

【打击金融领域犯罪】 2016年，瓯海公安分局进一步完善金融领域重大群体性事件隐患专案经营和重大不稳定因素“一事一案”工作机制，推进“猎狐2016”“治赖”追逃、打假、金融维稳等专项行动。全年共立经济类案件200起，破案133起，涉案总价值118720.75万元；共刑拘82人、取保候审125人（刑拘转取保44人），逮捕28人，移送起98件、116人。“猎狐2016”抓获境外逃犯5名，一类地区排名第二。尤其打击利用离岸公司和地下钱庄转移赃款专项行动成效突出，共捣毁地下钱庄2个，破获非法经营外汇案34起，抓获涉案人员35名，涉案资金流水总额达330多亿元，公安部副部长孟庆丰专题批示要求向全国推广瓯海“四个三”经验。

【追逃】 2016年，瓯海区公安分局共抓获各类逃犯435名，其中外省逃犯152名，年前老库逃犯100名，归案148名，归案率42.29%，成效位列全市第二。

【扫黄禁赌】 2016年，瓯海区公安分局共打击黄赌团伙34个，破省厅督办案件3起，采取刑事强制措施316人，移诉299人。

【禁毒】 2016年，瓯海区公安分局共摧毁涉毒团伙13个，破部标案件1起，省标案件4起，移诉138名，强制戒毒210人，查处吸毒人员589人次，缴获各类毒品17.96603公斤，参加美沙酮治疗人数103人，接受社区戒毒156人。

【物联网治安管控】 2016年，瓯海区公安分局在持卡人主动刷卡、二维码智慧门禁推广以及备案交通工具类别拓展上下功夫，加强人、房、车管控力度。以卡管人方面，全年在册需制卡流动人口588072人，已制卡547345人，制卡率为93.07%，有效刷卡率为70%。通过“以卡管人”查获对象598人，其中刑拘190人，行政拘留395人，追逃13人。以卡管房方面，共建有门禁4272套，其中出租房门禁2344套，新增320套。门禁使用率为82.33%，授权人数为50129人；以卡管车方面，率先在仙岩所开展将燃油助力车纳入系统平台进行防盗登记备案管理，共登记电动车162904辆，新增44772辆。利用“以卡管车”系统查获赃车103辆，打击处理违法犯罪嫌疑人40名。

【视频侦查】 2016年，瓯海公安分局推进视频侦查试点工作，于5月10日承办全省视频侦查先期试点小结会。全年共利用视频监控破获刑侦管辖的刑事案件965起，视侦破案占比为55.78%，视频实战应用成效全市第一。

【警灯工程】 2016年，瓯海区公安分局将全区警灯工程岗亭分为“综合型、实战型、服务型”岗亭，并将13个警灯岗亭整合，由协辅警定点值守岗亭，其余警力在岗亭周边设6个长效卡点，将岗亭值守、设卡盘查、街面巡逻、为民服务等工作职责有机结合，提升警灯工程实效。全年共建成或改建综合型岗亭21个，实战型岗亭6个，服务型岗亭3个，长效卡点6个，共采集信息231267条，刑拘30人，行政拘留69人，查获赃车126辆。在全市公安机关警灯工程工作法评比中荣获一等奖。

【派出所勤务机制改革】 2016年，瓯海公安分局致力于派出所警务机制改革，打造派出所基础勤务平台，打通社区警务三实有、警用地理地图、110接处警三大平台，并在平台内植入“电子签到打卡、勤务模式报备、GPS系统定位、110接处警标准处理、社区警务精准推送、四色预警积分抵消、网上督察考核”七大功能，运用信息化管理手段实现对派出所勤务的精细管理，解决“警力难下基层、工作难以深入、考核难以量化”三大难题。该创新做法荣获全市公安机关警务创新年度大赛二等奖。

【寄递业信息化管控】 2016年，瓯海公安分局结合瓯海寄递业管控实际，自主研发“寄递哥”手机APP，通过包流量送手机的模式，由快递公司为全区快递员统一配置手机、统一安装APP，通过信息化管控模式，提高快递员工作效率和散户开包验视率及实名登记率，确保实现寄递业管控3个百分百。全区快递员手机“寄递哥”软件安装使用覆盖率达到80%。该做法被省公安厅以简报形式推广，省委副书记王辉忠批示推广。

【动态布警】 2016年，瓯海公安分局推行“屯警街面、动态布警”机制，打造“1、3、5分钟控制圈”，提升对暴恐等重大案事件以及街面犯罪的快速处置能力。建立武装叠加巡逻机制，组建特警西、中、南片巡组，与派出所专职巡逻队、便衣巡逻队、群防群治队伍形成交互穿插，实现对重点时空、重点区域的全覆盖、零盲点的立体式防控。全区共划分3个大网格、14个中网格、27个小网格以及1个1分钟控制圈、4个3分钟控制圈、4个5分钟控制圈，共设派出所专职巡逻队14支234人、社区巡逻队115支1001人；全年通过屯警街面大巡控及110快速联动共抓现行对象74人。

2016年12月29日，瓯海区举行岁末年初万人大巡防启动仪式

【科技围城】 2016年，瓯海区公安分局推出以“视频围城、数据围城、虚拟围城”为主要内容的“科技围城”计划，整合“互联网+”系列技术手段，实现对人、物、车、房等要素的管控。全区共建成25家加油站和温州动车站车辆进出视频抓拍系统，在50个重要通道安装101、102设备。该项目被市局确定为温州公安科技信息化“166”工程试点项目，荣获全市公安机关警务创新年度大赛一等奖，被公安部刊发简报予以推广，得到省厅副厅长黎伟挺批示推广。自主研发“路边拍”“鸡毛信”“巡逻哥”等APP软件，打造信息采集软件矩阵。

【三室合一】 2016年，瓯海区公安分局通过自主研发“三室合一”管理工作平台实现电子化办公。全年利用“三室合一”打击1045名，占派出所打击数44.4%，破获刑事案件736起，占比40.4%，抓获逃犯113名，占比36.3%。开发区派出所被市局评定为五星级“三室合一”。

【刑事科学技术】 2016年，瓯海公安分局形成以专业力量为主，派出所专（兼）职人员为辅的统勘模式，自主创建的电子物证检验室于2月1日正式投用。分局刑事科学技术室被评为全国示范刑事技术室。全年共勘查各类现场3357起，指纹比中615起，归案282人，DNA比中159起，归案85人，现场勘查工作成效全市第一。

【刑侦合成作战】 2016年，瓯海区公安分局通过合成作战共刑拘对象474名，其中逃犯96名，高财对象21名，伪基站对象14名，支撑全局打处占比26.64%。分局在全市公安机关合成作战比武竞赛中获二等奖。

2016年10月20日，浙江省公安厅党委委员、副厅长黎伟挺到瓯海区公安分局情报合成中心听取新桥派出所所长王钦作工作介绍

【警调衔接】 2016年，瓯海公安分局落实不稳定因素排查化解机制，全市首创24小时跟班作业式警调衔接机制，采取公安局统一招聘、统一管理，司法局统一培训、统一考核的模式，将调解人员从25名增加到60名，将工作时间从工作日向夜间、节假日、双休日延伸，派出所警调室月平均调解数比先前翻了一番。推进警调衔接延伸工作，在社区、专业市场、大型企业建立警调衔接延伸工作室。全年全区113个调解室共调解纠纷3531起，同比上升92.4%。

【监所安全】 2016年，瓯海公安分局深化省厅“四个规范”和市局“两统一、一规定”，推进监所安全管理工作。瓯海看守所连续实现18年安全无事故，相继荣获全国看守所“五化建设”成绩突出单位、全国一级看守所等荣誉称号，并荣立集体二等功一次；瓯海拘留所实现连续11年安全监管零事故。

【规范执法】 2016年，瓯海公安分局从执法软硬件、机制建设、监督管理入手，增强执法主体能力建设，铺开执法三位一体建设，推行执法办案积分制。创新推出执法全程可视化管理系统，该做法得到省厅副厅长王海仁的批示推广，被公安部全面深化改革专刊发文推广。全年共刑拘1869人，释放760人，取保候审1156人，监视居住97人。提请逮捕1385人，批准逮捕1174人，行政处罚4136人次。年内，分局被评为全国公安机关执法示范单位，连续第7年获评全省公安机关执法质量优秀单位。

【政工教育】 2016年，瓯海公安分局以“两学一做”为主线，开展“无限忠诚走在前列”“敢担当，树标杆”作风建设五大行动等专题教育活动，通过学习、讨论、上党课等形式，开展大学习、大讨论活动。同时，落实队伍管理“五项制度”、思想政治工作“八个要”制度以及“警营恳谈”固定接待日制度，强化政工干部“专岗主责”和带头执纪意识，及时掌握队伍动态、把正队伍风向，确保队伍健康发展。

【警务督察】 2016年，瓯海公安分局共开展各类督察活动562次，发现和纠正各类问题429个，开展视频督察431次；共提出督察建议217条，发督察建议书4次；受理核查各级领导转（批）办28起、群众来人来电投诉件87起；局规记分1005人次1120分，同比分别上升16.05%、11.11%。全局没有发生民警违纪违规行为。

【“三包三带三连”机制】 2016年，瓯海区公安分局推行领导干部“三包”“三带”“三连”工作机制，并将“三包三带三连”纳入日常督察范畴，通过定期检查、集中亮绩等形式倒逼机制落地。年内，全局中层干部承担全区15%的接处警任务，共办理刑事案件96起，行政案件307起，派出所中层干部人均办案5.01起，机关中层干部人均办案2.83起。“三包三带三连”做法得到省厅副厅长石小忠的批示推广，在全市公安系统推广。

【素质强警】 2016年，瓯海公安分局以全市警务创新大赛、全市新警综合能力竞赛、警种岗位业务能力竞赛以及特警预备队建设等为载体，推进素质强警工程。全年共组织开展G20杭州峰会安保专题轮训3期，业务线专题培训10期，心理辅导健康讲座3期，分局1515名协辅警（文职）人员全部接受基础技能培训；在全市公安机关业务警种竞赛中总成绩全市第二，其中特警系统比武获一类地区第一。全年全局共收集警务创新项目23个，上报市局10个，共有6个入围全市警务创新大赛，1个项目获批市局改革项目试点。三个项目分别荣获全市公安机关警务创新年度大赛一、二、三等奖。

【窗口建设】 2016年，瓯海公安分局推进“美丽窗口、花园警队、文化警营”创建活动。全年共改造建成派出所“美丽窗口”8个，仙岩所、娄桥所被授予全市公安机关“美丽窗口、花园警队、文化警营”创建活动市级综合性示范点，在开发区派出所试点推出异地身份证办理服务。全年行政审批窗口共办理网上审批业务56959件，行政许可备案共办理10918件；出入境窗口共受理出国（境）申请38764人次，签发各类证件729起，解答群众咨询6700余人次，预约服务1350人次。

【公安宣传】 2016年，瓯海公安分局持续完善“一网一报一微博一微信”的立体传播体系。全年共在各级媒体发表宣传稿件1486件,其中国家级89篇，省级225篇，公安微信微博推送信息1387条；成功策划47期主题系列典型宣传，32名基层一线民警（协警）成功入围省厅“千名好民警（协警）”评选的候选名单；“平安瓯海”微信公众号粉丝数突破25万，多次进入浙江政法微信影响力公安篇排行榜前十、温州政务微信排行榜前十。开展微剧本、微电影创造，根据分局民警张斌事迹改编的微电影《育新路9号》荣获全省微剧本、微电影大赛剧本类二等奖（一等奖空缺）。

【从优待警】 2016年，瓯海公安分局共慰问民警151人，金额达21.32万元，慰问民警家属96人，金额达9.6万元；共办理民警职级晋升36人，完成721人基本

2016年2月25日，瓯海区公安分局举行2015年度颁奖典礼

工资调整，完成672人警衔津贴标准调整审批及津贴补发，完成13名新警试用期人员转正定级工资审批，申报14人聘任技师和3人参加专业技术评审，晋升警衔110人，申报审批人才住房补贴4人，解决功模民警子女入学17人次。丽岙所、南白象所建成投用新业务用房。

洞头公安

【区况简介】 洞头区地处浙南沿海，瓯江口外，由168个岛屿和259座岛礁组成。全区总面积2777.3平方公里，其中陆地面积125.3平方公里。全区现辖北岙、东屏、元觉、霓屿、灵昆5个街道，大门镇和鹿西乡，2016年，户籍人口15.4万，在册流动人口2.3万。全区实现生产总值79.4亿元，同比增长8.2%；城镇常住居民人均可支配收入37800元，农村常住居民人均可支配收入19900元，同比分别增长9.3%、8.4%。

【概述】 2016年，洞头公安分局有效接警10795起，同比下降16.36%。全年没有发生重特大交通、消防安全事故，连续第六年保持“命案、两抢”零发案。年内，该分局获省级执法质量评议优秀，被温州市委市政府评为在服务保障G20杭州峰会工作中作出突出贡献的集体、全市2016年度平安建设突出集体，治安缉查大队被认定为省级青年文明号，出入境接待大厅被省公安厅评为三类文明窗口，1个集体获省级先进，2个单位获市级先进；1人立二等功，5人获评省级先进、4人获省级通报表扬，1人获评市优秀共产党员，7人获评市级先进。

2016年 8月10日上午，洞头区在洞头渔政码头举行公边33142艇列编服役仪式

【机构人员】 2016年，洞头公安分局内设18个机构，下设6个公安派出所、4个边防派出所，实有民警210人，职工9人。年内，增设治安缉查二大队，行政审批科增挂温州市公安局洞头区分局办证中心，交警大队下设温州市公安局洞头区分局交通警察大队六中队（灵昆中队），特警大队下设大门中队。

【局长履新】 2016年12月，温州市公安局办公室主任赵均宙就任洞头区政府党组成员、副区长、政法委副书记、公安局党委书记、局长、督察长。

【公安维稳】 2016年，洞头公安分局开展重点人员动态管控和重大事件预警，成立情报专班，研判和评估社会形势，圆满完成全国两会、G20杭州峰会、十八届六中全会、第三届互联网大会等各类重大会议的情报安保任务。全年共收集上报各类情报信息1076条。主动参与“大拆大整”“五水共治”等中心工作，组织开展“春雷”“百日严打整治”“清障护航”等专项行动，共打击处理拦路讨薪等违法行为8人、环境犯罪11人。

【公安信访】 2016年，洞头公安分局共接待群众来信来访31件，其中重复越级去信的有公安部转送来信1件、省厅4件；初信初访件共8件（均不属于“公安口”）；局领导共接访5批次，办结5批次，办结率100%，无有责信访案件；共化解积案1起，实现重点时期公安信访“零进京、零滋事”的目标；持续列控重点人员4人次，吸附稳控赴省进京访1批次，成功化解陈某某重点信访件。信访工作荣获省、市、区公安系统优秀单位称号、2014—2016年获温州市信访先进集体称号。

【打击刑事犯罪】 2016年，洞头公安分局推进打防机制建设，提升刑事打击能力，全年全区共发生各类刑事案件282起，破获147起，破案率为52.13%，高出全市平均水平19.77个百分点；抓获犯罪嫌疑人136名，人案比（指抓获的人数与发案数的比例）为48.23%，高出全市平均水平20.59个百分点。

【打击经济犯罪】 2016年，洞头公安分局继续开展民间金融风险处置打击工作，全年共立案侦办各类经济犯罪案件23起，破案23起，抓获犯罪嫌疑人26人；共刑事拘留25人次、取保候审9人次、逮捕 22人次，移诉25人；完成打击“逃废债”专项工作任务，当年逃犯基数7人，当年逃犯缉捕数5人，总体缉捕率71.43%。

【处置民间金融风险】 2016年，洞头公安分局共接报处理“呈会”警情360起；共配合区处置工作组现场接待群众咨询2万人次，调解100多起，其中调解成功90多起；共立“呈会”案件19起，破19起，打击处理涉嫌民间金融犯罪嫌疑人22名，其中涉嫌非法吸收公众存款罪、集资诈骗罪22人；共刑拘22人次、取保8人次、逮捕20人次、移诉23人。

【安全保卫】 2016年，洞头公安分局共出动警力2000余人次，推进重大活动及警卫安保工作，圆满完成G20杭州峰会、第三届世界互联网大会、2016全国公路自行车冠军赛、洞头区第六届放生节、世界温州人大会等重大安保任务38批次。

2016年8月至9月，洞头区分局抽调民警赴杭州萧山开展G20杭州峰会安保工作

【缉枪治爆专项行动】 2016年，洞头公安分局共收缴炸药8公斤，黑火药706公斤，雷管746枚，军用子弹32发，其他子弹16000发，枪支11支及一批管制刀具，查处涉危违法犯罪14人。

【打击黄赌毒】 2016年，洞头公安分局将群众反映强烈的棋牌室赌博问题作为打击的重点，以"逢嫌必检"等工作为抓手，加大涉毒打击力度，全年共抓获毒品犯罪嫌疑人8人，移诉8人，查获吸毒人员102人次，强制隔离戒毒33人次。年内，该局共打处"黄赌毒"违法犯罪嫌疑人183名。

【警灯工程】 2016年，洞头公安分局继续强化"警灯工程"建设，对标大门通车新态势，调整大门大桥岗亭1个，保持原有6个"警灯工程"执勤单位，其中固定岗亭2个、流动岗亭4个；全区已实现学校和重点企业治安岗亭的全覆盖，同时做好原有77个治安联防岗亭的日常维护，确保正常运作。通过整合资源、集约部署、规范查控，全面加强路面盘查控制，有效预防"两抢"案件的发生。全年通过"警灯工程"共抓获逃犯3名、采取强制措施6人、行政处罚违法人员61人，全年刑事、治安接警同比下降30.62%。

【物联网治安管控】 2016年，洞头公安分局发放"e居卡"2.61万个，制卡率97.93%，登记备案电动自行车3374辆，登记备案率99.2%，建设侦测基站72个；深化"物联网"轨迹应用，破获侵财案件5起，查处违法犯罪人员46名，打击盗销电动车破案率、追赃率、人案比分别达到23.33%、66.67%和23.33%。拓展"物联网"应用领域，纳入"失智老人走失查找"工作，发放"安心手环"14只，推出娱乐、商业场所刷卡积分制。

【消防安全】 2016年，洞头公安分局消防分局推进部队正规化建设，实施实战化练兵，持续推进创人民满意消防队伍活动。全年共出警164次，出动车辆199车次，出动官兵1054人次，营救被困人员11人，疏散2人，抢救财产价值272.9万元；共检查单位3052家，督促整改火灾隐患6470处，下发责令整改通知书2866份；办理行政处罚案件74起，责令"三停"20家，临时查封25家，行政强制2家，拘留12人，罚款金额31.195万元，火灾事故调查12起。

【公安执法】 2016年，洞头公安分局共批准刑拘171人、取保候审129人、监视居住3人、提请逮捕71人；检察院批准逮捕60人，不批捕10人（有罪不捕9人，存疑不捕1人）；移送起诉163件193人，存疑不诉4人，相对不诉22人（其中附条件不诉1人），移诉准确率为97.9%；移诉案件无被检察院退查，退查率为0%；发生2起被检察机关要求说明不立案理由，均属无效监督；无无罪判决和增罪、漏罪等情况，准确率为100%。共批准行政拘留465人次，罚款91人次（其中单位被处罚款2家）；批准强制隔离戒毒33人次，提前解除强制隔离戒毒29人次，责令社区戒毒51人次。行政处罚、强制隔离戒毒、收容教育等限制人身自由的行政处理准确率达100%，作出责令社区戒毒、社区康复决定的准确率均达100%。共收到行政诉讼应诉案件4件（其中经市局行政复议维持1件），其中：一审4件，已审结2件（2件均系原告撤回起诉），2件待法院开庭审理。

【窗口服务】 2016年，洞头公安分局驻区公安行政审批公安窗口创新推出"节假、周末无休""中午延时"服务及微信预约、咨询、告知等"指尖"业务，共利用节假日、双休日、午休时间办理各类户籍事项80多件，全年7次被区审管办评为月红旗窗口。全年共受理各类户籍业务6644起，办结率100%，承诺件722件，提前办结714件，提前率98.89%；公安网上办事大厅受理2528件，办结2528件，办结率100%。完成市局下达的任务数129.57%。出入境办证大厅通过微博、电话等多种方式预约办证、工作时间外延时服务、节假日期间加班服务、双休日预约办证服务等多种有效方式，继续深化、优化服务举措，共夺得全市公安系统流动红旗4面，为历史最好成绩。全年共办理护照、港澳通行证、往来台湾通行证8249件，窗口工作满意度达100%，登记管理境外来洞人员554人。

【交通安全】 2016年，洞头公安分局围绕全省五年治堵的工作部署，以深化改革、破难攻坚和争创品牌为主线，以“控大压量、排堵保畅”为重点，实施“交通假日警务”战略，优化城区交通分流组织，组织开展各项道路交通秩序整治。至2016年12月底，全区机动车保有量达到19857辆，其中汽车14619辆、摩托车5601辆、挂车39辆。全年共接到涉及交通事故的警情3863起，立交通事故20起、死7人、伤19人、直接经济损失159500元。与上年同期相比，涉及交通事故的警情数上升6.9%，四项指数分别为：事故数下降13.04%、死亡人数持平、伤人数下降5%、直接经济损失下降10.65%。共处理简易程序的交通事故3040起，其中伤人事故326起；共查获各类道路交通违法行为40511人次，其中罚款32962人次、行政拘留61人次、暂扣驾驶证75本。

【“黄标车”报废注销】 2016年，洞头公安分局与区环保等部门配合工作，继续开展“黄标车”报废注销工作。截至12月21日，全区已淘汰“黄标车”31辆，提前一个月100%完成年度任务数。

【交通违法查处】 2016年，洞头公安分局共查处酒后驾驶80人次，醉酒驾驶49次，查处酒后违法行为累计同比上升10.26%；查处无证驾驶210人次，超速行驶4863人次，其他违法行为27764人次；暂扣车辆1757辆，滞留证件317本。

【交通科技】 2016年，洞头公安分局共投入资金110万余元，在洞头峡大桥、330国道灵霓大堤段安装雷达测速仪3台，在大门大桥、330国道灵昆段、灵昆大桥、环岛公路等主要路段安装大型电子显示屏4块，购置新型警务通33台，购置执法记录仪30台。

【交通安全宣传】 2016年，洞头公安分局全面实施“文明交通行动计划”，深化交通安全宣传“五进”活动。利用电子显示屏、交警微信、微博、手机短信等形式，及时发布各类交通管理信息及出行安全提示，加强交通安全宣传。全年共组织召开各种宣传会议讲座25场次，张挂横幅标语115条，发放各类宣传资料53000份，摆放展板展出85块，开展大型宣传活动8次；共被区级以上新闻媒体刊播作品151篇，其中省级媒体刊播1篇、市级媒体刊播76篇、区级媒体刊播74篇。

【网络安全】 2016年，洞头公安分局围绕涉G20、互联网安保、民间金融风险等社会热点重点开展巡查工作，全力做好互联网网上有害信息、网上情报、舆情信息的收集和落地查证工作,有效处置网上涉警涉稳舆情炒作11起，编报网警情况反映25期，开展专项舆情引导24次。全年共发现并上报情报2199条，被市局录用114条。G20、互联网安保期间，强化网络舆情巡查制度，开展7×24小时巡查监测和应急处置工作机制，综合利用各类技术手段，全方位覆盖各类网络媒体，确保安保期间全区未发生重大网络舆情事件。

【户籍人口】 2016年底，洞头区户籍人口44535户，总人口131119人。其中，男性67276人，女性63843人。17岁以下人口23516人，18—34岁人口29217人，35—59岁人口56665人，60岁以上人口21811人。全区城镇人口52996人。新出生1613人（男845人，女768人），出生率为12.30‰。死亡801人（男450人，女351人），死亡率为6.19‰。全区迁出人口684人，迁入485人。

【流动人口出租房管理】 2016年，洞头公安分局推进“流管通”和“e居卡”管理，建立新型流动人口基础信息化管理机制，加强流动人员和出租房管理工作。全区共配备“流管通”49台，A型“e居站”18台，D型“e居站”26台，二维码门牌安装数1930个。截至2016年12月20日，全区在册流动人口23686人（含灵昆街道），其中男性16404人、女性7282人，新登33607人，注销29816人；在册出租房2767间（含灵昆街道），全年累计新登出租房1095间，均签订出租房责任书。

【警营文化】 2016年，洞头公安分局推进“美丽窗口、花园警队、文化警营”建设。完成行政审批“美丽窗口”试点建设，加快霓屿、大门派出所花园警队升级改造，落实“五大励警”机制和“从优待警”十项措施，开展七夕视频拍摄、“海霞警属”、“千名

2016年4月28日上午，洞头公安分局组织参加洞头区第四届“千名职工环岛跑”，并做好安保工作

好民警”等温暖警营文化活动。

【公安宣传】 2016年，洞头公安分局构建与新闻媒体、新型媒介的合作关系，继续加强与各大报纸、电视台的联动报道宣传，利用门户网站、微博、微信公众号、微电影等新媒体传播手段，扩大公安宣传的覆盖面和影响力。全年共完成外宣任务452篇，拍摄“海霞警务室”“重生无门”（禁毒微电影）“年终贺岁MV”等多个警营文化视频。

2016年12月7日，分局联合区人社局、中国银行、农业银行及农村信用联社开展以“12·7要爱财——全民反诈益起来”为主题开展全区防范通讯（网络）诈骗集中宣传活动

【先进集体与个人】 2016，洞头公安分局被省委、省政府评为“在服务保障G20杭州峰会工作中作出突出贡献的集体”。治安缉查大队被省公安厅继续认定为省级青年文明号、“G20杭州峰会安保先进集体”。出入境接待大厅被省公安厅评为三类文明窗口。治安大队被市委政法委评为维稳工作先进集体。交警大队获〈平安时报交通周刊〉宣传工作三等奖。北岙派出所被市委、市政府评为先进集体。分局选送的《七夕、最简单的浪漫》在第二届平安温州微拍、摄影大赛获得三等奖。郭其长被评为市优秀共产党员。林维敏被省委评为先进个人。省厅印发《G20杭州峰会安保工作成绩突出个人表扬通报》中，叶飞华、戴培迪、叶明誉、石耀辉获通报表扬。叶忠静被评为“全市法治宣传教育先进个人”。曾华军被市委、市政府评为G20杭州峰会工作先进个人。叶明誉荣记个人二等功一次。金书杭、警戴培迪被省厅评为“G20杭州峰会安保先进个人”，颜厥栋、黄碧林被评为“G20杭州峰会安保积极分子”。季晓春、倪小龙、曾国板、吴素存、叶昶被评为“温州市卷烟打假先进个人”。

开发区公安

【区况简介】 温州经济技术开发区于1992年经国务院批准设立，位于温州瓯江口产业集聚区和海洋经济发展的核心地带，下辖状蒲园区（委托高薪产业开发区管理）、滨海园区、金海园区，受托管理星海、沙城、天河和海城4个街道，区域总面积达262.98平方公里。2016年，辖区人口28.90万，其中户籍人口10.11万，流动人口18.79万。全区工业总产值1100亿元，财政收入超90亿元。核心区现有工业企业4500多家，其中规上企业311家。

【概况】 2016年，开发区社会治安呈现“发案下降、打击上升”的良好态势。全区命案发3破3，破案率100%；刑事发案2058起，同比下降13.75%；“两抢”发案8起，同比下降60.00%；盗窃发案1818起，同比下降16.53%；刑拘各类犯罪嫌疑人412名，同比下降3.96%。年内，开发区公安分局获评全省公安机关命案侦破工作成绩突出集体，并被省公安厅通报表扬；被温州市委市政府评为服务保障G20杭州峰会工作先进集体；被区管委会记集体三等功一次，获评全市优秀基层单位1个；1人获评全省优秀人民警察，2人获评全市优秀人民警察，1人立二等功，2个集体、12人立三等功，4个集体、15人受到嘉奖。

【机构人员】 2016年，开发区公安分局现有局领导7名，内设办公室、政治处、警务督察大队、法制大队、国保大队、治安大队、刑侦大队7个职能单位，下辖星海、沙城、天河、海城4个派出所。共有警力201名（含市局下派民警8名，调离6名，辞职1名），其中综合部门民警16名，实战部门民警185名，基层派出所94名。

【干部人事】 2016年，开发区公安分局提拔任用股级干部17人，对24名领导干部进行轮岗交流。

【平安创建】 2016年，开发区没有发生涉及一票否决的重特大案（事）件，受理各类刑事案件2503起,同比下降0.99%；破刑事案件951起，同比下降5.00%，五类案件发1起破2起。

【公安维稳】 2016年，开发区公安分局向区党委、管委会编报《维稳动态专报》33期，涉及欠薪欠债、涉访涉稳、个人极端行为、宗教稳定等有关苗头隐患。完成G20杭州峰会、第三届世界互联网大会等重大安保工作，全年成功处置群体性事件4起，出动警力

2150余人次，参加保卫任务20余起，出动警力800余人次，维护开发区维稳形势。

【公安信访】 2016年，开发区公安分局共接群众来访111批次131人，来信9件，来访39件，办结7件，全年公安口信访无越级到北京及杭州非法信访的情况。G20安保期间，该局先后化解5起信访积案。

【安全保卫】 2016年，开发区公安分局共出动2050余名警力，完成G20杭州峰会、第三届世界互联网大会及海城民俗文化节等大型活动安保任务和建党95周年文艺汇演暨社区文化活动系列安保，以及全省扩大有效投资重大项目集中开工仪式安保，中秋观潮赏月安保，经开区好声音系列活动安保等若干民间自发或官方组织的活动安保工作。

2016年11月2日晚，开发区公安分局组织开展全区第三届世界互联网大会安保维稳暨“大拆大整”集中统一行动。区党委委员、公安局局长潘国杰实地检查督导行动开展情况

【命案侦破】 2016年，开发区共发生命案3起，同前5年全年均发命案3.2起比下降6.25%，破命案3起，破案率100%；并破命案积案1起。

【打击侵财犯罪】 2016年，开发区侵财案件发案2302起，同比下降12.4%；开发区公安分局打击侵财对象242人，同比上升11.5%，入户盗窃刑拘50人；移诉侵财对象180人，五年以上判决1人。年内，该局打击侵财犯罪专项工作取得全市三类地区第一的优秀成绩，荣获全市公安机关打侵财工作“成绩突出集体”称号。

【猎狐行动】 2016年，开发区公安分局抓获出逃境外逃犯1名，顺利移诉该团伙10名嫌疑人；在全市公安经侦部门打击利用离岸公司和地下钱庄转移赃款专项行动中，破获1起涉案240多万元的非法买卖外汇案件，抓获犯罪嫌疑人1名。

【禁毒】 2016年，开发区公安分局先后组织开展“春雷”“春季禁毒”“毒品打击冲刺战”等专项行动，全年共抓获毒品犯罪嫌疑人15人，移诉16人、查处吸毒人员197人、强戒72人、美沙酮维持治疗15人，尤其是破获“9•14”特大贩卖毒品案，现场抓获犯罪嫌疑1人，缴获冰毒3987.71克。在G20杭州峰会、第三届世界互联网大会等重要节点，梳理各类重点管控吸毒人员37人；按照“一人一档、定人定责”落实管控措施，共劝返在杭吸毒人员1人，查处脱失人员5人；对310名本地籍吸毒人员和305名外来流动吸毒人员开展一次全员突击尿检和现实表现评估。推行易制毒化学品二级管控机制，办理各类易制毒化学品的购买备案4275批次，核查率、核销率均为100%；开展娱乐场所和经营服务场所“星级化”管理，明察暗访督促筑牢场所禁毒“防火墙”，确保辖区未发生重点涉毒案事件。

【刑侦合成作战】 2016年，开发区公安分局投入资金200多万元建成面积达240平米的合成作战中心。全年合成作战中心支撑分局共打处对象189名，抓获22名逃犯，打掉犯罪团伙7个，共串并刑事案件19串，参与175起案件侦破工作，通过视频侦查打处对象161名，采取刑事强制措施133名，上报公安部跨区域层报线索12起，串并案件总数达224起，其中跨省案件64起，其中3起被公安部刑侦部门做成部级产品。全区案件视频采集率29.54%，两抢案件采集率达到100%，视频破案占比49%。年内，该局合成作战、视频侦查在全市考核方面列全市三类地区第一。

【刑事技术】 2016年，开发区公安分局全面推进刑事案件“一长四必”现场勘查新机制工作制度，各派出所初步形成相应勘查队伍。全年技术室共勘查现场766起，串并案件20串167起,指纹、DNA比中64起；法医损伤程度鉴定收170起，出具文书160起，检验非正常死亡案件52例。鉴定均无差错，未出现因法医鉴定引发的信访。年内，该局利用指纹、DNA、足迹等比中案件总数、技术串并提线数均位列三类地区第一。

【打防通讯（网络）诈骗宣传】 2016年，开发区共发生通讯（网络）诈骗案件404起，同比下降12.7%。年内，开发区公安分局开展大型集中宣传活动3场次，各派出所自行组织宣传活动28场，发放宣传册10000份、三折页5000份、宣传单5000张、ATM机宣传单300张、张贴海报和横幅1301份、张贴六部委《防范和打击电信网络诈骗犯罪的通告》海报3000张、下发辖区派出所《开发区公安分局致各位老师、学生、家长的一封信》宣传单23000张，在全区17所学校入校宣传发放，并通过利玛广场的宣传屏幕滚动播放宣传资料。

【打击盗销电动车犯罪】 2016年，开发区公安分局治安大队组织派出所、电动车协会协调新销售电动车预登记、新销售电动车转正式登记、路面电动车登记备案等工作，辖区电动车盗窃案件同比下降36.7%。

【追逃】 2016年，开发区公安分局共抓获各类逃犯85人，其中本地逃犯47人，外省逃犯38人，本地逃犯归案121人，现全区有在册逃犯36人，追逃工作全市第一。

【“治赖”追逃】 2016年，开发区公安分局建立“风险企业约谈”制度，成功化解多起金融类信访案件，全区未发生因金融稳定引发的重大群体性事件。办理逃废债类案件6起，抓获治赖逃犯8名，总体缉捕率为72.7%。

【视频侦查建设】 2016年，开发区公安分局在全区范围内新建75个高清视频监控探头，升级改造原有监控探头75个，新建3200路全高清的社会视频监控探头。

【出入境管理】 2016年，开发区公安分局实行宾馆饭店临时住宿涉外人员会面制度，共核查宾馆饭店境外人员临时住宿登记信息2163人次。实施外管工作“日动态、周分析、月研判”制度，建立敏感国家和地区人员重点管控系统和一人一档制度。查处“三非”案件3起，处罚3人，遣返出境1人，限期出境2人。出入境窗口推广网上办事大厅，开展花园式窗口建设，实行周六工作制度和工作日中午预约办证制度等便民服务措施，并荣获全市公安机关群众满意基层所队（服务窗口）荣誉称号。

【情报信息】 2016年，开发区公安分局上报线索类信息1224条，被市局采用668条，省厅录用179条；共上报研判预警文章119篇，被市局采用77篇；通过重点人员管控系统预警抓获逃犯22人，追回被盗手机10只。预警人员打处37人，管控打处64人；通过特定核录系统核查138815人，其中用移动终端核查134961人，采录15553人，采录通讯号码、手机串号等各类信息11258条，整合采集社会资源10万余条数据，核实删除违法有害信息210条。分局情报体系建设工作年终考核列全市三类地区第一，情报专职民警获评省厅“G20杭州峰会情报战斗之星”，参于省厅情报比武作品获评“浙江省重点事件预警防范十佳技战法”。

【网络安全】 2016年，开发区公安分局上报公安部互联网信息监控各类舆情49条，录用40条，上报支队录用情报信息222条，处置各类谣言12起，拘留违法嫌疑人2名。备案审核网站190个，核实双责网站468个，新增辖区动态账号9871个，整改被入侵网站3家，管理网吧19家、上网酒店26家，备案IDC机房IP7000余个，核实删除违法有害信息210条。主侦涉网刑事犯罪案件3起，抓获犯罪嫌疑人9人。配合侦查103起案件，配合抓获犯罪嫌疑人22名，追回被盗手机10只。

【警灯工程】 2016年，开发区公安分局通过“警灯工程”共盘查核录人员236946人，盘查核录车辆累计108609辆，共查获犯罪嫌疑人71人，其中市局认定7起，7人；市局待批“警灯工程”重点战果7起，7人；行政拘留64人；通过治安特警巡逻设卡共出动警力13000余人次，总共抓获对象34人，其中刑事拘留11人，行政拘留23人。

【物联网治安管控】 2016年，开发区公安分局以卡管人在册制卡数147355；制卡率79.99%；共建设各类门禁1313套，门禁覆盖流动人口61647人，覆盖率达总流口的41.84%，高于市局30%的工作要求。开展出租房二维码电子门牌张贴工作和自主申报APP下载使用工作，年内，该局电子门牌张贴率和APP下载使用率分别为60.52%、10.8%。建设以卡管车基站417个，基站密度全市第一，登记备案电动车58919辆，路面电动车登记备案率约为98%。

【大拆大整专项行动】 2016年，开发区公安分局治安大队开展“大拆大整”“百日攻坚”等以出租房、消防为主题的专项行动，共出动警力6413人，登记流动人口52929人，注销流动人口68129人，登记出租房

2016年10月26日下午，市委常委、公安局局长罗杰到开发区区督导“大拆大整”专项行动并调研指导公安工作

2535间，注销1264间。

【护佑民生】 2016年，开发区公安分局治安大队破获食品案件1起，刑事打击1人；破获药品案件1起，刑事打击3人；移诉涉环境污染犯罪6人。

【扫黄禁赌】 2016年，开发区公安分局黄赌移诉31人，行政拘留179人。其中，破获1起影响面甚广的贩卖淫秽视频案。

【老乡民警工作室】 2016年，开发区公安分局老乡民警工作室开展流动人口管理工作，回访出租房入室盗窃案件92起，实现案件全回访，全年出租房入室盗窃案件同比下降27.78%。调解案件89起，其中1起为非正常死亡案件；帮助老乡解决困难50余起；为400余人办理E居卡。根据老乡提供的线索抓获外省逃犯4名，吸毒重点关注对象1名，端掉非法销售散装柴油窝点1处，查获散装柴油450千克，刑事拘留1人。联合相关部门开设免费培训课堂，60余人接受免费电焊培训。

【规范执法】 2016年，开发区公安分局定期不定期开展实地检查，设立专人专职对各办案区进行实时网上巡查，并将检查结果进行全局通报。利用举办法制沙龙、下基层开课、执法管理专业队伍培训、专题轮训等方式，加强全体办案民警执法水平和办案能力的培训。开展全局民警岗位执法资格等级化认证管理工作，完善落实执法“三位一体”机制建设，加强“双评双促”工作对案件的点评力度，并将有突出问题的案件的点评结果公布到分局微信交流平台，供所有办案民警交流学习。年内，该局实现执法案件“零败诉、零撤销、零变更”。

【后勤保障】 2016年，开发区公安分局向开发区管委会财政申请经费12676.6万元，实际支出11998.6万元，用于派出所经费8650万元，其中追加民警加班补贴837.1万元。用于装备建设经费575.1万元，视频会议系统70万元，智能化枪库枪弹柜配置等70万元，用于视频监控设备经费1299万元。申请基础建设经费580万元，其中建成合成作战中心及相关装修、设备配置195万元，会议中心建设60万元，沙城派出所和天河派出所的警营文化建设分别为40万元和19万元，落实天河派出所搬迁工作150万元。G20杭州峰会和世界互联网安保期间，向区财政申请追加包含人员、业务、专用设备和基础建设等方面经费共计500余万元，发放加班补贴及慰问共计168余万元。

【公安廉政】 2016年，开发区公安分局签订《开发区分局2016年党风廉政建设及反腐败工作责任书》，把领导干部廉洁自律、作风建设、“一岗双责”等内容纳入公安工作和队伍建设总体规划。全年共出动警力300人次，开展现场督察124次，检查基层单位392个次，在工作时间网上滚动督察，发督察通报17期。

【教育训练】 2016年，开发区公安分局以服务保障G20杭州峰会为主线，开展岗位练兵和武器警械使用专项训练等系列活动，强化警容风纪、队列动作、基本礼节礼仪等基本功训练和武器警械使用培训考核，提升全体民警的整体素质和战斗力。

【公安宣传】 2016年，开发区公安分局推出《全区公安机关接受媒体采访工作规范》。全年在各级媒体上刊发公安新闻报道125篇，其中国家级3篇，省级109篇，市级112篇；发省厅简报1篇、动态25篇，发市局简报3篇、动态42篇，编发分局公安简报17期；印发《温州开发区警讯》2期，发放各类宣传资料共计20余万份。围绕“大拆大整”专项行动推送微信专题12期，围绕“劳动节”等特殊节点及防台抗台工作，推出“不一样的劳动者”“我们在抗台一线”等专题宣传。响应全省公安机关“千名好民警”宣传工作，共宣传“好民警”14名，其中3名民警被省公安厅评为全省“千名好民警”。在全区范围组织开展“提升群众安全感、满意度”专项活动，推出“公安请您来观影”、“助警新市民”、“村居好卫士”评比、“平安小卫士”广场操比赛、“老乡民警”送温暖等创新举措，打造企业金盾宣传平台，辖区群众安全感、满意度测评列全市同类地区第一。

【警营文化】 2016年，开发区公安分局以天河、沙城派出所为试点单位，按照“有吃、有住、有文化、有娱乐”理念着手开发区警营“家”文化建设，对警营园林、警营沙龙、多功能训练活动中心和警营文化配套设施等进行升级改造。开展“美丽窗口、花园警队、文化警营”创建活动，通过改善硬件设施、绿化美化环境、提升文化内涵等工作，构建绿色生态警营。年内，沙城派出所被授予市级综合性示范点称号。

【从优待警】 2016年，开发区公安分局向开发区管委会财政申请食堂经费820万元，食堂每日早、中、晚夜宵定时保障。推进便警超市与人本超市合作，采用一卡通刷卡制，推广全警日常用品300种以上，年销售额约112万元。新建便警洗衣房，以市场价1/3收费，共计清洁衣物13291件，销售额25.2万元；深化便警家政服务，为民警家庭提供水电气、家电维修等服务，全年共登记维修近1060人次，金额达14.68万元。

永嘉公安

【县况简介】 永嘉县地处浙江省东南部，瓯江下游北岸，与温州市区隔江相望，全县地域面积2674.3平方公里，全市最大，全省第四，其中山地面积为2308.5平方公里。下辖4个功能区管委会（上塘中心城区、瓯北城市新区、楠溪江风景旅游区、三江商务区），11个镇（桥头、桥下、沙头、岩头、鹤盛、岩坦、碧莲、巽宅、枫林、大若岩、金溪），5个街道（东城、北城、南城、黄田、乌牛），4个乡（云岭、茗岙、溪下、界坑），933个村居和社区。2016年，全县常住人口97.1663万人，流动人口22.532万人。全县实现地区生产总值359.27亿元，同比增长8.6%；城镇、农村常住居民人均可支配收入达到38246元和18391元，分别增长8.8%和8.6%。

【概况】 2016年，永嘉县刑事加治安总警情22910起，同比下降18.13%；全县有效警情86861起，同比下降4.49%；发命案5起，破5起，发案同比下降44.44%，两抢警情31起，同比下降59.74%，破22起，破案率为75.86%，人案比148.28%；盗窃警情6245起，同比下降23.84%；黄赌警情6074起，同比下降23.47%；诈骗警情1490起，同比下降10.30%。全年总移诉2289人，同比上升15.26%，其中侵财、黄赌、食药环移诉数分别同比上升20.24%、20.6%、41.67%。抓获逃犯481名、毒品犯罪嫌疑人149名，查处吸毒人员705人次。在G20安保决胜阶段，连续化解9起信访积案，其中5起为公安部、省厅挂牌督办件。圆满完成“8•10”、G20杭州峰会、第三届世界互联网大会等重大安保任务，主动处置全市特殊利益群体聚会事件，妥善化解59起信访积案，成功处置19起各类闹访事件，严厉打击12起网络谣言，公安口非正常访、赴京访“零发生”。年内，该局因安保工作成效突出被浙江省公安厅记集体二等功，被永嘉县政府记集体三等功。获全市警种岗位业务能力竞赛第一；控申科荣获全国信访示范窗口单位；共有14个集体、102名个人受到嘉奖以上表彰，民警杨晓峰被省厅推荐为全国特级优秀人民警察，民警潘统健被评为全省千名好民警。

2016年8月25日上午，永嘉县公安局在该局公安大楼大院举行仪式，为即将赴杭增援民警鼓劲送行

【机构人员】 2016年，永嘉县公安局下设内设7个综合部门、29个实战科室，下设17个派出所和2个森林派出所，实有民警768人。

【公安信访】 2016年，永嘉县公安局全面深化涉法涉诉信访改革，完善创新信访工作机制，推动全县公安信访工作实现新跨越。6月18日，人民公安报专题版面报道《永嘉：上下贯通完善主动型信访工作模式》；6月28日，平安时报头版报道《让信访在法治的轨道上运行》。全年信访总量255件，同比下降16.94%，其中初信访87件（初信47件，初访40件），同比下降17.92%%；重信访168件。初信初访案件55起，同比下降11.29%，办结51起，办结率为92.73%。3月1日，控告申诉科被公安部评为全国公安信访窗口示范单位；7月19日，温州市公安G20安保信访工作现场会在永嘉县公安局召开，该局作先进典型发言；12月14日，控告申诉科顺利通过市局美丽窗口创建考核验收。

【刑事侦查】 2016年，永嘉县公安局共破刑事案件2821起，同比上升52.4%，其中刑侦部门破619起，同比上升7.5%，占全部破案数21.94%。

【大要案侦破】 2016年，永嘉县共发命案5起，破5起，破案率为100%；五类案件发23起，破23起，破案率为100%；抓获各类逃犯6名，成功将在逃17年之久的市局督捕重点逃犯张某某抓捕归案。破获周某等人贩卖公民个人信息案件，抓获犯罪嫌疑人10人，根据该案分配的线索，抓获下家12人。

【打黑除恶】 2016年，永嘉县公安局共打掉黑社会犯罪集团1个，涉恶团伙42个，其中重点涉恶团伙22个，被温州市公安局认定16个，抓获犯罪嫌疑人258人，破刑事案件169起。成功处置阻碍41省道改建工程、福利中心迁建工程、黄田工业园区进场等群体事件，侦破打掉职业讨债“东北帮”，雇凶“职业刀手”，煤气“行业霸”等涉及民生的恶势力团伙，成功处置“8•26”特殊利益群体，快速打击“901”温州动车站非访群体，实现打击恶势力团伙不少于14个，确保39个县级以上重点工程建设未因治安问题受阻的工作目标。年内，打黑除恶工作成效排名序列第二，相关工作做法分别被浙江省公安厅、温州市公安局工作动态刊发，特别是赵某黑社会犯罪集团成功判决，系全国首例，公安部打黑除恶专网刊发该案侦办的经验与启示。

【刑侦合成作战】 2016年10月，永嘉县公安局合成作战办公室建成并投入使用，全年通过各合成部门产生的线索1000余条、提供支撑800余次，产生直接刑拘数1115名，打掉团伙62个，抓获逃犯217名，合成成效全市同序列第一。

【枪械管制】 2016年，永嘉县公安局“801网络涉枪”专案共核查线索107条，收缴气枪31支，枪管16只，配件22件，弹珠1502颗，铅弹182颗，刑拘3人，行政拘留4人，教育释放53人。破获高某某等人系列网上贩卖枪支案件，抓获犯罪嫌疑人7人，缴获各类枪支20余支。

【打击侵财犯罪】 2016年，永嘉县公安局成立领导小组和工作专班，率先出台《2016年全县公安机关打击侵财犯罪专项行动考评奖惩办法》，6月中旬下发《2016年全县公安机关打击侵财犯罪专项行动考评奖惩办法》。全年共受理侵财案件(含治安)7345起，同比下降23.91%；打击侵财性对象661名，同比上升9.08%；移诉侵财性对象600名，同比上升20.24%；受理两抢案件29起，同比下降61.33%；破22起，“两抢”现案破案率75.86%，刑拘对象43名，人案比148.28%。打击高财13名。受理通讯网络诈骗案件1101起，同比下降14.25%，打击对象150名,追赃200余万元。

【刑事科学技术】 2016年，永嘉县公安局技术室共勘各案现场1386起（其中命案7起；非正常死亡63起），同比上升17.1%。提取指纹482起，指纹提取率为34.8%；提取足迹277起，提取率20%，足迹提取率偏低；提取DNA检材493起，提取率35.6%。受理活体检验466例，同比下降13.4%。尸体勘验112具（系统解剖24具）。受理毒化35起（58份检材），毒品53起（119份检材），酒精185起。受理各类电子物证类案件33起（38个检材）。采集各类人员指纹12612份，同比下降5%。各类人员DNA血样共10579份，同比下降11%。通过指纹比中案件228起135人（其中本地现案77起59人），对象归案36名；DNA比中各类案件84起75人（其中本地现案45起38人），对象归案19名。

【视频侦查】 2016年，永嘉县公安局视频侦查部门累计向交警大队、禁毒大队、内保、刑侦实战部门、派出所等单位提供视频侦查服务270余次，涉案视频采集1445起，采集率22%，刑事管辖总破案数1080起，视频破案占比44%，挂牌案件19起破19起，破案率100%。年内，成效考核全市同序列第一。

【打击经济犯罪】 2016年，永嘉县公安局共受理经济犯罪案件68起，同比上升83.7%，立案66起，同比上升94.1%，破案61起，同比上升111%，刑拘33人，同比上升65%，取保20人，监视居住1人，移送起诉48人，同比上升26.3%，逮捕对象14人，追缴金额1789万元，协助外地公安机关办理案件25起，化解信访21件。

【“治赖”追逃】 2016年，永嘉县公安局严厉打击金融领域恶意逃废债犯罪行为，加大恶意逃废债人员缉捕和“治赖”追逃力度，整体推进经侦、治安、网警、特侦、派出所等多警种合成作战，全年抓获“治赖”逃犯23名（当年上网逃犯17名）。

【打击地下钱庄专项行动】 2016年，永嘉县公安局推进打击地下钱庄专项行动，共破获非法经营外汇案7起，发起全国集群战役1起，摧毁地下钱庄犯罪团伙7个，抓获并采取刑事强制措施7人；查询银行账户60多个，涉案总金额近4亿余元。

【“云剑”打假专项行动】 2016年，永嘉县公安局开展打假专项工作，重点打击生产窝点、批发团伙、侵权“浙商”品牌等三类犯罪源头，立涉嫌假冒伪劣案件7起，破案7起，涉案价值1000余万元；捣毁制假窝点7个，发起集群战役1起；抓获犯罪嫌疑人14名，刑拘7名，移送起诉10名。5月13日，在江北街道捣毁一非法制造注册商标标识案窝点，查扣非法制造的注册商标标识数十种，数量14000余件，当场抓获5名犯罪嫌疑人；7月14日，在永嘉县沙头工业区捣毁一假冒注册商标窝点，现场查获印有匡威(CONVERSE)、范斯(VANS)品牌的注册商标标识的帆布鞋成品1万余双，抓获3名犯罪嫌疑人

【重点单位安全保卫】 2016年，永嘉县公安局重点内保列管单位161家。年内，开展安评工作，共发现安全隐患308处，当场整改223处，对当场不能立即整改的85处安全隐患，发放安全防范建议书37份，均已通知问题单位。将校园安保保安配置人数不足、视频监控保存时间未达到30日、人员出入登记台账不规范、基层学校经费保障不到位等问题隐患书面函告教育局，提出工作建议，要求落实主体整改责任，并书面报告县政府。县政府专题划拨专项经费1000万元用于校园安保工作。主动与教育局会商沟通，应配置保安

620人，现有410人，其中持证保安150人，主动衔接保安公司解决校园保安持证上岗230人。在永嘉县中医院设置驻院警务室，落实巡逻到点和联勤制度。

【安全保卫】 2016年，永嘉县公安局共接待警卫安保任务52批次，出动警力5000余人次。

【护航发展】 2016年，永嘉县公安局开展“捍卫楠溪江—保护母亲河行动”，保障“三改一拆”和五水共治，共破获涉水案件71起，刑事拘留114人，深挖幕后参与暗股、干股、合股的村干部12人，县人大代表1人，移诉82人。

【治安管理】 2016年，永嘉县公安局共移诉黄赌违法犯罪485人，两非24人，恶意欠薪1人，食药环违法犯罪177人。开展缉枪治爆行动，共破涉枪涉爆刑事案件5起、移诉36人，涉危行政案件87起，涉及烟花爆竹案件5起，缴获爆炸物品2000多公斤，剧毒1000多公斤，收缴枪支100余支、缴获烟花爆竹1971箱、收缴刀、弩等管制器具500多把。

【打击盗销电动车犯罪】 2016年，永嘉县公安局共受理盗窃电动车案件160起，同比下降21.95%，其中已登记备案被盗电动车123起，破已登记备案被盗电动车现案35起，破案率28.46%，追回车辆54辆，追赃率43.9%，打处对象45名，人案比28.1%。

【破获全国最大寄血验子案件】 2016年3月，永嘉县公安局破获一起寄血验子案件，打掉以香港人为首的林某某寄血验子团伙。年内，已到案犯罪嫌疑人40名，其中被检察院批准逮捕18人，被移送检察院起诉22人，另有41名犯罪嫌疑人已被刑拘上网追逃，32名人员信息明确待批刑拘，200余人身份待查，该案是目前全国最大的寄血验子案件，涉及全国20余个省市、自治区、被检测的孕妇次数达5万余人次，涉案金额达2亿以上。

【寄递业管理】 2016年，永嘉县公安局联合政法委综治办对各寄递企业、镇街综治办、派出所负责人多次召开会议进行工作部署，推进APP系统软件安装工作。联合政法委综治办、市监局开展无证网点取缔工作，共取缔无证45家，移送邮管局寄递案件61个，移送邮管案件数量质量全市排名第一，其中中通案件被处以100000元以上罚款，韵达企业总部被责令停业整顿，圆通总部被处以8000元罚款。

【公安预审】 2016年，永嘉县公安局共受理办案单位移送审查案件1815件2451人，其中提请批准逮捕1334人，批准逮捕1011人，不批准逮捕315人（其中有罪不捕251人，无罪不捕1人，不清不捕63人），案件批捕率为95%；移送起诉2289人，被检察院不诉225人（其中相对不诉198人、绝对不诉6人、存疑不诉21人），移诉率为99%；被检察院退查457件，其中合理退查63件，退查率为3.8%，主动撤回起诉29件43人。向县检察院提请复议21件23人，复议后变更原决定的10件10人；收到书面纠正违法通知6件，同比下降45%。经审核评判发现主要执法问题有11大类10000多个，退回补充侦查案件共147件，其中无逮捕必要建议原经办单位变更强制措施的28件；经审核发现无罪建议撤案或终止侦查14件；补充侦查后重报共56件。

【执法规范化】 2016年，永嘉县公安局以执法四化建设（即受理规范化、办案程序化、执法精细化、监督全程化）要求，通过转变执法理念，健全执法机制，强化执法监督，向执法要素质，以执法树形象。完善集中议案制、专职法制员制度、案件回访制度、涉案财物管理制度、执法质量考核等内部执法管理制度，进一步规范执法行为。

【巡逻防控】 2016年，永嘉县公安局加大社会面防控力度和警灯值守工作，进一步构建“135”快速反应作战圈，开展“屯警街面、动中备勤、武装处突”巡逻防控和带警犬巡逻工作，警灯工程共投入警力3600余人次，盘查人员19700余人次，盘查可疑车辆11300余车次，抓获并移交处理各类违法犯罪嫌疑人4名；武装巡逻开展700余次，投入警力7000余人次，帮扶救助群众20余次。

2016年12月31日下午，永嘉县公安局在瓯北龙桥码头西侧停车场举行全县冬季治安大巡防启动仪式

【“砺剑”专项行动】 2016年，永嘉县公安局开展“砺剑”禁毒严打整治专项行动，共破毒品刑事案件111起，抓获毒品犯罪嫌疑人149名，已移诉128人，缴

获各类毒品6095.39克，查处吸毒人员705人次，其中强制隔离戒毒359人次，移诉3人团伙7起，6人团伙4起，确立破获省目标案件4起、确立部目标案件1起。

【禁毒宣传】 2016年，永嘉县公安局建立禁毒工作QQ群、禁毒微信群、易制毒化学品企业微信群等新媒体，通过“永嘉禁毒”公众号，发布禁毒工作动态和禁毒新动向，县局1条禁毒简报被市局录用，70余条报道被报纸、电视等媒体录用，其中2条报道被中央电视台2台录用。

【易制毒化学品管理】 2016年，永嘉县公安局落实定期实地检查和网上办证核查机制，强化对易制毒化学品企业生产、购销、运输、使用环节的常态化行政监管，从源头上防止易制毒化学品流入非法渠道。加强行业分会建设，引导分会落实社会监管职责，敦促企业自律管理，扫除监管死角。走访相关企业600余家，查处易制毒化学品案件4起，已处理易制毒化学品企业3家。

【禁种铲毒】 2016年，永嘉县公安局加强农村禁种毒品宣传教育，广泛发动群众举报非法种植毒品原植物违法犯罪活动；组织警力到郊区、农村，适时开展踏查活动。年内全县共开展大型排查活动60余次，共查获非法种植毒品原植物案件7起，发现非法种植7处，铲除非法种植毒品原植物罂粟1058株。

【网络安全】 2016年，永嘉县公安局打击网络谣言等扰乱公共秩序违法犯罪行为，落地核查27起，立案调查12起，查处12人，其中治安拘留7人。加大对政府网站和重要信息系统安全执法检查力度，共现场检查政府网站41家，远程技术测89家，发放《安全隐患告知书》35份，限期整改通知书1份，治安处罚1家，帮助落实网站安全技术保护措施4家。严管严控网吧、宾馆等公共上网场所，监督、指导无线WiFi上网场所、网吧、宾馆等非经场所落实安全审计措施。年内，全县共有网吧124家，在营业网吧103家，停业21家。通过开办审批条件前置、上门检查督促等措施，督促229家宾馆酒店等公共上网场落实安全技术措施，107家宾馆、38家社区点落实安全技术措施，全县共安装MAC采集点223个，主动跟华数永嘉分公司做好对接，准备对新建的260个AP点增加采集MAC的功能。完成全县网站的备案工作，已处置958家，办理率97%，完成备案328，备案率95%。打击网络违法犯罪，共破自侦案件57起，自侦打击处理189.5人，其中15类涉网案件4起打击56.5人，其他类涉网案件53起，133人；配侦案件162起。做好数据勘查工作，共接案51份，出具份勘查笔35份；加强对在逃人员虚拟身份分析，共抓获CCIC逃犯178人，占全局抓获数的40.1%。完成电子数据勘查实验室建设、瓯北的互联网节点侦控系统建设试点建设、瓯北驻所网警中队建设。

【科技通信管理】 2016年，永嘉县公安局建设各类高清视频监控967个，处置各类基础安全事件2800余起。健全视频监控运维制度，完善故障修复24小时响应制度。对社会监控资源进行整合，通过安全隔离手段，将符合接入、具备接入条件的村居、企事业单位接入到视频专网，拓展监控资源。购置120台350兆无线数字对讲机供G20杭州峰会安保期间县局赴杭增援警力使用，采取“终端准入方式”的措施，严防发生公安信息外泄等违规行为的发生。

【社区警务】 2016年，永嘉县公安局共配备78名社区民警，明确规定社区民警职责。通过创新社区民警工作模式，强化社区民警“工作任务化、任务项目化、项目责任化、责任具体化”工作理念，解决社区民警“干什么，怎么干”，制定《永嘉县公安局社区民警工作职责清单》并印制笔记本，由社区民警随身携带，及时对照完成任务。

【警灯工程】 2016年，永嘉县公安局出台“警灯工程”五大规范用以规范执勤纪律，共安排18300余人次值守警灯岗亭，取得市局年终考核第三名。

【“视网通”管控工作】 2016年，永嘉县公安局探索研发集计算机应用、通信网络、音视频压缩传输、安全防范等“四位一体”的“视网通”基础信息管控平台，实现对重点行业场所的“无盲区”和“全程化”管控，安装643个“视网通”监控点。“视网通”应用以来，永嘉县旅馆民宿的实名登记率从60%上升至95%以上。

【户籍管理】 2016年，永嘉县公安局共核查处理1406条省厅人口信息核查平台发布的各类需核查信，清理重复户口139个，累计摸排无户口人员391人，其中已解决174人。通过7月和10月2次系统代码清理工作，对1205条不规范乡镇街道、村居社区代码逐条校对和纠正；根据县政府行政区划调整196183条人口数据。11月，全面完成户籍制度改革技术升级工作。在户籍窗口、警务室设置监督电话，向社会公布举报电话，通过电话、举报以及网上QQ等通道，征询户籍违法违规信息，并予以核查反馈。发动群众主动提供线索或检举揭发骗领居民身份证、一人多个户口、虚假户口等问题，并提供相关政策咨询服务。

【窗口服务】 2016年，永嘉县公安局行政审批服务科共办理身份证95425个，办理临时证22673个，审批户口6855件，出户口查询证明2500余份。审批民爆使用许可29家、购买证946件、运输证946件、人员许可46件，剧毒品购买凭证许可4件、运输许可证375件，烟花爆竹运输证78件，易制毒化学品购买备案11910件，印章备案7619枚，金融机构许可25家，审批网吧12家、旅馆5家、刻字2家、大型活动1场。做到审批事项无延期，无投诉，办结率和服务对象满意率均保持了较高水平，共收到锦旗11面，感谢信19封，年内，该局获得温州市巾帼文明岗、温州市公安机关群众满意户籍窗口、县文明服务示范点等荣誉称号，连续四季度被评为县行政服务中心红旗窗口，民警四人次被评为窗口服务标兵。

【流动人口管理】 2016年，永嘉县流口登记率100%，流口准确率98.75%，出租房信息采集率100%；全县登记在册流动人口数262143人，登记在册出租房数37070间，在册流口需发卡总数为256461人，发卡231066张，发卡率为90.10%；已建A型e居站数20个，D型e居站数119个，M型e居站数11个。同邮政储蓄银行、永嘉移动、金汇电影院、12家网吧、3家超市等单位和企业签订IC卡使用优惠协议，共受理发放IC卡15334人。

【出入境管理】 2016年，永嘉县公安局共受理因私出国（境）申请65378件次，其中因私出国申请24671件次，因私港澳台申请40707件次。办理《浙江省单位申办港澳签注资格确认书》39家，受理证件遗失、损坏798件，制作港澳签注10536人次、15996地次，新增国家工作人员597人次，撤销46人次，没有一起有效投诉，在全市出入境系统“流动红旗窗口”品牌创建活动中，勇夺6枚红旗，名列全市总分第一、序列第一。

【交通安全】 2016年，永嘉县公安局围绕“平安创建”，以预防道路交通事故“渣土车治理”专项行动和“电瓶车整治”专项行动为载体，开展源头监管、隐患治理和违法查处等基础性工作。全年共发生统计上报道路交通事故127起、死亡52人、受伤103人、直接经济损失69609元。查处公路交通违法73634起，其中现场违法41872起，重点违法30889起，公路违法现场查处比例和重点公路违法查处比例分别达到56.87%、73.77%，分别排名全市序列第三、第四。共查获醉酒驾驶376起，饮酒驾驶604起；共侦破道路交通逃逸事故案10起，其中交通死亡逃逸事故2起。开展“四小车”专项整治，共查获“四小车”3392辆。推进节假日保畅新机制创建工作，保障景区道路交通安全畅通，拥堵类警情同比下降20.21%。投入资金500多万元，改造信号灯控制仪25处，安装自动抓拍监控64处，施划交通标线3115平方米，安装各类禁令牌、导向牌等465个。探索建立交通管理“钟点工”模式，雇佣临近村庄村民协助参与节假日、双休日和重大活动期间交通管理。开展交通安全宣传，在中央、省、市、县各级电视台、报纸、电台等新闻媒体发布稿件1125篇，开展“五进”主题宣讲（讲座）48次，各类宣传活动90次，发放宣传资料2.7万余份。

【特巡警工作】 2016年，永嘉县公安局共完成各类大型群众活动安全保卫、重要会议安全保卫、重要警卫安保100余次，出动警力3000余人次。共查处涉赌刑事案件5起，刑事拘留20人，移诉51人；查处涉赌行政案件5起，行政拘留59人；配合禁毒大队破获4.5公斤特大毒品案件和群吸案件各1起，联合治安大队打处多起食药环案件和非法盗采石子砂案件。开展网络追逃，共抓获逃犯13人。

【监所安全】 2016年，永嘉看守所共收押入所2492人，其中刑拘入所1911人，逮捕入所415人，办理家属会见1286人次，总计接待群众25000余人。执行收押健康检查，发现不应收押拒收的61名；对不宜关押的对象要求相关单位变更强制措施，已办理取保17名；上半年出所治疗103人次，住院治疗6人；加强与人民医院的合作，建立重病、急病在押人员快速救治“绿色通道”和开设监管专用病房。拘留所设立所领导坐堂值班制，实行巡视与监控两岗交合。全年共收拘1661人，其中女拘留人员378人。治安拘留1614人，司法拘留41人，拘留审查8人；出所1651名。入所拘留人员均进行网上比对，身份核查，建立完整人员档案。

2016年4月26日，省厅武警总队副司令杭华根和县委常委、公安局长林志佩为新看守所揭牌

【公安审计】 2016年，永嘉县公安局累计审计项目5个，其中经济责任审计2个，后续审计2个，审计调查2

个，审计巡查1个，项目采购现场监督7个，审计金额达共计1780.75万元，提出审计意见8条，被采纳8条。

【公安法制】 2016年，永嘉县公安局在刑事方面共批准刑拘2108人；取保候审1150人，监视居住187人；提请逮捕1334人，批准逮捕1101人，不捕315人（其中事实不清不捕63人，有罪不捕251人，无罪不捕1人），批捕率95%；移诉1629件2289人，不诉225人（其中相对不诉198人，绝对不诉6人，存疑不诉21人），移送起诉率99%；被检察院退查457件，其中合理退查62件，不合理退查395件，退查率3.8%；不予立案18起，终止侦查8人，撤案86人。行政方面共批准行政拘留2640人，罚款706人；批准强制隔离戒毒356人，批准收容教育14人；办理行政复议案件23起，其中向永嘉县政府提出的行政复议办理10起，维持9起，不予受理1起；向温州市公安局提出的行政复议办理13起，维持10起，申请人撤回1起，正在复议中2起；办理行政应诉案件52起（新受理48起），驳回起诉30起，申请人撤回起诉8起，被确认违法3起，正在审理中11起。

【民警维权】 2016年，永嘉县公安局制定推出《永嘉县公安局维护民警正当执法权益工作细则》，依法从严从重从快查处各类侵害民警依法履行职务行为，全年共协调办理维权案件29起，查处33人，其中刑拘4人，行政拘留29人。打击各类侵犯民警权益的违法犯罪行为，共刑事拘留16人，行政拘留人40人。

【指挥勤务】 2016年，永嘉县公安局以护航G20杭州峰会为重点，期间全面推行“联勤指挥、合成处置”机制，搭建平战结合的“指挥中心+N警种”共同参与的G20杭州峰会安保联合指挥部，加强县内“135”快速反应圈建设，深化巩固专业化接处警工作。全年共组织各类接处警检查200余次。

【警务督察】 2016年，永嘉县公安局共开展各类督察活动345次，出动督察力量1671人次，发现和纠正各类问题189个，发督察通知书3份，发各类督察通报65期。上报督察信息42篇，被公省厅、市局督察部门采纳20篇，受理核查检举控告17件，组织办理维权案件29起，查处33人，其中刑拘4人，行政拘留29人。局规记分1659人次共计1608.5分，同比分别上升45.7%、50.4%。

【警务保障】 2016年，永嘉县公安局落实民警2015-2016年补发加班经费保障工作，局本级共到位加班经费2215万元。落实普通协警人均4.5万元，文职和特巡警协警人均5万元的经费保障工作。投入经费680万元保证防护装备和警械器材购置。完成执法管理中心、合成作战室设备建设，江北、岩头派出所办案区改造和设备采购。

【廉政教育】 2016年，永嘉县公安局开展学习“清风警苑”“廉政文化教育课堂”“严纪律、正作风、树形象”“两学一做”“党纪条规”“高线底线规定”“无限忠诚•走在前列”及“敢担当、树标杆”作风等，创新推行对内深化“每月一主题”、对外“双月一主题”专项活动和组织拍摄微电影《高线•底线》“510思廉日”、纪检监察重点调研课题等。全局“廉政文化教育课堂”参与率、学习率、达标率均达100%。

【队伍保障】 2016年，永嘉县公安局落实“制度化”管理理念，疏理规范性文件，将128个文件编入县公安局《规范性文件汇编》并发放学习。落实重点民警的“帮助、关注和关爱”帮扶措施，全年共发生风险事件1463起，执行主动管控措施5807次，廉政风险指数为21.43（级别为警示），主动管控指数为26.62，管控比为124.22%（超过100%），开展为期一个月的“牢固群众观念、强化法治意识、整肃纪律作风”专项教育整顿活动，梳理重点帮助民警2人，关注民警18人，关爱民警12人。8月20日至G20杭州峰会安保期间推出“局长、所长驻守”战时警务模式，因履职不力，8名中层干部被组织处理，其中2人免职，3人留职察看，1人停职，2人调离岗位。全年共核查涉警信访投诉件42件（包括警民时时通和交办件）。

2016年3月4日，县局组织参加永嘉县创意服装服饰展演活动

乐清公安

【市况简介】 乐清市是温州市下属的一个县级市，是中国首批对外开放城市之一。乐清市陆地面积1174

平方公里，海域面积270平方公里，辖14个镇、8个街道、3个乡。2016年，全市户籍人口129.6万人，登记在册暂住人口58.67万人。全年实现生产总值838.4亿元，其中公共财政预算收入72.2亿元；城镇居民人均可支配收入50263元，农村居民人均纯收入26943元。

【概况】 2016年，乐清市公安局以“激情实干、高效有为、忠诚可靠、永保民安”工作理念为引领，组织开展G20杭州峰会安保工作、“除恶治霸”“打霸治闹”“治赖追逃”“猎狐2016”“青龙•铁掌”系列行动、打侵财、扫黄毒等专项行动，确保经济社会的平稳发展。年内，乐清市局被乐清市政府荣记集体三等功一次。

2016年1月25日，乐清市委常委、公安局局长蒋荣国带队督导“警灯工程”并慰问执勤民警

【机构人员】 2016年，乐清市局内设政治处和28个职能科室（大队），下设3个监管场所、2个公安分局和17个公安派出所。乐清市编委核定兼职副局长领导职数1名，由新居民服务管理局局长兼任；内设机构科技通信管理科更名为科技信息化大队。全局总警力1144人，协辅警1386人，文职75人。

【公安维稳】 2016年，乐清市局完善聚闹事件处置机制，结合“两打两治”“打霸治闹”行动，强化对聚闹事件和劳资纠纷维稳的处置工作。全年共处置聚闹事件29起，打击处理48人；共立拒不支付劳动报酬案件10起，采取刑事强制措施10人，协调解决欠薪纠纷10余起，追回拖欠工资460余万元。

【公安信访】 2016年，乐清市局组织开展局领导不定期约访和集中下访活动。全年共集中接待来访群众146批197人次，化解138起，配合党委政府共拦截、劝返各类信访人员13人次，排查发现并处置扬言滋事事件10起。开展打击整治非访违法行为专项行动，维护正常信访秩序。全年共查处非访案件26起，打击违法犯罪嫌疑人员54人，其中刑拘、取保12人、行政拘留25人，警告17人。

【大要案侦破】 2016年，乐清市共发命案7起，同比下降41.67%，破7起，破案率100%；五类暴力案件发30起，同比下降33.33%，破30起，破案率100%；抓获3名15年以上的命案积案逃犯，侦破命案积案2起。通过合成作战方式，先后快速侦破“1•18”抢劫杀害出租车司机案、“5•13”柳市抢劫杀人案、“10•11”绑架案等恶性暴力案件。重案侦破总体成效名列温州一类地区第一名。

【打黑除恶】 2016年，乐清市局共打掉黑恶势力团伙34个，打击犯罪嫌疑人200余名，破获各类刑事案件173起，同比分别上升17.24%、48.06%、21.83%，其中受温州市局认定团伙22个。

【打击侵财犯罪】 2016年，乐清市局打击侵财人员1114名，同比上升8.69%；其中五年以上判决人数达43人，打击高财人员25名，打击新型诈骗犯罪人员154名，打击侵财专项工作考核成绩名列温州一类地区第一。

【追逃】 2016年，乐清市局共抓获历年逃犯122名，年前逃犯归案数达294名，抓获重点逃犯归案70名，特别是创新人脸照片比对方式，成功抓获命案积案逃犯3名，其中公安部A级通缉令1名，公安部B级通缉令1名。追逃工作考核成绩名列温州全市第一。

【刑侦合成作战】 2016年，乐清市局投入700余万元资金全面创建“五侦一体”新合成作战中心，完善乐清特色合成作战体系，通过升级软硬件设施设备，有效整合参战警种资源技术。全年共为实战单位提供手段支撑2658次，研判挖掘各类线索3056条，发起有效线索675条，协助打击各类刑事犯罪对象426名，协助抓获各类逃犯165名，快速侦破“10•21”盗窃珠宝店案等重特大案件。合成工作考核成绩名列温州一类地区第一名。

【刑事科学技术】 2016年，乐清市局加强刑事科学技术专业队伍建设和检验鉴定能力培育，统筹推进刑事技术机构资质认定工作，于12月底完成资质认定申报工作；推行“一长四必”现场勘查工作机制，全年勘查十五类案事件4960起，技术比对刑事案件数共828起。

【情报信息】 2016年，乐清市局研发“乐清公安情报大云平台”，分析研判的情报线索被温州采用2000

多条，被省部采用500多条，协助稳控重点人1000多人，通过平台应用提炼的《大数据应用服务维稳工作“判、稳、盯”三字诀》技战法入选省厅2016年度情报综合研判优秀技战法，“俊杰情报工作室”被温州市局授予“市级情报工作室”。全年利用情报专属工具、物联网等新型科技，重点围绕侵财现案、逃犯等开展研判，通过情报支撑共打处犯罪嫌疑人77人，其中逃犯39人，现案38人，打击犯罪团伙6个。

【“二级四色”预警评估】 2016年，乐清市局优化社会治安状况“二级四色”预警评估机制，实行“常态化预警”“前置预评估”“补短板周行动”等措施，提升公安机关对社会治安的掌控力。全市刑事治安、盗窃、“两抢”、黄赌警情同比分别下降18.63%、17.21%、32.93%、8.81%。“二级四色”预警综合考评成效居温州全市一类地区第二。

【打击经济犯罪】 2016年，乐清市局共受理经济犯罪案件107起，立案90起，破案77起，涉案价值30.45亿元。打处各类犯罪嫌疑人121人，移送起诉77人，抓获经济类逃犯11名。

【打假】 2016年，乐清市局开展打击假冒伪劣犯罪专项行动，共受理、立案侦查假冒伪劣和侵犯知识产权类案件30起，破29起，涉案价值2155万元。成功发起1起涉及“浙商”品牌集群战役，打假成效列温州两区两市第二名。

【打击串通投标犯罪】 2016年，乐清市局共立案侦查串通投标案件2起，破案2起，采取刑事强制措施18人，涉案金额达6000多万元，打处成效名列温州地区前茅，得到乐清市委书记林亦俊批示表扬。

【打击逃废债】 2016年，乐清市局共立逃废债案件55起，移诉逃废债案件27起。其中打击企业逃废债案件7起（浙江电缆有限公司、乐清市松野电器有限公司、浙江京欧电器有限公司、浙江众志融资担保有限公司、九川集团有限公司、温州市乾森能源开发有限公司、温州贤丰国际贸易有限公司），涉案金额282739.906万元，其中温州市乾森能源开发有限公司、温州贤丰国际贸易有限公司2家公司的涉案总额为27亿元。

【“治赖”追逃】 2016年，乐清市局进共抓获治赖追逃对象61人，其中抓获年前逃犯9人，抓获当年逃犯52人。

【处突防暴】 2016年，乐清市局特警队伍实现管理严格化、技能精尖化、警务现代化、队伍正规化的目标，成功处置各类突发性事件7起，完成G20安保、十八届六中全会、第三届世界互联网大会等各类安保任务40起。打击处理各类违法犯罪对象154人，行政拘留对象4人。办理赌博案件21起，其中刑事案件9起，查获各类涉赌嫌疑对象200余人，行政处罚81人，刑事拘留34人（其中联合治安大队刑拘7人），移诉28人。

【网络侦查】 2016年，乐清市局共破获自侦案件50余起，查获犯罪嫌疑人共138名，特别是办理的2起侵犯公民个人信息案件和1起利用手机木马拦截手机短信进行盗窃的非法获取计算机信息系统案被刊登到省厅网警总队，受到上级网警部门的肯定；共配侦各类案件300余起，其中协助抓获CCIC逃犯40余名；出具电子证物检查工作记录81份。

【禁毒】 2016年，乐清市局围绕“春雷”“青龙•铁掌”、禁毒大会战等禁毒攻坚战役，保持禁毒打击高压态势，有序推进全市禁毒工作。全年共查处涉毒刑事案件254起，刑拘涉毒人员355名，录入禁毒信息系统库340名，移诉涉毒犯罪嫌疑人330名，其中移诉容留他人吸毒犯罪嫌疑人77名，移诉一案3-5人团伙案件11个、一案6人以上团伙案件7个，缴获各类毒品4599克，查处吸毒人员1297人次。

【护佑民生】 2016年，乐清市局共破获危害民生安全领域违法犯罪58起，刑拘129人，移诉97人。其中破获食药犯罪案件19起，刑拘37人，移诉21人，破获环境污染案件34起，刑拘75人，移诉68人，其中破获1起省厅督办的非法猎捕、杀害珍贵、濒危野生动物案件，破获1起全国跨区域的生产、销售有毒有害性保健品案。

【护航发展】 2016年，乐清市局开展“除恶治霸”行动、“打霸治闹”“两打两治”和村级换届选举“清障护航”行动，打击各类“恶、霸、闹、访”和阻碍选举违法犯罪活动。全年共打掉涉恶涉霸团伙25个，抓获犯罪嫌疑人198名，其中刑事拘留184名，打击村官违法犯罪人员27人，保障12个受阻重点工程顺利进场施工。

【扫黄禁赌】 2016年，乐清市局先后组织开展“春雷”、黄赌打击专项行动，打击整治社会面黄赌违法犯罪活动。全年共破获黄赌刑事案件233起，刑拘黄赌人员389人；破获黄赌行政案件718起，行政拘留765人。黄赌警情同比下降8%，没有发生站街公开招嫖、设机器公开赌博和因黄赌引发的重大案件，成功破获省厅督办的乐清市孙某某等人六合彩赌博案。

【缉枪治爆】 2016年，乐清市局共排查涉枪涉爆线索167条，收缴非法枪支69支，收缴管制刀具104把；查处涉枪涉爆刑事案件9起、采取刑事强制措施15人；查处涉剧毒刑事案件1起，移诉1人；涉危行政案件104起，打处108人，抓获涉枪涉爆部督逃犯2名。

【创新剧毒、民爆管理模式】 2016年，乐清市局创新研发“剧毒化学品物联网监管信息平台”，并在温州全市推广应用。成立民爆管控物联网系统开发专班，自主创建“民爆物品物联网监管信息系统”，对全市25家民爆企业进行信息化管理，被温州市局确定为全市民爆信息化管理试点单位。

【涉爆物品整治】 2016年，乐清市局共查处非法买卖、储存烟花爆竹案件38起，行政拘留28人，收缴非法烟花爆竹6500余箱；开展成品油市场突出问题集中专项整治行动，取缔或关停非法销售（储存）点15个，查处案件11起，刑事拘留13人，查封成品油数量5.748吨；开展瓶装燃气市场专项整治专项行动，查处案件118起，刑拘31人，行政拘留88人，查处有证违法经营点2家，取缔无证照经营点79家，查扣燃气瓶3259个，企业报废钢瓶23917个，暂扣非法运输车18辆。

【监所安全】 2016年，乐清市看守所累计收押各类犯罪人员3538名，获取违法犯罪线索13条；乐清市拘留所（强制隔离戒毒所）收押拘留人员2664名，戒毒学员621名。年内，乐清市看守所被省公安厅评为全省看守所“五化建设”成绩突出单位，被温州市公安局评为全市公安监管信息建设应用工作成效突出单位和全市公安监管医疗卫生专业化工作成效突出单位。乐清市拘留所（强制隔离戒毒所）被省公安厅授予“十年安全无事故监管场所”。

【流动人口管理】 2016年，乐清市局严格流动人口排查、登记、管理制度，推进流动人口治安管理工作。全年共登记在册流动人口586680人，同比下降4.99%，在册出租房屋底数为91213间，同比下降1.19%；全市流动人口登记率、准确率、出租房登记率分别为95.56%、97.64%、100%，在年底温州市公安局组织开展的“大拆大整”流动人口管理专项行动阶段性考核中，此三率取得3个百分百的成绩；全市流动人口E居卡制发卡率、持卡率、有效刷卡率分别为90.3%、98.75%、71.22%；列管流动人口高危人员10569人，列管面达2.15%，打击流口高危人员552人，流口高危打处率104.74%，重点高危打击数260人，重点高危打击率为46.1%，各项工作全部达到相关考核目标任务要求，成效居温州全市同类地区第一名。

【社区警务】 2016年，乐清市局制定出台《乐清市公安局2016年社区警务“六六工程”工作评估办法》等系列配套文件，印发《社区民警工作守则》。通过组织培育和现场评比评选出乐成派出所城南街道警务站等5个品牌警务室（站），以典型为引领，打造一批具有实战和综合服务功能的“特色品牌警务室（站）”。

【户籍管理】 2016年，乐清市局完成户改阶段性任务，户籍制度改革获评2016年度“乐清全市十大群众最满意改革项目”称号，并受到省政协副主席王建满等上级领导肯定。全年共办理户口业务事项180825件，其中办理出生登记23452人，死亡业务6504件，迁入业务2286件，迁出业务3160件，重户注销123件，失踪注销26件，补登62件，办理临时身份证20707件，办理二代证131482件，变更更正业务1754起。

【出入境管理】 2016年，乐清市局共受理公民因私出国境证照材料140024件，其中因私出国申请46286人，赴港澳台出境申请93738人；审批短期赴港澳52777件，签注制证19979人次；乐清全市登记境外人员临时住宿12592人次，同比上升16.9%；共查处55起涉外案（事）件，遣送8名非法入境的境外人员出境。年内，打击毗邻国家人员非法入境、非法居留、非法就业专项工作和出入境管理综合业务考绩工作，综合考核排名列温州同类地区第一。

【边防安全】 2016年，乐清市局边防部门共破获贩毒案件2起，查处吸毒案件47起。抓获网上逃犯13名。破获走私成品油案件4起，收缴成品油743.51吨，查处边防行政案件75起。共出动船艇80余次，开展海上联合行动32次，出动警力790余人次，检查各类船舶548艘次。

【消防安全】 2016年，乐清市局推进百日攻坚、大拆大整消防安全整治专项工作，共出警1337起，抢救被困人员207人，疏散被困人员294人，抢救财产价值4565.3万元，成功处置“5•31”液化石油气槽罐车泄露燃烧、“8•17”高速苯槽车倾覆泄漏等安全事故实行流口消防机制改革。全年共出动警力26324次，检查单位13128家，下发责令整改通知书2129份，行政拘留429人，责令三停单位120家，购置到位5辆灭火救援车，配齐配强个人防护装备和种类丰富的特种救援器材，成功争取大荆中队营房修缮经费，推进柳市中队营房翻新改造。

【交通安全】 2016年，乐清市局得市政府出资，投入800多万元在104国道和重要支线新建13处红绿灯。3处温州市级道路隐患、54处乐清市级道路隐患，全部完成整治。开展“铁警出击”“一区六路十点”交通秩序综合整治行动，查处交通违法行为77.66万例，同比上升33.2%，净增加19.35万例；查处饮酒驾驶849例、同比上升23.22%，醉酒驾驶801例、同比上升28.99%。全年道路交通事故死亡80人，同比下降5.88%。

【接处警】 2016年，乐清市局实行流程标准化、指挥标准化和管理标准化的接处警工作，提升警务实战化水平、警务工作效能和群众满意度。全年有效接警总量221036起，同比下降13.74%；刑事治安接警数27635起，同比下降18.57%；110接处警满意度为94.10%，位列温州两区两市第一。

【“三位一体”执法机制建设】 2016年，乐清市局推进“三个中心”建设，实现执法过程“三集中”（对象集中看管、案件集中办理、物证集中保管）。年内，该局的“三位一体”执法机制建设得到省厅和温州市局领导支持和关注，省公安厅副厅长王海仁2次实地调研指导并肯定该工作。

2016年，乐清市公安局案件管理中心民警集中办案。

【视频监控和智能卡口建设】 2016年，乐清市局共完成500路高清视频监控建设，监控保有量居温州全市第一。推进智能卡口建设和“泛卡口”应用，新建高清智能卡口50处覆盖全市主要道路，新接入“泛卡口”500路。

【警务保障】 2016年，乐清市局经费预算为2.4亿元，同比增长12.66%。全年共10个市重点建设项目，本年度投入项目经费3829万元。特警及反恐训练基地于7月1日前投入使用；大荆、芙蓉、北白象、石帆等派出所建设项目稳步推进；“五侦一体”合成作战室建设项目（建筑面积1672平方米）于6月1日完成工程招标，11月底完成全部工程，并投入使用；侦查技术中心及乐成派出所建设工程、翁垟派出所迁扩建工程和虹桥派出所迁扩建工程等项目进入收尾工作。

【党建工作】 2016年，乐清市局通过调整党支部设置、换届选举、青年党员教育培养、开展“三优一先”评比工作等工作，加强党组织建设工作。全年共发展党员35名，先后获得“六型”机关创建活动先进单位、党的建设工作先进奖、市直机关工委先进基层党组织、党建信息报送先进单位等多项荣誉，该局出入境大队党建工作荣获温州市唯一一个示范品牌单位。

【爱警惠警】 2016年，乐清市局“公安爱警基金”共组织慰问因公负伤人59次（民警36人次），支出慰问金11.35万元（民警9.4万元），慰问因病住院67人（民警职工60人次），支出慰问金12.35万元（民警职工11.95万元），慰问三警432人次，支出慰问金21.6万余元，慰问家庭困难民警（协警）19人，支出慰问金2.4万余元，离退休人员及遗属130人次，支出慰问金35.2万元，并给42个集体和617名个人发放各类奖励奖金64.73万元，其他慰问1人，发放慰问金1万元，总计148.63万元。

【专题教育】 2016年，乐清市局印发《全市公安机关深入开展“无限忠诚走在前列”主题教育实践活动实施方案》，在全市公安机关部署开展“无限忠诚走在前列”主题教育实践活动，组织践行“忠诚警魂、平安峰会、护航发展、执法为民、挺纪立规、走在前列”6个项目。在G20杭州峰会安保期间，启动G20杭州峰会安保战时思想政治工作机制，印发《乐清市公安局战时思想政治工作实施办法》。开展“两学一做”学习教育活动，组织党委理论中心组学习10次、党支部专题学习300次，开展党员组织关系集中排查，排查出失联党员2人，组织关系未及时迁转党员15人，举行迎“七一”寻找红色记忆、“红七月•服务月”、“十三五、树标杆、话担当”微型党课赛课、“迎七一•遵党章、守准则、知两线”知识竞赛等活动。

【研发温州公安队伍管理平台】 2016年，乐清市局研发队伍监督管理平台，并投入试运行，后更名为温州公安队伍管理平台；8月12日，温州市公安局在乐清市公安局召开温州公安队伍管理平台建设现场会；9月7日，温州市公安局发文，在温州全市公安机关推广应用“温州公安队伍管理平台”。

【队伍正规化建设获评全省优秀单位】 2016年，乐清市局在温州全市公安机关队伍正规化年度考评中获得58.3分，名列温州市同类地区第一，并获评2016年度全省队伍正规化建设“优秀单位”和“示范单位”称号。

【干部人事】 2016年，乐清市局通过招录、转任等途径共新录用公务员44人，其中招录公务员32名（面向社会公开招录20名，警校毕业招录12名），接收体制改革毕业生4名，转任外地调入民警8名；减少34人，其中调出12人，辞职6人，退休16人。

【中层（后备）干部选拔】 2016年，乐清市局相继组织开展副科级干部的推荐和考察、股级中层干部选拔、具体岗位选拔股级中层干部、G20杭州峰会安保工作“火线提拔”干部等工作，共提任副科（局）长级干部4名、中层正股（所）长级干部41名，副股（所）长级干部34名，确定4名正股（所）职后备干部、7名副股（所）职后备干部。

【公安宣传】 2016年，乐清市局公安网编发图片新闻1188篇、视频新闻200余篇、媒体声音490篇。在各级媒体上共刊发新闻794件，其中央视34件，省级130件，温州市级320件，乐清本地媒体310件。全年共发布公安微信、微博信息1000余条，答复网民咨询信息40余条，在温州市局门户网发布主题信息300篇，落实乐清市网络问效平台办理件106件。多条原创信息被公安部官方微博、官方微信警苑心语录用发布。

【“千名好民警（协辅警）”专题宣传】 2016年，乐清市局下发“千名好民警（协警）”宣传推选方案及推进工作要求，健全完善先进典型发现、培育、推树、宣传机制。对内，开展“群英会-警察故事会”；对外，讲述最贴近百姓、最贴近人心的基层民警的点滴“故事”，全年先后有100余人的先进事迹在各大媒体宣传，54名成功入选省公安厅“千名好民警（协警）”光荣榜，入围数为全省第一；24人入选“千名好民警（协警）”名单，居全省县级公安机关第一。

【警务督察】 2016年，乐清市局共组织各类督察活动291次，出动警力938人次，发现各类问题1058个按《局规》对违规民警（职工）记分1071人次1604分，发督察通知书13份，监督办理维权案件48起，受理核查各类群众举报投诉及领导交办案件55起，发督察信息122期。

【专项巡察】 2016年，乐清市局向队伍管理混乱、业务工作落后的单位派驻由督察、纪委、政治处等部门人员组成的专项巡察组，从党风廉政建设、队伍建设、重点工作执行、警务工作效能4个方面着手开展专项巡察，共开展专项巡察4次，发现各类问题42个，提出整改意见23条。

【教育训练】 2016年，乐清市局警务技能训练基地建成并投入使用，年内，荣获温州市唯一“县级公安机关示范警务技能训练基地”称号。贯彻新《人民警察训练条令》，实现教育学习常态化，组织2年内有维权记录的派出所（分局）、交警辖区中队民警共111人参加3期“提升能力•规范执法”专题轮训活动；举办5期“G20杭州峰会安保”专题轮训班和2期赴杭增援民警专项培训班，共300余名民警参加。组织全局780余人次完成“六四”式手枪分解结合和实弹射击考核；600余人次参加配枪民警开展手枪初级应用培训和补测活动；12期109人参加警衔晋升培训班；9期103人参加温州市局政工干部培训班。

【警营文化】 2016年，乐清市局成功举办“平安之夜”颁奖典礼，邀请公安部“公安文化基层行”文艺小分队来乐演出。5月，警察主题文化公园建成并正式开园。年内，推动基层警营文化建设的创新发展，建成以出入境管理大队为标杆的7个“美丽窗口、花园警队、文化警营”先进典型，为温州同类地区第一。

2016年5月29日，乐清市警察文化公园隆重开园

【协辅警队伍管理】 2016年，乐清市局推广辅警层级管理，实现全局辅警层级管理和层级补贴发放覆盖率达100%，促进辅警队伍的正规化和职业化建设，被省公安厅确定为全省规范协辅警队伍管理工作改革试点。全年共表彰“文职、辅警之星”60人次，评选年度优秀辅警50名，通报表扬23人次，授予“三等治安荣誉奖章”1人。开展慰问特困、大病、因公负伤、因病住院的文职、辅警60人次，首次组织36名辅警赴丽水开展健康修养活动。

【民警维权】 2016年，乐清市局共查处侵害民警正当执法权益案件48起，处理侵犯民警正当执法权益人员53人，其中立刑事案件30起，刑拘33人，立行政案件18起，行政处罚20人，看望慰问受伤民警及辅警24人次，发放抚慰金共计54000元。

【先进集体与个人】 2016年，乐清市局民警杨铭安被追授“全国公安系统二级英雄模范”荣誉称号。共有1个集体荣立集体二等功，4个集体荣立集体三等功，1人荣立个人一等功，1人荣立个人二等功，25人荣立个人三等功，22个集体受嘉奖，18个集体受通报表扬，嘉奖86人，通报表扬258人；98个先进集体和251名先进个人在各级专项评选中获奖。

2016年2月24日，乐清市公安局举办“平安之夜”颁奖典礼

瑞安公安

【市况简介】 瑞安地处浙江东南沿海，是浙江重要的现代工贸城市、历史文化名城和温州大都市区南翼中心城市。全市陆域面积1349平方公里，海域面积3037平方公里，辖9个12街2乡。2016年，全市户籍人口123.52万人、登记流动人口64.4万人。全市实现生产总值783.84亿元，同比增长8.6%，居全国百强县市第40位，城镇常住居民人均可支配收入50904元，农村常住居民人均可支配收入25570元。

【概述】 2016，瑞安市公安局以G20杭州峰会安保工作为主线，瑞祥系列专项行动为载体，稳步推进各项公安工作。全年共刑拘4039人，移诉3779人,刑拘、移诉绝对数均居温州全市第一。刑事治安警情同比下降10.9%，其中刑事警情同比下降16.5%，治安警情同比下降4.9%，两抢类警情同比下降43.2%。深入推进“治三闹、打三霸、破三难”等专项行动，打击经济领域违法犯罪活动，破获地下钱庄系列案件6起，涉案金额逾1亿元。清障除污助推村级换届选举，保障“大拆大整”“三改一拆”等中心工作，深化同心文化，全面开展“美丽窗口、花园警队、文化警营”创建活动，8个单位被温州市局列为试点，进一步推动全局警营文化向基层所队延伸。年内，该局被省委评为法治浙江建设十周年先进集体，被省委、省政府评为G20杭州峰会工作突出贡献集体；禁毒大队、南滨派出所分别被评为全省优秀公安基层单位和“温暖警营”，涌现出“纱布交警”洪万光、“孤单英雄”孙玉宝、“反扒能手”陈耀光等一批先进典型人物。共有112个集体和551名个人受到上级表彰，其中集体二等功2个，集体三等功9个；个人二等功2个，个人三等功31个。

【机构人员】 2016年，瑞安市公安局内设机关科室9个，大队17个，公安派出所15个，边防派出所3个，看守所、强制隔离戒毒所、拘留所各1个。省编委核定编制控制数1226名，现有在岗民警1170名，其中党委成员16名，中层干部302名，在岗职工151名。

【G20杭州峰会安保】 2016年，瑞安市公安局建立G20杭州峰会安保工作“一部一办七专班”运行模式，以清零冲刺为载体专项推进，截至峰会召开，全局共排查管控重点人875名、重点单位2101家，收缴涉危物品3090公斤，收缴非法烟花爆竹2000余箱。该局安保工作得到上级党委政府肯定，省厅安保专刊、温州市局简报分别刊文肯定瑞安市局峰会安保“三大抓手”和“五大体系”典型做法，荣获“全省服务保障G20杭州峰会工作成绩突出贡献集体”，被记集体二等功。

2016年8月24日，瑞安市公安局举行G20杭州峰会安保赴杭（萧山）特援队瑞安方队出征仪式

【护航安保】 2016年G20杭州峰会安保期间，瑞安市公安局从管理机制着手提高管控能力，对重性肇事肇祸精神病人实行双向列管，温州市委政法委专门在瑞安召开现场会推广。建立电镀园区视频监控中心，对电镀剧毒化学品公司实时监测。对散装汽油购销点安装物联网实名登记系统。在寄递网点从业人员推广“寄递哥”APP。对5家违规旅馆依据《中华人民共和

国反恐怖主义法》处以10万元罚款，对反恐目标单位长运公司首开反恐罚单。省公安厅常务副厅长洪巨平专门对瑞安市局推动峰会安保创安责任落实的做法作出批示肯定。

【打黑除恶】 2016年，瑞安市公安局推出“警务进项目、警务进工地、警务进企业”行动，铲除村霸、地霸、工程霸，全市共摧毁恶势力团伙39个，抓获各类犯罪嫌疑对象298人，破案各类刑事案件187起，其中涉霸案件56起，打击处理96人，确保全市重点工程治安无障碍施工，打黑除恶连续三年居温州一类地区第一。开展村干部违法犯罪专项整治，对阻挠瑞安市行政区划调整等涉恶村官严惩不贷，全年共查处“村官”违法犯罪案件31起35人，影响干扰村级组织换届选举犯罪案件2起7人。

【打击逃废债】 2016年，瑞安市公安局加大恶意“逃废债”打击力度，全年立案侦办逃废债案件52起，涉案总金额7.5亿元，打击处理58人，抓获“老赖”44人，打击逃废债工作得到副省长朱从玖的批示肯定。

【追逃】 2016年，瑞安市公安局“猎狐2016”行动成效明显，抓获境外逃犯7名，其中国际红通对象2名，成效居温州全市第一，省公安厅长徐加爱专门批示肯定。

【大要案侦破】 2016年，瑞安市公安局坚持“命案必破、重案快破”的工作理念和“不破不休，不破不丢”的工作原则，专案专办、强力攻坚，全年命案发8起、破8起，五类案件发20起、破20起。成功破获一起15年前杀人积案，省公安厅和温州市公安局贺电表扬。

【打击侵财犯罪】 2016年，瑞安市公安局将打侵财工作作为全年打击破案的重点，全年共刑拘侵财对象1355名，同比上升9.8%，绝对数列温州全市第一。移诉新四类侵财对象1065名，同比上升1.72%，打击盗窃车内物品犯罪成效显著，共刑拘对象121人，列温州全市第一。打击通讯（网络）诈骗战果丰硕，全年抓获通讯类诈骗犯罪嫌疑人136名，返还受害人被骗金额500余万元，该局工作经验被国务院打击治理电信网络新型犯罪工作部刊文推广，得到省公安厅副厅长黎伟挺批示肯定。

【护佑民生】 2016年，瑞安市公安局以保民生为引领，主动作为，组织开展查处系列非法生产、销售“地沟油”案件，共查处非法生产、销售“地沟油”案件9起，采取强制措施32人；打击美容场所非法销售假药行为，组织开展专项行动，共查处案件11起，采取强制措施13人。严查狠打各类污染环境违法犯罪活动，全年共查处环境类案件19起，依法处理违法犯罪嫌疑人38人。

【缉枪治爆】 2016年，瑞安市公安局深化缉枪治爆专项行动，全年累计破获涉枪涉爆案件98起，行政拘留64人、刑拘46人，移诉29人，缴获枪支76只，其中破获的“11•18”特大跨区域非法持有枪支案件，得到市局领导的肯定。年内，该局缉枪治爆工作成效列温州全市第二。

【禁毒】 2016年，瑞安市公安局严厉打击涉毒违法犯罪行为，坚持打团伙与堵源头、查零包相结合，集中优势警力攻坚克难，相继破获“3•3”特大贩毒案、“6•4”特大贩毒案等一批特大贩毒案件，全年移诉毒品犯罪嫌疑人243名，查处吸毒人员1233人次，强制隔离戒毒360名，摧毁贩毒团伙16个，破获省厅毒品目标案件7起。

【交通安全】 2016年，瑞安市公安局严密卡点勤务，共查处5次以上违章车辆6257辆；加大重点车辆监管，共有3111辆重点车辆纳入监管平台，确保重点车辆违章全部“清零”；运行“一体化智慧交管平台”，全年拥堵警情同比下降16%，违法非现场采集率同比增加51%；强化违法整治，全年共查处各类交通违法行为80万起，同比上升28%，总量高居温州全市第一，全市交通事故死亡85人，实现交通亡人事故“零增长”目标。年内，该局连续第六年被省厅评为“全省交通管理重点工作成绩突出单位”。

2016年6月中旬，瑞安市公安局“一体化智慧交管平台”一期工程通过验收，并投入使用

【消防安全】 2016年，瑞安市公安局加大消防整治力度，落实部门主体责任，助推重点领域改造升级，全市出租房和合用场所整治合格率创历史新高，全年消防行政处罚2428人，治安拘留449人，临时查封296起，发生火灾事故392起、死亡1人，同比分别下降58.6%和75%，《人民公安报》专题采访并整版刊发瑞安市消防安全整治成效。

【监所管理】 2016年，瑞安市公安局落实省厅“四个规范”和温州市公安局“两统一、一规范”规定，深化监区门哨武警上勤工作，强化安全管理，落实两警共保监区平安的责任，创造看守所17年安全无事故、强制隔离戒毒所6年安全无事故成果，实现拘留所全年监区、队伍、执法“三安全”目标。年内，该局荣获温州市监管工作先进集体。

【公安信访】 2016年，瑞安市公安局共受理信访总量222件，来信172件、来访50件，同比下降17.2%，初信初访109件，初信73件、初访36件，同比下降6%，越级上访18批次，同比下降14.3%，共受理信访件3件、内部导入65件，当场劝返18批次，共办结53件，办结率81.5%，其中签署停访息诉承诺书13件，调解协议书1件，执法倒查49件。上级交办的信访积案全部清零，信访总量同比下降11.3%。年内，该局在温州全市公安G20安保信访工作现场会上作典型发言，被省厅评为全省公安信访考核优秀单位。

【刑侦合成作战】 2016年，瑞安市公安局按照“主体单位建制化、线索流转智能化、警种合成规范化、硬件建设规模化、打击效能集约化”工作思路，优化各类软硬件设施，新建合成作战中心。开发瑞安特色“1+5”式3.0版合成作战线索管理平台，实现减负增效服务实战、提升实效目标。完善队所合作机制，整合线索反馈、案件研判、信息传递等功能手段，助推基层公安业务实战。年内，该局合成作战连续第二年在温州全市比武演示中夺得冠军。

【社区警务】 2016年，瑞安市公安局相继推出《瑞安市公安局关于进一步加强以社区警务为重点的基层基础工作的意见》《2016年度社区警务工作考评办法》和《2016年度社区警务工作考评细则》，全年新增38名社区民警充实一线社区警力。

【警灯工程】 2016年，瑞安市公安局推出“千警上路、百卡围城”，在全市设置94个常态卡点，每天组织500多名警力巡逻街面：特警加强通道控制，派出所加强设卡盘查，交警加强交通管理，机关值守“警灯工程”，同时围绕车站、医院等重点部位打造“135”快速反应作战圈，提升路面见警率、管事率。

2016年12月26日晚，市委常委、公安局长王小甫先后到玉海、上望等多处警灯值守岗亭和特巡警飞云卡点，检查督导执勤工作，并慰问执勤人员

【流动人口管理】 2016年，瑞安市公安局开展流动人口基础管控工作，按照“街不漏巷、巷不漏房、房不漏户、户不漏人”的要求，在全市范围内组织开展“流动人口清零行动”，打破派出所辖区概念，凡发现在外辖区未登记流口一律先予以登记。G20安保期间全市共新登记流动人口24.6万人，注销10.5万人，真实登记率提高14.7%，达到97.8%。通过登记工作抓获逃犯23名，其中杀人逃犯1名，有效减少社会面安全风险。

【群防群治】 2016年，瑞安市公安局在温州市率先推出“轮值轮训”群防群治工作模式，广泛吸纳社会力量，组织协辅警、社区联防队、保安民兵等2000多人、组建218支队伍，进行“白天训练、晚上巡逻”，“轮值轮训”启动以来共查获各类对象209人，试点辖区刑事治安总警情降幅达17.8%。该模式被浙江日报、浙江在线等多家媒体正面报道，得到温州市委副书记

2016年7月29日下午，莘塍“群防群治·轮值轮训”基地开展警务技能培训活动

钱三雄肯定。

【便民服务】 2016年，瑞安市公安局依托“互联网+”，优化群众办证渠道，开通身份证异地办理业务，全年办理户口手续24025个，换发证件137845个，注销户口229人，网上办证业务连续三年居温州第一。深化户籍制度改革，12月1日起取消农业户口和“非农”户口性质划分，统一登记为居民户口。首推24小时出入境自助受理，群众办证实现立等立取，便捷预约办证渠道，缓解高峰期办证拥堵现象，切实让群众“少跑腿”。推出“网上车管所”，开通驾驶证补证、预约考试等12项机动车驾驶证业务，推进群众满意服务窗口创建活动。年内，该局车管所被评为“瑞安市三八红旗集体”。

2016年11月16日，瑞安市出入境24小时自助签注点正式开启

【执法规范化】 2016年，瑞安市公安局以强化“人、案、物”管理推进案件管理中心、物证管理场所建设，15个派出所和刑侦、经侦、治安等5个主要业务警种全部完成“三位一体”建设并投入使用。建立案件办理责任体系，加强办案指导和执法过错追责，全年共评查400余个案件，271名案件主办人被局规记分。对轻微刑事案件和7类行政案件实行快速办理，共有250件刑事案件和1143起行政案件通过快速程序结案，有效提升工作效率、保证群众合法权益，减轻基层办案负担。自主研发办案小助手，对卷宗去向跟踪管理和案件期限、强制措施期限提醒，实现执法管理“一日清”。年内，该局被评为全省执法质量优秀单位。

【严肃警纪】 2016年，瑞安市公安局以党风廉政建设责任制为抓手，制定党委主体责任和班子成员“双岗双责”清单，在全局范围内推广使用廉政风险预警管控系统，全面推动廉政责任制。开展“为警不正、为警不为、为警乱为”专项整治活动，深入排摸队伍苗头、倾向性问题，根据G20杭州峰会战时需要，严格落实“战时警纪”，强化警纪的执行力度。加强监督检查力度，共组织开展各类检查152次，民警职工局规记分1005人次、1190分，查处违法违纪民警4人、职工2人，挂牌整治单位3个。

【教育训练】 2016年，瑞安市公安局以基层实战需求为指引，针对业务警种特点开展各类培训比武活动，在温州市公安机关岗位竞赛中荣获第二名。培育教官队伍，共聘任兼职教官44人，分赴各一线实战单位开展“送教上门”活动41次，武器警械战术训练6次，进一步提升基层实战水平。加强法律知识和业务能力培训，全局894人取得中级执法资格，38人取得高级执法资格，提高民警的依法履职能力和执法素养。

【爱警惠警】 2016年，瑞安市公安局落实民警加班补贴标准、人民警察警衔津贴的调整和发放，分6批次、组织380名民警职工疗休养。联合民警救助奖励基金会组织开展走访慰问和上门送奖40余次，对30名因公负伤和41名立功获奖民警、协辅警送上关爱。组建G20战时保障服务队，开展心理健康服务，有效缓解基层工作压力。充分发挥工青妇组织作用，联合前卫体协开展13次文体活动，丰富民警业余文化生活。

平阳公安

【县况简介】 平阳县是浙江省温州市市辖县，地处浙南沿海，与瑞安市、文成县、泰顺县、苍南县接壤，全县辖昆阳镇、鳌江镇、水头镇、萧江镇、万全镇、麻步镇、腾蛟镇、山门镇、顺溪镇、南雁镇、海西镇、凤卧镇、怀溪镇、南麂镇、闹村乡和青街畲族乡16个乡镇级行政区。陆地面积1051.17平方公里，与苍南县共有海域37200平方公里。2016年，全县户籍人口883263人，登记流动人口15.81万人。全年实现地区生产总值372.9亿元、五年年均增长8.7%；财政总收入43.9亿元、一般公共预算收入27.8亿元，五年年均增长分别为8%、8.9%，城镇居民人均可支配收入3.96万元，农村居民人均可支配收入1.89万元，同比分别增加8.9%、8.6%。

【概述】 2016年，平阳县公安局实施“砺剑2016”五大行动，实现警务要素集聚、资源集约、效能集成。“严防控”：升级“警灯工程”，完善合成机制，强化防控“支撑”，提升防控能力水平。全年警情总数、刑事案件受理数、命案、五类案件、“两抢”同比分别下降10.4%、19.08%、43%、33.3%和

37.84%，通讯（网络）诈骗案件受理数，同比下降17.7%。“重整治”：针对排查出来的17个重点复杂区域、26个突出治安问题、248个重大安全隐患，采取挂牌整治、摘牌上岗、验收销号、黄牌补课等措施，确保社会治安好转。“强打击”：全年采取刑事强制措施数、移诉、人均打处数、刑事破案数同比分别上升19.7%、13.9%、12.5%和27.6%，均创历史新高；“打侵财”“春雷”行动、网络打击、禁毒打击等专项工作取得全市阶段性同序列第一。“创亮点”：全年共确定创亮点项目77个，其中2个项目（认罪认罚从宽处理和刑拘直诉快速办理两项创新机制）被公安部全面深化改革领导小组办公室《公安部全面深化改革工作简报》(2016年第59期，6月6日)推介，2个项目被全市推广，4个项目被人民日报、浙江日报等中央、省级媒体报道，7个项目入围全市警务创新大赛，入围项目数列全市首位。“提形象”：通过提炼“平实、阳光、智勇、创新”的平阳警队精神，全面推行“十大爱警惠警举措”，在基层所队实施“晨会”“早训”“驻所”制度；打造由警务巡查专员、专兼职督察员、警务监督员组成的大督察格局，严明警纪。组织开展“抓作风、严纪律、促规范”队伍主题教育活动，系统推进队伍的正规化、规范化、职业化建设。

【机构人员】 2016年，平阳县公安局下设科室队26个，公安派出所12个，边防派出所3个。全局在编民警735人，总警力占全县常住人口比率0.83%。

【安全保卫】 2016年，平阳县公安局完成“2016国际旅游小姐冠军总决赛颁奖盛典”“平阳首府巨星耀首府群星演唱会”“方正珑玺展厅开放暨张宇明星见面会”等准予许可的大型活动9起，完成“2016年钱仓城隍庙除夕夜迎春祈福活动”等群众自发聚集的大型活动1起。完成“比亮点学先进树标杆”现场观摩活动、2016中国（温州）森林旅游节活动开幕式、平阳财富城市广场开业庆典活动、台湾高雄（屏东）五显大帝信俗文化交流活动等安全保卫活动12起。

2016年8月25日早晨7时许，平阳县公安局举行赴杭特接队出征仪式

【打黑除恶】 2016年，平阳县公安局先后在水头、鳌江片区组织开展重点区域打击整治攻坚行动，水头专班共抓获涉恶对象31名，摧毁社会影响恶劣的涉恶团伙7个，三人三案团伙2个，水头区域打处对象同比上升100%，水头涉恶案件发案率同比下降36.4%。年内，全局已认定恶势力团伙9个，待认定4个，在侦恶势力团伙3个，摧毁涉恶团伙57个，抓获各类涉黑恶犯罪嫌疑人304人，破获一批故意伤害、聚众斗殴等重大涉恶案件。侦破三人三案恶势力团伙4个、黑恶团伙9个，抓获涉恶人员54名。

【大要案侦破】 2016年，平阳县命案现案发4起，破4起。平阳县公安局受理五类案件（爆炸、放火、强奸、绑架、劫持）58起，立案9起，破案9起，破案率100%。其中，破获强奸案6起、放火案3起。

【打击侵财犯罪】 2016年，平阳县公安局共打处侵财对象601名，完成率为103.4%；起诉侵财对象443名，完成率为85.2%；侵财对象被判五年以上18名；打掉“高财”对象（指通过对所收集情报研判确定的涉嫌侵财作案指数较高的对象）12名，完成率为78.1%；打击新型侵财犯罪：刑拘新型侵财犯罪嫌疑人98名，其中公安部规定7个重点整治地区人员16名，起诉案件51起，其中属于公安部规定7个重点整治地区案件15起，追缴赃款9.39万元；侵财大案侦破：10万元以上案件起诉数17起，侦破10案以上的串案5起，侦破15案以上的串案4起；侦破3人以上团伙25起、5人以上团伙6起、7人以上团伙4起；传统跨区域系列侵财案件侦破：起诉外市、外省案件数26起、被外市、外省起诉案件0起、起诉本市外县案件46起；打处入户盗窃对象147名，发案1094起，人案比13.4%；逮捕（移诉、起诉）销赃对象24名，完成率为104.3%；两抢案件发（含治安）24起，立22起，破19起，现案破案率为86.4%；刑拘两抢对象24名，两抢打发人案比为100%。先后破获民生关注的案件“8•2”平阳县万全镇福特越野车被盗案、“8•5”平阳县鳌江镇钟某被拉人上车抢劫案。

【打击通讯网络诈骗】 2016年，平阳县公安局共破获通讯（网络）诈骗10串，打掉团伙12个，抓获犯罪嫌疑人114名，追回赃款56000元，冻结涉案金额300余万元。先后破获“海南儋州话费充值返利通讯网络诈骗案”“海南儋州机票改签通讯网络诈骗案”。

2016年7月13日上午，县委常委、公安局局长徐国林在局机关大院迎接通讯（网络）诈骗案参战民警凯旋

【刑事科学技术】 2016年，平阳县公安局共勘查各类案件现场1680起，同比上升7%，其中刑事案件现场1546起，非正常死亡案（事）件134起，受理痕迹检验鉴定45例，出具痕迹检定文书45份；法医检验尸体220具，其中解剖19具，检验活体361例，出具鉴定书346份；理化室受理酒精检验714起，其中达醉驾511起，受理毒化检验26起。提取痕迹物证1350起，提取率为81%，其中手印提取率为28.6%，足迹提取率为27.4%，DNA提取率为35.2%。通过足迹、DNA、指纹以及手段特点分析串并，共串并案件37串509起并成功突破21串。利用指纹直接认定案件212起160人，利用DNA直接认定案件53起50人。

【视频侦查】 2016年，平阳县公安局视侦中队共发起89条线索，增值扩线70条，协助办案单位采取刑事强制措施数119人，破获重大恶性案件8起，侵财类案件350起，团伙14个，抓获重点、历年或外省逃犯28名。

【打击经济犯罪】 2016年，平阳县公安局开展金融维稳、打击逃废债“治赖”追逃及“打假”“猎狐”“地下钱庄”等专项行动，全年共接收群众咨询报案123余次，受理各类经济犯罪案件65起，立案51起，破案41起，不予立案10起，移诉32起35人，协外办案54余起，挽回经济损失5000万以上；抓获各类经济犯罪嫌疑人61人其中逃犯29人，刑拘27人，取保43人，其中刑拘转取保14人，逮捕11人，监视居住2人。

【金融维稳】 2016年，平阳县公安局排摸掌握金融隐患信息22条，开展风险类金融企业排查252家，及时落实防跑控逃措施，采取边控2人；侦办金融类涉众型犯罪案件共立案4起，破案5起，抓获嫌疑人6名，刑拘4人，取保2人，逮捕3人，移诉5起5人。处置群集性苗头事件6起，有效化解企业金融债务风险引发的涉稳案事件2起，包括平阳县李某非法吸收公众存款案、平阳县余某某等人非法吸收公众存款案等。

【“治赖”追逃】 2016年，平阳县公安局“治赖”逃犯基数34名，其中历年遗留基数9名，当年新增25名。全年共抓获27名，其中历年逃犯4名，逃犯缉捕率达79.4%，完成市局下达的50%逃犯缉捕任务。

【打假】 2016年，平阳县公安局共立涉假案件18起，抓获嫌疑人25名，刑拘6名，取保20人，移诉22人，完成“浙商”品牌破案指标，成功收网主发1起集群战役，协助收网外省传递县公安局的4起集群战役，打假综合绩效位居全市前列，破获“平阳县制造、销售假冒‘立白’‘汰渍’注册商标标识案件”“平阳县非法制造、销售假冒浙商品牌注册商标标识案件”。

【缉枪治爆】 2016年，平阳县公安局共查处非法持枪刑事案件11起、采取强制措施12人、移诉10人，查处涉危行政案件40起、处罚43人，收缴枪支73支，其中上报市局认定成绩有鉴定的为48支、收缴其他危化品2745公斤。

【扫黄禁赌】 2016年，平阳县公安局组织开展禁赌禁娼“砺剑2016”五大行动、“冲刺战”行动等专项行动，从严整治介绍妇女卖淫、站街招嫖、宾馆发卡招嫖、聚众赌博、游戏机赌博等突出问题。全年共采取强制措施313人、同比上升5%，刑事拘留187人、同比下降23.7%，移诉357人、完成市局目标数162.3%，行政拘留1616人，同比上升0.2%。黄赌警情共1947起，其中涉黄220起，涉赌1727起，同比下降9.4%。

【护佑民生】 2016年，平阳县公安局治安部门突出民生导向，相继捣毁一批非法生产、销售影响食药品安全的案件和环境安全案件，全年共采取强制措施106人、同比上升47.2%，其中食药63人、环保43人；食品药品移诉38人，其中药品移诉13人、完成率102.7%；环境移诉48人、完成率208.7%。

【飓风行动】 2016年，平阳县公安局开展以清障除霸为主要内容的“飓风行动”专项整治行动，重点打击“村霸”“路霸”“材料霸”，遏制阻碍重点工程建设歪风邪气，全年共破获涉及飓风行动案件32起，其中刑事案件15起，采取刑事强制措施56人；行政案件17起，行政处罚35人。其中涉及村官刑事案件4起，采取刑事强制措施5人；行政案件3起，行政处罚

6人。

【旅馆业、娱乐场所治安管理】 2016年，平阳县公安局治安部门继续强化对旅馆、行业场所的日常管控，以G20杭州峰会安保工作为抓手，紧盯旅馆住宿信息登记率、娱乐场所刷卡率，强化旅馆、场所动态管控机制，开展旅馆业专项整治行动，全年共检查旅馆5320家次，同比增加48%，处罚旅馆案件193起，同比增加17%，全县旅馆“四实”登记率平均为95%，娱乐场所从业人员刷卡率95%。

【涉危单位安全监管】 2016年，平阳县公安局结合G20杭州峰会、互联网大会安保工作，从人防、物防、技防等多角度强化涉危物品流向登记、治安防范等方面的管理。全局对涉危单位检查采取派出所每月不少于2次，治安部门根据实际情况适时进行监督检查的方式进行，确保检查工作到位，切实防止公安监管范围内的涉危物品流失。继续深入推进剧毒化学品物联网监管信息系统建设，在探索完善剧毒化学品信息化管理的基础上，结合物联网技术，形成一整套剧毒化学品物联网监管信息系统，实现剧毒化学品的“零距离”全过程监管，推进剧毒化学品的安全管理工作。

【交通安全】 截至2016年11月20日，平阳县共发生统计道路交通事故108起、死亡30人、受伤107人、直接经济损失67368元，同比分别降低25.51%、16.67%、18.32%、40.46%。查处各类现场交通违法56322起、非现场违法381535起，同比上升33.9%、136%。办理车辆登记相关业务共计36178起，注册登记12924起，检验机动车55866辆，全县机动车保有量135337辆，其中汽车118824辆，总量同比增加17118辆，增幅为16.83%。机动车驾驶人156651名，同比增加24941名，增幅为18.94%。

【酒驾整治】 2016年，平阳县公安局将酒驾查处的时间延伸到下半夜，查处的地点覆盖到偏远郊区。8月，G20杭州峰会安保战时阶段，6个责任区中队每天查处酒驾违法。全年共查处危险驾驶犯罪嫌疑人436人，同比上升0.7%，查获酒后驾驶945人，同比上升34.4%，酒驾查处完成全年总量的106%。

【电动车交通违法专项整治】 2016年，平阳县公安局共查处“驾乘3人以上、不按照交通信号规定通行（闯红灯）、未在非机动车道内行驶、逆向行驶”等情节较重的违法30529起，拆卸遮阳伞（篷）2.3万多把，行政拘留189人。

【禁毒】 2016年，平阳县公安局先后开展“砺剑2016”五大行动、水头治安区域整治工作、“砺剑•战斧”秋冬驻点打击、“抓冲刺、严管理、创满意”年末攻坚行动等，全年共刑拘毒品犯罪嫌疑人159名，移诉153名，查处吸毒人员740名，强制隔离戒毒280名；全年破获三人团伙案件7起，破获六人团伙2起；确立部目标案件2起、省目标案件4起，破部目标案件1起，省目标案件6起，其中1起为涉枪毒品目标案件。缴获各类毒品5601.95克，截断外来毒品流入通道5条。

【流动人口管理】 2016年，平阳县在册流动人口总数158114名，在册出租房屋总数31158户。通过“大拆大整”流动人口专项整治工作，新采集出租房屋信息1666户，见面排查流动人口145216人，排查出租房屋29124间，排查出租房隐患8763条，市外流动人口新登记21270人、注销26773人，流动人口信息登记率达97.5%、准确率达100%；通过“严查高危人员落脚点”工作，列管在册流动人口高危人员2467名，其中一级列管人员95人，二级列管87人，三级列管2285人。全年打击流动人口危人员131名；查处违反出租房屋管理案件57起，处罚57人；通过“以卡管人”工作，流动人口需制e居卡人数155465人，实际发放E居卡140986张，发卡率为90.07%。全县流动人口协管员175人，配备流管通192台，E居站74个，桌面制卡器48个，网吧安装E居卡读卡器29个，通过物联网治安管控破获或协助破获刑事案件100余起，抓获各类违法嫌疑人126名，经温州市公安局新居民治安管理支队审核通过的典型案例24起。

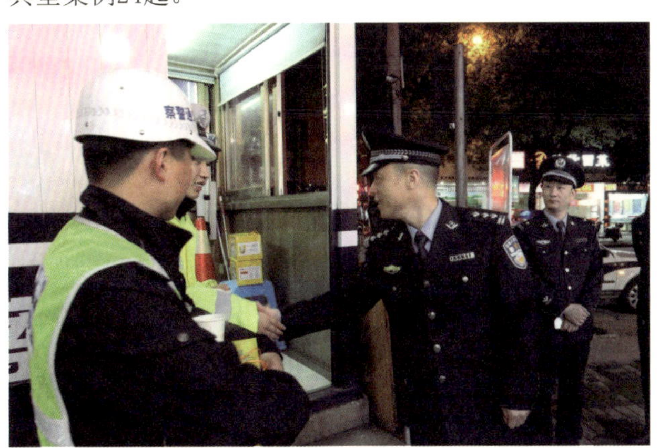

2016年4月18日晚上，县委常委、公安局长徐国林率队先后到鳌江火车站大道岗亭、园林西路岗亭以及商业城岗亭检查指导“警灯工程”岗亭执勤工作，慰问岗亭执勤民警

【情报信息】 2016年，平阳县公安局共移动核查70880人，采集7619人，采集量达刑事治安接警数的

1.55倍。继续推进资源整合，共整合水、电、气、医疗就医、土地、房管、汽车租车维修等各类零散信息200余万条。全年共核验被盗抢手机22915部，重点采集信息17369部。

【接处警】 2016年，平阳县公安局接刑事治安警情15171起，同比下降6.5%，其中刑事警情4470起，同比下降16.76%；治安警情10701起，同比下降1.43%；两抢警情23起，同比下降41.03%；盗窃警情3605起，同比下降16.26%；黄赌警情1926起，同比下降10.34%。全县警情总数、刑事案件受理数、命案、五类案件、“两抢”同比分别下降10.40%、19.10%、42.86%、33.33%和37.8%，治安形势得到好转。

【公安法制】 2016年，平阳县公安局推行“三位一体”执法管理体系、受案立案制度改革、深化说理性行政处罚、强化动态执法监督四项制度建设，完善执法监督管理。构建“执法全程可回溯性”监督体系，深化执法公开建设体系，推进阳光执法体系建设。以“110接处警动态取证”机制为平台，构建“执法全程可回溯性”监督管理体系，自行研发《110证据管理系统》，全年共录入视频资料31705条，其中涉及刑事案件4994条，涉及治安案件11820条，涉及交通类、群众求助14891条。全局执法办案单位民警673位（不包括看守所、拘留所民警），总打击数6174人，其中行政处罚数3587人，刑事起诉数2049人，其中刑事强制措施总数为2587人。行政诉讼案件9起，复议案件7起，全年复议诉讼案件无被撤销或变更，准确率达100%。年内，该局全市执法质量考评同组第一，全市第二。

【先进集体与个人】 2016年，平阳县公安局共有7个集体获先进称号，1人立二等功，3个集体、23人立三等功，1人获评省公安厅“最美警察”，2人获评全省优秀人民警察，13个集体、44人受到各级表彰。

苍南公安

【县况简介】 苍南县于1981年从原平阳县析出建县，位于浙江的最南端，素有浙江南大门之称，濒临东海，西南毗连福建省福鼎市，西邻泰顺县，北与平阳、文成两县接壤，是温州模式的发祥地，全国首批沿海对外开放县之一，是浙江省经济欠发达县之一。全县陆域面积1261.08平方公里，海域面积3.72万平方公里，海岸线长168.8公里，辖17个镇，2个民族乡，92个居民区，776个行政村。2016年，常住人口134.24万，流动人口140192人。全县完成生产总值460亿元，财政收入51.6亿元；城镇居民可支配收入39729元，农民人均现金收入18470元。

【概述】 2016年，苍南县公安局以“敢想、敢干、敢为先，敢抓、敢管、敢担当”的“六敢”精神为引领，结合“春雷”“清雷”行动，开展“铁拳”系列攻防行动，推动打防管控等重点工作落地，确保辖区的持续平安稳定，圆满完成G20杭州峰会安保任务。全县社会治安呈现出“五降五升”的良好态势，刑事治安接警22986起，同比下降14.58%；黄赌接警9187起，同比下降18.42%；盗窃接警8571起，同比下降16.95%；“两抢”接警33起，同比下降26.67%；刑事发案7317起，同比下降31.68%；刑事破案2684起，同比上升19.71%；刑事打处3118人，同比上升1%；行政拘留4881人，同比上升4.18%；侵财打处817人，同比上升8.21%；抓获各类逃犯601人，同比上升13.4%。年内，该局平安考核达标，打黑除恶、打假工作、国保工作3项工作位居全市第一，打击侵财、追逃、食药环打击、猎狐行动、治赖追逃、打击地下钱庄、禁毒冲刺战、缉枪治爆、黄赌打击、网警工作、反恐工作、打击“三非”、猎鹰行动、“三改一拆”信息上报、警务全回访、指挥中心工作、办公室工作共17项工作位居全市同序列第一，以及会议简报加分、荣誉评比类加分、平安建设、合成作战、视侦、刑事技术、以卡管房、基层基础工作、出入境基础工作、党风廉政建设10项工作位居全市同序列第二。因完成G20杭州峰会安保任务出色，该局被省厅授予G20杭州峰会安保工作先进集体称号、被县委县政府荣记集体三等功。年内，该局共有86个集体和224人获得表彰，1人立二等功，4个集体、25人立三等功。

【机构人员】 2016年，苍南县公安局设27个内设机构及看守监管大队、拘留所2个直属单位，下设13个派出所和龙港、巴曹、霞关、炎亭、大渔5个边防派出所。全局编制数为1027名，实有民警969名，总警力仅占全县常住人口的万分之七。

【护航发展】 2016年，苍南县公安局落实项目警官制，推进打恶除霸行动，有效促进全年全县89个重点工程项目无治安问题推进，开展驻点打黑除恶、“清净治安”专项行动等安保工作。全年共打掉马站辖区涉恶团伙3个，刑拘20人，破获涉恶案件16起，缴获枪支5把，发现处置敏感舆情594条，查处谣言案件4起、行政拘留4人，实现重点人、事、物排查管控率100%。

【“六闹”处置】 2016年，苍南县公安局实施“六闹”（“六闹”指路闹、房闹、医闹、项目进场闹、劳动争议闹、非法集资闹）问题“零容忍”处置，成功处置“六闹”案件15起，刑事打处9人、行政处罚73人，“六闹”案件同比下降54.5%。完成涉闹处置工作手册编撰工作，由市政法委向全市做推广，并在浙江日报内参刊登介绍工作经验。

【金融维稳】 2016年，苍南县公安局侦破涉众型经济案件44起，同比上升91.3%；打处40人，同比上升73.4%。开展各类风险隐患排查、综合评估，全面核查89家金融企业，注销30家，查处8家。侦破“境内办卡、澳门取现”“清卡一号”专案，公安部发贺电表扬。

【安全保卫】 2016年，苍南县公安局围绕“三个不发生”的工作目标，成立安保办开展专班实体化运作，全局上下签订军令状，实行集中用警、精准指挥、战时奖惩等非常规举措，确保安保各项重点工作落地。G20杭州峰会安保期间，共排查列管各类重点人1004人，有效整治各类安全隐患5123处，收缴非法枪支64支。开展安保实战后，全县刑事治安警情同比下降33.36%，超过省厅30%的目标，实现全县亡人火灾、重大交通事故“零发生”，重点人员“零失控”，重点隐患“零积压”。针对世界互联网大会安保，落实省厅“五个同样”部署要求，确保苍南本地不出事，苍南人员不到北京、杭州、桐乡滋事惹事。

2016年6月21日，苍南县公安局举行G20杭州峰会安保大决战暨基础信息大采集启动仪式

【公安信访】 2016年，苍南县公安局开展重点信访案件专项治理，妥善处置非访案件12起，打处49人，尤其是在G20杭州峰会安保期间打处非访人员36人、训诫202人，成功实现全国“两会”、G20杭州峰会等重要节点公安口信访人“零进京赴杭滋事”。

【网络管控】 2016年，苍南县公安局强化上网行为审计系统、网络舆情监测系统建设，实行AB岗24小时网上巡控，删除有害信息1840条，网络舆情信息被采录数同比上升140%，居全市同类第一。开展“晴朗网络•平安苍南”打击网络谣言专项行动，依法查处网谣案件32起32人，查处数占全市50%以上；推进涉网打击行动，打处175人，同比上升100%，网络谣言打击、涉网打击成效继续在全市领先。其中，“耀发平台”钓鱼网站案件、包某等人非法获取计算机信息系统案等4起涉网案件作为精品案件在全省第三届网络安全宣传周、第二届互联网安全责任论坛、反电信网络诈骗暨反“黑产”联合大会上展播。完善网络舆情处置规范，先后成功处置多起重大网络舆情事件，确保网上网下双平安。

【大拆大整执法保障】 2016年，苍南县公安局围绕“大拆大整”专项行动，成立领导小组，召开专题会议进行动员部署，共累计见面排查流动人口89605人，全县在册流动人口减少9551人；排查出租房、合用场所、民宿65759家，整治41856家、限期整改7346家、关停63家、查封327家，断水断电55家，行政拘留55人，培训1107人。

【刑侦合成作战】 2016年，苍南县公安局合成作战中心共流转侦查线索632条，协助抓获犯罪嫌疑人521人，逃犯117人，破获各类刑事案件836起，在全市合成作战大比武活动中，获得同类第二名、全市三等奖。

【视频侦查】 2016年，苍南县公安局完善视频监控硬件、应用机制和专业队伍建设，视侦破案495起，破案占比51%，采集涉案视频2436条，采集率32%，清晰可唯一辨认占比27%，均达到市局要求，成效居全市同类第二。

【命案侦破】 2016年，苍南县共发命案8起、破8起，命案现案连续六年保持全破。

【打击刑事犯罪】 2016年，苍南县公安局推进打侵财专项行动，侵财打处817人、同比上升8.21%，破获“4•18”灵溪砸车窗盗窃车内物品案、广西宾阳籍团伙重大Q诈系列诈骗案等一批大要案，成效居全市同类第一。全年打击整治黑恶团伙42个，打处涉黑恶290人，成效居全市第一。

【缉枪治爆】 2016年，苍南县公安局推进缉枪治爆行动，共查破涉枪爆刑事案件12起、各类涉危行政案件96起，刑拘14人、行政处罚96人，并收缴枪支68支、子弹74发，均超市局目标数。

【扫黄禁赌】 2016年，苍南县公安局黄赌打处419人、同比上升11.7%。开展打击网络赌博专项行动，打处112人，破获省督案件1起、部督案件3起，破获全国首例利用微信（支付宝）开设赌场案件，被公安部评为经典案例，技战法在全省治安系统办案指挥员培训班上做推广介绍。

【禁毒】 2016年，苍南县公安局破获毒品案件161起、抓获毒品犯罪嫌疑人206人、查处吸毒人员880名，确立部标毒品案件2起、省标毒品6起，破获省标毒品案件5起，成效居全市同类第一。易制毒化学品管控成效显著，经验做法在全省推广，得到国家禁毒办副主任、公安部禁毒局副巡视员邓明及省厅副厅长华远平的批示肯定。

【护佑民生】 2016年，苍南县公安局推动食药环打击部门联动，食药环打处279人、同比上升43.81%，破获公安部督办案件2起，成效居全市同类第一。开展“一打三整治”行动，协助查扣三无船舶100余艘、查处非法造船点4处，行政拘留5人，被省委省政府评为先进集体。

【打假】 2016年，苍南县公安局推进打假专项行动，破假冒伪劣案件26起，其中部督案件3起、集群战役2起，采取刑事强制措施44人。实现全省“假冒伪劣标识重点整治县”顺利摘牌，打假成效居全市第一。

【“治赖”追逃】 2016年，苍南县公安局抓获猎狐逃犯4名、治赖逃犯90名，猎狐、治赖成效均居全市第一。

【双驱防控】 2016年，苍南县公安局全面落实“修窗创安”主动防控及“三类三色”PTU机动防控双轮驱动，有效整合省市县三级卡点、“警灯工程”岗亭、社区警务室及PTU机动警力，对全县各重点区域、路段进行重点防控，确保全县警情稳中有降。通过“修窗创安”，及时修复焊接防控漏洞和治安秩序盲点2326处，通过三类三色PTU机动巡控，实现入户盗窃发案同比下降12.91%、“两抢”发案同比下降26.67%。

【交通安全】 2016年，苍南县公安局围绕“控大保畅”工作，开展道路交通安全领域平安创建、G20杭州峰会安保和“创国卫”交通秩序整治3场活动，共排查整治事故多发点段88处，其中1处省级、4处市级的隐患点段全部整治完毕；查处各类交通违法行为46.76万起，同比上升21.49%，其中查处酒后驾驶1147起，醉酒驾驶333起，完成任务数的125.96%，实现交通事故、受伤人数、死亡人数3项指数分别下降5.66%、9.81%和3.4%，未发生一次死亡2人的交通事故和平安建设“一票否决”交通事故。

【监所安全】 2016年，苍南县公安局投入资金400余万元用于建设医疗专业化以及监区视频监控建设，结合“两统一、一规范”工作，推进监所规范化管理，运用“三查六巡”等活动，排查发现安全隐患，有效堵塞漏洞，在G20杭州峰会期间通过采取“分门别类、逐个评估，先易后难、因人施策”等举措，完成45名判处实刑罪犯未执行刑罚集中清理任务。

【社区警务】 2016年，苍南县公安局共有社区民警96名，实现专职化民警比例占80%以上。因工作扎实，7名社区民警得到提拔任用、9名社区民警列入后备人才库进行培育。创新实施社区警务APP的“任务、抄告、提示、成绩、点评”5张清单，实行社区民警人手一台警务通，共核录核查4万余人，整合社会资源信息12万余条。依托社会治理“一张网”平台建设，结合基础信息大采集行动，落实实有人口、实有房屋、实有单位管理“网格化”包干责任制，推动乡镇聘任的960名网格员、1895名“楼栋长”进驻网格开展各类治安维稳、源头信息采集等日常工作。社区警务APP“五张清单”工作在市局警务创新大赛上获得三等奖，相关经验简报在省厅简报的全面深化改革暨“四项建设”专刊刊发推介。

【物联网治安管控】 2016年，苍南县公安局推进物联网治安管控建设与应用，推进以卡管人、以卡管房、以卡管车工作，实现流口发卡率达标，电动车备案登记率达到98%以上，电动车登记备案总数达301485辆，电动车登记备案数居全市第二。强化出租房业主旅业式管理服务，减轻基层排查负担，实现出租房消防安全和治安防范水平的较大提升。

【公安宣传】 2016年，苍南县公安局开展“110宣传日”“警营开放日”“警民恳谈”及宣传进社区、进学校、进企业等系列活动，推进创满意工作，加强与群众（网民）互动，年内，经第三方测试，总体安全感达97.4%、总体满意度达94.8%，居全市同类第二。

【服务审批】 2016年，苍南县公安局全面落实“四张清单一张网”，推进网上办事大厅建设，在原有12个警种142项网上服务事项的基础上，增加无犯罪记录证明和注销户口证明的网上开具，把“群众上门等审批”变为“公安先批等群众”。为台胞提供一站式业务服务办理，实现台胞满意率达100%。在望里所设立全县首个家暴告诫制度实施试点单位，快速处理家暴警情53起，发放告诫书20份，得到省妇联主席劳红武高度评价。

2016年11月9日，省妇联主席劳红武率队到苍南县公安局望里派出所调研指导反家暴工作

【专题教育】 2016年，苍南县公安局开展“无限忠诚•走在前列”“两学一做”“受警醒、查隐患、明底线、知敬畏”等专题教育活动，加强广大党员民警政治思想教育，增强宗旨观念，转变工作作风，提升履职能力。健全和完善战时思想政治工作机制，激励斗志、鼓舞士气，调整临战前民警的思想和工作状态，为完成全国“两会”、G20杭州峰会安保、防抗台风等急难险重任务，提供思想政治保证。

【素质强警】 2016年，苍南县公安局按照“干什么、学什么，缺什么、补什么”的原则，依托“警营大讲堂”、公务员网络大学堂、廉政文化课堂等载体，以县局培训中心为主要教学地点，开展全警轮训工作。全年共完成6期300多人参加的武器警械专题轮训和3期120多人参加的民警团体心理行为训练辅导活动班。依托警种部门岗位业务能力竞赛活动和新警综合能力大比武，开展岗位练兵活动。

【队伍管理】 2016年，苍南县公安局全面推行全员绩效考核机制、中层干部实行“待岗”制度、后进民警离岗培训制度，强化对连续2年公务员评定不称职予以辞退的手段运用，整治“再差也不会成为副民警”的歪风邪气。全年共确定基本称职4人、公务员不确定等次8人，有3个单位的4名人才库成员因单位阶段绩效排名末位被退出，3名中层干部被免职、降职。构建“大监督”机制、“领导干部一岗双责、政工干部回归主业”的队伍管理责任体系、制定中层干部问责“五个一律”、队伍管理挂牌整改等一批刚性规定，常态开展对抗式督察、抄底式暗访，对违纪违规案件坚持“零容忍”查处，全年共挂牌整改8个单位，提醒谈话39人次，局规记分1413人次共1672分，行政警告2人、禁闭1人、停止执行职务5人，记分人次全市最多、分值全市最高。

【规范执法】 2016年，苍南县公安局在2015年宜山所、桥墩所的基础上，完成剩余11个公安派出所以及交警大队本部、刑侦大队反盗抢三中队、特巡警大队、经侦大队4个业务大队“三位一体”硬件建设并投入使用。继续落实“多分多星”执法积分机制，全局共40名民警因执法工作突出被评为执法之星，激发民警办案积极性。科学整合110现场证据系统、执法办案积分管理平台等端口执法数据，建立苍南公安执法“数据一体”平台，确保不发生重大执法安全问题，年内，该局获评全省执法质量优秀单位。

2016年7月13日，省公安厅专职副书记华乃强到苍南县公安局矾山派出所调研指导公安工作

【装备建设】 2016年，苍南县公安局全年共投入415.61万元加强装备建设。配置刑事技术装备、反恐防暴武器、指挥信通装备、执法勤务装备的装备，提升全局警务装备水平。其中，单警装备15万元，G20杭州峰会安保装备72万元。投入2500万元建设社会治安动态监控系统，通过增加和完善监控点，提高破案率，降低犯罪率。

【基础建设】 2016年，苍南县公安局基础设施建设主要围绕执法“三位一体”、“美丽窗口和花园警队”、办公用房日常修缮等工作展开。共完成建设64项，投入资金780余万元，其中“美丽窗口、花园警队”建设18项、投入300余万元；“三位一体”建设14项、投入160余万元；办公用房改造或修缮等32项，投入320余万元。

【优警惠警】 2016年，苍南县公安局共选拔出5批90名“人才库”成员、35名“后备库”成员，提拔任用64人。推进“惠警26条”“民警约见局长”“送奖上门”等惠警工作，共慰问民警及亲属146人次，开展民警约见局长10期295人次，开展集中送奖18批次160人，解决民警子女入学入托30余人。分批组织实施全警健康疗养活动，深化“美丽警营”建设，推出宜山所、金乡所、桥墩所等5个市级示范点。注重先进典型引领作用，队伍中涌现出李上苗、李裕腾、林志等一批先进典型，为队伍提升正气。

文成公安

【县况简介】 文成县位于温州市西南部，总面积1292平方公里，下辖17个乡镇。2016年，户籍总人口401972万人，流动人口13762人。全县实现生产总值79.1亿元，财政总收入10.0亿元，城镇居民人均可支配收入和农民人均纯收入分别为32747元和14414元。

【概述】 2016年，文成公安以“G20杭州峰会”安保为工作主线，以“平安建设保底线、公安业务逆增长、民意认可争上游、队伍建设创一流”为工作目标，开展“维稳护航、平安建设、服务民生、队伍建设”等工作，发挥平安建设公安主力军作用，强化打击，整治隐患，实现平安建设公安局“零扣分”。全年共接刑事警情703起，同比下降18.53%，刑事移诉犯罪嫌疑人379人，同比上升4.4%；共接治安警情1653起，同比下降14.03%，行政处罚违法人员1194人，同比上升21.86%；刑事警情和治安警情日均分别降到2起、5起。刑拘侵财犯罪嫌疑人同比上升42%，侵财警情同比下降33.5%；接报山头赌博警情13起，同比下降86%，社会治安持续清净。年内，该局共有1个集体荣立三等功，1人荣立二等功，16人荣立三等功，15个集体、77个个人荣获县级以上表彰。

2016年9月7日下午，文成县公安局在机关大院举行仪式，欢迎县局赴杭特援队凯旋

【机构人员】 2016年，文成县公安局内设科室24个，基层派出所11个，其中1个为飞云湖水上派出所。共核定编制367人，在册公安民警329人，职工16人，其中外县籍民警96人，约占四分之一；30岁以下民警114人，占全局的34%；工龄在5年以下的民警125人，约占38%。现有局党委委员10人，中层干部123人，民警数占全县常住人口的0.081%。

【信访维稳】 2016年，文成县公安局共收公安口信访总量61件，初信访案件18件，已办结16件。共收集涉稳信息712条，其中发挥预警作用215条，成功化解不稳定因素142起。成功处置聚众讨薪事件13起。

【公安情报】 2016年，文成县公安局共物建各类情报信息员1248名，收集情报信息936条，编写《文成公安情报-情报信息专报》36期。其中，实战线索45条，发挥作用15条，利用人力情报抓获在逃16年的外省命案逃犯孙某，该案例被市局评为全市“十大人力情报精品案例”。

【护航发展】 2016年，文成县公安局完成G20杭州峰会安保、第三届世界互联网大会安保、省市主要领导来文调研安保等大型安保任务。推行重点工程项目警长制，阻碍重点工程施工案件查处率达100%；推出《文成县公安局保障“大拆大整”专项行动接处警工作规范》，明确规定涉及“大拆大整”警情的依法一律顶格处理，阻碍“大拆大整”行动的违法行为查处率达100%，保障“大拆大整”活动顺利进行。

【打黑除恶】 2016年，文成县公安局移诉起诉涉恶势力团伙4个，五类案件和寻衅滋事类案件均仅发2起；全年实现“命案”“两抢”“街面持械斗殴”“零发生”。

【打击侵财犯罪】 2016年，文成县共发生盗窃、抢夺、诈骗、掩饰掩瞒犯罪所得罪四类侵财型案件刑事发案425起，破125起；采取强制措施侵财犯罪嫌疑人129名，移诉侵财犯罪嫌疑人92人，起诉4个10万以上个案，起诉7个犯罪团伙，起诉2起隐饰掩瞒犯罪所的案件。

【缉枪治爆】 2016年，文成县公安局共破获涉枪涉爆刑事案件14起，刑事拘留15人，移诉15人；查处涉危行政案件74起，行政拘留74人；收缴各类枪支63支（其中已经鉴定为枪支48支）、子弹5发，黑火药1.5公斤，管制刀具9把，烟花爆竹3000余箱。

【刑侦合成作战】 2016年3月21日，文成县公安局开始实行合成作战常态化办公，并制作职责、流程工作清单，推进合成作战在全局各警种侦查破案工作中的支撑引领作用和信息研判工作。全年共突破案件抓获47个嫌疑人（其中视侦23，研判支撑24个）；扩线支撑47案，发起线索33案23人。

【扫黄禁赌】 2016年，文成县公安局接报山头赌博警情13起，山头赌博引发的斗殴类、非法拘禁类案件“零发生”；查处黄赌行政案件38起，行政处罚248人，破获黄赌刑事案件19起，移送起诉74人，打掉城南发卡招嫖的组织卖淫团伙，抓获犯罪嫌疑人21人。

【禁毒】 2016年，文成县公安局破获涉毒刑事（行政）类案件123宗，移诉毒品犯罪嫌疑人12名,居全市同类地区第一；查处吸毒人员100人次,强制隔离戒毒32名,打掉3人互相容留的团伙1个；利用无人机航测毒品原植物,共查处毒品原植物案件9起,处罚9人,铲除毒品原植物1041株,此方法被中国禁毒报,中国禁毒杂志,温州日报等多家媒体报导。

【交通安全】 2016年，文成县公安局共查处各类交通违法行为44629起，排查道路交通安全隐患293处，报有关主管部门整改34处；拆除加高栏板渣土车383辆，处罚渣土车违法行为896起，录入重点车辆监管平台的渣土车146辆；查处醉酒驾驶62起，查处饮酒后驾驶158起；办理交通类刑事案件76起，采取刑事强制措施76人；办理交通类行政案件36起，行政拘留36人；致人死亡交通肇事逃逸案件全部侦破，“5•20”交通肇事致人死亡逃逸案侦破后，市县多家媒体先后进行报道，较好地起到警示作用。办理车辆驾驶管理各类业务33068笔，处理非现场道路交通违法行为33673起。

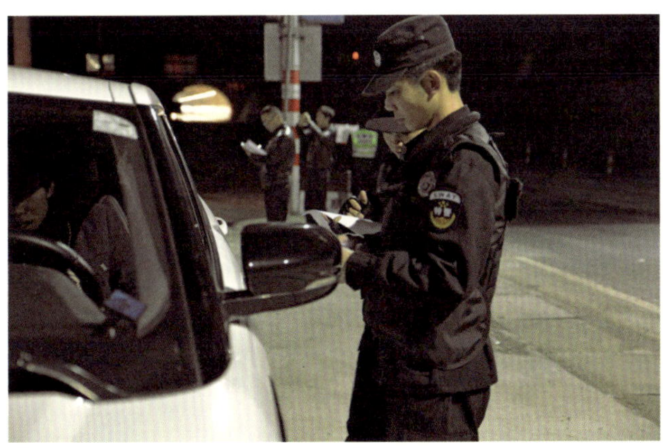

2016年1月18日，文成县公安局开展卡点检查活动

【消防安全】 2016年，文成县公安局共检查单位5950家，发现隐患8505处，督改隐患8500处，临时查封37处,强制执行7家，责令“三停”单位11家，罚款23.935万元，拘留14人。全年发生火灾77起，死亡1人，受伤0人，直接经济损失2813861元。同比火灾起数下降25.49%，亡人数上升100%，伤人数持平，直接财产损失下降6.19%。

【窗口服务】 2016年，文成公安立足文成实际，打造为侨服务品牌。通过优化行政审批中心出入境窗品服务水平，全年受理出入境业务13523件次，没有发生群众不满意投诉案件，共4次被市公安局和县行政审批中心评为红旗窗口。创新“互联网+”模式，开通微信办事平台，设立出入境证件受理点和服务站，畅通为侨服务渠道。

【物联网治安管控】 2016年，文成县公安局登记流动人口总数13762人，发e居卡总数13685张，总发卡率99.44%，居住出租房信息采集率、治安责任书签订率均为100%，配置桌面发卡器20台，安装使用“e居站”27台，配置流管通25只，列管高危人员116名。已安装使用门禁系统30套，企业考勤系统已安装使用47套，用工报送仪8套，在线率和使用率分别为96.84%和85.15%,企业门禁和考勤系统授权刷卡率91.39%，授权人数占比36.42%。已安装固定基站105个，稽查基站21个；电动车销售店和登记备案点共87处，电动车行业协会1家，登记备案新车943辆。通过物联网管控，查处对象32名、打击处理高危人员8名。

【警灯工程】 2016年，文成县公安局新建4个岗亭，通过岗亭值守、巡逻防控等“警灯工程”工作措施，破获刑事案件6起，刑事拘留6人，查处治安案件9起，查处10人，上报市局重点成果审批数16名，已批6名；调解纠纷975起，采集信息47713条，帮助和解决群众求助1609起。

【执法规范】 2016年，文成县公安局构建规范的执法体系，推行奖优罚劣预警监督制度，分别出台《派出所警情处置六个一律》《案件员工作职责》“三位一体”执法制度。加大对不捕、不诉案件复议、复核力度。12月28日，该局成功复核季某某存疑不捕案件。每月开展执法预警、优劣质案件评比活动，共倒查复议、诉讼、信访案件16件，倒查上级检查扣分案件6件，共计追究违反《办案区管理五项禁令》、劣质案件等执法过错的责任民警35人次，记局规52分。

【队伍管理】 2016年，文成县公安局以“无限忠诚.走在前列”“两学一做”“三严三实”等主题教育活动为载体，以作风建设为切入点，全面推进“保忠诚、保前列、保健康、保活力、保和谐”的队伍建设五大篇章。开展“向梅振盈、潘超俊等同志”学习活动，增强民警的党性观念和责任意识，以从严治警和“零容忍”导向把纪律挺在前面，全年共对2名中层领导干部诫勉谈话，5名民警予以警诫，3名民警予以通报批评，对158名民警按《局规》予以记分，总记233分，并在局域网上设置“曝光台”，将问题予以曝光。

【公安宣传】 2016年，文成县公安局首部自编自导自拍自演的廉政微电影《警戒人生》荣获省公安厅廉政微电影大赛二等奖。以警务创新作为队伍建设活力剂，提倡民警微创新，共提炼总结优秀工作法和技战法24篇，其中“智网围捕”工程获得市公安局警务创新大赛三等奖。开展以“为荣誉而战”和“为平安而战”的2季群英榜活动，以及形式多样的宣传，塑造文成公安全新的良好形象。

【警营文化】 2016年，文成县公安局坚持“文化育警、文化兴警、文化强警”的工作思路，将警营文化建设作为年度重点工作来抓，组织开展美丽警营创优、文化警营创牌工作，创新警营文化载体，印发《全县公安机关“美丽窗口、花园警队、文化警营”创建活动实施方案》，全年投入400多万元用于警营文化建设和派出所生活区等区域标准化建设改造工作。组织开展“最美歌声、唱响警营”歌唱比赛、“我们与健康有约”登山健身等11项文体活动。

2016年7月14日，文成县公安局开展G20杭州峰会战时心理健康训练服务

泰顺公安

【县况简介】 泰顺县总面积1761.5平方公里，辖12镇7乡。2016年，户籍人口37.11万，流动人口6622人。全县实现生产总值81.31亿元，年均增长8.6%；财政总收入10.66亿元，年均增长11.8%，其中一般公共财政预算收入7.81亿元，年均增长11.0%；社会消费品零售总额41.71亿元，年均增长14.2%；城镇常住居民、农村常住居民人均可支配收入31337、14130元，分别增长10.1%、11.2%。

【概况】 2016年是泰顺公安实施“铁军计划”的第一年，全县公安机关以“铁腕维稳、铁闸戍边、铁链合成、铁盟协作、铁魂强军”的“五铁工程”为核心，履行维护社会稳定、打击违法犯罪、强化治安管理等各项职能，全年共接报警47477起，同比下降12.56%，有效接警量13223起，同比下降21.06%，其中刑事类警情1142起，同比下降3.44%，治安类警情2281起，同比下降21.86%。年内，该局春雷行动、禁毒打击、治赖追逃等16项工作名列“全市同类地区第一”；“两抢”案件48个月全破、命案16年全破、监所安全23年零事故等多项工作创造“全市最长记录”；荣获全国户口清理整顿先进单位、全国禁种铲毒工作优秀单位等多项国家级荣誉，荣获全省公安机关队伍正规化建设优秀单位等多项省级荣誉，2016年度全市县级公安机关业务绩效考核同类地区第一（全市第二）。

2016年11月18日，泰顺县公安局举行举行第六届特邀监督员聘任仪式

【机构人员】 2016年，泰顺县公安局内设综合部门5个、执法执勤部门17个、治安派出所11个（3个合署办公）。省编委核定专项编制326名，现有在职民警303人，缺编23人。局党委班子9人，占比0.3%；机关综合部门警力40人，占比13.2%；一线实战警力254人，占比83.8%。

【公安维稳】 2016年，泰顺县公安局做好维稳工作，妥善化解、处置涉宗领域维稳、乡镇区划调整、劳资纠纷、房产物业纠纷等46起不安定因素，确保G20杭州峰会、“世互会”期间全县没有发生进京赴杭上访，实现“三个不发生”目标。雅阳、垟溪等重点涉稳事件处置受到时任市委书记徐立毅、副书记钱三雄的肯定。G20杭州峰会、莫兰蒂台风等重要时期及时打击处理造谣人员19名。深化“项目警官制”“警务三进”等措施，保障全县18个省、市级重点工程“零阻碍”施工。完成省委书记夏宝龙等领导到泰顺调研警卫、安保任务33场次。

【公安信访】 2016年，泰顺县公安局共接信访71件，其中初访件25件，办结率均100%，受理积案15件，停访息诉6件。打击非访人员42人次，行政拘留26人次，查破刑事案件4起，刑拘4人。

【打击刑事犯罪】 2016年，泰顺公安局共受理各类刑事案件781起，同比下降21%，其中受理盗窃案件（刑事类）489起，同比下降23.7%，受理通讯（网络）诈骗案件183起，同比下降20.43%。全年共破结刑事案件317起，同比上升35%，其中破结盗窃案件（刑侦类）141起，下降4.08%；破结通讯设施诈骗案件11起（未含破获外省通讯诈骗案件），同比增加7起。“命案”全年零发案并保持16年全破，“五类案件”发5破5并保持6年全破，五类恶性案件犯罪嫌疑人全部归案。“两抢”案件保持48个月全破，通过“警师探组制”破获多个系列盗窃民俗物品案。移诉刑侦类犯罪嫌疑人159人，其中侵财对象起诉78人，刑拘新型犯罪对象15名（网络通讯诈骗）。

【追逃】 2016年，泰顺县公安局抓获各类逃犯111名，其中2015年6月30日前上网的全国逃犯抓获14名；本地年前逃犯归案42名，归案率为63.24%；重点逃犯归案6名，归案率61.11%。

【打击经济犯罪】 2016年，泰顺县公安局共受理经济案件33起，立案31起，破案21起，抓获各类经济犯罪嫌疑人33人，移诉30人，挽回经济损失400余万元。破获斯奈德电器被假冒注册商标案，实现近3年“打假”类案件零突破。侦破“沃克”组织、领导传销活动，涉案人员达3000余人，涉案金额3000余万元的特大网络传销案，抓获犯罪嫌疑人3人。成立“泰顺县泰商经侦工作室”“泰顺县金融行业工作室”“泰顺县市场监督经侦工作室”，加强与金融、税务、工商、劳动、食药、质监、烟草等行政执法部门之间沟通与协调。

【打击治安犯罪】 2016年，泰顺县公安局全年查结治安类案件441起，同比上升13.37%，其中查结治安类盗窃案件22起，同比上升69.2%。组织开展“断链”行动，打击黄赌犯罪活动，行政处罚237人次，行政拘留157人次，移送起诉48人，全年黄赌警情同比下降36.09%。查处食品案件5起，移送起诉5人，药品案件2起，移送起诉2人，环境案件5起，共移诉6人。收缴枪支86支，收缴危险物品当量926.3，查破涉危刑事案件7起，移诉7人，查处涉危案件45起，处罚45人，查处涉危单位处罚2家，排查涉枪涉爆重点人71人。创新民用枪支管理，建立智能民用枪支管理机制，对全县73支民用枪支进行数字化改造工作，实现枪支GPS轨迹定位。

【警灯工程】 2016年，泰顺县公安局优化全县岗亭布局，形成“五型警灯”，建立“有警接警，无警巡逻”的动态巡逻工作机制，依托铁闸警灯开展设卡盘查，管控违法犯罪通道，完善奖惩机制，建立警灯工程补贴制度，落实追责倒查机制，值守挂钩加班补贴，营造规范值守、强化实效的工作氛围。全年共查获现行违法、犯罪人员75人，查获被盗车辆1辆，实现刑事与治安警情合计同比下降28.5%。

【物联网治安管控】 2016年，泰顺县公安局开展“流动人口基础管控百日攻坚行动”“护航G20流动人口集中统一清查行动”等系列专项行动，深化“以卡管人”“以卡管房”。全年共新建门禁18套，发放e居卡6023张，持卡率达99%，刷卡率达90%以上。新建基站28个，升级27个，登记备案电动车29221辆，电动车登记率达99%，被盗电动车发案21起。“以卡管人”“以卡管房”工作成绩均取得全市同类地区第一名。

【户籍管理】 2016年，泰顺县总户数125064户，户籍总人口371107人，其中男性193326人，女性177781人，城镇人口143243人，乡村人口227864人，总人口数比2015年增加1949人；总人口中按年龄段分布形成：17岁以下76204人，18—34岁90887人，35-59岁143910人，60岁以上60106人。登记出生人口4731人，出生率为12.8‰，死亡注销1887人，人口自然增长2844人；全县户籍迁入1184人，迁出1956人，人口机械负增长772人；全县老年人口系数为16.2%。全年共核查存疑人口信息数据3321条，查阅户籍档案资料1184份，注销应销未销户口291个、重复户口274个，纠正人口信息差错287项，查处假医学证明9张，收缴骗领和伪造身份证32张，解决无户人员165人。

【流动人口管理】 2016年底，泰顺县在册流动人口6622人、居住出租房755家；新登记流动人口7751人、居住出租房429家，手工注销流动人口6025人、居住出租房730家。流动人口登记率97.5%，信息准确率为96%，居住出租私房信息采集率为100%，制发IC卡式居住证22张，在册高危流动人口125人，全年共打击高危流动人口21人，打处率为16.8%。

【禁毒】 2016年，泰顺县公安局移诉毒品犯罪嫌疑人12名，逮捕1人，刑拘1人，缴获冰毒153.21克。查处吸毒人员数154名，强制隔离戒毒36名。利用“无人机”开展禁种铲毒排查工作，铲除非法种植的毒品原植物53株，守住“零产量”的底线。检查场所100余次，办理从业资格证453本，发放禁毒宣传资料4000余份，全年未发生易涉毒娱乐场所群吸的底线问题，未查获易涉毒娱乐场所、经营服务场所容留他人吸毒行为。禁毒工作成效列全市同类地区第一。

【交通安全】 2016年，泰顺县公安局未发生死亡3人以上的较大交通事故，事故亡人数与同比下降46.7%，与前3年平均值相比下降42.2%。查处交通违法行为7.9万起，其中现场纠违2.1万起，分别同比上升21.7%、43.9%。查处酒驾298起、超限超载424起，同比分别上升41.5%、27.2%，刑事破案87起（全年破案任务数82起），刑拘87人，行政拘留63人，抓获逃犯9人。研究规划7条严管路段，完成交通信号灯改造、电子抓拍系统、智能交通系统、LED诱导屏建设，新增12处违停抓拍“电子警察”，24处手动抓拍系统。年内，车管工作、酒驾查处和黄标车淘汰等工作名列全市第一，县局交警大队在全市县级公安交警大队综合考评中位列同类地区第一，荣获2016年度综合考评优秀大队称号，实现泰顺公安交管史上的新突破。

【消防安全】 2016年，泰顺县公安局开展“祥和5号”等系列消防安全集中统一行动，建成17支社区微型消防站，50支千人以上行政村志愿消防队，共检查单位8237家次，发现和整改火灾隐患9646处，下发责令改正通知书3652份，下发行政处罚决定书91份，临时查封40家，责令三停13家，拘留12人，1家市级及2家县级挂牌重大火灾隐患单位如期整改完毕，实现火灾起数、直接经济损失均下降20%，全年无亡人火灾事故发生。

【监管安全】 2016年，泰顺县公安局围绕监管场所和监管队伍“双安全”工作目标，推进“四个规范”“二个统一”“监门哨”等各项工作，连续23年实现安全无事故。全年看守所共新收羁押对象383人，投送监狱和少管所112人，刑满释放79人，取保候审138人，撤案释放1人，监室居住2人，临时羁押带走22人，其他27人，转本省（区、市）其他所9人。拘留所共新收拘留对象617人，共出所595人，完成所内就医2949人次，完成所外就医67人次，送往温州监管医院治疗2人次，启用泰顺县人民医院监管病房1次。7月6日完成县人民医院医疗人员派驻监管场所、医疗诊治系统接入和医疗设备采购等医疗专业化工作。

【出入境管理】 2016年，泰顺县公安局出入境管理大队强化“亮窗工程”建设，共受理各类出入境证件14486证次，其中护照6728证次，港澳通行证6376证次，大陆居民往来台湾通行证1373证次，港澳定居9证次，均准确及时上报市局，未发生违规办理证件情况。组织开展防范打击毗邻国家人员“三非”违法犯罪活动，共查处“三非”案件25起，行政处罚24人，其中刑拘1人。

【公安执法】 2016年，泰顺县公安局共批准刑事拘留373人，同比上升9.06%；移送起诉414人，同比上升13.73%。行政处罚78103人次（含交警），其中行政拘留864人、行政罚款77061人、警告376人、不予行政处罚14人。

【基础建设】 2016年，泰顺县公安局共完成10项基础建设，其中如期完成温州市仅有的两个省际二级公安检查站改造建设，办公用房日常修缮、监管场所老旧设施改造得到明显改善，公安、交警业务技术用房建设快速推进，被列入地方政府2017年超2000万元以上县重点建设项目，看守所、拘留所建设项目列入省基础设施建设“十三五”规划。

【实战训练】 2016年，泰顺县公安局开展岗位练兵和大比武活活动，国保大队在全省护卫G20机动侦察实战大比武中荣获“团体一等奖”，特警大队在全市“特警综合大比武”“千人竞赛”等比武活动中取得同类地区第一。授予20名优秀协辅警“泰宁荣誉奖章”，组织输送全局71名中层干部到省警院培训。

【警营文化】 2016年，泰顺县公安局组织开展“铁军风采•荣耀时刻”“向我看齐”“一诺千金•互学互比”等系列铁军品牌活动，创新设计泰顺公安标志，评选铁军卫士岗、铁军标兵岗，颁发铁军荣誉章，打造铁军文化品牌。打造独具山区特色的“家园警营”，罗阳派出所被命名为“美丽窗口、花园警队、

2016年5月4日，泰顺县公安局举行“青春使命智汇沙龙”活动

文化警营”创建活动市级综合性示范点，特警大队被命名为市级“花园警队”示范点。举办“铁军情•廊桥梦”集体婚典，成立泰顺县前卫体协警察体育俱乐部，开通泰顺县公安局“智库论坛”。

【干部人事】 2016年，泰顺县公安局接收省警院政法干警毕业班学员15人，社会招录公务员1人，完成2016年社招公务员转正定级16人。全年开展8批次干部任免和调整，新提任副科级干部3人，调整副科级干部任免20人次；提任股级干部13人，调整股级干部任免40人次。分2次开展职务与职级并行申报工作，符合晋升条件的5人，由科员晋升为副科级。全年上报警衔变动27人次，其中晋升一级警督2人次，晋升二级警督3人次，晋升三级警督3人次；晋升一级警司7人，晋升二级警司5人；首授二级警司2人次，首授三级警司5人次。办理调动手续10人次，退休手续1人次。

【队伍管理】 2016年，泰顺县公安局《局规》记分290人次、412.5分，提醒谈话135人次，诫勉谈话7人次，行政警告处分1人。实施全员绩效考核制度、外籍民警积分制、实施警师（探组）制度，形成民警争先创优良好氛围。

【先进集体与个人】 2016年，泰顺县公安局共立个人二等功1名，个人三等功 17名，省委省政府表彰先进个人1名，市委市政府表彰先进个人2名，省厅表彰先进个人3名，荣获个人嘉奖26名，1个集体荣获二等功，5个集体荣获三等功。

2016年11月9日，三魁派出所举行集体生日

典型案例

刑事案件

【“6•25”特大跨境通讯（网络）诈骗案件】 2016年6月，由公安部、省公安厅指定管辖，温州公安机关主侦“6•25”特大跨境通讯（网络）专案，成立“6•25”专案组，抽调市局刑侦、网侦、技侦、监管、法制、警保等部门，以及各县市区精干力量共计86人。历经部、省、市近半年侦办，实现对该诈骗团伙全环节、全链条的打击。年内，专案组在吉林、北京、厦门、乐山等地累计抓获115名对象，逮捕101名、移送起诉92名、另有14名在侦办中，破案135起，涉案金额达2000余万元。

【鹿城分局侦破黄龙玉树“7•21”故意杀人案】 2016年7月22日，鹿城黄龙辖区玉树小区18幢309室发生一起故意杀人案，死者系于某某（女，31岁，四川省人）。案发后，鹿城公安分局刑侦大队成立专案组，通过调查走访、证人取证等方式，开展传统摸底排队，在市局相关部门支持下，经人、案、物、痕、网等信息的关联研判，开展新型摸底排队锁定案犯张某某。7月30日1时，专案组在黄龙辖区玉树小区1幢108室店面内抓获犯罪嫌疑人张某某（男，37岁，安徽省人）。经审讯，该张对因经济纠纷，以捂口鼻方式杀害于某某的罪行供认不讳。

【瓯海分局侦破周某盗窃保险箱案】 2016年2月27日晚，瓯海南白象街道鹅湖锦园住宅区发生一起盗窃保险箱案件。被害人金某某（男，65岁，本地人）于当晚20时许回家时，发现防盗门被撬，家中卧室内一只保险箱被撬，箱内有现金25000元，及黄金项链、手链、手镯等首饰，总价值8万元许。案发后，瓯海公安分局刑侦大队通过视频跟踪发现2名嫌疑人案后坐出租车离开现场，进入瑞安塘下某宾馆。侦查员通过多流合一研判，最终确定2名嫌疑人身份。3月2日下午，将该2名犯罪嫌疑人周某和江某抓获，缴获作案工具若干，深挖销赃人员并追回全部赃物，带破另2起盗窃保险箱案件。

【乐清市局侦破赖某某等人诈骗案】 2016年1月19日，受害人蔡某某报案称：2015年8月份以来其在乐清市芙蓉镇芙蓉街9号家里中被嫌疑人通过电话、QQ方式投资大宗商品平台，在其公司的指导老师的指导下在平台内投资被诈骗200多万元。乐清市局刑侦大队侦查民警接案后立即开展涉案资金流、通讯流的合成研判，经多次周旋，锁定犯罪嫌疑人的作案地在广州。3月23日，在广州警方的配合下，在广州天河区一写字楼内抓获赖某某等6人犯罪嫌疑人，成功摧毁该诈骗团伙，经涉案电脑数据分析，线索追踪，年内共刑拘犯罪嫌疑12人，起诉10人，成功破获全国范围内利用虚假大宗商品期货平台进行系列性诈骗案件百余起，涉案金额高达8000多万元。

【瑞安市局侦破贾某某被绑架案】 2016年4月24日23时许，瑞安市局接卢某某报警称：其老婆贾某某于4月20日晚失踪，4月24日晚8时许回家后称自己被几名男子下药后带走，塞在行李箱里，被非法拘禁3天。接警后，瑞安市局刑侦大队成立专案组，专案组针对线索寥寥的情况，经海量视频监控调阅，结合话单分析研判，快速锁定3名犯罪嫌疑人真实身份。后通过视频追踪，车辆轨迹分析、获取大量犯罪嫌疑人的犯罪证据，于2016年5月4日凌晨0时30分许，将犯罪嫌疑人潘某某等3人抓获。

【龙湾分局侦破2016年“1•13”命案】 2016年1月13日晚，犯罪嫌疑人陈某某为替兄弟出面讨说法，纠集曹某等10余人驾驶4辆轿车到达温州龙湾状元街道曙光医院门口，与被害人林某某纠集的5人发生斗殴，并用刀将被害人林某某刺伤致死逃跑。龙湾分局针对犯罪嫌疑人反侦查意识的特点，熟练运用传统侦查手段及科技手段研判，经2个月连续追踪，抓获犯罪嫌疑人陈某某，并刑拘21名窝藏对象。

【永嘉县局侦破2016年“6•16”周某某持刀抢劫案】 2016年6月16日下午，永嘉县瓯北金桂花小区4栋102室门口发生一起持刀抢劫案，受害人麻某某被头部被砍伤、两个手指被砍断，并被抢走背包及金手镯，挎包内有现金800元、苹果6S手机、麻某某本人的身份证、银行卡、市民卡、驾驶证等财物，损失价值约5000元。案发在白天瓯北闹市区，且在场群众出声阻止时受到犯罪嫌疑人举刀挥舞恐吓。案发后，围观群众将现场抓拍的受害人满身是血的照片、视频片段通过微博、微信朋友圈等大量转发，引发舆情关注。永嘉县局多警种联动，多手段合成，历时23小时，于6月17日抓获犯罪嫌疑人周某某，破获该案。

【平阳县局侦破汽车4S店保险箱系列盗窃案】 2015年11月17日2时许，平阳县萧江镇104国道边北京现代4S店内保险箱被撬，被盗现金135000余元。平阳县局经过初侦初查，无任何线索，专案组转变思路，分析整个案件作案特征，寻找该类案件贵州籍的高危地区人员，经出入温州的火车、汽车、飞机等海量数据研判，发现一条贵州台江籍盗窃前科人员何某某、杨某某的轨迹和多起案件时空吻合，嫌疑重大的线索。犯罪嫌疑人身份明确后，专案组组织侦技精干力量飞赴贵州实施抓捕，在贵州当地公安机关的协助下，相继在贵州凯里市和台江县抓获犯罪嫌疑人，在审讯过程中，突破对象口供，案件顺利审查起诉。

【苍南县局破获全市首例广西宾阳籍团伙Q诈系列案】 2015年8月起，苍南连续发生QQ通讯网络诈骗案件，犯罪分子利用QQ冒充受害人的“亲戚”“朋友”名义对其实施诈骗。苍南县局成立由刑侦部门牵头，联合网警、特侦等多部门组成的联合专案组赴广西南宁市侦查。专案组进驻广西南宁QQ诈骗工作站，于2015年12月17日获悉犯罪团伙将窝点转移至南宁市横县某小区线索，经作案车辆轨迹研判，锁定3名犯罪嫌疑人的真实身份，2016年4月24日至26日，专案组先后在南宁宾阳抓获犯罪嫌疑人梁甲、梁乙，覃某、莫某4名Q诈核心犯罪嫌疑人，缴获一批笔记本电脑、台式主机、手机等作案工具。

【泰顺县局侦破一起24年前的命案】 1992年11月20日，犯罪嫌疑人蔡某甲在泰顺县三魁镇水车洋村将被害人邱某某故意伤害致死，案发后蔡某甲携妻一直潜逃在外，多年抓捕未果。泰顺县局侦查员对蔡某甲及其妻傅某某双方的关系人进行排查，经多次通讯流研判未果，后经2人的网络流分析找到共同关系人“陈某”，经核查“陈某”系蔡某甲儿子蔡某乙，其父母“陈某某、傅某某”经比对系蔡某甲、傅某某。10月14日，专案组在新疆博乐将陈某某抓获，陈某某供述其“漂白”前的身份就是蔡某甲，一起24年前的命案予以告破。

经济案件

【全国首例从法国成功引渡重大经济犯罪嫌疑人陈某某】 2013年12月12日，温州瑞安市公安局立案侦查陈某某涉嫌非法吸收公众存款案，查明瑞安市某进出口有限公司实际控制人陈某某于2013年3月19日前往法国后一直未归，并将向社会上多名不特定人员吸收的1300多万元资金一卷而空。2014年11月17日，经公安部协调，国际刑警组织对其发布红色通报。2015年10月28日，陈某某在法国巴黎被当地警方依法扣留。公安部立即启动引渡程序，通过办案单位提供的充足证据和法律依据，法国法院最终裁决同意将其引渡回国。2016年9月15日，公安部猎狐境外工作组将外逃的经济犯罪嫌疑人陈某某依法引渡回国。此系“猎狐行动”开展以来，中国警方首次从法国成功引渡经济犯罪嫌疑人。

【温州“4•1”部督非法经营案】 2016年7月11日，公安部督办案件“4•1”非法经营案成功破案，犯罪嫌疑人郑某某被抓获后，温州市公安局经侦支队对该案的相关线索进行深入排摸和扩线，成功发起一起涉及广东、福建、甘肃的集群战役，向嘉兴、台州以及温州鹿城、瓯海、乐清、龙湾、经开区等地的经侦部门传递线索21条，涉及买卖外汇的企业80余家，涉及买卖外汇的银行人员2人，连续破获非法买卖外汇的案件15起，打击处理15人，涉案金额达500余亿元。

【温州林某甲、林某乙、张某某、陈某某等人贷款诈骗、骗取贷款、违法发放贷款、非国家工作人员受贿、对非国家工作人员行贿案】 犯罪嫌疑人林某甲为归还欠款、支付利息以及自身大额开销等，伙同林某乙等人物色社会闲散人员充当贷款人、担保人，并给予一定好处，伪造贷款人、担保人的贷款资料从银行骗取贷款,骗得资金归自己使用。2013年6月至2014年7月期间，林某甲共向龙湾农商银行获得贷款50余笔小额担保贷款，造成上述贷款均无法归回，银行损失1000多万元，林某甲为顺利获得银行贷款，通过中间人陈某某向银行信贷员张某某支付好处费。2016年1月，龙湾公安分局对林某甲等人骗取贷款案立案侦查，查明林某甲的行为性质属贷款诈骗。另，该局对张某某违法发放贷款、非国家工作人员受贿案进行立案侦查。经侦查查明，犯罪嫌疑人林某甲利用上述方法对银行贷款实施诈骗，金额达1370万元；林某乙为林某甲物色人员，参与骗取贷款120万元；陈某某骗取贷款1次，对非国家工作人员行贿；张某某违法发放贷款17笔，涉案金额达510万元，在办理贷款过程中收取陈某某给付的好处费11.7万元。2016年5月20日，主要犯罪嫌疑人被逮捕。

【永嘉县“7•14”假冒注册商标案】 2016年7月，

永嘉县公安局在“2016-云剑行动”工作中，发现永嘉县沙头镇荣兴鞋厂可能涉嫌生产假冒注册商标标识的线索后，立即成立“7•14”专案组开展经营。2016年12月，永嘉县公安局收到公安部打假集群战役收网指令后，迅速到永嘉县沙头镇荣兴鞋厂内进行检查，在该鞋厂二楼车间及仓库内发现印有匡威(CONVERSE)、范斯（VANS)注册商标标识的帆布鞋成品上万余双。当场抓获永嘉县荣兴鞋厂的法人代表王某及鞋厂管理人员王某甲，随后经过布控，抓获在厂区内帮助毁灭、伪造证据的生产管理人员王某乙及其妻子刘某某、工人张某甲、陈某某、张某乙等人，现场扣押印有匡威(CONVERSE、ALL★STAR)和范斯（VANS）假冒注册商标的帆布鞋上万余双，假冒（VANS）注册商标标识1万余枚，假冒(VANS)注册商标的鞋盒1600余个，查封该鞋厂内5个仓库、6个车间、9条生产线、上万块鞋模、多台生产设备和多种制鞋原材料等，涉案总价值高达1000余万元。

禁毒案件

【2016年“9•9”特大贩毒案件】 2016年9月9日上午8时许，瓯海公安分局在温州市公安局技侦支队、禁毒支队的支持下侦破一起特大运输毒品案，在梧田街道蟠凤村蟠凤北路抓获犯罪嫌疑人吴某(男，48岁，重庆人)，现场缴获疑似冰毒3公斤。

【2016年“10•22”特大贩毒案件】 2016年10月22日上午7时许，瓯海公安分局联合温州市公安局禁毒支队等在浙江省瑞安市沈海高速飞云出口抓获运输毒品的嫌疑人周某某（1974年7月7日出生，四川邻水县人），缴获毒品冰毒3公斤。

【2016年“10•26”特大贩毒案件】 2016年10月26日，瓯海公安分局联合温州市公安局禁毒支队等在温州市沈海飞云高速抓获运输毒品的马仔郑某某（男，36岁，温州瓯海区人），现场缴获毒品冰毒3公斤，随后乘胜追击，同日相继在瓯海区梧田街道东垟路路口抓获贩毒犯罪嫌疑人孙某某（男，52岁，温州瓯海区人）等3人。

【2016年“3•3”特大贩毒案件】 2016年3月3日中午，瑞安市公安局在该市塘下镇信用西路45号抓获刚从广东购买毒品冰毒回来的犯罪嫌疑人秦某某（男，1983年出生，贵州余庆人），缴获冰毒约13公斤。

【2016年“6•4”特大贩毒案件】 2016年6月4日上午，瑞安市公安局在温州市公安局有关部门的支持下，经过3个多月的侦查，在温州瑞安市莘塍街道破获以龚某某为首的四川大竹籍贩毒团伙，现场抓获团伙主要成员龚某某（女，47岁，重庆梁平人）、王某某（男，32岁，四川大竹人）、沈某（男，23岁，四川大竹人）3名毒品犯罪嫌疑人，缴获毒品冰毒12公斤，麻古15克，及作案手机9部。

【2016年“5•2”特大贩毒案件】 2016年5月2日下午14时许，永嘉县公安局在温州市公安局禁毒支队及其他相关部门、高速交警支队的支持下，对公安部毒品目标案件（序号2015-1238）进行统一收网行动，先后在温州苍南观美卡点、瑞安等地通过封控拦截，成功抓获涉嫌贩卖毒品罪的犯罪嫌疑人张某甲（男，42岁，四川大竹县人）、张某乙（男，44岁，四川大竹县人）、廖某某（男，35岁，四川大竹县人）、袁某某（女，31岁，贵州人）4名毒品犯罪嫌疑人，缴获冰毒4.5千克，成功侦破2015-1238公安部毒品目标案件。

治安案件

【温州崔某某等人非法经营药品案】 2016年3月，温州市公安局鹿城区分局联合市食药监部门及市社保局查处一起非法经营回收药品案件，查明犯罪嫌疑人崔某某及其妻子张某某等人自2010年起，召集多名亲友在浙江多地以分发药物回收名片等方式低价回收心脏病、糖尿病、高血压、肝病、肿瘤等疾病社保治疗药物，后通过多个QQ群，将药物批发给外地买家，外地买家购进二手药物后，销售给药店并流通至患者处。该案现场查扣涉案回收药品25箱，价值90余万元，涉嫌骗取社保资金300余万元。该案目前查明涉案对象24人，采取强制24人。

【温州市贾某某等人生产、销售假冒伪劣五粮液、茅台酒案】 2016年3月11日，温州市公安局瓯海区分局治安大队侦破一起集商标制作、假酒生产及批发、零售4个环节的假冒伪劣五粮液、茅台酒案，查明犯罪嫌疑人贾某某从2010年开始通过苍南人孙某某处购买假五粮液酒、茅台酒的全套包装材料，从回收站、酒店服务生处回收五粮液、茅台酒酒瓶，再以7元/瓶购得尖庄牌等低端白酒灌装至五粮液、茅台酒瓶内，封装假商标完成假酒制作，并将假酒以100—200元/瓶价格销售给多个下级经销商。犯罪嫌疑人苍南孙某某从黄某某（已上网追逃）处购买包装材料，加工后同时还供应给林某某、陈某某等犯罪嫌疑人生产假五粮液、茅台酒并批发给下级零售商。目前该案共抓获犯罪嫌疑人14人，收缴假冒伪劣茅台酒、五粮液酒成品3200

瓶，共计案值200余万元。

火灾事故

【“8•24”火灾事故】 2016年8月24日01时59分许，浙南产业集聚区沙城街道永阜村永强大道1672号民房发生火灾，过火面积约90平方米，烧毁家具、衣物、电器等物品，造成4人死亡。据调查，起火部位为民房内二层东侧厨房间，由电气故障引燃周边可燃物蔓延所致。

【“9•7”火灾事故】 2016年9月7日21时38分，位于温州市浙南产业集聚区滨海园区的三星环保包装有限公司发生火灾,温州市消防支队接警后，先后调派23辆消防车、130余名指战员到场处置。经过全体参战官兵的奋战，至次日凌晨5时许，火势被基本扑灭，次日上午10时许，余火全部清理完毕，未造成人员伤亡。火灾起火部位为该厂区北侧违章搭建彩钢棚锅炉房，因锅炉房导热油引发火灾，相通的生产车间内存放大量可燃物品（包括大量一次性快餐盒），火灾荷载大，火势蔓延迅速。

【“8•18”火灾事故】 2016年8月18日19时28分许，龙湾滨海六道21路交叉口垃圾及废弃物发生火灾，龙湾区滨海消防中队出动5车25人到场处置。火灾起火原因为自燃，直接财产损失1200元，过火面积约1800平方米。

交通事故

【瑞安“11•29”交通事故】 2016年11月29日凌晨，陈某某醉酒驾驶（经检测，其血液中乙醇含量为118毫克/100毫升）浙C7LL38号小型面包车，内载戴某某，从瑞安市东山街道驶往瑞安市湖岭镇方向。4时12分许，车辆途经瑞枫线18KM+360M处即瑞安市桐浦镇浦西村地段，遇韩某某驾驶皖SA0137号重型半挂牵引车-皖SA499挂号重型普通半挂车停在前方同向路边占据部分慢车道，陈某某左驾方向驶上并越过道路中央隔离花坛后侧翻过程中，与相向而来由付某某驾驶的皖S2R782号重型厢式货车车头发生碰撞，致浙C7LL38号小型面包车起火，造成陈某某、戴某某当场死亡及两车损坏的道路交通事故。事故后，韩某某在现场以群众身份报警，后离开现场，于12月4日到案接受调查。该案勘查时，因停放的大货挂车没有与面包车接触，早已驶离现场，表面看就是一辆面包车醉酒驶入对向车道与一辆货车发生碰撞，并起火燃烧。经办民警根据现场痕迹的特点，特别是现场的拖印情况，合理判断是否存在其他车辆停车情况导致驾驶人紧急制动驶入对向车道，通过大量的对来往车辆及沿线监控的调查，发现停放的大货挂车在事故现场有停留的可能，最终通过证据链固定车辆，判定挂车负事故的次要的责任。

【瑞安“9•18”交通事故】 2016年9月18日，陈某饮酒后驾驶无牌轻便二轮摩托车从瑞安市仙降街道下社村驶往塘里村方向，23时许，行经56省道9KM+200M即仙降街道垟坑村地段，碰撞非机动车道内同向行走的行人陈某某，造成陈某某受重伤经抢救无效死亡的道路交通事故。事故后，陈某驾车逃逸，于2016年9月28日被公安机关查获。该案是一起典型的交通肇事逃逸案，民警到达现场后，事故现场无车辆停放，伤者已被送往医院抢救。经勘查，事故现场除血迹外及一袋散落水煮鱼外和几片散落物，无有效线索。民警通过调查，根据现场掉落水煮鱼情况，利用传统的走访调查和结合沿线监控循线追踪，在一家“老地方川菜馆”发现嫌疑人的出发点，并迅速查获肇事者。该案侦破，充分结合现场勘查的水煮鱼的特点，依靠监控及传统的调查，顺利告破该案。中央电视2台今日说法栏目，专门来瑞安制作1期报道该案件。

【瓯海“10•9”交通事故】 2016年10月9日晚上，陈某某持“C1”类驾驶证驾驶安全设施不全的（前照灯失效）且前轮制动技术状况差的无号牌（车架号2013045705）普通二轮摩托车、后座乘坐其妻陈某乙，从温州市瓯海区潘桥街道动车南站驶往瞿溪街道三溪工业园瞿任路方向。22时46分许，陈某甲驾车沿三号路自东往西行驶至郭溪街道凰桥村路段时，车辆前部碰撞前方同向行走的行人夏某某，致夏某某倒地受伤于次日死亡及车辆损坏的道路交通事故。事故后，陈某甲驾车离开现场，于2016年10月21日被抓获。

发文目录

温州市公安局2016年发文目录（部分）

表5

序号	发文时间	文件标题
温公		
温公（2016）7号	2016·1·7	温州市公安局关于要求落实特警训练基地建设资金的报告
温公（2016）10号	2016·1·15	温州市公安局关于确定2016年度消防安全重点单位和火灾高危单位的报告
温公（2016）24号	2016·1·27	温州市公安局关于请求解决市反通讯（网络）诈骗中心反诈综合平台建设经费的紧急报告
温公（2016）30号	2016·1·29	关于进一步规范小型汽车号牌号码竞拍管理的意见
温公（2016）31号	2016·2·2	温州市公安局关于解决物联网治安管控工作二期改造经费的紧急报告
温公（2016）32号	2015·2·6	温州市公安局关于温州市保安服务总公司持有温州安邦护卫有限公司股权转让的请示
温公（2016）39号	2016·2·18	温州市公安局关于2015年温州市因私出入境中介机构年审情况的报告
温公（2016）44号	2016·2·24	温州市公安局关于要求批准何王伟、黄文俊随团赴意大利执行猎狐行动工作任务的请示
温公（2016）57号	2016·3·3	温州市公安局关于要求协调澳门警方开展司法协助的请示
温公（2016）59号	2016·3·8	温州市公安局关于要求市政府组织外出学习考察轨道公安保障工作的报告
温公（2016）76号	2016·3·17	温州市公安局关于落实提高最高人民警察加班补贴标准的报告
温公（2016）78号	2016·3·22	温州市公安局关于要求落实市监管中心项目代建单位的请示
温公（2016）81号	2016·3·25	温州市公安局关于要求统一打击成品油走私犯罪执法意见的请示
温公（2016）84号	2016·3·30	温州市公安局关于“1·25”特大通讯（网络）诈骗案件情况及定性意见的请示
温公（2016）93号	2016·4·14	关于要求批准郑建国等随团赴法国、德国执行警务交流任务的请示
温公（2016）95号	2016·4·15	关于公安因公出国（境）办案团组特殊审批方案的报告
温公（2016）96号	2016·4·15	温州市公安局 温州市人民政府国有资产监督管理委员会关于要求明确相关企业清理事项的请示
温公（2016）109号	2016·5·5	关于要求协调解决公安监管医院当前运行问题的报告
温公（2016）110号	2016·5·9	关于要求协调解决公安监管医院当前合作医院问题的报告
温公（2016）143号	2016·6·22	关于为朱卢晴补发外国人永久居留证的请示
温公（2016）152号	2016·7·7	温州市公安局关于要求批准罗良鸣同志赴日本医科大学做访问学者的请示

续表 5

序号	发文时间	文件标题
温公（2016）153号	2016·7·8	温州市公安局关于2016年上半年全市消防安全形势分析评估的报告
温公（2016）159号	2016·7·15	温州市公安局关于市域铁路S1线公安专用通信系统建设情况的报告
温公（2016）163号	2016·7·18	温州市公安局关于协调解决温州鹿城区分局五马派出所办公用房归还问题的请示
温公（2016）170号	2016·7·26	温州市公安局关于要求对温州市欧吉佳服饰有限公司等单位进行挂牌整治的请示
温公（2016）177号	2016·8·5	温州市公安局关于上报资产清查结果的报告
温公（2016）188号	2016·8·16	温州市公安局关于要求落实市监管中心工程代建单位的请示
温公（2016）203号	2016·8·26	关于报请审批温州市公安局公务用车改革实施方案的请示
温公（2016）206号	2016·8·27	温州市公安局关于拟对近年来曾来我市进行串联活动重点人进行布控的报告
温公（2016）208号	2016·8·31	关于为孙华凯换发外国人永久居留证的请示
温公（2016）212号	2016·9·5	温州市公安局关于加强互联网侦控手段建设的报告
温公（2016）215号	2016·9·6	温州市公安局关于向温州政府提供行政处罚信息数据的请示
温公（2016）217号	2016·9·13	温州市公安局关于要求落实2016年科技强警项目经费预算的紧急报告
温公（2016）251号	2016·10·24	温州市公安局关于香港居民林秀英返回内地定居申请的请示
温公（2016）266号	2016·11·14	关于申请对省级示范数字档案室创建工作进行考评的报告
温公（2016）289号	2016·11·30	温州市公安局关于呈请对温州“9·22”组织、介绍、容留卖淫案指定管辖的请示
温公（2016）299号	2016·12·9	温州市公安局关于推荐2016年全省公安队伍正规化建设优秀候选单位的请示
温公（2016）300号	2016·12·9	温州市公安局关于推荐2016年全省公安队伍正规化建设优秀候选单位的请示
温公（2016）303号	2016·12·19	关于对2016年市级挂牌督办的道路交通事故多发点段予以核销的请示
温公（2016）304号	2016·12·20	关于2016年温州市因私出入境中介机构年审情况的通报
温公（2016）311号	2016·12·27	温州市公安局关于调剂解决交警支队二大队大队部队房的请示
	温　公　通	
温公通（2016）1号	2016·1·7	温州市公安局关于印发《全市公安机关开展向潘超俊同志学习活动实施方案》的通知
温公通（2016）2号	2016·1·8	温州市公安局关于公布洞头区公安分局2015年度综合评估结果的通知
温公通（2016）3号	2016·1·8	温州市公安局关于公布2015年度县级公安机关综合考评成绩的通知
温公通（2016）4号	2016·1·11	温州市公安局关于表彰2015年度全市公安机关综合考评优胜单位的通报
温公通（2016）5号	2016·1·11	温州市公安局关于表彰全市公安机关“铁班子、好主官”的决定
温公通（2016）6号	2016·1·12	温州市公安局关于印发《2016年打造2.0版智慧“警灯工程”建设工作实施方案》的通知
温公通（2016）7号	2016·1·12	温州市公安局关于表彰2015年度全市“警灯工程”先进集体和先进个人的通报
温公通（2016）8号	2016·1·12	温州市公安局关于表彰2015年度物联网治安管控工作先进集体的通报
温公通（2016）9号	2016·1·12	温州市公安局关于表彰2015年度全市优秀社区民警和品牌警务室的通报

续表 5

序号	发文时间	文件标题
温公通（2016）10号	2016·1·12	温州市公安局关于表彰2015年度全市优秀基层公安政工干部的通报
温公通（2016）11号	2016·1·12	温州市公安局关于表彰2015年度全市打击专项工作先进集体和先进个人的通报
温公通（2016）12号	2016·1·12	温州市公安局关于表彰2015年度全市公安队伍正规化建设优秀单位的通报
温公通（2016）13号	2016·1·13	温州市公安局关于表彰2015年度全市公安信访工作先进集体和先进个人的通报
温公通（2016）14号	2016·1·13	温州市公安局关于表彰2015年度执法规范化建设优秀基层所队和执法办案能手的通报
温公通（2016）15号	2016·1·13	温州市公安局关于表彰全市公安机关“平安温州”建设先进集体的通报
温公通（2016）16号	2016·1·13	关于全市公安机关2015年度群众满意基层所队（办事窗口）评选结果的通报
温公通（2016）17号	2016·1·13	温州市公安局关于表彰2015年度全市交警系统“交通治堵”先进集体和个人的通报
温公通（2016）18号	2016·1·14	温州市公安局关于印发《2016年全市公安机关物联网治安管控工作要点》的通知
温公通（2016）19号	2016·1·15	温州市公安局等六部门关于认真贯彻落实公安部等六部委、省公安厅等六部门关于加强城镇公共消防设施和基层消防组织建设工作的通知
温公通（2016）20号	2016·1·15	温州市公安局等五部门关于认真贯彻落实公安部等六部委、省公安厅等六部门关于火灾防控作用的通知
温公通（2016）23号	2016·2·1	温州市公安局关于印发《温州公安信息化项目管理办法》的通知
温公通（2016）24号	2016·2·1	温州市公安局关于印发《全市公安机关“美丽窗口、花园警队、文化警营”创建活动实施方案》的通知
温公通（2016）25号	2016·2·18	温州市公安局关于印发《全市公安机关“春雷”行动评估办法》的通知
温公通（2016）27号	2016·2·25	温州市公安局关于修订《温州市公安机关内宣工作奖励办法》的通知
温公通（2016）28号	2016·2·25	关于印发《2015年温州市公检法刑事执法工作联席会议纪要》的通知
温公通（2016）29号	2016·3·7	温州市公安局关于印发《温州市县级公安机关2016年度“三确保、三创优、三创特”活动实施方案》的通知
温公通（2016）30号	2016·3·8	温州市公安局关于明确电动车交通管理执法工作意见的通知
温公通（2016）31号	2016·3·10	温州市公安局关于规范处置流浪乞讨人员救助警情的通知
温公通（2016）32号	2016·3·10	温州市公安局关于印发《全市公安机关基础排查管控专项行动实施方案》的通知
温公通（2016）33号	2016·3·11	温州市公安局关于印发《温州市公安机关2016年度“确保、创优、创特”活动实施方案》的通知
温公通（2016）34号	2016·3·11	温州市公安局关于印发《全市公安机关警务创新大赛规则方案》的通知
温公通（2016）35号	2016·3·11	温州市公安局关于印发《全市公安机关专项巡查工作实施方案》的通知
温公通（2016）36号	2013·3·15	温州市公安局转发浙江省公安厅关于苍南县看守所建设项目设计羁押容量批复的通知
温公通（2016）37号	2016·3·17	温州市公安局关于印发《温州市公安局退出领导岗位干部服务管理暂行办法》的通知
温公通（2016）38号	2016·3·18	温州市公安局关于印发《温州市公安机关队伍状况“三色”评估办法》的通知
温公通（2016）39号	2016·3·18	温州市公安局关于开展“纠陋习、保平安、建秩序”交通管理五大行动的实施意见

续表 5

序号	发文时间	文件标题
温公通（2016）40号	2016•3•25	关于印发《全市公安机关全面推进“三位一体”执法管理机制建设工作实施方案》的通知
温公通（2016）44号	2016•4•1	温州市公安局关于授权县级公安机关办理嘉奖有关事项的通知
温公通（2016）47号	2016•4•13	温州市公安局关于印发温州市县级公安机关2016年工作综合考评办法的通知
温公通（2016）48号	2016•4•15	关于落实寄递行业三项安全制度的工作意见
温公通（2016）49号	2016•4•15	温州市公安局 温州市综治办 温州市教育局关于成立温州市2016年中小学幼儿园“护校安园”行动工作领导小组的通知
温公通（2016）50号	2016•4•15	温州市公安局关于印发《开展城市“乱停车”整治行动实施方案》的通知
温公通（2016）51号	2016•4•22	关于收缴非法枪支弹药的通告
温公通（2016）53号	2016•4•25	关于启用网络安全保卫支队印章的通知
温公通（2016）55号	2016•4•26	温州市公安局关于印发《温州市公安机关社会治安状况“二级四色”预警评估办法（修订稿）》通知
温公通（2016）57号	2016•4•28	关于进一步加强打黑除恶工作的通知
温公通（2016）58号	2016•5•3	温州市公安局关于印发《2016年度市局领导集中下访活动工作方案》的通知
温公通（2016）60号	2016•5•4	温州市公安局 温州市网信办 温州市经信委关于印发《G20峰会温州网络安全保卫及网络反恐工作方案》的通知
温公通（2016）62号	2016•5•11	温州市公安局2016年县级“合成作战”工作评估方案
温公通（2016）63号	2016•5•11	温州市公安局关于印发《全市易制毒化学品物联网管控工作实施方案》的通知
温公通（2016）64号	2016•5•11	温州市公安局关于印发市局机关2016年度工作综合考评办法的通知
温公通（2016）65号	2016•5•17	温州市公安局关于印发《深入推进2016年度全市万人评机关中层处室和基层站所活动工作方案》的通知
温公通（2016）66号	2016•5•24	温州市公安局 市人力资源和社会保障局、市总工会关于举办2016年温州市首届保安员职业技能竞赛的通知
温公通（2016）67号	2016•5•26	温州市公安局关于印发《2016年度十大项目责任分解表》的通知
温公通（2016）68号	2016•6•1	温州市公安局关于印发2016年度全市公安机关打击侵财犯罪专项工作绩效考评奖励办法的通知
温公通（2016）69号	2016•6•7	温州市公安局关于开展2016年全市网络安全执法检查工作的通知
温公通（2016）70号	2016•6•8	温州市公安局关于印发全市公安机关2016年警务实战化建设推进工作方案的通知
温公通（2016）71号	2016•6•8	关于印发《温州市寄递治安渠道从业人员黑名单（不良信用管理）制度》的通知
温公通（2016）73号	2016•6•13	温州市公安局关于印发《2016年度全市县级公安队伍正规化建设考评办法》的通知
温公通（2016）74号	2016•6•17	温州市公安局关于启用人口服务管理支队印章的通知
温公通（2016）75号	2016•6•20	温州市公安局关于印发《温州市公安机关2016年执法质量考评工作实施方案》的通知
温公通（2016）76号	2016•6•20	温州市公安局关于印发2016年度市局机关公安政治工作、党风廉政建设、公安改革创新加分及创先争优扣分项目考评细则的通知
温公通（2016）79号	2016•6•29	关于印发2016年度全市公安机关物联网治安管控工作考评办法的通知

续表 5

序号	发文时间	文件标题
温公通（2016）80号	2016·7·4	关于印发《医托物联网治安管控工作平台为失智老人免费发放走失查找设备项目实施方案》的通知
温公通（2016）81号	2016·7·6	关于执行《办理毒品犯罪案件毒品提取、扣押、称量、取样和送检程序若干问题的规定》有关问题的通知
温公通（2016）82号	2016·7·11	温州市公安局关于转发《浙江省公安机关网络赌博案件办案协作工作规范（试行）》的通知
温公通（2016）83号	2016·7·14	关于印发县级公安机关2016年度综合考评部分项目考评办法和实施细则的通知
温公通（2016）84号	2016·7·18	温州市公安局、中国银监会温州监管分局关于进一步加强全市银行业反诈骗宣传工作的通知
温公通（2016）85号	2016·7·19	温州市公安局关于印发《关于G20峰会保安期间加强队伍管理考核工作的实施意见》等的通知
温公通（2016）86号	2016·7·19	温州市公安局关于G20峰会安保特援警力管理团队及下属作战单位领导干部的任命决定
温公通（2016）88号	2016·7·25	温州市公安局关于印发《温州市公安机关G20峰会安保赴杭特援队战时纪律规定》的通知
温公通（2016）89号	2016·7·27	温州市公安局关于印发2125首长来温警卫工作计划的通知
温公通（2016）94号	2016·8·8	温州市公安局关于对鹿城分局等五个单位成功制止重大涉稳事件予以表扬的通报
温公通（2016）96号	2016·8·9	关于授予浙江德莱医疗股份有限公司等企业2015年度温州市易制毒化学品管理示范（甲级）企业的通知
温公通（2016）100号	2016·8·14	温州市公安局关于实施G20维稳安保战时警务机制的指导意见
温公通（2016）103号	2016·8·16	温州市公安局关于印发《全市公安机关G20峰会期间公安归口信访人员管控工作问责规定》的通知
温公通（2016）104号	2016·8·17	温州市公安局关于启用温州市公安局治安支队新印章的通知
温公通（2016）105号	2016·8·18	温州市公安局关于G20峰会赴杭特援队（萧山）领导干部的任命决定
温公通（2016）106号	2016·8·31	关于印发《全市公安机关打击整治串通投标犯罪专项行动实施方案》的通知
温公通（2016）107号	2016·9·1	转发中共浙江省委网络安全和信息化领导小组办公室 浙江省公安厅关于进一步加强G20杭州期间政府网站安全防范工作的通知
温公通（2016）108号	2016·9·1	关于进一步加强峰会期间各安全防护工作的紧急通知
温公通（2016）110号	2016·9·8	关于调整温州市外来机动车驾驶人聘用备案登记管理事项的通知
温公通（2016）111号	2016·9·12	温州市公安局关于公布《温州市公安机关通过法定途径分类处理信访投诉请求清单》的通知
温公通（2016）112号	2016·9·14	温州市公安局关于印发《温州特援队增援杭州G20峰会安保工作总结》的通知
温公通（2016）113号	2016·9·21	温州市公安局关于印发无户口人员登记户口操作细则的通知
温公通（2016）114号	2016·9·27	温州市公安局关于印发《温州市公安局公务用车制度改革实施方案》的通知
温公通（2016）115号	2016·9·29	温州市公安局关于印发《全市公安机关对民警两类违规问题全面清理工作方案》的通知
温公通（2016）116号	2016·9·30	温州市公安局关于印发《全市公安机关2016年境外缉捕经济犯罪工作（“猎狐行动”）绩效评估办法》的通知
温公通（2016）118号	2016·9·30	关于印发《温州市公安局公务员平时考核实施方案》的通知

续表 5

序号	发文时间	文件标题
温公通（2016）119号	2016·10·9	温州市公安局 温州市教育局关于全市集中开展校园防通讯（网络）诈骗宣传月活动的通知
温公通（2016）120号	2016·10·19	关于印发温州市公安机关“七五”法治宣传教育规划（2016-2020年）的通知
温公通（2016）121号	2016·10·19	温州市公安局关于印发《关于开展“特殊用途地方车牌”集中清理工作的实施意见》的通知
温公通（2016）122号	2016·10·20	温州市公安局关于执行《涉刑强制隔离戒毒期限执行工作规定》若干问题的通知
温公通（2016）123号	2016·10·21	温州市公安局关于表彰全市公安机关G20杭州峰会安保工作先进集体和先进个人的通报
温公通（2016）124号	2016·10·24	关于印发温州市关爱失智老人走失查找“安心手环”申领发放与使用暂行办法的通知
温公通（2016）125号	2016·10·25	温州市公安局关于印发《温州市公安机关受案立案工作规定（试行）》的通知
温公通（2016）126号	2016·10·25	温州市第五届“十佳爱民警察”和“十佳助警市民”评选方案的通知
温公通（2016）127号	2016·10·26	温州市公安局关于贯彻落实厅党委要求进一步做好当前我市公安审计工作的意见
温公通（2016）128号	2016·10·28	温州市公安局关于印发《全市公安机关流动人口管理专项行动实施方案》和《全市公安机关居住出租房、合用场所、民宿消防安全整治专项行动实施方案》的通知
温公通（2016）129号	2016·11·1	关于永嘉县局“10·27”案件情况的通报
温公通（2016）130号	2016·11·1	温州市公安局关于印发《全市公安机关“大拆大整”（流动人口管理和居住出租房、合用场所、民宿消防安全整治）专项行动督察方案》的通知
温公通（2016）131号	2016·11·2	温州市公安局关于成立第三届世界互联网大会安保工作领导小组及其办事机构的通知
温公通（2016）133号	2016·11·11	关于印发县级公安机关2016年度综合考评加扣分考评实施细则、“业务工作”项目考评实施细则和免考单位（洞头分局）绩效评估办法的通知
温公通（2016）134号	2016·11·11	温州市公安局关于印发《全市公机关“大拆大整促转型发展“大讨论活动总结》的通知
温公通（2016）135号	2016·11·14	温州市公安局关于印发《全市公安机关“严打扒窃犯罪”“严查高危人员落脚点”“严控犯罪通道”行动方案》的通知
温公通（2016）136号	2016·11·14	关于印发2016年度全市公安机关社区警务工作考评办法的通知
温公通（2016）137号	2016·11·14	温州市公安局关于建立完善联勤指挥实战化工作机制的通知
温公通（2016）138号	2016·11·15	温州市公安局关于印发《2016年度全市公安机关“以卡管房”工作考评实施细则（修订稿）》的通知
温公通（2016）139号	2016·11·15	关于公布部门规范性文件清理结果的通知
温公通（2016）140号	2016·11·16	温州市公安局关于印发《温州市网吧网络安全黑名单管理实施办法》的通知
温公通（2016）141号	2016·11·17	温州市公安局关于印发2016年度全市打击黄赌违法犯罪等三个专项行动评估办法的通知
温公通（2016）142号	2016·11·18	温州市公安局关于印发《温州市公安350兆9PDT)无线数字集群系统建设方案》的通知
温公通（2016）143号	2016·11·18	温州市公安局关于对全市治安保卫重点单位G20峰会安保工作成绩突出集体和个人进行表扬的通报

续表 5

序号	发文时间	文件标题
温公通（2016）144号	2016・11・19	关于印发《温州市公安机关“除陋习、树形象”辅警队伍管理集中整顿月活动实施方案》的通知
温公通（2016）146号	2016・11・29	关于印发《道路交通安全违法行为举报奖励办法》的通知
温公通（2016）147号	2016・12・2	关于印发《高危人员落脚点核查和违法犯罪嫌疑人落脚点核查工作规程（试行）》的通知
温公通（2016）148号	2016・12・6	关于印发《温州市公安局机关办理刑事案件实行“统一审核、统一出口”工作机制的规定》的通知
温公通（2016）149号	2016・12・7	温州市公安局关于印发《温州市公安机关审计整改工作规定》的通知
温公通（2016）150号	2016・12・9	关于开展道路交通领域安全生产大检查遏制重特大事故工作方案
温公通（2016）151号	2016・12・20	关于印发承接省厅当前十项重点工作任务分解表的通知
温公通（2016）152号	2016・12・20	温州市公安局关于印发《温州市公安局2016年警力下沉工作方案》的通知
温公通（2016）155号	2016・12・27	温州市公安局关于印发《温州市公安机关分级问责办法（试行）》的通知
温公通（2016）156号	2016・12・27	关于调整温州市预防和打击保险领域违法犯罪协调工作领导小组的通知
温公通（2016）157号	2016・12・29	关于印发《温州市公安机关领导值班工作制度》的通知

图书在版编目（CIP）数据

温州公安年鉴. 2017 / 温州公安史志编纂委员会编. —北京：方志出版社，2018.1
ISBN 978-7-5144-2975-6

Ⅰ. ①温… Ⅱ. ①温… Ⅲ. ①公安工作—温州—2017—年鉴 Ⅳ. ①D631-54

中国版本图书馆CIP数据核字（2018）第032024号

温州公安年鉴（2017）

编　　者：温州公安史志编纂委员会
责任编辑：刘方圆
出 版 人：冀祥德
出 版 者：方 志 出 版 社
地址　北京市朝阳区潘家园东里9号（国家方志馆4层）
邮编　100021
网址　http://www.fzph.org
发　　行：方志出版社图书经销中心
电话（010）67110500
经　　销：各地新华书店
印　　刷：温州市北大方印务有限公司
开　　本：889×1194　1/16
印　　张：16.5
字　　数：469千字
版　　次：2018年1月第1版　2018年1月第1次印刷
印　　数：0001～600册
ISBN 978-7-5144-2975-6　定价：198.00元